U0121243

译文经典

再会，公共人
The Fall of Public Man

Richard Sennett

〔美〕理查德·桑内特 著

李继宏 译

上海译文出版社

献　给

c. r. h.

每个人都只顾自己的事情，其他所有人的命运都和他无关。 对于他来说，他的孩子和好友就构成了全人类。 至于他和其他公民的交往，他可能混在这些人之间，但对他们视若无睹；他触碰这些人，但对他们毫无感觉；他的世界只有他自己，他只为自己而存在。 在这种情况之下，他的脑海里就算还有家庭的观念，也肯定已经不再有社会的观念。

——托克维尔

目 录

中文版序

在中国读者看来,《再会,公共人》所针对的问题可能会显得既陌生又熟悉。 这本书的西方背景在于上一代的各种社会学争议。 我希望本书更具普遍吸引力的地方在于它对个体主义和公共空间的论述。

当我开始写《再会,公共人》时,社会学界对公共生活的讨论主要集中在政治方面,而我的途径更加接近于人类学和历史学。 于尔根·哈贝马斯和汉娜·阿伦特是研究公共生活的欧洲理论家中的翘楚。 前者认为公共领域是由经济利益和政治争论构成的;哈贝马斯的理论根源是马克思主义思想,所以他着重强调利用政治力量来克服阶级分化。 到了20世纪90年代,这种强调最终变成他的"交往互动(communicative interaction)"理论。 与之相反,汉娜·阿伦特相信有一个纯粹的公共政治领域的存在,她认为在这个领域之中,无论属于哪种阶级、性别、种族或者民族,所有市民都能够平等对话。哈贝马斯将"公共"当成物质生活的产物,而汉娜·阿伦特则拒绝按照市民的物质环境来对他们进行定义。

我试图以大城市这种特殊环境为背景,来理解日常行为及其社会交往模式;就这一点而言,我的观点更接近唯物主义。我采用的方法来自人类学,这种方法就是对戏院中正式的表达模式和城市街头常见的表达模式进行比较。 在学术界的黑话中，这在当时被称为公共生活的"戏剧学模式"，最近则被称为"述行性"。 我主要研究了伦敦、巴黎和纽约从18世纪到我们这个时代的演变，由此赋予这种模式以一个历史框架。

所以你们可以把西方对公共生活的理解当成一个精神的等边三角形。 其中一条是哈贝马斯的边，"公共"的构成要素就是人们试图超越他们自身的物质利益的斗争；第二条是阿伦特的边，"公共"由一些特殊的市民组成，这些市民彼此之间进行非人格的、平等的对话，他们拒绝用他们的同一性语言来交谈。 第三条是以我和我的学派为代表的边，"公共"是形象而具体的；它主要研究人们和陌生人说话的方式、他们在街道上所穿的服装以及室外空间与室内房间的对比；并且通过对日常行为和艺术领域中经过精心组织的表达进行比较，它厘清了这些具体行为的含义以及它们的表达性。

在我的想象中，有两点可能会直接引起中国读者的兴趣，那就是个体主义和公共空间。"个体主义"远不仅是一种和经济竞争有关的东西。 它涉及的是个体和其他人的关系的社会意义，还有个体对自我的心理学认知。 从社会层面来说，我在《再会，公共人》中提出的观点几乎是一种不证自明的真理；大城市中的日常行为确实变得越来越和他人无关；就心理层面而言，我的观点也许显得更加激进。 我认为由于人们将他们自身视为个体，心理体验变得贫乏了，人们也变成一些具备更少表达性的自我，受到亲密性的专制统治，缺乏陌生人与他者性的刺激。 我认为非人格性能够并且应该丰富自我。

根据我本人在中国的游历，我想你们也面临着这样的文化问题，当然你们的问题从形式上来说与书中提到的文化问题十分不同。 与欧洲一直以来的情况一样，对于你们来说，日常社会的"黏合剂"如今是一种问题，同样成为问题的还有非人格关系的"衰落"所带来的心理混淆和窒息。 这些问题在我们共同面临的城市公共空间的质量问题中体现得更为具体。

如今说北京、上海和其他城市在建筑和户外公共空间的组织方面变得越来越西方已经是一种老生常谈。 我的著作探讨了这种西方模式的缺陷： 我试图说明公共空间变得统一和同质化的过程与原因，这种同质性给日常社会交往带来的窒息后果，以及物理的统一性所造成的那种心理错乱的特殊感觉。我利用我的方法对戏台和街道进行比较，从而作出了上述这些判断。 我们用艺术来补偿伴随着陌生人在街头上、在现代城市的公共领域中出现的死寂与冷漠。

总而言之，我希望你们把我这本书当作另一种文化的公共生活史的描绘，但这种描绘和你们目前所面临的问题并非全然无关。 我想感谢本书的译者李继宏让你们能够读到这本书。

致　谢

　　我衷心感谢克里福德·科尔松和穆雷·彼拉希亚，他们最初帮我确定了本书的主旨。在写作本书的过程中，我和许多人进行了讨论，从中获得了帮助，这些人是彼得·布鲁克斯、克里福德·吉尔兹、理查德·吉尔曼、卡罗琳·朗德·赫荣、安妮·霍朗德、赫尔伯特·蒙塞尔、奥雷斯特·拉纳姆、卡尔·肖斯克、理查德·德雷克斯勒和莱昂内尔·特里灵。我想向本·巴伯尔、胡安·科拉迪、马里昂·诺克斯、利奥·马克斯和戴维·李斯曼表达谢意，感谢他们对书稿所提出的意见。我在此谨表对戴维斯·赫荣的谢意，他仔细地阅读了书稿，给我很多建议。

　　本书的研究是在玛西娅·拜斯特林、伯纳德·麦克格雷恩、马克·萨尔蒙和克里斯蒂娜·斯佩尔曼的协助下开展的。我特别想感谢玛西娅·拜斯特林，感谢她的耐心和能干。

　　最后，我由衷地感谢罗伯特·戈特里伯和安古斯·卡梅隆提供的编辑建议。本书从动笔到付梓都得到波比·布里斯托的关怀，杰克·林奇帮助我润饰了本书的文字。

　　许多图书馆员和馆长向我提供过帮助，我衷心地感谢他们，他们服务的单位是高等学术研究所、林肯表演艺术中心、纽约大都会博物馆、哈佛大学、剑桥大学、纽约大学等机构的图书馆和法国国家图书馆。 高等学术研究所、约翰·西蒙·古根海姆基金会和福特基金会慷慨解囊，襄助了本项研究和写作本书所需的经费。 政策研究中心的工作人员为本书的手稿打字，我想感谢他们高效的集体劳动和诙谐。

第一部分

公共问题

第一章 公共领域

现代经常被用来跟罗马走向衰落的那些年进行比较：人们认为道德腐化蚕食了罗马统治西方的力量，同样，现代西方称霸全球的力量也被道德腐化削弱了。这种观念虽然极其愚蠢，但也有点道理。粗略地看，奥古斯都①驾崩之后罗马社会的危机与当今的生活有相似之处；这种相似之处跟公共生活和私人生活之间的平衡有关。

由于奥古斯都时代已然逝去，罗马人开始将他们的公共生活视为形式的义务。公共庆典、帝国主义的军事需要，和家人之外的其他罗马人进行仪式性的交往，所有这些都成了义务；罗马人对这些义务的履行越来越被动，他们遵从**公共秩序**②的规则，但在这种遵从之中投入的激情日渐稀少。罗马人的公共生活变得极其无趣，于是他转而开始关注自己的情感，追求一种新的信仰原则。这种私人的信仰很神秘，既逃离整个世界，也逃离作为这个世界一部分的公共秩序的各种礼节。当时这种信仰在近东地区有不同的派别，其中基督教逐渐占据了主流；最终基督教不再是秘密流传的宗教信仰，它本身变成了新的公共秩序的原则。

如今，公共生活也变成了形式的义务。多数公民对国家事务漠然处之固不待言，而且他们的冷漠不仅体现在对待政治事件上。在人们看来，对待陌生人的礼节以及和陌生人的仪式性交往，往好处说是形式而乏味，往坏处说是虚情假意。陌生人本身是危险的人物，在大都会这种陌生人的世界中，很少人会感到非常快乐。总的来说，非亲非故的人之间存在的纽带和法律关系可以被当成一种公共秩序，它是人群的纽带，是"人民"的纽带，是政治的纽带，却并非家人和朋友的纽带。和罗马时代一样，今天对公共秩序的参与通常被当作随大流的事情，而这种公共生活开展的场所也跟罗马城一样，正处于衰落的状态中。

过去的罗马和现代社会的不同之处在于公共生活的替代品，在于私密性的含义。罗马人私下追寻和公共秩序背道而驰的另一种原则，这种原则以对世界的宗教超越为基础。而我们在私下追寻的不是一种原则，而是一种自省，反省我们的精神到底是什么、我们的感觉中哪些才是真的。我们试图生活在私人领域中，我们只要生活在这样一个由我们自己和亲朋好友构成的私人领域之中就够了。

现代心理学关于这种私人生活的观念并不清晰。今天很少人会认为他们的心理生活是自发生成的，无关乎社会条件和外界环境。然而，在人们看来，心理自身又仿佛有一种内在的生活。人们认为这种生活是非常珍贵、非常精致的花朵，如果曝露于社会世界各种残酷的现实之中，它就会枯萎；只有被保

---

① 奥古斯都（Augustus，公元前 63 年—公元 14 年），是古罗马帝国第一代皇帝。——译者

② 拉丁文 *res publica*。是英文中 republic 一词的词源，如今通常译为"共和国"；作者在书中采用的是拉丁文原意，本书统一译为"公共秩序"。——译者

护和隔离起来，它才会盛放。每个人的自我变成他首要的负担，认识自我变成了人们认识世界的目的，而不是手段。正因为我们如此关注自我，对我们来说，找到一种私人原则、向我们自己或者其他人描述我们的人格是什么才变得极其困难。内中缘由是，心理越私人化，它受到的刺激便越少，而我们就越难以感知到或者表达出感觉。

　　奥古斯都之后的罗马人私下追求东方的诸神，他脑海中的这种追求和公共世界是分离的。通过让军令和社会风俗屈从于一种更高层次的、迥然相异的原则，他最终将这些神明强加给公共世界。而由于私人意义的现代界定，非人格体验和亲密体验的界限并没有这么清晰。我们只有将社会转换成一个巨大的心理系统，社会本身才是"有意义的"。我们也许清楚一个政客的工作就是执行或者起草法律，但除非能从政治斗争中看出这个政客的人格魅力，否则我们对他的工作不会有什么兴趣。人们谈论一个竞选职位的政治领导人时，会看他的为人是否"可靠"、是否"老成持重"，而非看他倡导的行动或纲领。这种无视诸多非人格的社会关系、过度关注个人性格的看法就像一个过滤器，影响到我们对社会的理性认识；它使发达工业国家中阶级的重要性变得模糊；它促使我们认为共同体是由一群彼此向对方揭示自己内心情感的人构成的，导致我们低估了陌生人之间（特别是城市的陌生人之间）的共同体关系的价值。讽刺的是，这种心理形式制约了一些基本的人格优点——比如尊重其他人的隐私——的发展，也阻碍了人们理解如下道理：因为从某种意义上说，每个人都非常压抑和紧张，所以只有当欲望、贪婪、妒嫉等不可告人的小秘密都被封锁起来之后，人们之间才可能有文明相处的关系。

现代心理学——尤其是心理分析——的根基是这样一种信念：通过理解独一无二的自我的内在运作方式，去除各种关于魔鬼和原罪的先验观念，人们也许能够从此不再害怕魔鬼和原罪，人们也许能够得到解放，从而更加彻底、更加理性地参与到一种处在他们自己的欲望边界之外的生活中去。人们大多空前地关注他们个人的往事经历和自身的情感，可是这种关注被证明是一个圈套，而不是一种解放。

因为这种对生活的心理想象造成的社会影响很大，我想用一个乍看之下似乎不合适的名字来称呼它：这种想象是一种对社会的亲密憧憬。"亲密"意味着温暖、信任和敞开心扉。但正因为我们变得在所有的经验中都期待这些好的心理感受，正因为如此之多的有意义的社会生活都不能提供这些心理回报，外部的世界，也就是非人格的世界，似乎让我们大失所望，似乎变得无味而空洞。

从某种意义上说，我正在颠倒戴维·李斯曼在《孤独的人群》[①]中提出的观点。李斯曼将内在导向的社会和他人导向的社会进行比较。在内在导向的社会中，人们的行动和承诺依据的是他们内心的目标和情感；而在他人导向的社会中，这些行动和承诺的依据则是他人的感觉。李斯曼认为美国社会和西欧社会正相继从内在导向社会向他人导向社会进行转变。这个次序应该颠倒过来。西方社会目前有点像从他人导向社会向内在导向社会过渡——只是过于关注自我的人们说不清内在意味着

---

① 戴维·李斯曼（David Riesman, 1909—2002），美国社会学家，《孤独的人群》（*The Lonely Crowd*）是他的代表作。——译者

什么罢了。因而，公共生活和亲密生活之间出现了混淆，人们正在用个人感情的语言来理解公共的事务，而公共的事务只有通过一些非人格意义的规则才能得到正确的对待。

表面上看，这种混淆可能是美国社会特有的问题。美国社会加诸个人经历的价值似乎会导致它的国民用个人情感来衡量一切社会生活。然而，虽则人们放大了个人情感，依赖它来理解世界的运作，但人们体验到的并非强烈的个人主义，而是对这种个人情感的忧虑。这种忧虑来自资本主义和宗教信仰的广泛变化。而这些变化的边界并不局限于一国一地。

这种对个人情感的忧虑也可以被当成是浪漫主义时期"追求个人价值"的延伸和世俗化。这种追求并非在社会真空中进行的；促使人们追求浪漫主义自我实现的正是日常生活的各种条件。更进一步说，这种追求给社会造成了巨大的影响，要估量这些影响，并非对这种追求的文学研究所能毕其功。

要理解公共生活遭到的侵蚀，还需要某种常见的社会史模式之外的研究。谈论在公共领域的表达，自然会涉及这样的问题：人类在社会关系中能够有哪几种不同的表达方式？例如，当有人恭维一个陌生人时，他这种举动跟戏台上演员的表演一样吗？如果缺乏一些关于表达是什么的理论，那就很难说公共生活中的表达都是空洞的。例如，对公共关系来说得体的表达和对亲密关系来说得体的表达有什么区别吗？

通过一个历史与理论之间的互动过程，我试图创造一种关于公共领域的表达的理论。在本书中，为了构建一种社会中的表达是什么的理论，我将公共行为、公共言论、公共服饰和公共信念中的一些具体变化拿来当证据。因为历史隐含着理论的线索，我试图以所得的抽象洞察力为线索，用来向史料提出新问题。

这种辩证的研究法意味着本书的论点只有在全书即将结束时才完整。人们无法将"理论"一下子和盘托出，然后将它当作地图，用来对历史进行按图索骥。然而，为了让这本书拥有一个清楚的开头，在本章中，我将会对公共问题在向现代社会演化的过程中的社会和政治因素进行讨论，而在下一章，我将点明一种关于公共领域的表达的理论的诸多要素。在本书接下来的篇章中，历史问题和理论问题将会次第登场。

公共领域之外的爱

当代社会的公共问题可分为两个层面：有些非人格的行为和事务并不激起人们的情感；有些非人格的行为和事务，当人们误认为它们是个人的事情时，会激起人们的情感。由于公共问题存在着这种双重性，它给私人生活带来一种麻烦。亲密情感的世界失去了所有的边界，再也没有一个人们可以转而投身其中的公共世界将其包围。也就是说，丰富的公共生活遭到的侵蚀扭曲了那些人们真心在乎的亲密关系。而过去四个世代以来，遭到最严重的扭曲的，正是最为亲密的个人体验：性爱。

四个世代以来，性爱被重新定义了，人们过去通过肉欲，如今则通过性①来定义性爱。维多利亚时期的肉欲涉及社会关系，性则涉及个人的身份认同。肉欲意味着性表达通过各种行

---

① sexuality。国内关于这个单词的译法素有争议，常见译名有数十个之多，如"性""性存在""性意识""性欲取向""广义的性"等，这些译名都存在这样或那样的不足，译者认为"性"才是 sexuality 最准确的译法。读者亦可参考社会学者潘绥铭、阮芳赋等人的相关论述。——译者

动——选择、压抑、交往——得到揭示。性则不是一种行动，而是一种存在的状态；在这种状态中，性爱的行为是一种被动的后果，是双方有了亲密感情之后自然产生的结果。

19世纪的布尔乔亚提到肉欲时，几乎总是将其视为洪水猛兽，因而他们对肉欲的表达非常隐晦。所有的性行动都被一种侵犯的感觉所笼罩——性行动是男人对女人身体的侵犯，是两个恋人对社会规则的侵犯，而同性恋之间的性行动则是对更深层次的道德伦理的侵犯。在当代社会，大多数人已经不再害怕和讳言肉欲了，这是件好事。但是，过去人们认为性爱是一种受到约束的行动，和别的社会行动一样，它有其规矩，有其约束条件，有一些必要的、赋予这种行动以特殊意义的幻想；而现在，由于人们对现代社会的想象已经染上了亲密观念的色彩，这种看法已不再被人接受。性变成了自我的揭示。因而，一种新的奴役取代了旧的奴役。

我们的身份和感觉很大一部分是通过性得到定义的。然而，作为一种表达的状态，而不是一种表达的行动的性是混乱的。我们所有的经验必定跟性有某种关系，但性是自在的。我们发现它，揭示它，用言语来描绘它，但我们并不掌握它。如果性能够被掌握，那就意味着它是机械性的、工具性的，是和感情无关的——也即是将它和一些我们试图养成而不是顺从的情感一视同仁。维多利亚时期的英国人正是如此看待性的，所以他们可以说从肉欲的生活中学习，只不过由于诸多限制性欲的条条框框，这种学习来得太过艰难罢了。今天，我们不需要"从"性中学习，因为这意味着将性划离到自我之外。与此相反，我们持续不懈地通过性器官追求我们自己。

例如，来考虑一下 19 世纪"引诱"（seduction）这个词和现代"性事"（affair）这个词的不同含义。引诱是一个人的性欲望被另外一个人——不一定是男人——激起，是对社会规则的侵犯。这种侵犯导致这个人其他所有的社会关系暂时出现了危机；通过负疚，这个人的配偶、孩子和亲生父母被象征性地卷入到这种侵犯中去；而一旦这种侵犯被人揭露，他们将会在事实上被卷进去。现代的"性事"这个词消除了所有这些危险，因为它断然否认性爱是一种社会行动。如今，性爱是一种亲密情感的东西，它本质上处于人们生活中所有其他的社会关系构成的网络之外。以前的观点认为，性爱和父母身份之间有内在的联系，所以一个人要是和另外一个人做爱，这个人作为别人的孩子的身份就会被改变；但现在人们在进行性事（无论是在婚内还是婚外）的时候并不这么看。现在我们会说做爱是个人的事情，只跟个人有关，跟社会无关。在一些思想更为开放的人看来，婚姻也是个人的事情，也与社会无关。"性事"这个空洞而含混的词汇恰恰意味着一种对性的贬低，我们把它当成是一种可以通过言论公之于众的事情。通过反抗性压抑，我们反抗了一种认为性具有社会维度的观念。

这种提倡性解放的努力既然给精神带来这么多好处，为什么还会致使自我陷入一种不可化解的混乱呢？在一个以亲密情感为现实的万能标准的社会中，个人经验通过两种形式得到组织，正是这两种形式导致了这种意外的恶果。在这样一个社会中，每个人都变得极其自恋，所有的人类关系中无不渗透着自恋的因素。在这样一个社会中，人们是否真诚和"坦率"地彼此对待成了亲密关系中的交易的一个特殊标准。

在一般人看来，自恋就是迷恋自己的美丽，但临床意义上的自恋与此不同。临床意义上的自恋是一种性格疾病，它的界定更加严格。它是一种自我迷恋，使人无法理解什么是自我和自我满足，以及什么不是。因而自恋就是不断追问"这个人、那件事对我有什么意义"。人们总是不断地提出别人和外界的行动跟自己有什么关系的问题，所以很难清晰地理解其他人以及其他人所做的事情。够奇怪的是，这种自我迷恋恰恰还妨碍了各种自我的需要的满足，它致使人们在获得一个结果或者与其他人接触时感觉到"这并不是我想要的"。因而自恋具备了一种双重性：它既贪婪地迷恋着自我需要，又阻碍它们得到满足。

自恋的性格症状如今是医生治疗的各种精神疾病最常见的病因。歇斯底里症一度是弗洛伊德所处那个性压抑社会的主要疾病，但现在大体上消失了。这种性格疾病与日俱增，是因为一种新的社会促使它的精神要素得到增长；也因为在这样的新社会中，处在个人界限之外、处于公共领域之内的社会交往已不再有意义。为了避免弄错这种性格疾病得以广泛流行的社会背景，我们得小心地界定它究竟是种什么样的病症。这种性格疾病并不必然导致精神错乱，受到它影响的人也并不总是生活在一种迫切的危机状态中。承诺的退缩，对"我是谁"的不断追问，给人们带来了痛苦，但并不造成已入膏肓的疾病。换言之，自恋并非一种可能会导致自身毁灭的病症。

在性的范畴之内，自恋致使性爱和任何个人的或者社会的承诺脱离关系。在人们看来，要得知自己是谁，或者要找到一个"合适"的人来证明自己是谁，必须拥有"足够"的性经验；而对性爱作出承诺，将会限制自己获得"足够的"经验的机会。在受到自恋影响的性关系中，双方相处的时间愈长，从中获得的满足便愈少。

从人们用来描述他们自己的身体的词汇中，我们可以看出自恋和性的基本关系。巴黎有一项纵贯多年的有趣研究表明，人们利用他们的身体对自己的性所做的定义愈来愈完善，然而与此同时，对他们来说，身体的"象征化"变得愈来愈难。随着性变成一种固定在身体形式之中的绝对状态，拥有这些身体的人们越来越难以将自然界和性联系起来，比如说将某些植物当成生殖器，或者将做爱与汽缸或风箱运动联系起来。这种将身体当成绝对的性状态供奉起来的做法是自恋的，因为它使得性完全成为人的一种属性，使性变成一种状态而不是一种行为，从而将性与性经验隔离开了，一个人的性，与他是否有过性经验毫无关系。这项研究的结论是：这种自恋致使人们对身体的"隐喻的"想象减少了，也就是说，人们从物质的东西创造出一个象征符号的认知活动变少了。这也正好解释了如下问题：当一个社会从肉欲向性、从信仰情感行动向信仰情感状态转变时，为什么会出现一些破坏性的心理因素。当一个社会连性欲的公共属性都予以否认时，这种否认本身恰恰是破坏性的心理因素被释放出来的迹象。

人们体认到自恋的最常见方法通常是内省：只要我能更多地感觉到别人，只要我能真实地感觉到别人，那么我就能够和他们有一些"真实的"关系；但每次跟别人见面的时候，我好像总是没有足够的感觉。表面上看来，这种内省是一种自我责备，但隐藏在它下面的，却是一种世界让我失望的感觉。

而致使这种追求由内心的感受组成的自我认同徒劳无功的，还有另外一种破坏性因素。新的诊断访谈员①在接受培训时会碰到这种因素，以此为例，可以很好地说明这种心理因素。

在最开始的时候，新的访谈员常常急于表现出他们把访谈对象当作真实的人，而不是仅仅当成"信息来源"。这些访谈员想要平等地对待受访者，跟他们一起来发现问题。由于这种值得称赞的愿望，访谈总是以一种奇怪的情况开始：每当受访者透露出一点私人生活的细节或者感觉，访谈者也会说出自己的一个细节。在这种情况下，将别人当成"真实的人"变得像是进行亲密情感的交换：他们向你透露一点心声，你也向他们透露一点。

等到访谈员终于明白袒露自己的心声等于失去弄清楚受访者感受的机会时，他们就会开始拒绝这种相互的自我揭露的交换。如果访谈员只是提问，或者安静地坐着，等待受访者继续说下去，他们弄清楚受访者感受的机会将会大得多。过了一段时间之后，聪明的访谈员就会对这种认为如果从情感上平等对待别人就必须和对方有一种交换关系、无论对方向自己袒露什么自己都得反过来向对方袒露一点心声的观念感到不自在。而只有到了这个时候，访谈员才不再将亲密当成是一种基于交易的关系，从而开始理解什么才是真正的亲密关系。在真正的亲密关系中，自我之间也并非没有界限，但这种界限却有助于

① Diagnostic Interviewer。在西方，病人在住进精神病院之前会接受一系列的访谈，诊断访谈是第二个步骤，在诊断访谈中，医生的任务是通过对病人进行询问精确地描述出病人的症状。——译者

彼此进行真正的交流。

访谈员最初之所以会把亲密关系看作一种交易，根源在于社会上流行的一些假设。如果人们的关系近到相互了解的程度，那么他们之间应该相互袒露心声。如果两个人不再谈心，而且这种交换心声的行为已经结束，那么他们之间的关系也常常以破裂告终。这种关系之所以会破裂，是因为"再也没有什么好说的了"，双方都把对方当作"真实的"。将亲密当成交换关系自然会导致厌倦。而这种厌倦则正好促使人们坚定自恋的想法：无论人们得到什么样的满足，都会觉得这些满足并非他们全部应得的；或者反过来说，"真实的"关系并不能让人感到满足。

自我暴露的交换与自恋构成的一些条件瓦解了亲密场合中的情感表达。人们总是不断地追寻满足，而与此同时，自我却并不容许满足发生。从今天用来衡量一种关系或者一个人是否"真诚"的词语中，我们可以窥见这种自我语言的力量到底有多大。我们会谈到某些事情或者某些别的人是否和我们有私人的"关系"，在这种关系中人们是不是彼此"开放"。前一个词是用一面自我关注的镜子来照别人，后一个词则是以自我袒露的交易来衡量社会交往。

19世纪的私人生活和家庭之外的公共世界给布尔乔亚的感觉是十分不同的，这一阶级试图在两者之间保留一条分界线。两者之间的这条分界线是由一只被恐惧推动的手在肉欲的范畴中划下的，它并不明晰，而且常常被侵犯，但毕竟是一种尝试，试图维持不同的社会实在领域各自的独立性和复杂性。体面是上个世纪的布尔乔亚生活的一种本质属性，可惜它太明显了，反而被人忘记。当时人们曾努力——当然，这种努力先天不足，注定要失败——想通过区分不同的经验范畴，从一个极其混乱而且冷漠的社会中提炼出某种形式。马克思和韦伯都察觉到这种体面的存在；托马斯·曼早期的小说对它也不乏褒扬之词，但这些小说也反映了它那不可避免的分解。

如果人们在政治领域和大规模的科层组织中继续主动积极地和他们并不认识的人交往，而在此过程中对自我的寻求还是发生困惑的话，那么我们可能会敏锐地推断：之所以会出现这个问题，是因为在布尔乔亚的生活中心理因素越来越重要；这种心理问题可以看成是人们的社会参与和群体活动的结果。但实际上，有一种均衡已经达成了。人们越来越关注自我的同时，为了一些社会目的而和陌生人进行的交往也越来越少了——或者这种交往被这个心理问题阻止了。例如，在共同体中，为了能够一起行动，人们觉得他们有必要彼此认识；于是他们开始刻板地向对方揭示自己的人格特征，然后慢慢地失去协同行动的欲望。

这种在社会交往中显露个人特征，并以社会行动中体现出的人格特征来衡量社会行动本身的欲望可以从两个方面得到说明。首先，这种欲望的目的在于，通过展现个人的特征来显示自己是个真诚的社会行动者。社会行动的好坏（即真诚与否）在于执行这种行动的人的人格，而不在于行动本身。当人们说某个人是真诚的，或者说作为一个整体的社会给人们的真诚带来了问题的时候，这些话便揭示了这样一个事实：人们越重视内心的感受，就会越忽略社会行动。我们都知道好人也会做坏事，这是常识；但这些只在乎真诚的话使得我们很难将常识派上用场。

其次，这种试图使自己、自己的动机和感情显得真诚的欲望是清教徒主义的一种形式。清教徒的世界是一个自我辩解的世界，而我们现在依然生活在自我辩解的轨迹中，只不过我们的性正在得到解放罢了。这是一个非常特殊的原因。自恋的人经常会过度纠缠于诸如我是否足够好、是否够资格之类的问题。如果一个社会充满了自恋的情感，如果它贬抑行动的客观性质而夸大行动者的主观情感状态的重要性，那么行动中的这些自我辩解的问题便会通过一种"象征性的行动"系统地出现在人们面前。我们所处的文化已经不再是一种宗教文化，我们也不再相信物质财富是道德资本的一种形式，而通过不断追问这些有关自我的合法性的问题，公共关怀与私人关怀之间正在发生的平衡重新唤醒了新教伦理中各种最具腐蚀性的因素。

更加关注内心感受与更少参与社会活动之间的这种平衡本身很容易被错误地当成一个心理学问题。大家可能会说人们失去了社会行动的"意志"或者"欲望"。这些单纯描述心理状态的话是误导的，因为它们没有解释整个社会如何完全失去了它的意志，或者改变了它的欲望。说这些话是误导的，还因为它们还暗示通过治疗的方法能够让人们摆脱这种自我迷恋——仿佛侵蚀他们的社会意志、改变他们的欲望的环境会突然之间伸开双臂欢迎被改变了的人们。

死亡的公共空间

由于人们将公共领域当作空虚的并将其抛弃，人们越来越对社会抱有一种亲密的憧憬。从最为实际的层面上来说，客观环境促使人们将公共领域视为无意义之物。这可以从各地城市中的空间结构看出来。过去有少数专业人员为了工作，不得不用当今的公共生活观念进行思考，而且还得将这些观念表达出来，向其他人宣扬；那些设计了摩天大楼和其他大规模、高密度楼座的建筑师便是这样的专业人员。

纽约派克大道的利弗大厦是戈登·邦沙夫特建筑公司设计的，它是二战后最先建造的几座国际风格摩天大楼之一。利弗大厦的底层是一个开放式的广场，一座院子，院子的北面是高耸入云的大楼；在底层上面的一层，有一个低矮的结构把另外三面围了起来。但街上来的人都从这低矮的马蹄铁状楼层下面走进院子，和街道平行的那一层本身是一个死亡的空间。底层也并不举办什么活动，它仅是一条通往内部的过道。这座国际风格的摩天大楼的形式和功能并不一致，因为从形式上来说，它有一个微型的公共广场，但其功能却破坏了公共广场的本质：汇聚各色人等，举办各种活动。

这矛盾从属于一种更大的冲突。国际风格专注于在大型建筑的结构中体现出新的能见度理念。墙面几乎都是玻璃的，由薄薄的钢铁结构支撑，让建筑的内部和外部的差别融合到最小。正是有了这种技术，才有西格弗雷德·吉迪恩①所说的那种透明的理想墙壁，才能达到能见度的极限。但这些墙壁同时也是密封的障碍。利弗大厦是一种设计理念的先驱，在这种设计理念中，墙壁虽然是透明的，但也隔离了建筑内部的活动和马路上的生活；也就是说，能见度的美学和社会隔离合二为

---

① 西格弗雷德·吉迪恩(Siegfried Giedion, 1893—1956)，瑞士历史学家和建筑评论家。——译者

一了。

　　这种能见度和隔离融为一体的矛盾并非纽约所独有。在纽约，这样一种设计中的死亡空间引发了一些特殊的犯罪问题，其他城市也有类似的情况。在伦敦布卢姆斯伯里区的不伦瑞克中心和巴黎城郊正在兴建的德芳斯办公区，同样能够见到这种矛盾，而且也同样产生了很多死亡的空间。

　　不伦瑞克中心的中央是一个水泥广场，广场旁边是两座高耸的巨大公寓楼。两座公寓楼每一层逐渐向后收缩，所以每一座看上去都像是坐落在山丘之上的巴比伦式梯田城市。不伦瑞克中心公寓楼的梯田似的露台大部分盖上了玻璃，因而住在公寓中的人便有了一面玻璃墙壁，既能够让充足的阳光照射进来，又能消除内部与外部之间的障碍。这两座建筑的透光和外部空间相当抽象；在里面的人们能够清楚地看见天空，但由于这两座建筑倾斜得很厉害，在里面的人看不到布卢姆斯伯里区的周边建筑，这意味着它们和周边的建筑毫无关系。实际上，如果其中一座公寓楼的背面不全是水泥墙的话，它能让处在内部的人看到全伦敦最美丽的公园。这座建筑仿佛坐落在哪儿都一样，也就是说，它的位置表明，它的设计师根本就没有把周边环境考虑在内，对这非凡的城市背景视而不见。

　　我们举不伦瑞克中心为例，真正的目的在于它的中央广场。中央广场除了几间零零落落的商店，便是一大片空旷的区域。这个区域是用来通过的，并没有其他用途；广场稀稀疏疏散落着几张水泥长椅，但若是坐在这些长椅之上，不管坐多久，都会让人觉得极其难受，因为人们仿佛是在空荡荡的大厅中供人参观。实际上，和广场相邻的两条布卢姆斯伯里区的主要街道均有巨大的栏杆将其和不伦瑞克中心这个"公共的"广场隔离开来；而且广场本身比街道要高出几英尺。同样，就像这两座公寓楼的结构将住在里面的人和外面的街道、广场等隔开一样，这一切都是为了将不伦瑞克中心的公共区域隔离起来，免得遭到街道上的意外事故侵入，也将闲逛的人拒之栏外。玻璃墙壁做出的视觉宣言是住宅的内部和外部没有差别，而广场、大楼的结构以及栏杆做出的社会宣言则是一个巨大的障碍，隔开了不伦瑞克中心的"里面"和"外面"。

消除活的公共空间这种行为还隐含着一个更为离谱的想法：制造空间的目的就是为了流动。和利弗大厦、不伦瑞克中心一样，德芳斯区的公共空间是一个用于通过的区域，并不供人在其间活动。在德芳斯区，各座办公大楼周围的场地有少数一些商店，但这些场地的真正用途在于充当轿车或公共汽车前往各座办公楼的通道。没有什么证据表明德芳斯区的筹划者认为这个空间具备什么实质的价值：比如说各座不同的办公楼中的人可能会想到要在这个空间逗留。用一个筹划者的话来说，这些场地是"为垂直的整体调节车流的节点"。换言之，公共空间变成了运动的派生物。

由于私家车的出现，空间和流动的关系发生了变化，人们开始将空间视为流动的派生物。人们开车并不是为了欣赏城市的风光，私家车不是一种用于旅游观光的交通工具——或者说，除了那些飙车作乐的青少年司机，没有人开车是出于这个目的。私家车给人们以流动的自由，人们可以从甲地抵达乙地，而不受地铁逢站必停的制约，不用改变流动的模式（比如说坐公交车、换乘地铁、搭乘自动扶梯到人行道）。因而，城市的街道必须具备一种特殊的功能——容许流动。如果城市通过诸如红绿灯、单行道等手段给流动施加了太多的规约，开车的人会变得紧张或者愤怒。

今天，就算要到一个从未涉足的乡下地方去，我们也会对这种流动感到很自在；然而，流动同时也是最让人焦虑的日常活动。焦虑来自这样一个事实：我们将不受限制的个人流动当作一项绝对权利。私家车自然是享受这种权利的工具，这给公共空间，尤其是城市街道的空间造成了影响，使得这一空间变得毫无意义，甚至变得令人发狂，除非它能够允许人们在其中自由流动。现代流动的技术以一种消除地理条件限制的欲望改变了街道的性质。

德芳斯和利弗大厦的设计理念和交通技术正是这样接合在一起的。在这两个地方，公共空间变成了流动的通道，从而失去了它本身原本固有的任何意义。

到目前为止，"隔离"有两层意思。第一层意思是，居住在城市高密度建筑中的居民或者工人察觉不到这座建筑及其所处的环境有什么关系。第二层意思是，由于人们能够为了流动的自由而将自己隔离在一辆私家车中，在他们看来，周边的环境除了能够让他们到达流动的终点之外，再也没有任何意义。但公共空间的社会隔离，也即由于个人暴露在他人眼光之下而导致的隔离，却具有第三层含义，而且这种含义远比上面两种糟糕得多。

很多建筑师不仅在建筑物的外墙上，而且在建筑物的内部中贯彻了透明墙壁的设计理念。通过把办公室的墙壁拆掉，他们清除了视觉障碍，从而使得办公楼的整层变成一个巨大的开放空间，或者将其改建成一些围绕在一个较大的开放区域周边的私人办公室。在设计办公室的人看来，拆除墙壁有助于提高办公效率，因为如果人们整天暴露在别人的眼光中，他们就不太可能八卦或者闲聊，更有可能只顾忙自己的事情。如果每个人都相互监视，社会交往就会减少，沉默变成了彼此防备的惟一形式。这种敞开式的办公室计划带出了能见度和隔离的矛盾；我们可以反过来陈述这种矛盾。人们越喜欢交际，他们之间的实质障碍就会越多，因为他们需要公共领域中有一些仅仅为了让他们凑在一起的特殊地方。让我们换种说法，再来讲一遍：仅当和别人的亲密观察保持一些距离的时候，人类才会有交际的愿望。增加亲密接触，这样你们就会减少交际了。这就是科层组织效率的一种形式的逻辑。

人们将会在亲密的领域中追求某种置他们于更为陌生境地的东西，而死亡的公共空间正是促使人们这样做的一个原因，也是最实质的原因。暴露在公共视野中的隔离和对心理交换的过分强调是相互补充的。这种相互补充到了什么样的程度呢？举例说吧，如果一个人觉得在公共领域中他必须为自己抵御他人的监视，那么作为补偿，他就会向那些他想与之发生联系的人敞开心扉。两者之所以存在互补关系，是因为它们都是社会关系的同一种普遍变化的两个方面。我有时会用礼貌的举止和仪式所创造的自我伪装来考虑这种互补的情况。这些伪装在非人格关系中已经不再发挥作用，好像只有势利虚荣的人才会用上它们；在较为密切的关系中，它们似乎会妨碍人们看清别人。我不知道这种对社交礼仪的伪装的贬抑是否真的让我们变得比那些以狩猎和采集野果为食的原始人更加没有文化。

人们如何看待做爱的行为，以及他们在马路上的体验，这两者似乎风马牛不相及。而且即使有人认为个人的行为模式和公共生活之间确实存在这样的一些关联，他可能也会理性地认为这些关联的历史渊源并不深。正是二战后出生的一代使自己从性束缚中解放出来，并因而转向了自己的内心；正是在这个时代之中，公共领域遭到了最为严重的物质破坏。然而，本书认为，失衡的私人生活与空虚的公共生活的这些嚣张符号有一段长时间的形成过程。古代政制①的衰落，以及一种全新的、资本主义的、世俗的城市文化的形成引发了一种变化，而它们正是这种变化的后果。

公共领域的变化

"公共"和"私人"这两个词的历史，是在西方文化的语境中理解这种基本变化的关键。在英文中，"公共"这个词最早有记录可寻的用法是将"公共"和社会的共同利益联系起来。例如，在1470年，马洛礼②曾说过"卢奇乌斯皇帝……罗马公共福利的独裁者或者获取者"。七十余年之后，"公共"这个词多了一层意义，而且这层意义已经非常明显，一般人也能察觉得到。在《1542年纪事》中，霍尔③写道："他们无法约束内心的恶毒念头，而是在公共场合，也在私人场合发泄出来。"在这里，"私人"的意思是特权，意味着在政府中拥有很

---

① Ancient Regime（古代政制）这个词一般指西方的封建制度，也有译为"旧制度"的；作者对这个词的特殊用法，请参见本书第三章。——译者
② 马洛礼（Thomas Malory, 1405—1471），英国作家。——译者
③ 霍尔（Edward Hall, 1495—1547），英国历史学家和律师，《1542年纪事》（*The Chronicle of 1542*）是他的作品。——译者

高的地位。到了 17 世纪末期，"公共"和"私人"的对立慢慢变得接近于我们现在对这两个词的用法了。"公共"意味着向任何人的审视开放，而私人则意味着一个由家人和朋友构成的、受到遮蔽的生活区域。所以斯蒂尔①在 1709 年的一期《塔特勒》杂志中写道："人们的公共行动和私人行动……都受到了影响。"在 1726 年的《传道书》中，巴特勒②写道："每个人都应该具备两种能力，私人的能力和公共的能力。""到公共场合去"（斯威夫特③）这个短语意味着社会已经认可了"公共"这个词的地理学含义。在今天的英文中，这些较为古老的含义并没有彻底消失，但这种 18 世纪的用法给这两个词在当代的含义提供了参照。

法语中，"公共"这个词的各种书面意义也大同小异。文艺复兴时期，这个词主要用于指称共同利益和政治群体，慢慢地，"公共"也变成了一个特殊的社会交际领域。"公共"这个更加现代的定义最初出现在 17 世纪中叶的法国，它最初是指那些观赏戏剧的公共人物；奥尔巴赫④曾对此做了详尽的研究。路易十四时代的流行语 la cour et la ville（宫廷与城市）指的就是这种剧院中的公共人物。奥尔巴赫发现，这类剧院中的公共人物实际上是由一群社会精英组成的——其中宫廷中人比较

① 斯蒂尔（Richard Steele, 1672—1729），英国作家、政治家，于 1711 年和他的朋友约瑟·亚蒂森（Joseph Addison, 1672—1719）共同创办了《观察者》杂志（*Spectator*）。——译者
② 巴特勒（Joseph Butler, 1692—1752），英国神学家、哲学家，《传道书》（*Sermons*）是他于 1726 年出版的著作。——译者
③ 斯威夫特（Jonathan Swift, 1667—1745），爱尔兰作家和新闻记者，《格列佛游记》的作者。——译者
④ 奥尔巴赫（Erich Auerbach, 1892—1957），德国文字学家、文学批评家。——译者

多，而城市人比较少。在 17 世纪的巴黎，"城市人"是一个非常小的群体，这些人并非贵族出身，而是靠做生意起家，但他们的言谈举止却掩盖了这个事实。他们这么做倒不是觉得自己的出身不光彩，而是为了更好地和宫廷中人进行交流。

到了 18 世纪初期，不管是在伦敦还是在巴黎，"公共人物"和"公共场合"的含义都得到了拓展。布尔乔亚变得更少在乎掩饰他们的出身了，这类人更多了，他们居住的城市变成了九流三教之间各有联系的世界。因而，等到"公共"这个词获得了其现代意义，它不仅意味着一个处于家人和好友之外的社会生活领域，还意味着这个由熟人和陌生人构成的公共领域包括了一群相互之间差异比较大的人。

有一个词顺理成章地被用来指称这个差异性很大的城市公共领域，这个词就是"大都会"。根据 1738 年的记录，在法语中，一个生活在大都会中的人也就是一个能够自如地出入各种不同场合的人，他能够自在地出席那些和他所熟悉的东西没有关系或者相似之处的场合。这个词在英语中出现同样的意思比在法语中要早一些，但在 18 世纪之前，这一含义并没有得到广泛使用。考虑到走进公共领域的新含义，居住在大都会的人正是完美的公共人。早年的英文中有一个用法预示了这个词在 18 世纪的布尔乔亚社会中的通用含义。霍维尔①在《尺牍》(1645)中的一封信中写道："我，一介书生，一个真正的大都会居民，不是出身于地主商贾、官宦豪贵之家，颤抖着走进这个世界。"祖上没有传下财富或者封建特权，这个大都会居民不

---

① 霍维尔(James Howell, 1594—1666)，英国作家。——译者

管是否喜欢世俗的多元性，总得走进去，别无选择。

因而"公共"意味着一种在亲朋好友的生活之外度过的生活；在公共领域中，各不相同的、复杂的社会群体注定要发生相互的联系。而公共生活最为丰富之地，则莫过于一个国家中最主要的城市。

这些语言的变化关乎 18 世纪大都会的行为与信念的情况。随着城市的发展，独立于皇室的直接控制之外的社会交际网络也发展起来，可供陌生人经常聚会的地方越来越多。正是在这个时代，人们在城市兴建了许多大型的公园，还第一次在马路上设置人行道，专供行人漫步放松之用。正是在这个时代，咖啡屋①、咖啡厅和客栈成为社交的中心；正是在这个时代，戏院和歌剧院通过公开售票广纳观众，而不是像过去那样将座位分配给赞助演出的贵族。城市的娱乐消遣活动已经从一个社会精英的小圈子向社会各色人等扩散，因而就算是引车卖浆者流，也开始养成了一些社会交际的习惯，比如说在公园中散步；在过去，这种行为可是社会精英才能享受到的，只有他们才能在私家花园中散步，或者到戏院"打发"一个夜晚。

不管是出于必需的社会交际还是出于休闲的社会交际，它们的模式已经变得适于陌生人之间的交往，再也与世袭的封建特权或者由皇室确立的垄断控制无关。在 18 世纪的城市中，市场跟中世纪晚期或者文艺复兴时期的那些市场不一样了；市场内部出现了竞争，售货的商贩争相吸引一群大部分陌生的流动买家的注意力。随着货币经济的扩张，信用、会计和投资模

---

① 咖啡屋(Coffeehouse)不同于下文的咖啡厅(Cafe)，前者只出售咖啡，后者除了出售咖啡之外，还兼售红酒、点心等。——译者

式越来越合理化，在办公室和店铺中也可以进行交易，而且交易越来越基于非人格的基础上。当然，如果认为这些扩张中的城市的经济和社交一下子就取代了原来的商业和娱乐模式，那就犯错了。当时工业生产的扩张甚少得到约束，在这样的情况下，原来的个人规约模式和新的交往模式共同存在，这种共存正适合一种在陌生人之间度过的生活。

如果以为造就一种适合于拓展中的城市和日益增长的布尔乔亚的社会纽带是轻而易举的事情，那也不对。人们焦急地试图创立话语的模式，甚至是衣着的模式，这些都给城市新出现的局面以秩序。人们还将这种生活和亲朋好友构成的私人领域区分开来。他们在寻求公共秩序的原则时，常常求助于那些按理来说适用于正在逝去的时代的话语、穿衣和交往模式。这些模式在新的情况下显得格格不入，他们试图迫使其发挥作用。在这个过程中，中世纪晚期社会的诸多不平等被移植到一片新异的领土上，并且统统变得更加令人痛苦和更加令人喘不过气来。没有必要为了赞赏古代政制时期大都会的公共生活而将其浪漫化；当时的各种社会条件一团糟，人们急于建立新的社会秩序；这导致古代政制的矛盾激化到不可收拾的地步，从而给当时人们尚未完全理解的一种群体生活创造了诸多良好的机会。

18 世纪各国首都的居民非但在行为上，而且也在理念上厘清了公共生活是什么，以及公共生活不是什么。当时的人认为有教养的行为就是大都会的公共行为，而家庭内部的行为则可以视为人类天性的行为；这两者之间的制衡，则是通过在公共领域与私人领域之间划一道界限而得以实现的。他们认为所谓教养与天性是自相矛盾的，他们这种看法的复杂性正在于，他们拒绝偏爱某一方，而是让两者维持一种均衡的状态。在18世纪的人看来，若要实现从生物人到社会人的转变，人们必须从和陌生人的交往中得到情感的满足，然而又和他们保持一定的距离。与之相反，在人们看来，为人父母、与朋友深交的能力则是与生俱来的禀赋，而不是后天的社会属性。人在让自己进入公共领域的同时，也在私人领域实现了他的本性；这种私人领域，主要是他在家庭中的体验。人们既想当有教养的人，又想保持天性；大城市的公共生活和私人生活的分界线体现了这两种想法之间的冲突，这些冲突不仅影响到当时的上层文化，还渗透到更为世俗的领域中。在儿童培养手册中，在道德伦理的规范中，以及在人们关于人权的常见看法中，都可以找到这些张力的痕迹。公共领域和私人领域共同创造了一种我们今天称为社会关系的"总和"的东西。

18世纪的城市追求公共秩序的斗争，以及公共领域的要求与私人生活之间的冲突，构成了一种连贯的文化，尽管和其他任何时期一样，这个时期也存在例外、变项与其他文化模式。但启蒙时代确实有一种公共领域与私人领域之间的平衡，支撑这种平衡的，则显然是有关公共和私人的观念的基本变化。这一变化是18世纪末期的大革命和18世纪之后国家工业资本主义的兴起所带来的。

有三种力量推动了这一变化：首先是19世纪的工业资本主义和大城市中的公共生活之间所发生的双重关系；其次是世俗主义始于19世纪的变革，这种变革影响到人们如何看待陌生人和未曾见过的人；最后是古代政制时期的公共生活的结构本身所具有的一种力量，这种力量后来遭到了削弱。但是由于这种力量的存在，公共生活在 18 世纪末的政治和社会狂飙中没有立即死去。公共领域自身得以伸延至 19 世纪，表面上看来依然完整，尽管实际上内里正在发生变化。这种延续性对世俗主义和资本主义的新力量的左右，并不亚于它们对它的影响。我们可以拿公共生活的变化来跟一些运动员的衰弱过程进行比较。这些运动员曾经非常强壮，所以虽然青春不再，他们的力量似乎依然毫不减少，然后他们会在突然之间显示出早就从内部蚕食他们的身体的衰老。由于这种特殊的原因，古代政制时期公共性的各种标志离现代生活并没有我们一开始想象的那么远。

工业资本主义和城市公共文化的双重关系首先体现在由资本主义于 19 世纪的布尔乔亚社会中引发的私有化压力上。其次体现在公共物质生活的"神秘化"上，尤其是体现在由批量生产和大量销售引起的服饰变化上。

在 19 世纪，虽然不论是赢家还是输家，都无法理解资本主义经济秩序带来的冲击，但资本主义在这个时期造成的创伤，却促使人们想尽一切办法来抵御这种冲击。控制和影响公共秩序的意愿慢慢消退了，人们把更多的精力放在为自己抵御公共秩序上。家庭变成了抵御工具的一种。在整个 19 世纪，家庭变得越来越不像一个特殊的、非公共领域的中心，而是越来越像一个理想的避难所，一个完全自在的比公共领域具有更高道德价值的世界。由于家庭生活中的秩序和权利是自发的，所以布尔乔亚把家庭理想化了；在他们看来，真正的婚姻之爱伴随着身体存在的安全，和家庭成员交往不用像和外人往来那样处处提防。家庭既然变成了一个抵御各种社会暴力的避难所，它也就慢慢地变成一根道德标尺，被用来丈量大城市的公共领域。以家庭关系为标准，人们不再像启蒙时代的先辈那样将公共领域当作一套有限的社会关系，而是从道德上贬低公共生活。隐私和稳定在家庭中得到了统一，而在这种理想秩序的映衬之下，公共秩序的合法性遭到了质疑。

工业资本主义也同样地并且直接地对公共领域的物质生活本身产生了影响。例如，服装的批量生产，还有个体经营的男女裁缝师对批量生产的服装款式的采用，意味着大城市的公共领域中很多不同的组成部分开始以同样的面貌出现，也即意味着各种公共标记正在失去相互区别的形式。然而没有人会真的认为社会因此就变得同质化了；机器致使社会差别——都是一些重要的差别，人们如果想适应一个迅速扩张的陌生人世界，就得了解这些差别——变得隐蔽了，陌生人变成一个更加难以识破的谜团。很多种机器生产的商品第一次在大型的商业环境——也就是百货商店——中出售，然而机器生产在公众中取得成功，靠的并不是实用的功能或者低廉的价格，而是对这种神秘属性的放大。尽管物理性的商品越来越趋于一致，但在广告中，它们却被赋予了各种人类的属性，变成了一些勾起消费者欲望的神话，消费者若想了解这种神话，则必须先拥有该商品。马克思管这种现象叫作"商品拜物教"；批量生产、外表的同质性、赋予物质的东西以亲密人格的属性或联想，这三者合而为一，使很多人感到震惊，马克思只是其中之一。

因而，资本主义和公共领域的相互影响体现在两个方面：其中一个方面是人们从公共领域向家庭撤退，另外一个方面是人们对公共形象的物体产生了一种新的迷惑，不过这种迷惑可以转变成一种好处。因此，虽然人们可能做出这样的推断，认为工业资本主义是致使公共领域失去其合法性和连贯性的惟一因素，但这个推论本身是站不住脚的。到底是什么让人们认为这些如此一致的物品能够唤起他们的心理联想呢？为什么会认为一件物品具有人的属性呢？这种观念能给少数人带来利润的事实并不能解释大多数人持有这种观念的原因。

这个问题涉及第二种改变从古代政制时期继承下来的公共生活的力量，这种力量导致了关于世俗生活的信念的改变。这种信念就是世俗主义。只要世俗被当成是神圣的反面，那么世俗主义的意义就是确凿无疑的。把它当成一套使世界上的事物和人能够得到理解的符号和想象系统比较妥当。我想下面的定义是最好的：在我们死亡之前，世俗主义是一套关于事物为什么会是它们现在这个样子的信念；一旦我们去世，这套信念便不再起作用。

从18世纪到19世纪，世俗的词语变化极大。在18世纪，当"事物与人"被用来指称自然秩序的一部分时，人们能够理解这个短语。这种自然秩序既不是一种触碰得到的物理的东西，也不曾被俗世的东西所囊括。一株植物或者一段情感在自然秩序中占有一席之地，但是却和自然秩序的定义毫无关系。因而，自然秩序既是一种先验的观念，也是一种世俗的观念。这种观念非但渗透在科学家和其他知识分子的作品中，而且还影响到日常生活的一些方面，例如对儿童教育的看法，或者对性事的道德判断。

19世纪兴起的世俗主义完全是无神论的。它赖以奠基的是一套内在论的学说，而不是一套先验的理论。直接的感觉、直接的事实、直接的情感，所有这些无须放在一个先验的框架之中才能够被理解。事实本身比任何学说更加可信——或者毋宁说各种事实的逻辑关系变成了一种学说。18世纪的关于自然秩序的观念——在自然秩序中，现象占有一席之地，但自然超越了现象——因此被改变了。这种新的观念既影响了物理学，也影响到心理学。到了1870年，如果有人能够找出"一种感觉"出现时的各种实质的外在因素，并且能够找出"这种感觉"得以表露出来的各种实质的符号，那么人们便会相信他对"这种感觉"的研究是有独立意义的。自然而然，人们不能将任何外在因素或者符号当作不相关的而将其排除在外。在一个内在性成为世俗知识的原则的世界上，一切事物都必须被计算在内，因为一切事物都可能发挥作用。

世俗知识系统的这种重构对公共生活产生了巨大的影响。它意味着人们在公众场合的外表无论有多么神秘，都必须得到认真对待，因为它们可能是揭示隐藏在伪装之后那个人的线索。一个人无论打扮成什么样子，他的外表总是有一定程度的真实性，因为它是实质的。实际上，如果这个人的外表让人看不透，那就更值得认真对待了：在什么样的情况下，人们会对它视若无睹，又在什么样的情况下，人们会辨认出它的特殊性呢？当一个社会信奉事物自身都有其意义的原则时，这个社会的认知工具必然会包含一种深度自我怀疑的要素，因为任何辨认行为都可能会发生错误。19世纪那些不断增加的矛盾中的一个就这样出现了；人们虽然想逃离公共领域，想把自己关进一个占据道德高地的私人领域，但他们同时也担心，随意地将自己的经验划分进公共的和私人的范畴，反倒可能是一种自讨苦吃的行为。

在这种新的世俗秩序之下，幻想物品具有心理因素是符合逻辑的。当信念被内在论的原则所把持时，感知者与感知对象之间、内部与外部之间、主体与客体之间的差别就被破坏掉了。如果一切都可能有重要的意义，那么我如何还能够区分什么和我的个人需要有关，以及什么是非人格的，和我的直接经验范畴无关？可能一切都有关，可能一切都无关，但我如何能够知道？因此我必须不去区分客体的范畴和感觉的范畴，因为我在区分它们的时候可能会创造出错误的障碍。一个世纪之前，人们以科学的名义，对客观性和坚定不移地追求客观事实大唱赞歌；实际上，这种行为无意之间为当前这个主体性狂飙突进的年代做好了准备。

如果说工业资本主义侵蚀了公共生活在人们心目中的道德合法性，那么这种新的世俗主义则通过一条相反的途径侵蚀了这个领域。也就是说，在新世俗主义的影响之下，人们终于明白了这样的道理：凡是激起人类情感、让人迷惑或者仅仅是引发人们注意的东西，从逻辑上来说，都不可以将它排除在人们的私人生活领域之外，也不可以认为它缺乏一些有待发现的、重要的心理属性。然而，资本主义和世俗主义加起来，依然不是促使公共领域发生变化的全部因素。认为导致公共领域发生变化的仅仅有这两个因素的看法是片面的。因为如果只有这两种力量相加，结果只会是彻底的社会灾难和认知灾难。所有人们耳熟能详的、灾难性的陈词滥调——诸如异化、社会解体之类的——将会变成现实。说真的，如果这个关于公共领域如何被分解的故事到此为止，那么我们应该预料那些布尔乔亚成员中会发生大规模的暴乱、政治风暴和愤怒，而且这种愤怒虽然本质上不同于 19 世纪的社会主义者希望在城市无产阶级中激起的那种愤怒，但其暴烈程度将会是一样的。

世界虽然出现了新的经济和意识形态力量，但已经确立的城市文化却得到了扩张，正是这种扩张抵消了上述两种因素的破坏作用，并且在各种非常痛苦和矛盾的情感之中将一些表面的秩序维持了一段时间。历史学家通常看不到这种文化的延续性。当历史学家将革命视为"分水岭"，或者将工业资本主义的到来当作"革命"的时候，他们常常诱导读者产生这样的幻觉：革命之前有一个社会，这个社会在革命期间消失了，而革命之后，则产生了一个新的社会。这种观点等于把人类历史视为飞蛾的生命循环。不幸的是，就研究城市而言，没有什么比这种虫蛹化蝶式的人类历史理论更糟糕的了。诸如"城市-工业革命"和"资本主义都会"（这是政见相反的两个作家笔下的用语）之类的词组都隐含着这样的意思：19 世纪之前的城市是一回事，资本主义或现代主义发挥其作用之后的城市完全是另外一回事。这种观点的错误还在于它没能弄清楚一种生活条件如何和另外一种混为一起；也就是说，它既没有理解文化的延续性，也没有理解这种延续性——跟其他任何从上一代继承下来的东西一样——给新的一代带来了什么样的问题。

布尔乔亚的成员依然认为，人们在"公共领域"中所感受到的情感和人际关系，是在其他任何社会场合或者背景中所体验不到的。古代政制时期的城市的遗产以另外一种方式和工业资本主义的私有化冲动统一了。公共领域是一个违反道德的行为时有发生并且得到容忍的地方，在公共领域中，人们可以违背各种礼仪规范。如果说私人领域是一个可供人们逃避各种社会暴力的避难所，是一个通过将家庭理想化而建造出来的避难所，那么人们也可以通过一种特殊的体验来逃避这个理想场所的各种负担。这种特殊的体验就是人们在陌生人中穿行，或者更重要的是，人们在一群故意和他人保持陌生关系的人中穿行。

对男人和女人来说，作为一个不道德领域的公共领域意味着相当不同的东西。对女人来说，它是一个危险的地方，会让人失去贞操，弄脏自己，会使人被卷进"紊乱而猛烈的漩涡"（萨克雷语）。公共领域和耻辱的观念紧密地联系在一起。而对一个布尔乔亚男子来说，公共领域的道德色彩则大不相同。他在家庭中为人夫，为人父，道德规范在他身上施加了诸多束缚；通过到公共领域中去，或者像一个世纪之前人们在日常谈话中不时提到的那样，"让自己消失在众人之中"，他可以从这些非常压抑和专制的束缚中抽身而出。所以对男人来说，他们暗地里把这种不道德的公共生活当成一片自由的乐土，而不是和女人一样，将其视为耻辱之地。例如，在 19 世纪的餐厅中，如果一个体面的女人单独和一群男人共进晚餐，就算她的丈夫在场，也会招来人言物议；然而，如果有一个布尔乔亚男人和一个下等阶层的女人在外面吃晚饭，他身边的人却会对此缄口不言，尽量不予提及。正是由于这个原因，维多利亚时期男人的性事有时候比后人想象的更加公开；因为这些性事发生在一个依然远离家庭的社会空间；它们是"外面的"，处于道德的管辖之外。

再者，到 19 世纪中叶，对个人人格的形成来说，通过和陌生人相处而获得的经验已经变得非常必要。如果没有和陌生人打交道的经验，那么一个人的人格优点就不可能得到发展——这个人可能太嫩了，太天真了，无法在社会上混得开。19 世纪 70 年代或者 80 年代的儿童教育手册或者青少年读物中，我们可以一再看到自相矛盾的论题：一方面劝解读者要避开和陌生人相处带来的危险；一方面又要求读者彻底学习世间的这些险恶，以便能够变得坚强，以便能够认识这些潜在的威胁。在古代政制时期，公共的经历和社会秩序的形成联系在一起，而在 19 世纪，公共的经历变得和人格的形成有关了。19 世纪的时候，无论是在各种名垂青史的文化杰构中，还是在日常生活的观念系统中，世俗的经验都被当成是自我发展的一种前提。无论是在巴尔扎克的《幻灭》中，还是在托克维尔①的《回忆录》里面，抑或是一些社会达尔文主义者的作品中，我们都可以看到这种观点的存在。一方面，人们依然相信公共体验有其价值；另一方面，新的世俗主义信条促使人们认为所有的经验都有同等重要的价值，因为对自我的形成来说，所有的经验都有一种同样的、潜在的重要性。这两者合在一起，便产生了这种令人痛苦而且难以理喻的普遍观点。

最后，我们需要追问，在当今这个时代的日常经验中，我们还能找到这场发生在 19 世纪的变化遗留下来的哪些痕迹。诸如私有化、商品拜物教或者世俗主义等诸多貌似抽象的因素以什么样的方式影响到我们的生活？在当今关于人格本身的各

---

① 亚历克西·德·托克维尔（Alexis de Tocqueville, 1805—1859），法国哲学家、政治学家。——译者

种观念的范畴中，我们可以找到四种跟过去有关的联系。

现在中的过去

在今天的日常语言中，人们会说起"无意间"做了某件事，或者"潜意识"的无心快语将自己的真实感受暴露给别人。尽管从任何严格心理分析的意义来看，这种说法其实等于什么也没说。但它揭示了一种信念，即认为情感的暴露不受人们的意识控制；这种信念是在公共生活与私人生活渐渐变得失衡的 19 世纪中形成的。到了 19 世纪末，这种不自觉的性格状态暴露的观念在日益繁荣的头相学和贝蒂隆犯罪测量法中显露得最为清楚。前者是通过脑袋的形状来辨别一个人的性格，后者则是一些心理学家所采用的办法，通过头骨和其他身体特征来判断一个人将来会不会犯罪。在这两种学说中，个人的心理特征如何，是可以通过身体的形状看出来的，而且其显露也不受本人的意识所控制；人格是一种不需要引导、更不需要塑造的状态。在更为精确的观念中，比如说像在达尔文的学说中，瞬间的情感状态也被认为是不经过意识控制而暴露出来的；实际上，早期的心理分析研究多数基于一个源自达尔文的原则——也就是说，成年人中的这种情感活动过程可以被研究，因为它逃过了成年人的控制和意愿。从更为广阔的层面看，维多利亚时代的人认为他的衣着和言谈揭示了自己的性格特征；他既担心自己无法控制这些迹象，也担心这些迹象在无心的快语和手势，或者不自觉流露出的自恋中被别人逮个正着。

结果是，私人感觉和它的公共表达之间的分界线能够在个人意识的控制能力之外被抹掉。公共领域和私人领域之间的界限再也不是由一只绝对的人类之手所划定的了；因而，尽管人们依然相信公共领域仍有其独立的地盘，但再也不把发生在公共领域的行为视为社会行动了。认为性格在公共场合会不受意识控制地暴露出来的这些观念，在今天普遍被人归为"潜意识"一类的行为上还能找到其影子。

19世纪这场危机的第二种痕迹存在于当今常见的政治话语中。如果一个领导人能够讨好那些利益和他的信念、选民或者意识形态背道而驰的群体，我们会说他是"可靠的""卡利斯玛式的"或者值得信赖的"。在现代的政治中，如果有领导人说出如下的话，那么他就葬送了自己的政治前途：忘记我的私人生活吧，你们只要知道我是个多么好的立法者或者行政长官、只要知道我当选之后会采取什么行动就够了。可是，如果一个保守的法国总统和一个工人阶级家庭共进晚餐，那么即使他刚刚在前几天提高了制造业工资的所得税，即使他仅仅由于新任的美国总统亲自做早餐就认为这个总统比其可耻的上任更加"诚恳"和可靠，我们也会显得兴奋不已。这种政治的"可靠"是私人想象对公共想象的叠加，而且，它也是在19世纪中作为这两个领域之间的行为和意识形态的混淆的后果而出现的。

正如之前指出的，心理想象被叠加在公共领域的事物之上。这种过程也曾发生于站在街头人群面前的政治家行为中，尤以在1848年的大革命期间发生的为明显。当人们见到某个人在公众场合的举动时，他们感知到的是这个人的意图和性格，所以他说的是不是可信，取决于他是个什么样的人。如果人们在公众场合观察到的这个人是一名政客，那么此类叠加便具有一种非常深刻的反意识形态效应。在这里，我们是在纯粹的政治意义上使用反意识形态这个词的。如果一种抨击社会不良现象的观点或者一种改良社会的设想是否可信，完全取决于听众在某个特定的时刻对倡导此类事业的人的性格有多少赞同，那么，这些观点或者设想如何能够证明自身的重要性，如何能够激起持续的行动呢？在这些条件之下，公共表达的系统变成了一种个人表述的系统；公共人物向其他人说出他的感觉，而取得人们信任的，也正是他这种个人感觉的表述。这种私人领域对公共领域的叠加在布尔乔亚的听众中受到尤为热烈的追捧；但他们只求让其他社会阶层较低的人也相信这种叠加，从而通过将布尔乔亚关于"体面"的诸多信条强加到真诚的人格之上，以便实现其阶级统治就够了。简言之，当今有关公共场合的"真诚"的观念，其根源是一种在 19 世纪的阶级斗争中开始使用的意识形态武器。

第三种联系涉及百余年前的人们采用的一种防卫机制，他们既用它来防御他们自己关于非自愿的性格暴露的观念，也用它来抵制公共想象和私人想象的叠加。通过一条奇怪的路线，这些防卫机制促使人们将表演艺术家提升到一个特殊的地位上；如同当今，艺术家开始被视为公共人物。

如果人们无法控制自己的感觉的流露，如果公共场合的所有情感、宣言或者观点是否可信，均取决于讲话的人的性格，那么人们如何能够避免被看穿呢？惟一有保障的防卫机制就是让自己远离感觉，让自己没有感觉可以表露。今天，人们指责维多利亚时期的社会有太多的清规戒律，并将这些清规戒律视为势利风气和谈性色变的结合物。但除了这些原因之外，还有别的缘由，这一缘由就算不比前两个更加可信，至少也比它们更加好理解。当时的人们认为感觉和情感一旦被激发，便会暴露出来，而自己没有能力去掩饰它们；在这样的社会大环境中，让自己远离感觉是保护自己免遭某些伤害的惟一办法。例如，为了掩盖自己的性格，人们尽可能少地佩戴珠宝和罕见的饰品，以免引来别人的注意；从技术条件上来说，服装厂家能够轻而易举地制作各种款式不同的衣服，但正是由于这个原因，很少有厂家热衷于生产那些流行一时的服饰。

与此同时，人们想方设法，使自己的外表尽量显得普通。他们开始要求戏服要准确地显示剧中人物的性格、经历和社会地位。在以中世纪为背景的历史剧中，演员的外表应该和中世纪的丹麦王子或者罗马君主在人们心目中的样子一模一样；在闹剧中，戏服和表演动作的风格化非常明显，如果有个演员踏着装腔作势的步伐，迅速地走上戏台，哪怕他还没有开口，观众只要看他一眼，就知道他演的是一个坏人。和生活中的情况不一样的是，在表演艺术中，观众将会看到一个人性格鲜明，敢爱敢恨。在古代政制时期，演员和音乐家都是奴仆，但此时他们的社会地位被抬得很高。表演家的社会地位得到提高，是因为他们显示出的人格虽然在道德上不无缺陷，却非常有说服力，而且令人兴奋；布尔乔亚生活中的一般人格则完全与此相反，在常见的布尔乔亚生活风格中，人们试图通过压抑感情来避免被人识破自己的性格。

在这个日益变得亲密的社会——在这个社会中，性格的表露不受意志的控制，私人领域被叠加在公共领域之上，避免被他人看穿的防御机制是不再拥有感觉——之中，人们在公共场所的行为从本质上得到了改变。人们若想参与到公共生活——尤其是街头生活——之中去，而又不被这种公共生活所淹没，惟一的方式便是在公共场所中保持沉默。在 19 世纪中叶的巴黎和伦敦，在 19 世纪中叶之后的欧洲其他国家的首都，有一种行为模式逐渐形成。这种模式和伦敦或巴黎在一个世纪之前的行为模式不一样，或者说和当今西方之外的世界的行为模式不一样。人们形成了这样的观念：人们没有权利找陌生人说话，每个人都有一个作为公共权利的无形盾牌，也就是每个人都有不被打扰的权利。公共行为是一种仅供观看的举止，是一种只能被动参与的活动，是一种带有窥淫癖意味的举动。巴尔扎克称之为"眼睛的盛宴"，每个人都暴露在别人的眼光之下，每个人都无法拒绝自己看到的景象，因而人们不用参与公共行动，自然而然地成为公共场景的一部分。被人们视为权利的这道无形的沉默之墙意味着对公共领域的了解只能通过观察来获取——观察各种场景，观察其他男人和女人，观察各种场所。人们再也不通过社会交往来了解公共领域了。

现代的公共生活中无所不在的这种透明状态与隔离状态的矛盾，根源就在于 19 世纪形成的在公共场所保持沉默的权利。人们既要投身于混乱而又充满吸引力的公共领域，又要强调自己有不受别人打扰的权利，于是出现这种在别人的眼光之中保持隔离状态的结果，自然也就是理所当然的事情了。

要谈论 19 世纪的公共生活危机留下了什么遗产，就必须谈到各种相当多的因素；例如一方面要谈到资本主义和世俗主义，另一方面还得考虑四种心理条件：不自觉的性格暴露，公共想象和私人想象的叠加，通过让自己远离感觉的防卫机制，以及在公众场合的沉默。自我迷恋是通过否定 19 世纪的这些难题来解决它们的尝试。亲密性是通过否定公共空间的存在来解决公共问题的尝试。而无论作出什么否定，这只会使得那些较具破坏性的历史因素变本加厉。总而言之，19 世纪尚未结束。

第二章　角　色

公共生活与私人生活的失衡引起了很多现代作家的关注，也困扰了他们。这种困扰可以分为两类。

首先是这个题目太庞大了，所以很难把握。这些作家关注的领域各不相同，有人勘察城市公共空间遭到的侵蚀，有人研究政治话语如何向心理学术语转变，有人追溯艺术家如何被捧到公众人物这一特殊地位上，更有人关注不体现个人感情或性格特征的事物如何被贴上道德败坏的标签。同样也是由于研究范围太大的原因，人们很难弄清楚到底哪一种特殊经验、哪一种"资料"才和这个庞大的主题有密切关系。例如，一般人认为，郊区的会客厅取代城市的街道和广场而成为社交的中心这一事实可能和与日俱增的自我关注有某些关系。但这究竟是一种什么样的关系呢？它产生了什么样的后果呢？

第二种困扰比较难以说清楚。虽然上述的研究课题有其共同的性质，但从对它们进行论述的作品看来，这些作家并没有切中问题的肯綮，或者说他们在不知不觉间将笔端引向了别的话题，所以在他们的作品中，一时半会看不出公共领域遭到侵蚀的端倪。问题在于容许人类表达感情的社会环境。哪些社会条件促使人们以这样一种会引起同情或者兴奋的方式将自己的情感表露给他人？在哪些条件之下，人类会发挥他们的创造力来表达自己的日常经验？这两个问题等于问，如果人类曾经自然地、不动声色地应用这些在今天的人们看来只存在于艺术这个特殊领域的行为方式，那么是什么时候呢？多数论述自我迷恋这一社会现象的著作认为，自我迷恋使人们无法向他人表达自己的想法，让我们成为失去艺术的艺术家。但是，这种由于人们孜孜不倦地追求亲密性而受到侵蚀的艺术到底是什么呢？

表达是否成功，跟用什么表达方式有一定的关系。在自我迷恋中分崩离析的艺术就是表演的艺术。表演若要获得成功，则必须有一群陌生的观众；但表演在亲近的人中是没有意义的，甚至是有害的。以风俗、习惯和礼仪等形式出现的表演恰恰是构成各种公共关系的要素，也恰恰是公共关系派生出情感意义的原因。公共场所越是遭到社会环境的侵蚀，人们就越少有地方可用来操练这种表演的能力。亲密性社会中的成员变成失去演技的演员。这些表演的模式就是"角色"。因而，研究公共"角色"的历史变化，可以被当成一种方法，我们可以用它来理解公共领域和私人领域在现代文化中的此消彼长。本书采用的，正是这种方法。

因为当今的社会分析是在各种语言的大杂烩中进行的，先澄清一些用于描述心理需求和社会规范在现代文化中的失衡的流行观念，或许不无助益。那些直接宣称他们在研究这个课题的人可以分为两个相当不同的派别。其中一个派别关注的是社会施加在心理图景之上的道德条件；另外一个派别则试图利用马克思学派的术语来阐述这种变化的诸多历史原因。

道德派较为关注的是这种历史失衡给人类的表达造成了哪些问题；然而，他们并没有借此提出某种关于社会的创造性潜能的理论，而是纠缠于一种特殊的现代矛盾：当人们关心情感的表达时，他们本身恰恰是不擅于表达的。许多作品对这一矛盾都有提及，例如德国社会学家西奥多·阿多诺的《真诚的语言》①。许多法国的心理分析学家抨击了把主观感受当作事实的观念；而最近也是最为猛烈的抨击是莱昂内尔·特里灵②最后的几部作品。

　　生前最后几年，特里灵著书论述现代文化中关于"无边界的"自我的观念。这些著作的第一本是《诚与真》。特里灵这本书的主旨是揭示那些导致自我揭露并不成为一种表达行为的条件。他的研究特别有助于我们理解体现了这一事实的语言变化：19世纪之前，人们会说一个人是否诚恳；但在19世纪之后，人们会说一个人是否真诚。在特里灵笔下，诚恳指的是人们将私人领域的感觉在公共领域中说出来；至于真诚，则是直接向另外一个人说出自己的感觉意图。真诚的模式消除了公共领域和私人领域的差别。过去人们认为心下讨厌某个人却不告诉他是一种人道的表现，还将伪装和自我压抑视为有道德的行为；但在真诚的引导之下，人们不再持有诸如此类的观念。自

---

① 西奥多·阿多诺（Theodor Adorno, 1903—1969），德国社会学家、哲学家、钢琴家、音乐学家和作曲家，法兰克福学派的中坚分子。《真诚的语言》指阿多诺于1964年出版的 *Jargon der Eigentlichkeit: Zur deutschen Ideologie*（《真诚的黑话：论德意志意识形态》）一书，作者写这本书时该书尚未出英文版，他自行将书名译为 *The Language of Authenticity*。该书英译本于1973年以 *The Jargon of Authenticity*（《真诚的黑话》）为名出版。——译者

② 莱昂内尔·特里灵（Lionel Trilling, 1905—1975），美国作家、文学评论家，其代表作之一《诚与真》（*Sincerity and Authenticity*）已被翻译出版。——译者

我揭露变成了一种测量可信程度与真实程度的标准；但当人们向别人揭露自我时，被揭露的到底是什么呢？在这里，通过对一些文学作品进行分析，尤其是通过对萨特进行批评，特里灵得到了一个答案：被揭露的是我们在"自恋"这个心理学概念中表达的东西。人们越是在乎真实的感觉，越是不在乎感觉的客观内容，那么主观感受就越来越成为其自身的目的，人们也就变得越来越不擅于表达。在自我迷恋的影响之下，短暂的自我揭露变得难以捉摸。"看着我有什么感觉"是明显的自恋，但特里灵察觉到"我只能让你看到我有去感觉的意图"这一较不明显的形式也同一种心理因素有密切的关系。

戴维·李斯曼对这种变化牵涉到的各种问题的理解大体上和莱昂内尔·特里灵是一致的，不过李斯曼在《孤独的人群》中得出的结论朝向了一个相反的终点（他在另外一本较不知名但同样重要的教育社会学专著中，也提出了和特里灵类似的看法）。伴随《孤独的人群》成长起来的那一代美国人很容易误读作者的微言大义。他们认为李斯曼是在批评美国社会的一种倾向，这种倾向就是，美国社会正在以一种要求人们更加关心他人的需求和欲望的文化，来取代注重内在导向和私人需求的新教文化。实际上，李斯曼认为这种他人导向的转变虽然很困难，却有助于改善美国人的生活，而且如果欧洲社会跟着走上这条道路，欧洲人的生活也将会得到改善。考虑到他的读者所处的文化，李斯曼的价值观被误解是理所当然的结果，因为这一代人都有一种强烈的欲望，就是利用心理生活来逃避和抨击虚无的社会世界。正是这种抨击，导致这代人的中坚分子在 20 世纪 60 年代发起了各种赋予在行动之前"整理自己的头脑"以重要性的反抗运动。无论是这种抨击，还是这些反抗运动，都没能动摇主流文化的地位；但它们客观上不自觉地加剧了空虚的公共领域和背负了太多无法完成的任务的亲密领域之间的失衡。

李斯曼作品之所以重要，并不仅仅在于它如何被误读。也并不是由于李斯曼本人错误地理解了一种历史运动的模式：实际上他所处的社会正在经历一种从他人导向社会转向内在导向社会的运动。李斯曼的成就在于他为这种普遍而复杂的问题创造了一套社会—心理学语言。再者，由于亲密生活影响到迷恋亲密关系的人们的表达能力，对亲密生活的过重负担进行研究的不乏其人；而第一次指出这些人属于社会思想中某个特殊传统的，正是李斯曼本人。这种传统是由亚历克西·德·托克维尔的作品在 19 世纪所确立起来的。

托克维尔的《美国的民主》第一卷出版之后第五年，第二卷也出版了；在第二卷中，他初次提出了这种现代的批评。第一卷认为被等同于平等的民主的危险在于占据统治地位的多数人对越轨者和异己者的压迫。在托克维尔这部作品的第二卷中，重点不在于政治学，而在于一个平等的国家中各种日常生活的因素，而且少数派被压迫的危险也被另外一种更为复杂微妙的危险取代了。这种危险不存在于多数公民的敌人中，而是存在于他们自己之中。托克维尔认为，由于各种条件大体平等，生活中的诸多亲密关系将会变得越来越重要。公共人物都是一些和自己相似的人，人们能够放心地将公共事务交到各级官员和国家公务员手中，这些人将会保护共同的利益（比如确保人人平等）。由此，人们在生活中参与的事务将变得具有越来越多的心理属性——因为信任国家的公民将会不再关注发生在亲密领域之外的事情。结果将会是什么呢？

托克维尔认为结果是一种双重的收缩。首先，人们愿意参与的情感冒险程度将会变得越来越低。人们将会一如既往地抱有远大的志向，但将不会有太多的激情，将更少把激情发泄出来，因为激情会危及亲密生活的稳定性。其次，自我的满足将会变得越来越难，因为在托克维尔看来，无论是哪种情感关系，只有人们把它当作社会关系网络的一部分时，它才具备意义，而不仅仅是个人主义的"孤独得毫无意义的目的"。

今天，托克维尔这一派的作家很少接受它遗传下来的基础——即人类心理的这些麻烦是平等社会所造成的。不管是在特里灵还是李斯曼的著作中，我们都看不到这种认为平等"导致"亲密憧憬的看法。但如果不是平等，那又是什么呢？虽然这一派别不乏道德的洞察力，对亲密性引起的表达障碍也予以关注，但这个难题是当今的道德派所要面对的。

第二种试图解决亲密憧憬问题的研究学派的确关注这些原因，但是他们对道德的和心理的复杂结果也较少着墨。社会研究所的成员(法兰克福学派)在其二战后的作品中体现了这种研究方法。二战之前，通过运用一般的日常经验和较为深奥的概念——例如黑格尔的哲学观点，该研究所的成员，尤其是西奥多·阿多诺，试图对情感的真诚性(authenticity of feelings)这一概念做出全面的分析。二战后，于尔根·哈贝马斯[1]和赫尔

---

① 于尔根·哈贝马斯(Jurgen Habermas, 1929—)，德国哲学家、社会学家。——译者

穆特·普莱斯纳[①]之流的年轻成员接过了先辈的衣钵，开始研究"公共"和"私人"的意义的变化。为了得知人们对社会生活的公共维度有什么看法，哈贝马斯进行了一些观点调查研究；普莱斯纳则把公共领域和私人领域之间的此消彼长和城市特征的变化联系起来。这较为年轻的一代抛开了阿多诺和马克斯·霍克海默[②]的一些心理学深度，转而更加强调"经济的"因素——在这里，经济是广义的，指生活方式的生产。如此一来，他们便得依靠马克思提出的关于布尔乔亚意识形态"私有化"的各种观念。所谓布尔乔亚意识形态的私有化，指的是现代资本主义的一种补偿机制，使得在非人格的市场环境里工作的人能够将他无法倾注在工作本身上的情感投入到家庭领域和孩子的抚养中。

他们得到的结果是对"私有化"这个术语做出了非常详细的界定，但这些作家，尤其是普莱斯纳，为此付出了沉重的代价。由于更加信奉正统的马克思主义学说，他们所描绘的邪恶后果甚至变得更加单向度：一种恐怖的系统在人们的情感之中内在化了，在这种系统的掌控之下，人变成了一种异化的、痛苦的生物；这些人不再像他们的前辈那样，认为人的内心有一种渴望自我毁灭和表达失败的倾向，而且这种倾向被一个毁灭性的系统所强化。于是一种认为人是纯粹的受害者的观点便出现了。由于纯粹的受害者对命运的打击照单全收，真正的受害

---

① 赫尔穆特·普莱斯纳（Helmut Plessner, 1892—1985），德国哲学家，和马克斯·舍勒共同创建了哲学人类学。——译者
② 马克斯·霍克海默（Max Horkheimer, 1895—1973），德国哲学家、社会学家，法兰克福学派的创始人和领袖。——译者

过程的所有复杂性，尤其是托克维尔一派的作家所察觉到的人对其自身堕落的主动参与的所有复杂性，统统都消失了。

这两个学派各自都有对方所缺乏的优点。第一种学派的优点是其描述能力和对亲密憧憬现象的洞察力；第二种学派的优点则是，尽管他们局限于马克思的私有化理论，依然比较准确地讲清楚了这些现象的产生过程。然而，第一种学派注意到自我迷恋的问题背后还有一个更基础的问题这一事实。他们明白人类的表达能力能够受到一系列社会条件的制约，也明白这些条件能够加强人类本身的自我毁灭的冲动。法兰克福学派的年代一代却慢慢变得对这个问题充耳不闻，他们用诸如异化、去人格化之类的陈词滥调掩盖了现代社会的各种疾病。

要克服这些困难——也就是既要注重历史因素，又要敏锐地察觉到历史结果的复杂性——就必须同时拥有一种方法和一种理论。在社会科学家的作品中，方法好像是一种中立于研究目的的工具，所以这些科学家能够将理论"应用"到问题之上。但他们这么写既误导了他人，也欺骗了自己。在对公共角色的侵蚀的研究中，我们采用了一种研究模式，这种研究模式同时也是一种关于我们的研究内容的理论——也就是说，这种研究内容比我们看到的还要多，它还包括了一个隐藏的问题：在哪些社会条件的影响之下，人类能够有效地向他人表达自己？

角　色

"角色"一般被定义为在某些场合得体但在其他场合不得体的行为。哭泣本是一种不能被称为"角色"的行为；但葬礼上的哭泣却是角色行为——在这种特殊场合，它是符合人们预期的得体行为。很多对角色的研究都是列出一张清单，说明哪种行为在哪种场合是得体的；而当今流行的角色理论则旨在说明社会如何创造了各种得体的概念。然而，这些清单中常常遗漏的是这样一个事实：角色并不仅仅是哑剧或者默剧，扮演角色的人们并不总是在恰当的时候、在恰当的地方机械地流露出恰当的情感信号。角色还涉及一套信念系统——人们在何种情况之下、在多大程度上认真对待他们自己的行为和他们身处其中的场合。光是列出一张人们的行为方式的清单是不够的，还必须解决一个问题：人们对"特定场合"的行为到底有多么看重。角色是由这种信念系统和行为共同组成的，而且正是由于这个原因，对角色进行历史研究才会如此困难。因为有时候人们会继续用旧的信念系统来解释新的行为模式，有时候即使人们对行为模式产生了新的信念，这种行为却依然会继续存在下去。

角色涉及几类特殊的信念。通过从"意识形态"和"价值"这两个紧密相关的词语中将一种这样的信念提炼出来，人们或许能够明白这一点。可以通过一个简单的办法将信念从意识形态中提炼出来。"工人受到制度的压迫"是一个意识形态的句子。这样的意识形态宣言不管是否符合逻辑，都可以被看成一种认识各种已有的社会条件的公式。意识形态常常和信念混淆，因为认知常常和信念混淆。例如，"我爱你"这三个字作为一句话来看，它是一种连贯的认知表达；然而它是否可信，却并不取决于它是不是一个完整的句子，而是取决于它是不是在适当的时候由一个合适的人所说出来。

人们对社会生活的看法大多不会触碰到或者强烈影响到他们的行为。这种被动的意识形态通常出现在当代的民意调查中；人们把他们关于城市的缺陷或者关于黑种人处在社会底层的想法告知调查员，调查员认为他获得了他们的真实想法，因为这些观点能够和受访者的社会地位、教育背景等联系起来，然后人们表现出的行为却和他们告诉调查员的并不一致。举个形象的例子吧，这个例子发生在 20 世纪 70 年代初期的美国：劳工联盟的领导层大声谴责那些反对越战的人"并不爱国"，同时却对政府施加强大的压力，要求结束战争。因而，研究信念，而不是研究观点，就是研究各种与行为联系在一起，并且确实影响到这些行为的情感和性情。角色中的信念系统可以被正式定义为意识形态的活动化[①]，这种活动化是否出现，取决于社会条件的影响，跟语言学上的连贯性无关。

由于受到社会科学的毒害，日常生活的语言中也有"社会价值""价值系统"之类不知所谓的用语。我承认我从来没有明白"价值"是什么。它又不是一件东西。如果它是人们用来理性地认识社会世界的语言的一部分，那么它就应该被当成意识形态的一部分。如果"价值"是指"值得提倡的观念"，那么它的意义完全是一片混乱。"自由"和"正义"都是值得提倡的观念，但它们在不同时候对不同的人来说意味着不同的东西；说它们是社会价值本质上让人对它们所珍视的东西摸不着头脑。

所以信念将被视为人们对社会生活的逻辑认知（意识形态）

[①] 意识形态的活动化（the activation of ideology），这个术语是作者创造出来的，它的意思是体现在行动中的意识形态。——译者

的活动化；这种活动化不受连贯的语言规则影响；"价值"这个含混的词语被弃用了。而且，那些和角色密切相连的信念并不以上帝的本质或者人类的生理结构为中心；它们和特定的行为联系在一起。一个人在教堂祈祷时对自己的行为所持的看法可以算是信念，但当他在穿越荒野途中自发地祷告时对自己的行为所持的看法却不是信念。一个人认为外科手术将会使他的身体摆脱病痛是一种信念，他对外科手术的总体看法又是另外一种信念。对上帝的总体看法，以及当人们在教堂向他祈祷时对他的看法，当然也有逻辑上的区别。当然，如果人们的信念足够坚定，两者之间可能没有差别——否则的话，就会有一种区别。将研究的重点放在具体的场合上，我们便有可能弄清楚信念与行动之间各种微妙的关系，而那些研究什么"世界观""文化心态"之类的人未必能够认识到这些关系的微妙之处。

在西方的思想中，对角色的研究有一段很长的历史，但社会学家还没有认识到这段历史的存在。西方关于人类社会的最古老的观念之一就是将社会本身当作戏台。人间戏台（Theatrum Mundi）这种观念由来已久。在《法律篇》中，柏拉图认为人类生活就是一场由诸神操控的傀儡戏；而佩特罗尼乌斯的《萨蒂利孔》[①]则提出了社会如戏台这一箴言。在基督教时代，人们常常认为世界的戏台有一个观众，也就是上帝，身处天堂的他苦恼地俯视着他的孩子们在下面的表演。到了18世纪，当人们说到世界如戏台时，他们开始想象在观看他们表演的是一个新的观众——那就是每个别人，人们不再感觉到

---

① 佩特罗尼乌斯（Petronius，公元前27年—公元66年），古罗马作家；《萨蒂利孔》（Satyricon）是他的作品，讲述了一对同性恋人的冒险故事。——译者

上帝的苦恼，而是觉得有一个观众愿意享受——这多少有点讽刺意味——这种对日常生活的表演与伪装。而在晚近，这种视戏台和社会为一体的观念继续存在于巴尔扎克①的《人间喜剧》之中，存在于波德莱尔②和托马斯·曼③的著作之中，而且奇怪的是，弗洛伊德④的作品也有这种观念的痕迹。

由于历经了这么多沧桑，在这么多人手中辗转传播，把社会当成戏台这一想象没有确凿的含义。但它给道德造成了三种影响。第一种影响是给社会生活带来了一些基本问题，亦即使人们对社会生活产生了幻象与错觉；第二影响则是将人的本性从社会活动分离出来。作为演员的人唤起了信念；而离开了表演的各种条件，离开的表演的时间，这种信念可能就不会再出现了；因而，在这种对社会的看法中，信念和幻象是联系在一起的。同样，单从演员扮演的角色并不能看出他的本性，因为在另外一出戏，或者在另外一个场景，他可能以完全不同的装扮出现；那么，从社会戏台的各种行动之中，又如何能够看出人的本性呢？

第三种，也是最重要的一种影响，人间戏台的各种形象成了人们在日常生活中演练的图像。这种演练是一种表演的艺术，演练这种艺术的人是在扮演"角色"。对于像巴尔扎克这样的作家来说，这些角色是各种人们在不同场合需要戴上的面具。巴尔扎克坚定地认为人是一种戴着面具的生物；其他将人

---

① 巴尔扎克(Honoré de Balzac, 1799—1850)，法国作家。——译者
② 波德莱尔(Charles Baudelaire, 1821—1867)，法国作家。——译者
③ 托马斯·曼(Thomas Mann, 1875—1955)，德国小说家，1929年诺贝尔文学奖得主。——译者
④ 弗洛伊德(Sigmund Freud, 1856—1939)，奥地利心理学家。——译者

间的事情当作喜剧的作家也持有这种信念，他们认为从人类的行为出发，既无法认识到人的本性，也不能给道德下什么确凿的定义。

悖谬的是，虽然现代的社会学家对面具本身的兴趣越来越浓厚（他们给面具下了一个糟糕的定义："特定场合的行为"），但这些古典的道德关注却消失了。也许这仅仅是因为他们的知识有所欠缺。在那些对角色进行分析的学者笔下，"前科学"时代的人们好像对类似的观念一无所知。也许这只是因为，这些研究社会的"科学家"倾向于认为人类的行为和人类的道德观念井水不犯河水，并且认为这种科学只要研究前者就够了。但我想还有别的原因，导致社会学家在研究人间戏台这一传统时变得短视和固步自封。这个原因恰恰和公共生活与私人生活之间的此消彼长有关。对角色进行分析的学者中的翘楚非欧文·戈夫曼①莫属，他的作品对这一原因做出了翔实的描绘。

戈夫曼研究了大量的人类场合，其中既包括设得兰群岛的农民，也包括精神病人，更有肢体残疾的人所遇到的各种问题；他既研究各地城市的交通模式，也研究广告、赌场和手术室。他是一个极度敏感和精确的观察家，注意到一些实际上在人类交往结构的形成中起到重要作用的微不足道的片断与交换。然而，当他试图将这些经验观察提炼为一个理论系统时，他的作品中的困难就出现了。

在他看来，每一个"场景"都是固定的场合。这个场景是怎么诞生的，在场景中扮演角色的人怎样通过他们的行动来改

---

① 欧文·戈夫曼(Irving Goffman, 1922—1982)，美国社会学家。——译者

变它，或者，一个场景如何因为某些影响社会的历史因素而出现或者消失——所有这些问题，戈夫曼都漠不关心。他的著作中之所以会出现这种由各个场景组成的、静态的、没有历史的社会，是因为在他看来，人们在各种人类事件中总是寻求确立一种均衡的场合，他们彼此付出和索取，直到双方创造出一种足够稳定的局面，能够通过互相平衡他们的行动来知道应该预期什么，而这些平衡了的行动就是特定场合的"角色"。这种研究进路并不能揭示真相，因为戈夫曼没有留意到能够干预这些协作的各种紊乱、失调和变化的因素，实际上，他对那些因素毫无兴趣。戈夫曼笔下的社会是一个有场景但缺乏情节的社会。由于这种社会学中没有情节、没有历史，所以在它里面也就没有戏剧意义上的各色人物，因为这些人物的行动对戈夫曼笔下的人们的生活毫无影响；在这种社会学中只有无穷无尽的适应。在戈夫曼的世界中，人们有行为，然而没有体验。

这种研究之所以只关注角色中的静态行为，而忽略了人们在这些场合中习得的体验，原因在于此类貌似无关乎道德的研究的一个基本的道德假设。这些角色并没有给信念留下太多的空间。除了少数精神病人和残疾人，不同的扮演者之间投入的感情实在是微乎其微。实际上，如果有一个特殊的角色涉及什么痛苦的话，在戈夫曼笔下，那些遭受这种痛苦的人并不会挑战他们的社会环境，相反，这痛苦的"个人不断地挣扎、动摇、蠕动，乃至容许自己屈从于这种限制人类行为的场合……这个人是……一个玩弄这些场合的人，是一个综合各种情况的人，是一个适应者，更是一个调解者……"

由于"限制人类行为的场合"是固定不变的，玩弄这些场合的行为使得人们对在这些场合中的体验更为复杂。换言之，与其说戈夫曼这一派的作者提出了一种综合的社会理论，倒不如说他们描绘了一种现代疾病的主要症状，而这种疾病正好构成了本书的主题。这种疾病的患者没有能力想象一些能够唤起人类情感的社会关系，在他们的想象中，公共生活是这样的：人们在公共生活中行动，并且只通过让步、"适应"和"调解"来控制他们的行为。

公共角色

限制角色扮演的因素发生了什么样的变化，乃至这些因素越来越和表达无关，而越来越和置身事外以及他人的调解相关呢？要提出这个问题，首先得重新关注人间戏台的古典学派中的道德问题，尤其是它的一个观念：角色扮演是表达性的，当人们在他们的角色中投入情感时，他们获得了一些当演员的能力。但是，既然这样的话，当人们扮演角色的时候，他们把情感献给什么呢？

在戏院中，对演员角色的看法和对传统的看法有一定的关系。游戏、戏剧和表演全都要求传统是表达性的。传统本身就是公共生活中最为有效的表达工具。但在一个亲密关系决定什么值得相信的年代，表演的传统、技巧和规则只会促使人们无法向他人表达心声；它们妨碍了亲密关系的产生。由于公共生活和亲密生活的失衡越来越严重，人们变得越来越不会表达。人们在乎心理状态的真诚，他们的日常生活变得和表演无关，因为他们无法动用演员的创造性能力，无法扮演自身之外的形象，更无法对这些形象投入情感。因而，我们得出一个假设，那就是戏剧性和亲密性之间存在着一种特殊的敌对关系；与此同时，戏剧性和丰富的公共生活之间有一种特殊的友好关系。

一群互为陌生人的观众在戏剧院或者音乐厅的体验和他们在马路上的体验比较起来怎么样呢？在这两个场所，表达都是发生在一个人们互相不认识的环境中。如果某个社会的公共生活非常丰富，那么它的街道和戏台之间应该有相似之处，人们在此两类场所的表达性体验应该能够相互比较。随着公共生活的衰落，这些相似之处也应该减少。要研究戏台和街道的关系，我们自然要把眼光转向大城市。正是在大城市这种环境中，陌生人的群体生活才最为明显，而且陌生人之间的交往才具备一种特殊的重要性。扼要地说，若要理解公共生活和私人生活的此消彼长，我们应该对戏台上的角色和街道中的角色在大都会的历史背景中所发生的变化进行研究，因为基于非人格的、布尔乔亚的世俗社会的公共生活，正是在大都会中发展起来的。

如果要比较人们对表演艺术的看法和人们对街道生活的看法，人们一定会感到不自在，因为这意味着将艺术和社会联系起来，而自从 19 世纪以来，人们一直对这种联系感到不自在。19 世纪晚期，当历史学家把艺术当作研究社会生活的工具时，他们所研究的通常是一小群社会精英——诸如赞助艺术的大亨、当时的社会翘楚——的生活。我们或许会想起马修·阿诺德①或者雅各布·巴克哈特②之流的作家，他们认为艺术

---

① 马修·阿诺德(Matthew Arnold, 1822—1888)，英国诗人、文化评论家。——译者
② 雅各布·巴克哈特(Jacob Burckhardt, 1818—1897)，瑞士文化和艺术史专家，以研究文艺复兴历史闻名，是文化历史学的创始人。——译者

是理解整个社会的关键所在；但像他们这样的人可谓凤毛麟角，当时多数鉴赏家认为，伟大的艺术只在特定的时刻与社会中某个非常特殊的领域发生关系。

到了 20 世纪，自然而然，人类学家开始认为艺术和社会整体密切相关。但由于此一观点在人类学之外流行起来，这种关于艺术的看法变得平庸无奇，反倒成了一种（和先前流行的观点）截然相反的庸俗之见。在人类学家眼中，个人的艺术通常指一些手工制作的物品，他们将其当成真正的艺术品；但人们从"个人的艺术"走向了"人民的艺术"，在他们看来，只有某类受到限定的艺术作品才和社会整体有关，才和"媒介"有关。他们认为人民的艺术就是媒介，完全无视艺术本身要表达什么样的目的，将其视为一种中立的、功能性的交流手段。但"媒介就是信息"这句格言，只有在表达被限制为信息流的时候才有意义。总的来说，由于艺术和社会的关系越来越宽泛，这种交流性的艺术也就越来越少；和 19 世纪一样，如今严肃的艺术和社会生活依旧相互脱节，只不过情况恰好相反而已。

因此，在将表演艺术和社会关系联系起来的过程中，我们必须牢牢记住这一点：严肃的、现实的、真正的艺术有助于我们理解一种在社会中广为传播的社会状况。同样需要重视的是摆脱一套因果语言。例如，在 1750 年，巴黎的戏服和马路上巴黎人所穿的服装有很多共同点。与其追问这两者之间何者为决定因素（这种探究毫无意义），倒不如把戏台上和马路上的服装——它们明显不同于当时人们认为适合在家穿的衣服——的相似之处弄清楚，并借此描绘出人们在公共场合的形象。当19世纪的戏台服饰和马路服装开始分化的时候，有关公共领域中的身体的看法就发生了变化；通过研究这种分化，我们就能够研究这种变化的各个方面。

城市中的公共角色

尽管我们不能用诸如原因、后果、影响之类的方式来描述公共生活和公共（表演）艺术的关系，但戏台和街道之间仍存在逻辑上的关联。这种逻辑关系有四个结构。首先，戏院和一类特殊的社会——大城市——而不是整体的社会拥有一个共同的问题。那就是观众的问题——更具体地说，也就是人们在陌生人的环境中如何看待彼此的外表的问题。其次，城市里会出现一些使得人们的外表能够取信于陌生人的规则，它们的原理和当时那些决定人们对戏台上的表演做出什么样的反应的规则是相同的。因此观众能够在两个领域扮演同一个角色。再次，如果共同的观众问题通过一套相同的信念系统得到解决，那么一个公共领域便告形成，而且具备了公共性的两个特征：周边环境和个人关系之外的世界得到人们有意识的界定；在这套共同的系统的帮助下，人们能够自如地出入于各种不同的社会场合和陌生人群体。最后，如果公共领域已然存在，那么在人们看来，社会表达将不再是自我情感向他人的真实呈现（representation），而是自我情感向他人的表述（presentation）。因而，我们在这里提出的四个因素分别涉及观众、信念规则的连贯性、公共领域和表达。这一套抽象的逻辑关系之中蕴含着具体的人类经验。

由于城市有很多，所以关于城市是什么，说法可能有很多种。最为简单的一种是：城市是一个陌生人很可能相遇的人类居住区。若要使这种说法所言不虚，则该居住区必须有为数众多、九流三教混杂的人口；这些人口必须被紧密地安置在一起；人们之间的市场交易促使这一大群蜗居在一起的、各不相同的人发生互动。在这种陌生人的环境中，人们在生活中遇到的观众问题和演员在戏院中面对观众时遇到的问题相仿。

在陌生人的环境中，人们往往看到某个人的行为、言谈和职业，却并不了解此人的过去，也对他从前的行为、言谈和职业一无所知。因此，对于这些观众来说，如果凭借和某个人打交道时所得的外在标准，他们很难判断这个人在某个特定的场合是不是值得信赖。能够产生出信任的知识被限制在当下的场合的框架之内。因此一个人是不是值得信赖，要看他在特定的场合中如何交谈、打手势和倾听，穿着什么样的衣服。两个人在晚宴上碰面，有一个告诉另外一个他难过了好几个星期；如果听者只有通过这个陌生人如何体现难过的感觉的方式才能判断这句话是否真实，那么这个陌生人的外表就具备了"城市的"属性。城市就是一个诸如此类的体现最有可能经常出现的地方。

而城市中不可能出现的情况，在戏台上也遭到禁止。无论观众对表演者的私生活有多少了解，这种了解都和观众对表演者在戏台上的演出的看法无关。知道某个演员在和平请愿书上签了名字并不能让我们觉得他饰演科利奥兰纳斯①很出色；就

---

① 科利奥兰纳斯（Coriolanus），莎士比亚作品中的悲剧人物。——译者

算他将自己的恋情公之于众，观众也不会认为他是个可信的罗密欧。有时候，某些可怜的表演者会入戏过深，混淆了自己的身份和自己所扮演的角色，但这种情况不会持续太久。在城市的环境中，我们通常缺乏可以用来判断陌生人的行为的外在知识；在戏院中，我们假装从来不认识戏台上的演员，所以我们对他的表演有什么看法，完全取决于他自己；也许我们在五年前、五个月前、五天前看过他的表演，但这不会影响到我们对他目前的表演的看法。因而，和对陌生人的看法相同，人们在观赏戏剧时，也把能够认知的现实局限在直接的遭遇之内。在这两个领域中，观众一方的外在知识并没有被涉及——在城市中是出于必然，在戏院里是出于强制。

因而，戏服和街头服饰之间的相似性，或者演员饰演一个诸如科利奥兰纳斯之类的悲剧人物时所体现出来的风格和政治家向街头人群发表演讲时所体现出来的风格之间的相似性绝不是一种偶然的巧合，因为这两个领域中的观众之间的关系不仅仅是一种偶然的关系。

人间戏台的传统学派将凡人皆演员、社会如戏台的观点捧上神位，因为实际上这种共同的观众问题在过去经常通过一套关于可信赖的外表的普通准则而得到解决。这并不是说马里沃[①]时代照搬了柏拉图时代的共同准则，而是说实际上有一道桥梁重新出现了。这个传统学派的问题在于它想当然地认为共同的外表意味着相同的本质。但实际上，那些在人们对戏剧的看法和人们对街头上陌生人的看法之间架起桥梁的规则的本质

---

① 马里沃（Pierre Carlet de Marivaux, 1688—1763），法国作家。——译者

在不同社会中的差异很大。例如，在等级森严的社会中，陌生人的行为将会遭到审视，直到其他人通过他的姿势或言谈所透露出来的线索而确定他在社会阶梯上的位置；人们通常不会直接向陌生人询问他的身份。许多印度城市在中世纪的情况即是如此。而在等级不那么森严的社会中，或者在那些人们并不以等级地位来判断一个人的外表是否值得信赖的社会中，戏台和街道之间的桥梁可能是通过其他方式建造起来的。例如，在18世纪的巴黎，对于街头上的服饰和戏台上的服饰而言，身体都被当成一个中性的衣架子，一个没有生命的服装模特，被用来摆放假发、精致的帽子和其他装饰品；只要身体被当成一个用于装饰的物品，身体就会引起人们的兴趣，并且促使人们认为一个人的衣着反映了他的性格。而在家庭的私人圈子中，人们认为穿衣服应该追求舒适和随意。

当一座戏台和街道之间的桥梁为了应付观众的问题而产生时，一个公共领域就诞生了。因为到了这个时候，人们已经有可能把陌生人的实在和虚构角色的实在当作一个独立的领域。

巴尔扎克曾经这样指出小城市居民和大城市居民的差别：小城市居民眼光很窄，他只相信自己耳闻目睹的事情和熟悉的人；大城市居民则愿意相信他只能在想象中体验到的生活和未曾认识的人。当然，如果说自从中世纪以来，西欧社会中心城市的人们确实将戏剧演员和真实的人混为一谈，那也是不对的——不过话又说回来，时至今日，在许多比我们自己的社会更加天真——如果这个词可以用在这里的话——的社会中，人们可能视此两者为一体。实际上我想说的是，在一段诸如18

世纪这样的历史时期中，人们依据相同的标准来判断演员和陌生人；人们能够从戏院这个艺术领域和街头这个特殊的非人格社会生活领域学到相同的知识，而且人们能够将从前者学到的知识应用于后者。因此，艺术确实能够充当一名生活教师；人们的意识的想象力范围得到了扩张，而到了一个向他人装腔作势被当成道德不良的表现的年代，这些范围又会被缩小。

换言之，公共领域的创造和作为一种社会现象的想象有极大的关系。当一个婴儿能够区分我和非我时，他就在加强他的符号制造能力途中迈出了最重要的第一步：婴儿再也不会把每一个符号都当作自己的需求在外部世界的反映。成年人社会创造公共空间意识的过程和这种婴儿区分我和非我的心理过程有相似之处，并且也产生了相似的后果；社会的符号制造能力得到了极大的提高，因为人们再也不根据自我的日常经验来判断什么东西是真实的（从而是值得信赖的）。如果一个社会拥有公共空间，那么它肯定也拥有一定的想象能力，所以公共领域的衰落和私人领域的兴起对该社会通行的各种想象力形态产生了微妙的影响。

最后，在一个演员和陌生人都面临着相同的观众问题的社会中，如果它通过相同的信念准则来解决这个问题，并由此在社会中创造出一种有意义的公共领域的感觉，那么这个社会的人们很可能以各种符号和姿态为标准来理解人类的表达，而不去管实际上使用这些符号和姿态的人到底是谁。情感因而被表述了。等到前三种结构发生了变化之后，表达的结构也随之而改变。于是决定话语表达性的因素逐渐变成了说话者的身份；社会上大多数人都开始把向他人呈现自己体验到的情感的行为视为自己人格的一部分和自身的表达。这第四种结构体现了丰富的公共生活和心理学所称的表达符号的客观性之间的关系；随着公共领域逐渐解体，表达符号变得越来越主观。

这四种将戏院和社会联系起来的结构就像不规则动词，人们只要知道相应的变化形式就能够使用它们。它们共同组成了18世纪中期伦敦和巴黎较为丰富的公共生活。由于对城市的观众问题的看法和对戏院的观众问题的看法出现了分歧，所以在这两个领域中，人们在陌生人面前所表现出来的信念和行为也产生了分化。而由于这些公共角色的分化，赋予公共领域以意义的两个因素被投入了一种混淆的状态，到了现代之后，它们最终被投入了一种分解的状态。由于公共领域变得越来越模糊，社会用来理解人类的表达性的词汇从表述转变为呈现。

对于这些公共生活的要素的研究，本书是从18世纪50年代的巴黎和伦敦开始的。之所以选择这两个城市，是因为弄清楚这种首都的公共生活中有什么跨越了国家文化差异的因素对我们来说很有研究价值。之所以选择18世纪50年代，是因为到了那个十年，这两座城市已经比较繁荣，而且作为本书主要关注点的布尔乔亚阶级也开始蓬勃发展。从前的市民(la ville)隐藏他们的社会出身，和他们相比，这个布尔乔亚阶级更加自信。本书所要研究的内容是人们在公共领域中的外表和话语、公共与私人的差异、这种差异刚刚从新的政治运动中出现时的模糊状态、有关"作为演员的人"的当代理论和有关戏院和城市的关系的当代理论，最后还有古代政制时期的首都的客观环境。

为了描绘公共世界的消失，我们研究了19世纪的两个十年，也就是19世纪40年代和90年代。在19世纪40年代和50年代初期，工业资本主义对人们在公共领域中的外表与话语产生了明显的影响；到了19世纪90年代，公共生活中的话语和服装已经和19世纪40年代的情况有了明显的不同。无论是19世纪40年代、50年代还是90年代，我们研究的主题都是相同的：身体的各种形象、话语的各种模式、作为演员的人、公共领域的表达理论和城市的客观环境。至于政治，我们将会主要关注巴黎的政治，因为革命在这个首都所引发的危机和反应将公共世界的裂缝推向了前台，这些裂缝到处都有，只不过在较不极端的情况下表现得较不明显。

对这三个相距甚远的十年的研究就是历史学家所说的"钻地洞"（postholing）。"钻地洞"研究法试图在勾勒历史力量的长期运动的同时，也对某个特定的历史时期进行无微不至的描绘。我认为这种研究方法需要一种能够解释长期历史变化的理论来加以指导，因为它无法解释那些基于偶然事件或者纯粹巧合的资料。由于偶然与巧合和资本主义或者世俗主义一样都是真实存在，所以利用"钻地洞"的方法得到的材料缺乏某种意义上的真实性。

阐述了一种历史运动之后，本书最后的部分将会探索公共领域和私人领域的失衡给当今的西方社会造成的影响。只有白痴才会宣称自己掌握了如此之多的材料，下面来谈谈本研究的哪些部分能够或者不能够被读者诸君视为"证明"。

证明或者可信性？

"证明"（proof）这个词在社会科学中具备一种令人惋惜的

含义：除了那个经过特定研究过程而被提出的解释，其他解释都是行不通的。如今的定量研究通过确立起一套排除假说的标准，利用回归分析、卡方检验或者伽马检验来在各种解释中作出选择。定性研究也经常错误地试图用同样的方法来证明论点。研究者必须穷尽研究主题的所有细节。否则有可能存在一些研究者并不知道然而又和他的观点"矛盾"的资料。对于这种通过排除法而得到的真理而言，新证据的发现所造成的矛盾肯定意味着原先的观点是无效的，因为如果两个关于同一个问题的解释是自相矛盾的，那它们怎么还可能都是正确的？

在我看来，这种以穷尽证据的排除法为基础的实证主义和任何意义上的学术诚实都是自相矛盾的。恰恰只有通过承认矛盾的存在、压制所有得到万古不移的真理的希望，我们才能达到学术的诚实。实际上，穷尽所有证据是一个特殊的信条，它和这样一种情况有关：学术研究的范围变得越来越窄；如此一来，我们对某个主题的"了解"越多，我们了解的细节就越多。知识的麻痹是这种形式的证明的必然产物，因为这种证明要求研究者不能作出任何判断，除非已经了解了所有的事实——这一点很少研究者能够做得到。

假如我们在定性研究中非得用到"证明"这个让人充满焦虑的词汇，那么可以这样说，它是逻辑关系的展示；定性研究者让自己背上了可信性（plausibility）的重担。我个人认为，这个重担比一个采用排除法来选择解释的研究者所受到的压制更加沉重，尽管它们的连贯性的逻辑力量各不相同。实证主义的可信性涉及的是在各种现象之中找到能够被具体描述的逻辑关系。这个定义可能会让"哲学家"感到不高兴，也许还会让所谓的社会科学家丢掉饭碗，但我希望它能够满足一个成熟而聪明的普通读者的期望。如果这个读者觉得本书对一种现代社会的疾病的形成做出的分析比较合理，那么本书就算成功了；如果看完这本书之后，读者认为这种疾病有别的解释，那显然更好。

最后，我想简单地说说这本书和我先前的作品之间的关系。过去十年来，我所写的著作都和社会退缩的问题有关，只是我自己常常没有意识到这一点。《家庭抵抗城市》研究的是19世纪的芝加哥：随着该市逐渐成为一个工业区的中心，核心家庭如何演变成为一个人们用来抵抗社会的避难所。《混乱的用途》研究的是人格的结构如何受到过剩经济的影响，以至于人们试图摆脱他们对真正的公共关系的构成要素——痛苦、不确定和穷困的束缚——的体验。《阶级中隐藏的伤害》研究的是当今的人们怎么会将社会阶级当作一种人格的事物来加以解释，以及由此造成的结果：阶级的去政治化。对于我来说，本书是一个容纳这三项研究的总体框架；它是它们的历史背景和理论背景。因此，如果我在某些段落里修正了这三本书所提出的某些解释或者论点，希望能够得到读者的原谅，因为这是将它们视为某个整体的部分所造成的后果。

第二部分
古代政制时期的公共世界

第三章　观众：陌生人的聚集

要理解公共生活的衰落，必先了解它繁荣昌盛的年代和它赖以存续的条件。在接下来四个章节中，我将会描绘 18 世纪中期巴黎和伦敦的公共生活的形成、表现、危机和结果。在这描述中，我将用上两个词组："古代政制时期"和"布尔乔亚"。先来谈谈这两个词或许对读者有点帮助。

"古代政制"通常被当成封建主义的同义词；因而"古代政制时期"可以指称自公元 800 年到 1800 年之间这段时间。我倾向于采纳托克维尔对这个词的用法："古代政制时期"指的是 18 世纪，尤其是商业的和行政的科层组织在各个国家和继续存在的封建特权并存共生的那一段时间。如此一来，英国就跟法国一样，都有一种"古代政制"，虽然这两个国家的科层组织和封建特权各不相同。若提起"古代的秩序"，我们有时候会倾向于想象一个衰败的社会，却看不到它内部的腐烂；但我们既不能把古代政制当成衰败的社会，也不能对它内部的矛盾视而不见。长久以来，人们并不能很好地把握这两个原则。

至于"布尔乔亚"这个词，我承认自己用起来没有那么自如。许多人不管是研究奥古斯都年代的罗马、中世纪的贝拿勒斯①，还是分析当代的新几内亚，总会不约而同地讲述一些善良的无产阶级被邪恶的布尔乔亚力量所镇压的故事。这种机械的阶级分析方法极其愚蠢，读者因此不想再听到有人提起"阶级"或者"布尔乔亚"，也是情有可原。不幸的是，布尔乔亚曾经存在过，阶级也是事实，而且我们必须尽量实事求是地来谈论它们，而不是将其妖魔化。若要研究 18 世纪的城市，肯定无法避开对该城市的布尔乔亚进行分析，因为他们是这座城市的统治者、管理者，为它提供财政支持，而且还占了其人口的很大一部分。此外，"布尔乔亚"这个词所涵盖的意义也比"中等阶级"广得多；"中等阶级"指的是一个人在社会阶梯中占据了中间的位置，却没有说明他是如何爬到那儿的。布尔乔亚则表明，某人拥有这个地位是因为他参与了某些非封建的商业或者行政工作；豪门贵族的管家或许在社会中占有一个中间地位，但他却并不是布尔乔亚。当然，18 世纪城市的布尔乔亚和 19 世纪的布尔乔亚不一样，就经济功能、自我意识和道德规范而言，前者与后者并不相同；但这种区别涉及阶级内部的各种变化。不过在这里，让我们抛弃阶级这个词吧，因为它很容易被滥用，而且使用它有一个缺点，会使人误认为这个阶级没有历史。

最后，我来说说下面几章的安排。第三章讨论观众的问题，第四章分析信念的系统，第五章讲述公共领域和私人领域的差异，第六章再来谈谈表达。我们要记住的是，这些内容并不是四种不同的经验，而是同一种公共经验的四个方面。除此

---

① 贝拿勒斯(Benares)，印度城市，如今称瓦拉纳西(Varanasi)。——译者

之外，我们还应该记得的是，虽然公共生活的现代形式——这种形式的公共生活围绕着崛起的布尔乔亚阶级和衰落的贵族阶级展开——在 18 世纪方始形成，但公共生活并不是到了 18 世纪才出现。

城市是陌生人较为可能相遇的地方。然而，"陌生人"可以分为两类。意大利人可能会把闯进他们的街区的中国人当成陌生人，但他们知道如何看待这些入侵者；通过肤色、眼睛、语言和饮食习惯，一个意大利人能够辨认出一个中国人，并把他放在和自己不同的位置上。就此类情况而言，陌生人等同于一个地方的外来者，而且这个地方的人对他们自己的身份有相当的认识，他们凭借某些规则来区分谁是自己人，谁不是。但在另外一种情况下，这些规则就起不了作用：陌生人不是一个外国人，而是一个未知的人。一个确实有用于辨识自己身份的规则的人有可能遇到这种意义上的陌生人，比如说一个意大利人遇到一个他无法"定位"的陌生人；然而，如果人们对自己的身份没有清楚的认识，本身的传统形象正在丧失，或者从属于一个尚未被贴上清晰标签的新社会群体，他们相互之间也会觉得对方是未知的陌生人。

作为第一类陌生人聚集地的城市以各种民族杂居的城市最为典型，例如曼哈顿之外的现代纽约，或者开普敦；在这些城市，种族和语言是最为明显的差异。至于第二类陌生人聚居的城市，则必有一个新的然而尚未成型的社会阶级正在形成，而且该城市正围绕这个社会群体进行重新组织；在这样的城市中，陌生人具备了一些未知的属性。此类城市可以 18 世纪的巴黎和伦敦为例。新兴的阶级则是商业布尔乔亚。

"布尔乔亚的兴起"是一句极其常见的话，乃至有个历史学家发表评论，宣称惟一不变的历史因素是中间阶级总是在各个地方兴起。这种深入人心的观念遮蔽了一个有关阶级变化的重要事实，那就是新兴的或者发展中的阶级通常对自身没有清晰的认知。有时候，它的权利意识比它的身份意识出现得早；有时候，它的经济力量走在相应的礼仪、品位和道德伦理之前。因而，新兴阶级的出现能够创造出一个陌生人的环境，在这个环境中，许多人相互之间变得越来越相似，但他们自己却没有意识到这一点。他们察觉到群体和群体之间原来的差异、原来的界限已经模糊消失，却没有新的规则来辨认摆在眼前的差异。在 18 世纪，随着布尔乔亚商贸阶级的扩张，各国首都出现了很多无法被划进某个阶级的人，这些人客观上很相似，但没有认识到他们之间的共同点，对传统社会等级划分的松动也视若无睹。他们缺乏一种新的语言来指称"我们"和"他们"、圈内人和圈外人、社会阶梯的"上"和"下"。

陌生人环境中的观众问题跟戏院中的观众问题如出一辙：如何让那些不认识你的人相信你。比起陌生人都是圈外人的环境，在陌生人都是未知人物的环境中这个问题更加迫切。对一个圈外人来说，他若要取信于人，则必须刺穿一道障碍，利用圈内人所熟悉和使用的各种因素来让自己显得值得信任。但在尚未定型的社会环境中，陌生人遇到的问题要复杂一些，因为他不知道对于他所希望取信的人来说，什么样的行为标准才是合适的。在第二种情况中，人们可以采取一个办法，那就是创造、借用或者模仿各种在大多数场合都会被认为"得体的"或者"值得信任的"行为。这种行为无关乎每个人的个人处境，所以它也并不强迫人们试图相互辨认对方的身份。当这种行为出现的时候，一种公共领域就要诞生了。

那么，让我们来看看导致 18 世纪各国首都产生未知的陌生人环境的各种因素。我们将会探究 1750 年前后数十年间巴黎和伦敦的人口规模、人口迁徙和人口密度。

谁到城市来？

1750 年，伦敦是西方世界最大的城市，巴黎则仅次于伦敦。所有的其他欧洲城市规模远远落后于它们。可以简单地这么说，自 1650 年到 1750 年这一百年间，巴黎和伦敦的人口持续增长。这种说法没错，只不过我们必须给它框上各种条件。[1]

下面来看看伦敦的人口增长。伦敦的人口在 1595 年大约为十五万；1632 年为三十万五千，1700 年在七十万左右，到了 18 世纪中期，则变成七十五万。伦敦在过去两百年来的工业年代的人口增长令这些变化相形失色：在 19 世纪，伦敦的人口从八十六万增长到五百万。但 18 世纪的人们并不知道后来的情况。他们只能见到眼前发生的事情，对他们来说，这座城市，尤其是在 17 世纪中叶那场大火之后，已经变得人满为患。[2]

要估算巴黎在这段时间的人口变化比较难，自 1650 年至1750 年期间，动荡的政局影响到人口普查的工作。最为精确

---

[1] 关于这两个城市在古代政制时期的详细讨论，请参见布劳代尔（Fernand Braudel）的《资本主义和物质生活》（*Capitalism and Material Life*， New York；Harper & Row，1973）一书第 430 页及以下。

[2] 可参见上书第 431 页。

的估计大抵如下：1637 年，红衣主教黎塞留[①]的人口普查得出的数字是大约四十一万；1684 年为四十二万五千左右；1750 年则是五十万。一个世纪增加这么多人貌似变化不大，尤其是跟伦敦情况比较起来。然而，我们必须考虑到法国全国的背景；正如皮埃尔·古伯指出的，在 18 世纪上半叶，整个法国的人口并没有增长，实际上可能还减少了。尽管法国的总体人口在下降，但巴黎的人口却在慢慢增长。[②]

这样看来，"增长"在伦敦和巴黎所呈现的态势并不相同，但城市增长本身到底意味着什么呢？如果城市的出生人口多于死亡人口，那么在一定时间之内，增长的人口可能来自城市内部；如果出生人口少于死亡人口，而城市的规模仍在扩张，那么只有一种可能，即迁入的外来人口数量大于城市自身由于出生-死亡比率而失去的人口数量。塔尔博特·格里菲思和 H.J.哈巴卡克研究了 18 世纪的死亡和出生，他们就医疗和公共卫生的改善在多大程度上降低了死亡率和提高了出生率这一问题展开了激烈的争辩。但不管这个学术问题如何解决，毋庸置疑的一点是：1750 年之前的百年间，巴黎和伦敦的人口增

---

① 黎塞留（Cardinal Richelieu, 1585—1642），法国政治家，自 1624 年起担任路易八世的首辅大臣。——译者

② 参见路易·切瓦利尔（Louis Chevalier），《劳工阶级和危险阶级》（*Laboring Classes and Dangerous Classes*, trans. Frank Jellinek, New York：Howard Fertig, 1973），第 176 页；阿尔弗雷德·科班（Alfred Cobban），《当代法国历史》（*A History of Modern France*, 3rd ed., London：Penguin 1963），第 1 卷第 48 页；皮埃尔·古贝尔（Pierre Goubert），"1500—1700 年法国人口的新理论和研究"（Recent Theories and Research in French Population Between 1500 and 1700），该文载格拉斯和埃弗斯利（D. V. Glass and D. E. C. Eversley）编撰的《历史中的人口》（*Population in History*, Chicago：Aldine, 1965），第473 页。

长很大程度上依赖于自小城镇和农村迁入的外来人口。人口学家布丰扼要地阐述了这一点。他告诉我们，在1730年，"伦敦必须（从外地）补充出生人口的一半以上才能维持原有的人口数量，而巴黎只能提供自身所必需人口的大约七十五分之一"。[1]

虽说巴黎和伦敦的人口增长各不相同，但外来的移民却是其惟一原因。感谢 E.A.莱格里的研究，我们才能够清楚地了解到1650—1750这一个世纪间伦敦的迁入人口数量及其模式。据他估算，在这段时间里，伦敦每年必须迁入八千人才能达到那样的增长。迁入的都是些年轻人——莱格里估计他们的平均年龄是二十岁——而且通常尚未结婚。也就是说，和一个半世纪之后美国农民涌入城市的浪潮不同，当时举家迁往伦敦的例子并不常见。利用 C.T.史密斯在1951年所搜集的史料，我们能够画出迁入人口的原籍所在地的分布图；多数人来自伦敦郊外大约五十英里的地方；在当时，五十英里是一段至少需要两天才能走完的旅程。[2]

迁入巴黎的移民情况也是一样的。众所周知，自从路易十

---

[1] 这不是一个可以逆转的公式，并不意味着巴黎的死亡人口比出生人口多75倍。布丰说的是把各种因素都考虑在内，巴黎需要增加那么多人才能够维持人口数量不变或者增长。参见哈巴卡克（H. J. Habakkuk），"18世纪英国人口"（English Population in the 18ᵗʰ Century）一文，载《经济史评论》（*Economic History Review*）第二系列第4卷（1953），第117页及以下；罗伯特·曼德罗（Robert Mandrou），《17—18世纪的法国》（*La France aux XVII et XVIII Siécles*，Paris：Presses Universitaires de France, 1967），第130页；孔德·布丰（Comte de Buffon），转引自上述切瓦利尔一书第178页。

[2] 参见莱格里（E. A. Wrigley），"伦敦在1650—1750年间改变英国的重要作用：一个简单的模型"（A Simple Model of London's Importance in Changing English Society and Economy, 1650—1750），载《过去与现在》（*Past and Present*）第37期，第44页及以下；史密斯（C. T. Smith）的地图见《地理学丛刊》（*The Geographical Journal*）1951年6月号第206页。

四殃天之后，法国的贵族更多地在巴黎生活；但即使在太阳王①时代，这些人也没有彻底离开巴黎，而是把它当成避难所，用以逃避虚文矫饰的凡尔赛宫廷生活。他们的回归并不足以扭转巴黎的人口由于婴儿和儿童的死亡而日渐减少的趋势。根据路易·亨利的研究，我们似乎可以合情合理地说，和伦敦一样，巴黎也通过吸纳移民来补充自身的人口；这些移民年轻而且单身，原籍距离巴黎至少两天的路途；而且和英国的情况相同，促使他们离乡背井的并非饥荒或者战乱（这些情况后来才出现），他们离开家园，只是为了改善自己的命运。因而我们可以得知，当时的伦敦是一个大城市，其增长的人口至少有一半是从外地迁入的举目无亲的年轻人。巴黎也差不多，它比伦敦小，但相对于当时的其他城市来说规模相当庞大；在全国人口增长停滞的情况下，它的人口缓慢增长；它所补充和增加的人口几乎全部来自同一类迁入的移民。②

因而，在这两个城市的人口构成中，一类特殊的陌生人扮演了至关重要的角色。单身的他或她切断了过去的社会关系，来到一座相当遥远的城市。实际上，在谈到他们所在城市的人口状况时，18 世纪 20 年代的伦敦人或巴黎人通常用"大杂烩""难以捉摸""值得怀疑"和"尚未定型"来形容这些外来人。在笛福③笔下，由于出现了很多外地来的人，伦敦"人满为患"，因此政府部门和管理条例面临着新的挑战。他找不到

---

① 指路易十四。——译者
② 路易·亨利 (Louis Henry)，"18 世纪的法国人口"(The Population of France in the 18ᵗʰ Century)，见上述格拉斯和埃弗斯利编撰一书第 434 页及以下。
③ 丹尼尔·笛福 (Daniel Defoe, 1660—1731)，英国作家。——译者

任何词语来描绘这些新来的人，只能称他们为"各色人等的大杂烩"。除了"爱尔兰游民"之外，这些人之中似乎并不存在任何社会秩序。而且由于他们毫无组织，笛福还预言曾经涌入这座城市的他们将会被冲刷出去："依鄙人愚见，今日之伦敦虽曰人满为患，然则汇聚此地之盲流，其来固若泽水之喷涌，其去亦将如退洪之猛泄。"①

马里沃的《玛丽安妮的生活》和《暴富的乡巴佬》②也同样将巴黎视为一个流动的陌生人汇聚的城市。在这两本小说中，马里沃将巴黎描述为一个五湖四海的人都能够"通过"的地方，因为整座城市已经充满了"不知底细的"移民。对原来的巴黎人来说，他们越来越难以了解"交谈对象的真实人品"。

1900 年的纽约人或波士顿人对外来的陌生人也有一番描述，让我们来将它和上述形象进行比较。在美国的城市，人们刻板地用种族来看待陌生人；如果某个陌生人被归为劣等种族，那么他将会被视为下等人或者危险人物，从而遭到本地人的排斥。但在笛福或马里沃的小说中，我们看不到这种刻板的归类；他们所熟悉的陌生人城市并不能从种族、经济或者民族上加以区分（伦敦的爱尔兰人除外）。移民通常孤身而非举家迁徙，这一事实使得他们的"底细"更加不为人所知。

人们常常把伦敦形容为一个大"wen"。现在这个词有超级大都市的意思，但在 18 世纪初期，它的含义却并不美好；

---

① 丹尼尔·笛福，《大不列颠全岛见闻录》（*A Tour through the Whole Island of Great Britain*，London：Penguin，1971；初版于 1724 年），第 308 页。（此书未见汉译，此处及以下引文均由本人翻译。——译者）

② 《玛丽安妮的生活》（*La Vie de Marianne*）是马里沃在 1731—1741 年间创作的小说；《暴富的乡巴佬》（*Le Paysan Parvenu*）则创作于 1734—1735 年间。——译者

当时它的含义是一个流出各种脓液的肿瘤。人们也用"不知底细"等来形容城里新出现的人群，但这个词恰如其分地体现了隐藏在那些较为文雅的词汇之后的憎恶。这些人彼此之间如何打交道？他们孤身只影，甚至尚未成年便来到他乡异里，也跟外国来的移民不同，身上缺乏那种一目了然的陌生性。他们将依赖什么条件来判断彼此的交往？人们应付这种各色人等的大杂烩时，将会用上什么样的知识？过去有何种类似的经验可供参考？

当我们用"人口增长"来描述这两个城市时，这个词并不仅仅意味着一些中立的数字。它指明了一种独特的社会事实。由于城市变得越来越大，它的居民遇到的问题也越来越多。

他们住哪里？

人们或许会以为这些人会分别住进城里不同的区域，每个城区都有特定的经济和社会特征。这样区分陌生人就会变得容易一些。然而，自 1670 年之后，不管是在巴黎还是在伦敦，这种社会生态学的进程常常中断和出现混乱的情况——讽刺的是，混乱恰恰是试图解决日益增长的城市人口的计划造成的。

从逻辑上来说，城市有两种方式可以用来安置增长的人口：扩大城市的面积，或者让同一个地方容纳更多的人。几乎没有一个城市的增长模式如此简单，即要么拓展空间，要么加大原有城区的人口密度。它也不仅仅是同时增加土地面积和人口密度的问题，因为人口增长并非"能够预测的"现象，人们无从用渐进的重新规划来容纳每一次人口增长。人口增长通常迫使整个城市的生态环境进行重组，我们必须把城市当作晶体，它的每一次重新合成都必须加入更多的构成这种晶体的物质。

如果走上 17 世纪 40 年代的巴黎或者 1666 年的大火之后的伦敦街头，我们将会吃惊地发现，一些以现代的标准来说极其狭窄的空间聚集了非常多的人口。马路两旁密密麻麻地挨在一起的房子每间至多只有两三米宽，然后这些建筑群之间会突然出现一些巨大的开阔空间。实际上，如果我们来到巴黎城墙附近的新建筑或者伦敦城与威斯敏斯特之间的无人地带，我们见到的将不会是建筑密度逐渐降低的情况，而是一种突如其来的断裂：从拥挤的街道变成几乎像农村一样零零落落的房子。

在 1666 年大火之后的伦敦和 17 世纪 80 年代的巴黎，这两座城市的人口分布开始出现了新的形式。至于焚毁或者开垦的土地，人们并没有简单地将其填满。在一种新规则的支配下，这些土地被重建成广场，而且这种广场无论从外观还是功能上都跟中世纪城镇的广场有着根本的区别。虽说都是和中世纪的过去决裂，伦敦和巴黎两地的广场设计理念之间的差异却非常明显。但这两种截然相反的对过去的颠覆却产生了相同的社会后果。

17 世纪 80 年代兴建的巴黎广场受到之前两件事的影响。首先是伯尼尼①在罗马的杰作，其次是路易十四和他的建筑师在凡尔赛的建设。伯尼尼在罗马的圣彼得大教堂之前设计了斜边广场（Piazza Obliqua），这个广场颠覆了文艺复兴时期广场设计的核心理念。在文艺复兴时期，广场的设计应该突出

---

① 伯尼尼（Gian Lorenzo Bernini, 1598—1680），雕塑家、建筑家，原籍佛罗伦萨，生于那不勒斯，在罗马成名。——译者

空间封闭性和严肃性；但伯尼尼希望通过形式的设计来凸显空间的空旷。17世纪80年代的巴黎建筑师采纳的正是这样一种理念：在密集的市区建筑之间插入空旷的空间。最初体现了这种理念的是1685—1686年间建设的凯旋广场（Place des Victoires）。[①]

对巴黎城来说，这样一种尝试的意义在于：人口分布的规划即将和人类设计出来的无限空间的幻觉联系起来。在人口密集的地方造成巨大空间的幻觉这种设计原则贯穿在旺多姆广场（1701年动工）和残疾人广场（1706年完工）之中，并在雅克-昂格·加布里埃尔[②]设计的协和广场（1763年落成）中体现得最为淋漓尽致。

有部分设计这些巨大城市空间的建筑师原本是为了建设凡尔赛宫而接受训练的；例如，哈尔杜因-曼沙尔[③]在主持了凡尔赛宫的工程之后，就参与了旺多姆广场的建设。凡尔赛宫是一个等级森严的地方，它的单间、套房和花园无不体现了居住者的高低贵贱；起初人们认为它弥补了17世纪60年代的巴黎的不足之处；但18世纪初期的巴黎也是对凡尔赛宫的矫正。这些空旷的市区广场将不会容纳周边街道的各种活动，街道将不会成为广场生活的入口。和凡尔赛宫所有建筑物强调的重点不同，广场本身并不承载社会意义，它只是限制在其内部发生

---

① 参见纪登（S. Giedion），《空间、时间和建筑》（*Space*，*Time and Architecture*，Cambridge：Harvard University Press，4ᵗʰ ed. 1963），第141—142页。

② 雅克-昂格·加布里埃尔（Jacques-Ange Gabriel，1698—1782），法国建筑家。——译者

③ 哈尔杜因-曼沙尔（Jules Hardouin-Mansard，1646—1708），法国建筑家。——译者

的活动，这些活动主要是人流和车流的通过。除此之外，这些广场在设计之初，并没有打算为逗留或聚会的人群提供便利。因此，哈尔杜因-曼沙尔设法使摊贩、杂技团和其他形式的街头贸易无法在他所设计的广场上找到立足之地，并且广场上的咖啡店只能在室内营业，驿站更是彻底被清除到广场之外。[1]

巴黎在中世纪和文艺复兴时期名闻遐迩的广场生活因此遭到了削弱。这儿的广场曾经有过各种各样的功能，保罗·苏克尔曾说过城里的各种活动在同一个地方"交叠"；但现在巴黎的群众生活已经烟消云散了。[2]

实际上，正是为了清理出这些巨大空间而进行的拆迁和建设活动迫使部分巴黎人口从 1660 年的城市中心搬到较为偏远的郊区。18 世纪初期，残疾人广场附近的贵族和为数众多的婢仆迁徙到玛莱区；圣叙尔皮斯教堂前面的空地也是另一群贵族及其扈从移家圣日耳曼牧场区的空旷地带之后清理出来的。随着巴黎人口逐渐增加，这些大广场周边地区的人口密度变得更加大了，但这些中心地带再也不是原来那些人群能够聚集在一起举办各种活动的地方了。[3]

中世纪和文艺复兴时期，巴黎的广场是开放地带，和作为受限制地带的住宅恰好相反。18 世纪初期这些意义重大的广

---

[1] 然而，到了 19 世纪，豪斯曼将会意识到这些空旷的地方会很快被一些无法无天的人群填满；所以 18 世纪这种反人群的规划在 19 世纪反倒成为暴乱的策源地。

[2] 参见保罗·苏克尔(Paul Zucker)，《市镇与广场：从聚集地到绿色乡村》(*Town and Square: From the Agora to Village Green*，New York：Columbia University Press，1959)。

[3] 参见古特金德(E. A. Gutkind)，《法国的城市发展》(*Urban Development in France*，New York：Free Press，1970)，第 252 页。

场既调整了巴黎城的人口分布，也重构了人群的功能，因为它们改变了人们聚集的自由。召集一群人变成了某种特殊的行为，人群只在三种地方汇聚：咖啡厅、公园和戏剧院。

在伦敦，广场供人群自由聚集的功能也在 1666 年到 1740 年这段时期走到了终点，只不过经由了一条截然不同的道路而已。1666 年的大火之后，人们推动了很多重建伦敦城的计划，最大的规划是克里斯托弗·列恩[①]提出的。这些计划几乎立即遭到英王查理二世的否决。这些计划若是得到落实，将会给伦敦添加很多装扮市容的景点，类似于伯尼尼在罗马的杰作或者随后哈尔杜因-曼沙尔在巴黎所建的广场。实际上，对列恩规划的批判正好意味着人们拒绝不久前在伦敦市区落成的那种广场，即伊尼戈·琼斯[②]设计的女修道院花园。[③]

但是通过修建广场来调节城市人口分布这个理念并没有被抛弃。女修道院花园区的贝德福德公爵和布卢姆斯伯里区的南安普顿伯爵开始在广场四周修建住宅区，那些广场"杂乱无章地分布在一个区域上，各自独立，但彼此之间并没有完全断开"。这些广场的重要特征是它们不会像女修道院花园那样，被小贩、杂技演员和卖花女之类的人填满；而是会种上各种灌丛和树木。[④]

人们常说英国人把住宅建设在封闭的花园周边，是因为他们试图在城市的建筑中保留乡野的感觉。这种说法只有一半是

① 克里斯托弗·列恩(Christopher Wren, 1632—1723)，英国设计家、几何学家、天文学家和建筑家。——译者
② 伊尼戈·琼斯(Inigo Jones, 1573—1652)，英国建筑家。——译者
③ 参见纪登，《空间、时间和建筑》，第 619 页。
④ 同上，第 620 页。

对的。布卢姆斯伯里区这些房子本质上是城市住宅，而且是成批建设而成的；它们和伦敦未受大火焚毁的市区那些正在兴建的房子十分相似。如果有个现代人能够想象一片玉米地中央突然出现了一座摩天大楼，还有停车场、交通灯和所有服务设施，并且大楼的建设者事先知道玉米地周围将会很快出现其他摩天大楼，那么这个现代人将多少能够体会到贝德福德公爵和南安普顿伯爵在开发他们的地产时的心态。[①]

这些星罗棋布的广场的创造者十分坚决地将商业活动排除在广场区域之外。贝德福德公爵向当局申请立法，驱逐在广场摆卖兜售的小摊小贩。尽管这道禁令在 17 世纪 90 年代期间很难得到落实，但它在 18 世纪 20 年代生效。广场本身变成了自然博物馆，周边则是极其复杂的住宅。实际上，那些开发者的期望实现了。人们在这些广场附近盖房子，这片区域的人口渐渐变得和老城一样稠密。

现在我们可以看到，不管是巴黎还是伦敦，在通过广场规划对人口进行重新安置的过程中，广场本身不再是一个多功能的场所，也不再是一个聚会和观察的场所。广场因为受到限制而不再成为自由区域，当时的人们如何看待这一现象呢？笛福栩栩如生地描绘了 18 世纪 20 年代的情况：

> 伦敦浩劫，市容全毁；楼宇如雨后春笋，栉比鳞次，
> 兴建者恣意无忌……但求一己之便利……遍观全城，触目

---

① 参见古特金德（E. A. Gutkind），《西欧的城市发展》（*Urban Development in Western Europe: The Netherlands and Great Britain*，New York：Free Press，1971），第259页。

皆杂乱无章、奇形怪状之楼阁，观者惟茫然若失，不知身在何方而已矣。[1]

城市的增长意味着它失去了中心城区，失去了核心区域。在笛福看来，这种增长并非一种假以时日便会慢慢成熟的现象。它让人觉得突兀：

今世诚乃历史之紧急关头，以文人之眼观之尤然……伦敦内外，楼阁台榭，连绵不绝；广袤之地，日见增益；荒郊野岭，咸成市肆第宅；人口稠密，直谓举袂成幕，挥汗成雨。畴昔沧海桑田之变，今日已成见惯之事，况乎其间历时未久，无非数载光阴……[2]

伦敦和巴黎的人口带来的社会问题，其实也就是如何成为一名陌生人或者和陌生人共处的问题。而城市人口密度加大带来的社会问题，则是这些陌生人该在什么地方经常性地出现，以便各类陌生人的形象能够得到定型的问题。原来的聚会场地，也即多用途的广场，已经被侵蚀了；在巴黎，广场自身成为景点，而在伦敦则变成自然博物馆。人口的分布状况就这样创造了一个未知陌生人的环境。

尽管如此，假使城市中社会群体的等级结构依然原封不动，这些互为观众的陌生人或许就能够避免多数法律约束的重

---

① 参见笛福，《大不列颠全岛见闻录》，第 287 页。
② 同上，第 295 页。亦可参见雷蒙德·威廉姆斯（Raymond Williams），《乡村与城市》（ *The Country and the City*，New York：Oxford University Press，1973），第二章，尤其是论述反乡村的部分。

担，而且在现成的场景框架之内即可保证信任的激起。因为人们将能够以这种等级结构的地位、义务和礼仪为标准，用于判断所遇到的陌生人；等级或许依然能够充当信任的准绳。但和人口变化紧密相连的首都的经济侵蚀了这一准绳，使得人们不再能够用等级来确切地判断陌生人之间的关系。因为在和陌生人打交道时，等级变成了一种不确定的标尺，所以观众的问题就产生了。

城市布尔乔亚的变化

18 世纪上半叶，英国和法国的经济在国际贸易方面取得了迅猛的增长。自 1700 年至 1780 年，英国的外贸翻了一番；主要的出口市场由欧洲转变为英国自身的海外殖民地。法国则乘虚而入，占领了原先和英国往来的其他欧洲国家市场。①

贸易的增长对这两个国家的首都造成了极大的影响。伦敦和巴黎既是主要的港口，也是远洋航运的商业金融中心和物流配送中心，货物经由这两个城市进出口以及在国内各省份流转。蒸蒸日上的贸易同时带来了物理性的和社会性的后果。在伦敦，和新建的广场促使市区扩张一样，泰晤士河上蓬勃发展的贸易推动了城区的西进。而在巴黎，塞纳河上兴隆的货运生意也使市区向西扩张，市中心瓦匠区②沿线和城市之岛③周边

---

① 克里斯托弗·希尔(Christopher Hill)，《工业不列颠的重建》(*Reformation to Industrial Britain*, Baltimore：Penguin, 1969)，第 226 页。
② Tuileries，巴黎城区。——译者
③ Île de la Cité，塞纳河上小岛。——译者

各处码头也出现了越来越多的泊位和仓库。①

社会性的后果是，贸易的增长创造了金融业和商业的职位，也给城市社会带来了新的管理部门。说到这两座城市的"布尔乔亚的发展"，我们指的不是专事生产的阶级，而是货物配送的从业阶层。到城里来的年轻人在这些商贸行业找到工作；实际上，当时出现了某种劳动力短缺的情况，因为要求工人能读会写的岗位多于识字的求职者。和人口密度的平衡一样，城市中工作岗位的平衡也通过晶体重组的方式进行：18世纪两国首都的新兴贸易活动并不是以原来已有的行业为基础而展开的，城市的整个经济结构围绕着它进行了重组。例如，对于小手工业者来说，码头的商铺太过昂贵；因而他们开始搬出中心区，而后又搬离了首都；与此同时，商人则搬了进去。

就这群批发商布尔乔亚的兴起而言，我们所要关心的问题是他们有没有一种清晰的阶级认同，因为如果没有的话，他们彼此之间更会有一种未知陌生人的感觉。

曾经有个作者这样评论巴黎，他说它的布尔乔亚知道他们是一类新出现的人群，但并不知道他们到底属于哪个阶层。在17世纪的"宫廷和城市"年代，商人阶层倾向于掩盖自己的出身；但18世纪的商人和先辈不同，他们更有自信。然而，这群处于社会中间阶层的人依然弄不清他们自己的身份：他们是新的阶层，但这是一个什么样的阶层呢？狄德罗②创作了一些

---

① 参见杰弗雷·卡普劳(Jeffery Kaplow)，《诸王的年号》(*The Names of Kings*, New York：Basic Books，1972)，第7页。
② 狄德罗(Denis Diderot, 1713—1784)，法国哲学家、作家。——译者

剧本描绘当时的布尔乔亚生活，比如《一家之主》①；剧中人物把没有土地的他们依然能够生存，甚至还能过得不错当成是不可思议的事情。

关于商业阶级缺乏这种"我们是谁"的正式宣言，原因之一是他们的自信也许尚未变成骄矜。还有一个原因就是，考虑到这个阶级的经济形成过程，人们很难给它下确凿的定义。这是每个人都能进入的阶级，一个全新的、不断扩大的阶级；它是流动的而不是世袭的阶级。城市中的贸易持续发展，市场的本质也随之改变，所以和文艺复兴时期前后的商业阶级比较起来，它的阶级界限要模糊得多。原来的市场竞争都是为了取得在某个地区的专营地位或者对某种货物的垄断经营，但在18世纪初期，市场发生了变化，商家的竞争是在某个地区之内或者围绕某种商品而展开的。正是这种市场变化使得各类商人无法确定自身的中间阶级身份。

例如，不管是在伦敦还是巴黎，出售大量商品的露天市场都是在这个时期形成的。人们从船上出售货物，也在特定的城区做买卖。和中世纪的市场不同，圣日耳曼市场和霍勒市场是永久的交易场所，每个售货者均有政府颁发的营业执照。17世纪40年代，随着修女院花园大楼的落成，伦敦也开始对市区的露天市场进行规范化整顿。然而，市区贸易的营业执照不同于原来的进出口许可证。原来那种某些特定的公司垄断经营某些特定商品——比如茶叶一度由东印度公司专营——的情况不再出现，一些公司通过公平竞争或屡见不鲜的违法手段出售

---

① 《一家之主》(Le Père de Famille)，狄德罗于1758年创作的剧本。——译者

同一种商品。因而，市场竞争的本质不再是夺取某个区域的垄断经营权，而是变成在同一个区域内部比赛谁的生意更好。由于这两个城市成为国际销售和采购中心，它们的内部市场的竞争变得激烈起来。[1]

在《城市的经济》一书中，简·雅各布斯认为，在这种城市增长的影响下，人们为了摆脱和他人竞争的压力，将会不断地寻找尚未有竞争的地区，追求可供出售的新货物和新服务。总体而言这个观点让多数历史学家觉得恼火，但稍加改变，用它来解释这两个城市中的一种特定现象也不无道理。当手工作业的区域被毁之后，父亲让儿子接过衣钵的难度要大得多。原因很简单：父亲无法把一切都交给儿子。他能够把资产或者手艺传下去，却无法给儿子留下稳定的熟客群体和源源不绝的原料供应。再者，在那些促使父亲为了赢得竞争而辛勤劳作的条件的影响下，儿子很容易产生另立门户的打算，企图通过从事贸易或者那些在他们看来竞争不那么激烈的工作（实际上这种表象通常是假的）来为他们的技艺开辟新的市场。18世纪初期伦敦和巴黎的贸易扩张使得子承父业的现象更为少见。由此造成的结果是，人们很难仅仅通过一个陌生人的家庭背景来判断他是"谁"。[2]

在18世纪城市经济重组的过程中，市场竞争引起的阶层错位从商人延伸到手工业劳动者。这种情况在行会中体现得最为明显。17世纪晚期，巴黎和伦敦的大多数劳动者都加入了

---

[1] 参见卡尔·波兰尼（Karl Polanyi），《大变革》（*The Great Transformation*, Boston: Beacon Press, 1964）一书的结论部分。

[2] 参见雅各布斯（Jane Jacobs），《城市的经济》（*The Economy of Cities*, New York: Random House, 1969）。

各种各样的行会；但到了18世纪，加入行会的劳动者人数锐减。有些学者——如桑巴特[1]——通常认为，内中原因在于行会并不适合顺应工业社会而出现的流动劳工市场。但这种解释是错误的，因为工业社会在18世纪尚未来临。正如卡普劳指出的，其时城市工人的生活中有一些直接的原因促使他们放弃行会工作，加入较为不固定的职业。一个人从学徒变成业主从理论上来说是可能的，但实际上机会相当渺茫。在18世纪的巴黎行会，"不管是终身学徒还是房间装饰工，这些工人极其贫穷，而且咸鱼翻身的机会等于零；他们憎恨这种生活境况甚至多过憎恨他们那些不加入行会的兄弟"。退一万步说，就算桑巴特是对的，18世纪行会的衰落确实是因为其功能跟不上时代的变化，但当时的人们故意拒绝加入行会这一判断也是正确的，因为对年轻人来说，即使父亲的会员资格使得他拥有在该行业工作的权利，这个年轻人也未必有活可干，"前途"什么的就更不用提了。[2]

中间阶层争相出售和别的商家相同的货品，与此相似，下等的劳工阶级争相出售其他人也能提供的服务。17世纪末期，打算替人帮佣的劳工数量远远多过聘请仆人的岗位；这种劳动力过剩的状况在18世纪持续恶化。这些佣工的供给超过需求太多，乃至他们若带着孩子便很难找到东家——同样是为了打理家务，比起养活原来的仆人全家，自然是只雇佣成年的佣人省钱。通过城市转口的国际贸易的规模愈大，城里的服务经济便会愈加四分五裂，手工业和服务业内部的竞争就会愈加

---

[1] 桑巴特（Werner Sombart, 1863—1941），德国经济学家、社会学家。——译者
[2] 参见卡普劳，《诸王的年号》，第36页。

激烈；人们不再能够依靠工作的区域来划分不同的人群。①

在这两座蓬勃发展的城市，它们的人口和经济共同导致了未知陌生人的出现；至少在短期之内，人们难以通过事实认定来定位未知的陌生人。当人们离乡背井来到城市，姓氏、社会关系和风俗习惯已经无助于确定他们的身份。当大量的人口被安置在各处广场周边，而这些广场又不是聚会和社交的地方，通过日常的观察来认识这些陌生人就变得更加困难了。当复杂的市场竞争拆毁了各种经济活动之间固定的藩篱，职业"地位"也无助于确定人们的身份。上辈人和下辈人的身份断裂变得更为常见；子承父业让位于另谋生路，不管儿子比父亲更加潦倒还是更有出息。

所以人们很难用诸如你从哪里来、你属于哪儿、我在马路上碰到你的时候你在干什么之类的标准来判断陌生人的身份。我们可以再拿这种情况来跟 20 世纪初期纽约的人口状况相比较：移民到纽约的人的身份，可以通过他们所说的语言立刻得到定位；他们通常全家移民，或者拖家带口乘坐火车；他们聚集在城里的种族聚居区，甚至还依据他们在原来的国家所居住的城市或者乡村聚居在种族聚居区之内的同一个街区。在纽约，每个种族聚居区的功用曾经类似于中世纪和文艺复兴时期巴黎广场的用途。街道既是购物区，也是人们集会和随意观察他人的地方，而且街道的中心地带往往建有教堂。18 世纪中

---

① 威廉姆斯，《乡村与城市》，第 147 页；若想获得关于 19 世纪这种劳动力过剩的详细理论，亦可参见哈巴卡克，《19 世纪英美两国的技术》（*American and British Technology in the 19ᵗʰ Century*，Cambridge：Cambridge University Press，1962）。

期巴黎和伦敦的陌生人缺乏这些自动的组织模式。

　　让我们来澄清这种缺乏判断身份的准则的情况，因为我在这里所做出的描述，可能会令读者认为古代政制时期大都会市民居住的地方是一个卡夫卡式的抽象世界，这个世界的人们毫无特征，难以相互区分。这种想法和史实不符；18 世纪的都会是这样一个地方：生活在其中的人们费尽心机来认识和定义他们和陌生人的关系；关键的一点在于，他们不得不费尽心机。由于受到城市生活的客观环境的影响，人们不再相信其他人的原籍、家庭背景或者职业等"自然的"、常见的身份标签。努力认识自己和其他人的关系，努力赋予这些社会交往一种固定的形式，也就是努力创造一种有意义的观众意识。通过将新的城市社交仪式和旧的宫廷交际礼仪进行比较，我们或许能够理解当时的人们如何从一个陌生人的环境中创造出有意义的观众意识。其中牵涉到的是，两个素昧平生的陌生人在初次会面的社交戏台上该如何提问、寒暄、介绍和交谈。

宫廷和城市的相互影响

　　若有人在 18 世纪 50 年代观察巴黎人和伦敦人的言谈举止，他必定会吃惊地发现，这两座城市的差别并不大，反倒是它们各自关于礼貌的定义迥然相异。他还会注意到，如果跟英国和法国截然不同的宫廷生活比较起来，这两座城市已经变得十分相似。

　　英王查理二世之后的宫廷生活和法王路易十四之后的宫廷生活背道而驰。俭朴的清教教规得以施行之后，英国人发现他们的社会出现了一种新的宫廷生活，宫廷中人不拘礼节，宽厚敦和，致力于解决管理的不善和政局的混乱；这种情况从1660 年持续到 1688 年。"投石党之乱"①平息后，路易十四统治下的法国人却发现宫廷生活变得秩礼分明，若网在纲，有条而不紊；这种情况延续到 1715 年为止。在英国，伴随着 1690年之前一日千里的城区发展的，是越来越稳定的政局和宫廷生活；也就是说，伦敦的发展和稳定的、受到限制的君主政制的发展是携手共进的。而在法国，国王的力量和巴黎的力量是相互对抗的。路易十四修建了凡尔赛宫，不再在杜伊勒里宫长住，目的是为了更好地控制他的王公大臣，使他们无处可逃，只能乖乖地待在等级森严的皇宫中。直到 1715 年路易十四崩殂，路易十五治下的法国政府重回巴黎，凡尔赛宫的诸种纲纪方告废弛。因此，从政治方面上来说，英国和法国的宫廷历史比较起来恰好相反。但就社交方面而言，它们不乏相同之处。

在 17 世纪中期的宫廷中，爵位官阶不同的人彼此寒暄时会根据对方的身份，用上一套复杂的谀术；而且不止法国的情况如此，德国、意大利和英国也一样。当然，被阿谀奉承的一方是地位较高的人；有爵位和没有爵位的人进行交谈时，使用表明社会地位的头衔对双方来说都是得体的：侯爵先生和讼师先生说话。这些场合的恭维就是当着别人的面赞美他那些众所周知的优点。在圣西门的回忆录中，我们见到人们彼此"称赞"，说着诸如"得见阁下，鄙人三生有幸，久仰阁下……"之类的客套话，后面跟着一长串战功、家庭关系或者——当和地位稍低的人交谈时——这个人身上某些为人所称道的懿范。

---

① 指 1648—1653 年发生的法国内战。——译者

在初次会面尽力奉承某个人是一种和他或她建立社会关系的方法。[①]

以宫廷为主的社交圈的结构使得此类寒暄和恭维相当容易。除了凡尔赛宫之外，这些宫廷都很小，所以某个人的名声和背景很容易在小圈子里面传开。关于凡尔赛宫鼎盛时期有多少人，各种估计数字相差甚巨；但根据圣西门和诸如瓦伦·哈密尔顿·刘易斯之流的现代作家的作品，我们很清楚的一点是：只有取得某种官爵的人才有可能在凡尔赛宫相遇，这类人也不多，所以人们有可能在相互介绍之前，便已从口耳相传中了解到对方的底细。更何况在交谈中取得主动相当重要，人们和陌生人会面之前，往往会先打探对方的情况。[②]

这种场合自然会产生各种各样的闲话。人们会毫无顾忌地搬弄他人的是非，巨细靡遗地谈论那些人犯了什么罪、出了什么绯闻或者有什么虚伪的表现；因为在宫廷中，所有这些私人的事情都躲不过众人的耳目。此外，闲话和社会地位的关系非常清晰。在圣西门的回忆录中，下级从来不向上级表示他知道——或者实际上他听到——有关这个上级的闲话；而上级则可能不带恶意地表明他听说过关于这个下级的闲言碎语，甚至在初次会面时询问这些传闻究竟是真是假。

在七十年后的伦敦和巴黎，说闲话的模式改变了。为了清

---

① 参见圣西门(Saint-Simon)，《回忆录》(*Memoirs*，Paris；Boston，1899)；亦可参见博德里亚(H. Baudrillart)在《私人与公共的奢华历史》(*Histoire du Luxe Privé et Public*，Paris；Hachette，1880)第1卷194—195页中有趣的题外话；还可以参见萨缪尔·毕普斯的日记，他记录了他的同伴饮酒时所说的祝酒词。
② 刘易斯(W. H. Lewis)，《辉煌的世纪》(*The Splendid Century*，New York；Morrow，1971 ed.)，第41—48页。

晰起见，让我们来分析同一个要是在过去也能进入宫廷的社会阶级。1750 年，切斯特菲尔德伯爵提醒他的儿子：如果有人正在向他介绍某个人，切忌提及这个人的家人。因为人们无法确切地知道一个人和他的家人之间存在什么样的情感关系；而由于伦敦的"混乱"，人们甚至无法确切地知道一个人的家庭是不是完整。当时两地的人口相当稠密，而且又充满了陌生人，人们很难在相互交谈时阿谀对方、称赞对方的人品。于是人们发明了一些用于寒暄的客套话，这些客套话越空泛越好，而且用词求华丽，它们本身就能使听者甘之如饴；人们无论和什么人进行交谈，都可以用上这些套话，而不会显得唐突冒昧。实际上，恭维的要点在于赞扬对方，却显得委婉而客观。[①]

例如，在马里沃的《玛丽安妮的生活》中，当玛丽安妮第一次在巴黎参加盛大的宴会时，她吃惊地发现那儿的宾客极其热情与健谈，他们很少谈论她没有听说过的人，和她交谈时的分寸也把握得很好，丝毫没有刺探她自己的私生活。18 世纪的城市社交礼仪恰好和 17 世纪中期的宫廷社交风格相反。初次见面时，人们通过各种新的礼仪建立起社会关系；而这些新的礼仪则以承认不知道对方的"底细"为基础。[②]

受到城市环境的影响，说闲话呈现出一种特殊的属性。如

---

① 切斯特菲尔德伯爵（Lord Chesterfield），《尺牍》（*Letters*, London, Dent-Dutton, 1969 ed.；first published 1774)，第 80 页；有趣的是，我们在伏尔泰的信件开头也能见到这种谀词，同样的几句话可以用来赞美各种社会地位差异极大的人群，其中有一些回信也用上了这些话；说一些和对方个人无关的恭维话并不意味着说这些话的人不"礼貌"。

② 马里沃，《玛丽安妮的生活》，载《小说与叙事》（*Romans*, *Récits*, *Contes et Nouvelles*, texte présenté et preface par Marcel Arland, Tours；Bibliothèque de la Pléïade, 1949)，第 247—248 页。

果你和某个相识未久的人搬弄其他人的是非，伏尔泰写道，那么你就侮辱到他了。他人的是非不再是初次见面的人所能搬弄的话题，说闲话成了友谊发展到一定程度的标志。如果交情不深，说别人闲话是一件很危险的事情，因为听你说的人可能会把你说的话讲给那个人听；甚至可能出现这样的情况：说起一个女人多么放荡，却不知道站在你面前的就是这个女人——这种事情在18世纪30年代屡见不鲜。因而，大城市的人们在初次结识的时候不再谈论有关私人的事情。[①]

18世纪40年代，很多作家不厌其烦地宣扬逢人且说三分话的观点，切斯特菲尔德伯爵也许是其中最为著名的一位。在写给儿子的信中，切斯特菲尔德不断地强调，若要在这个世界中生存，就必须向其他人掩饰自己的感情。切斯特菲尔德在1747年的一封信中写道：

> 尔等极易堕入圈套，受奸猾之徒摆布玩弄，盖因初出茅庐者，常怀赤诚之心也……吾儿已涉人世，交游须加谨慎。待人谦恭有礼，惟亦须抱怀疑之意；阿谀奉承固然无妨，倾盖如故则大可不必。[②]

几天之后，切斯特菲尔德再次强调了他的建议——实际上，正是从这一年开始，切斯特菲尔德开始了他的长篇大论，一再告诫他的儿子，在巴黎和伦敦这样的大城市，只有戴上面具才能避免掉进"陷阱"。切斯特菲尔德的用词非常刻板：

---

① 参见切斯特菲尔德，《尺牍》，第80页。
② 同上，第32页。

与人倾谈，切勿论及自己，勿图以汝之志趣私事，博听者粲然。须知汝感兴趣，彼等或觉无聊乏味；况且自身私事，宜守口如瓶。①

切斯特菲尔德再三援引他年轻时所犯的错误。年轻时他受到家人的保护，对伦敦的现实一无所知，以为坦诚和率直是良好的道德品质；当他开始在伦敦过上成年人的生活之后，这些美德让他付出了代价，"对自己和其他人造成了极大的伤害"。和塞维涅夫人②相同，切斯特菲尔德也是在豪门贵族之家成长起来的，但在18世纪40年代，他将塞维涅夫人的"灵性"视为会带来危险的性格，因为他的社会生活环境已经不再是皇室宫廷，而是充满了陌生人的大都会。

18世纪中期是伟大的社交年代，但它的民众却似乎配不上这样一种荣誉。生活的客观环境迫使人们彼此怀疑对方的身份，而且这种怀疑并非和情感毫无关系。正是由于对未知陌生人的忧虑，才会出现诸如切斯特菲尔德的建议（"自身私事，宜守口如瓶"）之类的言论；对客观环境的忧虑因此增强了客观环境的影响——这种影响是一件披在陌生人身上的斗篷，使得人们再也无法通过各种现实因素来给他进行"定位"。那么，这些不善于社交的人如何创造了一个社交活动如此频繁的社会呢？他们利用什么工具来建立彼此之间的关系呢？

---

① 参见切斯特菲尔德，《尺牍》，第34页。
② 塞维涅夫人（Madame de Sévigné, 1626—1696），法国贵族出身，以尺牍写作闻名，其书信详尽地反映了路易十四时代法国贵族的生活。——译者

第四章　公共角色

18世纪的城市社会使社会交往变得有意义的方法之一，就是借用一套在戏院和日常生活中都发挥作用的信念系统。如今我们回望过往，或许能比当时的人们更加注意到这座桥梁。在18世纪中期的巴黎和伦敦，当人们谈论起他们的城市时，原先那套和人间戏台的想象有关的基本词语已经改变了。1749年，菲尔丁①说起伦敦，认为它变成了一个戏台和街道"水乳交融"的社会；人世如戏台，他说，在"复辟"时期②已经不再是"比喻而已"。根据卢梭③在1757年所写的一篇文章，受到巴黎的生活环境影响，城里的人们为了能够彼此交往，言谈举止变得和演员一样。正如我们将在接下来两章中看到的，这些关于新的人间戏台的言论和实际有所出入；回顾历史，倒不如说有一座桥梁连接了戏台上的信念系统和街道上的信念系统更为妥当。这给了街道上的生活一种形式。演员无须揭露自己在戏台下的性格便能打动人们的感情，观众师法于演员，利用他的信念系统来达到同样的目的：他们彼此激起对方的情感，却无须定义自己——受生活的客观条件限制，人们往往很难做出这种定义，甚至会费尽心机却徒劳无功。而这座桥梁反过来使得人们能够在不了解对方底细的情况下彼此交往。

通过这种方式，公共生活四种结构的第一种（观众的问题）和第二种（连接戏院和社会的信念系统）之间产生了一种逻辑关系。前者牵涉到的是客观条件的失序，后者牵涉到的是建立在客观条件的失序之上的情感秩序；秩序是对失序的回应，但也是对它的超越。

戏院中的信念和街道上的信念之间的这座桥梁得以建成，有赖于两条原则的支撑；其中一条和身体有关，一条和声音有关。身体被当成服装模特；话语被当成标志（sign），而不是符号（symbol）。在第一条原则的影响下，人们认为衣服和打扮、装饰以及传统有关，并把身体视为服装模特，而不是会表达的、活着的生物。在第二条原则的影响下，他们只关注话语本身的意义，而不去注意说话的场合或者说话的人。在两条原则的共同作用下，人们能够将和他人的交往从个人的生理特征或者社会属性中分离出来，从而在创造公共空间的过程中迈进一步。

身体是服装模特

假使有个现代的城市人突然回到 18 世纪 50 年代的巴黎或者伦敦，他将会发现，和我们现在比较起来，当时街头上的人群既显得简单一些，可也更加让人迷惑。如今，马路上的行人能够凭眼睛区分穷人和中产阶级；也能够区分中产阶级和富人，只不过准确性要差一些。两百年前，巴黎和伦敦街头行人

---

① 亨利·菲尔丁（Henry Fielding, 1707—1754），英国小说家、剧作家。——译者
② 通常指英王查理二世在位期间的那一段历史。——译者
③ 卢梭（Jean-Jacques Rousseau, 1712—1778），法国哲学家、作家。——译者

的衣着有着严格的标准，所以人们可以凭借一个人的外表来较为准确地判断他的身份地位。仆人和工人很容易区分。每个行业所采用的服装各不相同，所以人们可以根据工人的穿着判断他从事何种工作；而且还能根据工人身上的彩带或者徽章看出他在其行业中的地位。至于社会的中间阶层，律师、会计和商人等则穿戴着各不相同的服饰、假发和彩带。社会的上等阶层在街头上所穿的服饰不仅能够将他们和较低等级的人区分开来，而且还是街头上最为高级的服饰。

　　贵族阶级和较为富裕的布尔乔亚所穿的服装可能会迷惑现代人的眼睛。他们的鼻子、额头或者脸颊上涂着红色的颜料，戴着巨大而精巧的假发。女人也戴假发，而且还加上了很多发饰，在她们的头发上可以见到具体而微的模型船、水果篮，甚至还有由微缩人像组成的历史场景。男人和女人的皮肤不是被涂成夸张的红色就是被涂成暗淡的白色。他们也会戴面具，但这只是因为他们觉得时不时把面具摘下来很好玩。身体仿佛变成一件取乐用的玩具。

　　刚刚走上这些街道的时候，这个时光倒错的现代人可能会急着得出一个结论：这个社会不存在秩序的问题，因为每个人的身份标签都十分清楚。如果这个现代人有点历史知识，他可能会给这种秩序提出一种简单的解释：人们只不过是在遵守法律罢了。因为法国和英国均有仪服律例①，相应的法律文书规定每个社会阶层都有一套"得体"的服装，严禁任何阶层中的成员穿戴其他阶层的服饰。法国的仪服律例尤其复杂。例如，

① Sumptuary Laws，规定什么阶层可以穿什么衣服、吃什么东西之类的法律。常见的汉译为"禁奢法"。——译者

在 18 世纪 50 年代，那些丈夫是帮工的妇女不得与该行业的业主的妻子穿同样的衣服；而"商贾"的妻子则被禁止佩戴某些贵族妇女才能使用的首饰。①

然而，法律被写进文书，并不意味着就会得到遵从或者落实。到了 18 世纪初，很少人会因为违反仪服律例而遭到逮捕。理论上说，模仿他人的外表会致使你身陷囹圄；但实际上，你在 1700 年可以毫无顾忌地这么做。在规模非常大的城市里面，人们几乎无法判断街头的陌生人所穿的衣服是否恰如其分地反映了他或她的社会地位，内中原因上一章已经详细备至地说明了；多数迁入大都会的移民来自相对遥远的地方，一旦到了市区便会从事新的职业。那么，这个观察者在街头上看到的是幻象吗？

依据平等主义社会的逻辑，如果人们没有必要展示他们的社会差异，那么他们将不会那么做。如果法律和陌生人的环境允许你选择任何身份而"免遭"惩罚，那么你可能不会尝试去定义自己是什么人。但这种平等主义的逻辑并不适用于古代政制时期的城市。尽管仪服律例在整个西欧很少落到实处，尽管大城市中的人们很难弄清楚在街头看到那些人究竟是什么出身，人们仍宁愿遵从按阶层穿衣的法令。他们希望通过这么做能够给充满陌生人的街头带来秩序。

从 17 世纪晚期到 18 世纪中叶，法国和英国多数中上层的

① 当 1789 年的三级议会召开会议时，议长遵循原有的法律，宣布来自第三等级的成员不得佩戴珠宝、耳环或者穿戴彩带及其他色彩鲜艳的布徽。米拉波(Mirabeau)因此勃然大怒，发表了一次他最为了不起的演讲。参见布洛比-约翰森(R. Broby-Johansen)，《身体和衣服：插图服装史》(*Body and Cloths: An Illustrated History of Costume*，New York：Reinhold, 1968)，"十八世纪"。

城市人所穿服装的做工和款式几乎没有什么变化，而且肯定比之前80年更少变化。除了女人的宽大衬裙和逐渐变化的男性理想身材的观念——原先以胖为美，然后崇尚瘦削，再到流行细腰——18世纪服装的基本款式和17世纪末期大体相同。然而，这些款式的用途发生了变化。①

17世纪晚期在各种场合都能穿的衣服到了18世纪中叶就被认为只能在戏台上和街头上穿。在18世纪，人们不管属于什么阶级，都喜欢在家里穿宽松而简单的长袍。公共领域和私人领域的第一次分野在这里出现了：私人领域更加自然，身体本身具备了表达性。斯奎尔指出，在摄政时期②：

> 巴黎人看到，女式的宽松长袍完全被采用。原本只在卧室穿的服装也能穿到客厅了。人们普遍地采用原本十分"不正式"的款式，用来强调衣着的"私人"属性。③

街头的情况恰好相反，人们穿着能够显示出身份的衣服——而为了如愿以偿，人们只能穿那些众所周知的常见服装。因而，我们不能把17世纪末期的服装款式总体上受到的保护视为只是传统的沿袭。当时人们的意图在于，利用公认的

① 请参见詹姆斯·拉弗尔（James Laver），《服装和时尚简史》（*A Concise History of Costume and Fashion*，New York：Abrams, Inc. n.d.），"十八世纪"，该条目很好地对当时服装款式的用途作出了扼要的描述。
② 指法国在1715—1723年间这段历史时期。——译者
③ 乔弗雷·斯奎尔（Geoffrey Squire），《服装和社会：1560—1970》（*Dress and Society，1560—1970*，New York：Viking, 1974），第110页。

身份形象，来给街道施加一种社会秩序。

由于城市生活发生了诸多变化，这种尝试势必遇到一些困难。首先，很多新的商贸职业在 17 世纪之前并不存在，所以那些在航运公司处理应收账款的人没有合适的衣服可穿。其次，大城市中的各种行会江河日下，加入行会的人很少，所以人们再也不能依靠行会的标志来辨认哪类服装属于哪个职业。人们解决这些困难的方法之一，就是在街头上穿着戏服，这些戏服能够清楚地显示出它从属于某个行业，但和穿着者本身的行业没有多大的关系。这些人并不总是依照自己的社会地位来穿衣服。实际上，史料显示，中等阶层中地位较低的人们很少穿上他们的工作服。就算其他地位相当的行业的人穿上这些旧款的服装，那么他们也不会考虑换一套服装，以便更加适合或者体现他们的身份特点。那样做是很愚蠢的，如果街道上的行人并不认识某个人，那么此人所穿的衣服对他来说没有多大意义，所以他没有什么理由把原来的服装款式换掉。人们所穿的衣服是否符合真实身份已经不重要了，重要的是他们希望穿上一些其他人能够辨认出来的服装，这样他们在街道上就能成为某类人。[1]

如果一个家禽养殖场的理货员外出闲逛时穿得像肉贩子或者养鹰人，那么我们可以说他正在穿着戏服；戏服这个概念有助于我们把他的行为和戏院中演员的服装联系起来，从而能够明白这种穿衣的模式可以被称为遵从传统。

18 世纪的街头服装最让人感兴趣的地方在于，即使在不

---

① 布劳代尔，《资本主义和物质生活》，第 236 页。

那么极端的场合，比如说在人们无须因为传统服饰和新的客观条件的差别而被迫扮演某些身份的地方，或者在人们能够心安理得地穿着恰如其分地反映自身地位的衣服的地方，这种戏服和传统的观念依然存在。在家里，人们依照自己的身体和它的需要来穿衣服；而在街头，人们则穿上别的服装，以便别人能够采取相应的行动，仿佛他们知道你是谁一样。人们变成预先设计的场景中的人物，衣服的功用不在于确保人们知道和自己打交道的人究竟是谁，而在于让人们能够从表面上知道对方的身份。别对他人外表的真相追究太深，切斯特菲尔德这样教导他的儿子，不要追究别人的真实身份，停留在他们的表面就好了，这样跟人交往可以更加顺当一些。如此一来，从这种意义上说，衣服具备了独立于穿着者和穿着者的身体之外的意义。和在家里不同，身体成了被装扮的外形。

在阐明这个规则的过程中，我们应该将"人们"指明为"男人"。因为女人的地位和她们的衣着之间的关系会遭到更加仔细的审视：在同一个阶层之内，她们和男人一样，也会采用其他人的街头装束；但她们对跨越阶层的界限很反感。这种情况在下等的社会阶层（它们本身的界限不是很清楚）中最为突出，在中等阶层的中等和上等人群之间也很突出，原因和时尚在当时的女人口中的传播方式有关。

法国是伦敦中上层女性审美品位的模板。在这个十年之间，英国的中等阶层妇女常常穿着法国女人十年或者十五年之前所穿的衣服。法国的服装款式通过布娃娃的方式得到传播；这些布娃娃穿着的衣服和当下最时髦的服饰一模一样，然后商人会把十五个到二十个完美的微型服装模特放到箱子里，把它们带到伦敦或者维也纳。巴黎的不同阶级之间也有着同样的时间差，不过，当地人当然不需要这些布娃娃。①

如果这些布娃娃被准确地还原为真人大小，那么这套角色传播的系统将会促使阶级的界限变得极其模糊，或者导致中等阶层和上等阶层的差别发生变化，使得前者的妇女所穿的衣服正是贵妇人在她们年轻得多的时候所穿的服装。实际上，当布娃娃的服装尺寸被改成真人大小时，这些服装整体上都被简化了。至于巴黎这个不需要布娃娃的地方，也出现了同样的简化模式。结果是，中等阶层的妇女所穿的服装和她们同时代的贵族妇女年轻时所穿的服装有些许相似之处，但也更加简单。②

通过清晰地（或许也是武断地）标明人们的身份，服装的款式给了街头一种规范。上述的角色传播模式会危及这种清晰性。下面的引文就是一个中产阶级的丈夫（粮油商）对他妻子所穿僭越服装的反应，刊载于1784年（比我们提到这段时期稍微晚一些）的《妇女杂志》：

> 我不知道她穿的是什么衣服，所以只好大声问她："喂，莎莉，我亲爱的，这是什么新玩意啊：它跟你以前穿的裙子都不一样。""哎，亲爱的，"她大声说，"这不是裙子啦。这是 chemise de la reine。""亲爱的，"我听不懂她在胡说八道什么，觉得很没面子，于是回答说，"你能不能用英语来称呼你这条新裙子啊？""那好

① 弗朗索瓦·布瑟（François Boucher），《时装两万年》（20000 Years of Fashion，New York：Abrams, n.d.），第318—319页。

② 马克斯·凡·伯恩（Max von Boehn），《布娃娃》（Dolls, trans. Josephine Nicoll, New York：Dover, 1972），第134—153页。

吧，"她说，"如果非要用英语说，那它叫皇后的连衣裙。"天哪，我心里想，如果一个粮油商人的老婆在店里招呼顾客的时候，穿的不是她自己的服装，而是皇后的连衣裙，这世界会变成什么样子呢？

如果粮油商人的妻子或者其他任何人都能穿上皇后的裙子，如果她们穿得和皇后一模一样，人们如何还能够知道正在和自己打交道的人是谁？答案依然和原先的相同，人们不需要确凿地知道交往对象的社会地位，只需要将其当成某类人，以便能够采取恰当的行动就行了。[1]

因此，如果人们看到某个妇女穿着社会地位比她高的人才能穿的衣服，那么完全可以理直气壮地嘲笑她，甚至跟其他陌生人说她是个骗子。但是，跟衣服本身一样，这种羞辱的行为也只适用于特定的场合：如果你在家里举办社交宴会，发现有人穿着不合身份的衣服，那么你不能像在街头那样随心所欲地侮辱她，否则会显得极其没有礼貌。

现在，我们可以来估量贵族以及较为富裕的布尔乔亚阶层的衣服和下等社会阶层的服饰之间的关系。业已确立的传统使得身体成为社会标签的载体，成为服装模特；上等阶层和下等阶层之间的距离被这种穿着的原则拉近了，不像漫不经心的旁观者可能从他们实际上所穿的衣服所推断出来的那么远；或者更确切地说，上层阶级将这条原则发挥到极致，他们瓦解了身

---

[1] 诺拉·瓦夫（Norah Waugh），《女性服装款式，1600—1930》（*The Cut of Women's Clothes，1600—1930*，New York：Theatre Arts Books，1968），第123页。

体的表象。实际上，如果这个漫不经心的旁观者驻足片刻，仔细端详上等阶层所穿的千奇百怪的衣服，那么他将会吃惊地发现，假发、帽子、夹克等服装虽然能够让人注意到穿着它们的人，但人们之所以会注意到那个人，并不是因为这些服饰突出了他独特的面容或者身材，而是因为它们本身的形状。让我们悄悄地走进当时的社会，来看看上层阶级如何实现这种身体的客体化。

男人的头饰包括假发和帽子，女人则给头发染上颜色，编织起来，通常还插入一些小小的塑像。在谈到18世纪中期假发的发展时，海辛格写道：

> ……假发变成了常见的装饰品，前面梳得很高，垂下一些小小的卷发盖住耳朵，脑后的发丝则用饰带扎起来。没有人试图把假发弄得跟真头发一样，它完全变成了装饰品。

假发上会撒上一些粉末，粉末则用发乳粘牢。假发的发型有很多种，不过海辛格描绘的那种是最常见的；假发本身的维护也需要费很大的心机。①

至于女人如何打扮她们的头发，我们可以用"美丽母鸡"来说明。有一艘叫这个名字的舰艇打败了一艘英国的兵船；人

---

① 引自约翰·海辛格(Johan Huizinga)，《游戏人》(*Homo Ludens*，Boston：Beacon Press, 1955)，第 211 页；伊丽莎白·布里斯-梅耶(Elizabeth Burris-Meyer)，《这就是时装》(*This Is Fashion*，New York：Harper, 1943)，第 328 页；特纳·威尔科克斯(R. Turner Wilcox)，《帽子和发型的款式》(*The Mode in Hats and Headdress*，New York：Scribner's, 1959)，第 145—146 页。

们受到这件事的启发，设计了一种发型，把头发弄得跟大海似的，并在头发当中摆着"美丽母鸡"的微缩模型。诸如"猛烈的情感"之类的发型则非常高，梳了这种发型的女人穿过门口的时候必须跪下才行。莱斯特写道：

> "猛烈的情感"是最受欢迎的宫廷发型，头发里面系了好多种装饰品——代表花园的树枝，鸟儿，蝴蝶，硬纸板做成的飞翔的丘比特，甚至还有蔬菜。[1]

因此脑袋的形状完全被忽略了，额头也一样。脑袋是人们真正感兴趣的东西（假发或者发型）的支架。[2]

从人们的脸部装扮上最能看出将个人特点完全抹掉的意图。不管男人还是女人，他们都给脸庞涂上或红或白的颜色，目的是为了掩盖原本的肤色和脸上的斑点。面具再度流行起来，不但男人戴，女人也戴。

消除脸部特征的最后一步是在脸上涂一些小块的颜色。这种行为从17世纪就开始了，但到了18世纪50年代才广为流播。在伦敦，辉格党人在右脸涂颜色，托利党人则把颜色涂在左脸。路易十五执政时期，巴黎人用脸上的色块来显示自己的性格：涂在眼角表示激情，脸颊中间表示愉快，鼻子则是莽撞。女杀手则被认为应该在乳房上涂色块。脸庞本身仅仅是背

---

① 莱斯特（Lester）和科尔（Kerr），《历史上的服装》（*Historic Costume*，Peoria，Ill.: Chas. A. Bennett，1967），第147—148页。引文出自该书第148—149页。
② 布里斯-梅耶，《这就是时装》，第328页。

景；有很多资料论及这些抽象性格的具体图解。[1]

身体的表层也体现了一些相同的原则。在 18 世纪 40 年代，女人开始更多地展示她们的乳房，但只是用来当放置珠宝的背景；也有少数女人把乳房露出来，在上面涂一些颜色。同一时期的男性则在衣袖末端绣上飘带，还有其他一些更加复杂的装饰品。由于身体变得越来越苗条，体型也越来越简单，所以更多种类的装饰品派上了用场。[2]

女人的裙子大体上能遮住大腿和足部。男人的马裤则没有盖住足部。在 18 世纪初期和末期，护腿的功用在于让人们注意到腿部的整体，而在这个时期，它的功用则与此相反，在于突出鞋子。身体的下半身，和脸部以及上半身一样，成了附加装饰品的部位。[3]

作为装饰对象的身体在戏台和街道之间架起了桥梁。这道桥梁有一种比较明显的形式和一种没那么明显的形式。明显的桥梁是这两个领域的衣服大同小异；没那么明显的桥梁是编排戏剧的人依然用身体作为服装模特的原则来表现某些虚构或荒诞的角色。此外，值得指出的是，社会底层的街头服装被禁止在戏台上重现。

除了极其贫穷的阶层之外，其他阶层在街头上穿的服装都

---

[1] 玛姬·安捷洛格罗（Maggie Angeloglou），《化妆史》（*A History of Makeup*，London：Studio Vista，1970），第 73—74 页。

[2] 同上，第 79 页和第 84 页；露茜·巴通（Lucy Barton），《历史上的戏台服饰》（*Historic Costume for Stage*，Boston：W. A. Baker，1935），第 33 页及以下；布里斯-梅耶，《这就是时尚》，第 328 页。

[3] 威尔科克斯，《鞋子的款式》（*The Mode in Footwear*，New York：Scribner's，1948），第 15 章插图页。

可以近乎原封不动地用在戏台上。但在 18 世纪中期，街头服装在戏院中的应用导致了一定程度的混乱，至少对现代的旁观者来说是这样的。18 世纪中叶的观众在观看年代背景较为接近的戏剧——比如莫里哀①的喜剧——时，即使布景是一间闺房，他们也常能看到剧中人物穿着街头的服装。演员在私密场景穿着贴身服装的情况不再出现。至于历史剧，戏服就是街头上的服装，不管剧情的背景是古希腊、中世纪的丹麦还是中国。戴维·加里克②扮演的奥赛罗戴着时髦的精巧假发；而斯普兰杰·巴利③扮演的奥赛罗则戴着卷边绅士帽。约翰·肯博④饰演的哈姆雷特穿着绅士的服装，还戴着撒了粉末的假发。原先的历史剧会考虑到特定的历史人物（比如丹麦人或者摩尔人）在特定时间和特定地点的外貌，但这时的戏台形象完全找不到这种观念的痕迹。有个评论家在 1755 年写道："如实地再现历史是不可能的，而且会危及戏剧艺术。"⑤

因此，我们不能认为戏服和街头服装之间的桥梁体现了当时的人们普遍有用艺术来反映生活的欲望。这道桥梁中的各种身体形象歪曲了历史年代和社会背景。此外，戏台和街头在服装上的相似性本身也受到一个有关社会地位的事实的限制。

如果戏台上的角色是社会中的下等阶层，这几十年里的观

---

① 莫里哀（Moliere, 1622—1673），本名让-巴普蒂斯特·波基林（Jean-Baptiste Poquelin），法国剧作家、演员。——译者

② 戴维·加里克（David Garrick, 1717—1779），英国剧作家、演员。——译者

③ 斯普兰杰·巴利（Spranger Barry, 1719—1777），爱尔兰演员。——译者

④ 约翰·肯博（John Philip Kemble, 1757—1823），英国演员。——译者

⑤ 威尔科克斯，《帽子和发型的款式》，第 145 页；引文出自伊丽斯·布鲁克（Iris Brooke），《17 世纪至 19 世纪中期的西欧服装及其与戏剧的关系》，（*Western European Costumes，17th to Mid-19th Centuries，and Its Relation to the Theatre*，London：George Harrap & Co. Ltd.，1940），第 76 页。

众将会要求这两个领域呈现出截然不同的情况。这些可怜的人对城市里的贫民视而不见,也不希望在戏台上看到那些人。某些手工劳动的职业偶尔会遭到美化——尤其是仆人。巴黎的马丁[1]给仆人角色设计的服装"全都是绸缎质地,而且到处都悬挂着彩带:此一款式我们可以从那个时期的瓷人看出来"。1753年,法瓦夫人[2]有一次穿着拖鞋和粗劣的衣服出现在戏台上,露出一个乡下劳苦妇女的双腿;观众觉得很倒胃口。[3]

在这些阶级限制之内,在普遍保守的服装设计理念之内,戏台上的服饰通常为新的假发、新的脸部色块和新的珠宝首饰提供了试验场。文艺复兴时期的设计师通常利用戏台布景来试验新的建筑形式,与此相同,18世纪中叶的服装设计师也常常先将新的款式用在戏台上,再将它们变成日常的街头服饰。

如果抛开具体的戏服,来看看当时伟大戏服设计师——比如马丁和博吉埃[4]——所应用的设计原则,那么我们能够看到戏院通过一种较为隐秘的方式和街头通行的打扮规则发生了联系。

马丁设计的戏服出现了路易十四时代所缺乏的轻快和精致;他为罗马角色设计的戏服开始呈现出一种怪诞的夸张。18世纪中叶,他的后辈博吉埃也采用了这种幻想的元素。神话传

---

① 马丁(Jean-Baptiste Martin),生卒年不详,法国服装设计师,1748年被委任为巴黎歌剧院的服装师。——译者
② 法瓦夫人(Marie Favart,1727—1772),法国女演员、舞蹈家和歌唱家,剧作家查理·西蒙·法瓦(Charles Simon Favart,1710—1792)的妻子。——译者
③ 引文出自詹姆斯·拉弗尔,《戏剧的服装与布景》(*Drama, Its Costume and Décor*, London: The Studio Ltd., 1951),第154页;布鲁克,《17世纪至19世纪中期的西欧服装及其与戏剧的关系》,第74页。
④ 博吉埃(Louis Boquet,1717—1814),法国服装设计师。——译者

说中的角色不再扮成奇形怪状的生物，而是在身上挂上各种各样的饰品，而且这些饰品和它的动作或者形状彻底没有关系。演员莱西小姐饰演"恋爱中的艾格尔"时袒胸露乳，但乳房并不是被故意暴露的，只不过是由于设计戏服的人不想在那个用来挂在脖子上的花环下面悬挂一些流苏而已。赤裸的上半身就像是背景，目的在于烘托真正的兴趣所在——蕾丝花环。演员保罗扮演的风神则在胸膛上系着难看的流苏——尽管如此，设计戏服的人想突出的并非胸膛，他想展示的是一种美丽而精致的服装款式。[1]

戏服所体现的，正是规范日常生活中人们外貌的原则——身体是服装模特。神话传说中的人物"穿着各种奇奇怪怪的当代服装"，而街头上的奇装异服本身则展示了自由和社会地位。

戏服的"基本款式随着时尚的波动而变化"，拉弗尔写道。人们日常穿的服装也是这样的，当一个女人打算装扮成"恋爱中的艾格尔"走上街头时，也正好反映了戏台和街道之间这架桥梁的存在。在18世纪50年代的伦敦和巴黎，人们在街头上所穿的服装和戏台上演员所穿的服饰几乎如出一辙。[2]

我们不妨暂时先来看看后来发生的情况：等到街头服装和戏像18世纪中期的家庭服装一样，开始被人们认为和身体有关系的时候，它们也将被认为和穿着它们的人的性格有关。到了这个时候，在公众场合展示自身的规则将会导致南辕北辙

---

[1] 纽约林肯表演艺术中心图书馆研究部，18世纪服装部分的勒康普特档案（Lecompte Fold），第77、78和104卷。
[2] 拉弗尔，《戏剧的服装与布景》，第155页。

的后果：从陌生人的外表中看出得越"多"，那些男男女女将会愈加弄不清他们碰到的陌生人的性格。因此，我们必须认真来看待18世纪中期人们的这些装扮方式，尽管今天没有人愿意生活在那样一个社会。

话语是标志

戏台上英雄的末路惹得男女观众潸然泪下，演员忘记台词引起哄堂大笑，某句不受欢迎的政治台词导致观众群情鼎沸——我们原本会以为这些情况会发生在古代的罗马，或者是复辟时期的市民中，但在这两个时期这些行为不经常出现。反倒是在18世纪中期那些戴着假发、穿着奇装异服的观众屡见不鲜。梳着"猛烈的情感"发型的妇女大声指责博马舍①的政治剧；涂着发乳的男人旁若无人地为列肯②的厄运洒泪。

人们的生活中充满了各种非人格的、抽象的传统规则，他们怎么还能够如此由衷地、自由地表达自己？古代政制时期城市的所有复杂性都包含在这个表面看起来很矛盾的问题之中。他们的真情流露驳斥了这样的观念：人们必须袒露胸怀才能够表达情感。法国大革命之后，有一种普遍为人所接受，并且渗透到高雅文化和通俗文化中的浪漫主义观念：自然人是表达性的生物，而社会人的思想和情感则十分脆弱、零碎或自相矛盾，因为这些并非他真正的思想和情感。这是一种田园牧歌式的理想。在20世纪60年代，有少数人真的离开城市（想离开

---

① 博马舍（Pierre Beaumarchais, 1732—1799），法国剧作家。——译者
② 列肯（Lekain, 1728—1778），法国演员，列肯是他的艺名，本名叫亨利·路易·卡因（Henri Louis Cain）。——译者

城市的人很多），到乡村的自然环境中生活，以图"找回"自我；这些人也怀着同样的田园牧歌理想。然而，我们只消看一眼18世纪50年代大城市戏院中的观众，便会对这种怀旧的田园理想产生若干疑问。正是这些人，第一次在私人领域和自然领域之间，并在公共领域和传统领域之间划出分界线。在自然领域和传统领域，他们的情感简直丰富得令人费解。难道说如果人们的性格特征和社会身份完全分离，他们就能够感知更多的东西吗？真情流露和我们后来所称的"虚情假意"之间存在着某些隐秘而必要的关系吗？确实存在这样的关系，把话语当成标志而非符号的原则体现了此一关系。

18世纪50年代，这种话语表达的原则在街头和戏院通行无阻，但它在戏院得到净化，较为简洁明晰，因此我们回头去看当时戏院的情况，能够比较容易理解这种原则的应用。为了理解18世纪中期观众的言谈，我们必须先对戏院的商业运作有个粗略的了解。

18世纪50年代，伦敦和巴黎都有官方设立的戏院，此外也有一些"专属"或者"获得许可"的戏院，后者地位不如前者，但更受观众欢迎。在巴黎，自从17世纪末期开始，城里两大商业展演会（圣劳伦展演会和圣日耳曼展演会）就容纳了杂技团、马戏团和某些 commedia dell'arte①。意大利剧院就是在这个基础上发展起来的。这两个城市都有歌剧，而且在获得官方许可的戏院中，哪怕上演的是最为严肃的悲剧，经营者也会在表演中途插入芭蕾舞或者讽刺喜剧。

---

① commedia dell'arte，意大利语，即"艺术的喜剧"，一种即兴表演的戏剧，15世纪在意大利兴起，随后传播至欧洲各地。——译者

法兰西喜剧院的旧址（1781 年之前）能容纳一千五百个观众，新址能坐下大约两千人。霍甘认为 18 世纪中期伦敦戏院的座位数为一千五百个。哈巴齐估计伊丽莎白时代的戏院座位数在一千七百五十到两千五百之间，所以 18 世纪的戏院相对来说小了一些。例如大都会歌剧院能容纳三千六百人，相形之下女修道院花园戏院就小多了。①

　　去看戏的人有多少呢？巴黎的数据比伦敦的更为精确。18 世纪中期，法兰西喜剧院通过售票获得了巨大的收入，1737 年的观众尚不足十万，但这个数字的增长很稳定，到了 1751 年变成十六万，到了 1765 年变成十七万五千。不过这些数字包含了一个有趣的事实。这些越来越多的法国观众并没有看到多少新的剧目。从 1730 年到 1760 年，新上演的剧目寥寥无几——英国的情况也是如此。在 1750 年，更多的人更加经常地去观赏那些他们已经极其熟悉的戏剧。②

　　我们需要对这些观众有更为基本的了解，他们都是些什么人呢？在巴黎和伦敦，我们可以把大多数工人排除在法兰西喜

---

① 约翰·洛夫(John Lough)，《17 世纪和 18 世纪的巴黎戏院观众》(*Paris Theatre Audiences in the 17ᵗʰ and 18ᵗʰ Centuries*，London：Oxford University Press，1957)，第 172 页；查尔斯·比丘齐·霍甘(Charles Beecher Hogan)，《1776—1800 年的伦敦戏院》(*The London Stage*，*1776—1800*，Carbondale，Ill.：University of Southern Illinois Press，1968)，第 190 页；阿尔弗雷德·哈巴齐(Alfred Harbage)，《莎士比亚的观众》(*Shakespeare's Audience*，New York：Columbia University Press，1941)，第二章。

② 弗里德里克·格林(Frederick C. Green)，《18 世纪的法国》(*Eighteenth-century France*，New York：Ungar，1964)，第 169 页；洛夫，《17 世纪和 18 世纪的巴黎戏院观众》，第 180—184 页及第 226 页；乔治·斯通(George W. Stone，Jr.)，《1747—1776 年的伦敦戏院》(*The London Stage*，*1747—1776*，Carbondale，Ill.：University of Southern Illinois Press，1968)，第 210 页；洛夫，《17 世纪和 18 世纪的巴黎戏院观众》，第 177 页。

剧院或加里克戏院的观众之外——票价太贵了。巴黎的观众以贵族阶级为主，合法的伦敦戏院中的观众成分比较复杂，既有上等阶层，也有中等阶层。不过法国的戏院也有地方供中等阶层的成员、学生和知识分子观看戏剧。这些地方在剧院的正厅后部，在法兰西喜剧院的旧址，占据正厅后部的观众只能站着。1781 年，当法兰西喜剧院搬至新址之后，观众的行为出现了一种有趣的变化。正厅后部设置了座位，而且还能预订，所以中等阶层可以更加舒适地欣赏戏剧了。然而当时不少编剧异口同声地认为正厅后座的舒适在一定程度上使戏院的气氛变得沉闷。再也没有来自正厅后座的叫嚷了，再也没有人一边站着看戏一边吃东西了。观众的沉默似乎减少了前去看戏的乐趣。我们可以通过这种反映来理解观众的情感自发性和参与。①

虽然 18 世纪中期巴黎和伦敦的戏剧文学十分不同（例如当时的法国人认为莎士比亚毫无教养），但这两座城市的观众行为却是一致的。例如，如果我们看着 18 世纪 50 年代的戏台，我们不仅能看到演员，还能看到观众——年轻人和上层阶级的人——坐在戏台上的观众席上。这些"快乐的家伙"随心所欲地在戏台上走来走去，向坐在包厢中的朋友挥手。他们和演员混在一起，完全暴露在观众的视线之中，但他们对此毫不尴尬——实际上，他们相当享受这种情况。在 18 世纪中期，观众之所以会有如此自发和开放的反应，根源在于他们认为演员和观众处于同一个世界，戏院中上演的是真实的生活，是一些

---

① 斯通，《1747—1776 年的伦敦戏院》，第 191 页；洛夫，《17 世纪和 18 世纪的巴黎戏院观众》，第 229—230 页。也可参看马蒙特尔（Marmontel）的《全集》（*Oeuvres*, Paris, 1819—1820），第 4 卷，第 833 页。

非常贴近观众的事情。即使米特拉达特[①]躺倒在地，死在坐在戏台上的隔壁某个邻居脚下。受此种死亡刺激，观众会展示出一些令现代的旁观者瞠目结舌的情感：

> ……他们对正在身前表演的各个角色的痛苦感同身受。他们忘我地泪流满面……在死亡的场景之后，男人和女人都会痛哭流涕，女人会尖叫，有时甚至会晕厥。他们太过投入，乃至"当悲剧出现某些本应让他们——像德国的观众那样——感到滑稽的台词时"，他们竟然没有发笑，这让外国来的客人觉得不可思议。[②]

观众和演员混杂的情况，以及观众受到感动时所展示的夸张情感，这两者或许共同解释了这样一个问题：当 20 年后法兰西喜剧院搬到新址时，正厅后排座位的沉默为什么会被当成是剧院设计"明显失败"的标志。但和情感的展示一样，18 世纪 50 年代演员和观众混杂的情况不是狄俄尼索斯式的自由，而且我们也不能将其当成某种仪式，认为演员和观众在遵守这种共同的仪式时变成同一个人。在投入剧情的同时，这些观众也很清醒。他们相当理智，对那些令他们泫然欲泣的男女演员十分挑剔。观众随时准备直接干预表演；这种情况的出现，必须通过一套"戏点"和"修理"的系统。

---

① 米特拉达特(Mithridates)，潘都(Pontus)王国历代君主的姓氏，米特拉达特六世尤其著名，史称米特拉达特大帝，后世戏剧常以他为主角。——译者
② 菲里斯·哈特诺尔(Phyllis Hartnoll)，《戏剧简史》(*The Concise History of Theatre*, New York：Abrams, n.d.)，第 154 页；引文出自霍甘，《1776—1800 年的伦敦戏院》，第 191 页。

正如上面指出的，在伦敦和巴黎，官方许可的戏院上演的都是些观众熟悉的老剧目。因而观众对剧中某些情节相当熟悉和期待。当某个男女演员表演到这样的"戏点"时，他或她会突然从表演的行列中走出来，直接面对着观众，念出他或她的台词。对于这种直接的请求，观众会报以轰然叫好或者齐声大嘘，如果演员表演很精彩，他们则会"流泪、尖叫和昏厥"，要求再来一次。这种情况能够重复七到八次。这是一种和剧情无关的"再来一次"。"戏点"既是扰乱剧情的传统时刻，也是演员和观众直接交流的时刻。①

"修理"则关乎演员和提词员的关系。如果演员忘记台词，他当然会朝下去看提词员。观众要是察觉到他记忆短路了，他们就会大声起哄，让演员更加紧张，从而无法根据提词员的暗示想起台词。他们"修理"演员的情况相当常见。②

这种情感自发性并非专属于特权阶层的观众。在18世纪40年代，意大利剧院曾经有一段时间被禁止演出除了默剧之外的任何节目。它的观众都是些平民百姓，他们齐声唱出男女演员所没有说出口的台词。英国的平民戏院非但吵闹，而且观众的反应也很激烈，乃至很多戏院内部经常遭到毁损，不得不累次重新装修；观众就是通过这样的破坏来表达他们对演出的赞赏或不满。③

这种激情和自发的观众情感之所以会出现，部分原因在于

---

① 霍甘，《1776—1800年的伦敦戏院》，第113页。
② 约翰·伯纳德（John Bernard），《戏院忆旧》（*Retrospections of the Stage*, London: Colburn and Bentley, 1830），第2卷，第74—75页。
③ 格林，《18世纪的法国》，第173页；斯通，《1747—1776年的伦敦戏院》，第184页。

演员的社会地位。在这个时期，人们认为演员是某类仆人，某类人品低下的仆人。音乐家——实际上是所有的表演艺术家——被归入这一类。在 18 世纪的城市中，还有在路易十四时代的凡尔赛宫中，人们可以在他们的仆人面前高谈阔论，也可以百无禁忌地和他们说话，女人在男性仆人面前穿着十分随便，因为她们根本不把这些仆人当人。所以在剧院中：这些在这里表演的人是在伺候我们，我们干吗不能嘘他们、不能"修理"他们呢？我们干吗不直接表达自己的感受呢？由此看来，戏院中的自发性和社会地位有关。演员的存在就是为了取悦观众。他让我们哈哈大笑，或者让我们心生怜悯，但他跟管家或者女佣一样，也在我们的控制之下。[①]

但仅凭演员的社会地位低下这一事实，尚不足以解释这种受到控制的情感自发性。仅凭这一点，我们将会弄不清表演这个行业的变化和观众的社会地位变化之间的关系。仅凭这一点，我们还会弄不清观众的行为以及观众认为言语是标志而不是符号的信念之间的关系。由于将言语视为标志这种观念对现代人来说相当陌生，在谈论它之前，让我们先来扼要地讲一下演员的变化和持有这种想法的观众的变化两者之间的相互关系。

17 世纪中期，大多数职业演员属于到处表演的江湖戏班。向公众开放的固定戏院开始出现——巴黎有三家——但表演依然是一种流浪的行业，在宫廷之间迁徙，演员也经常更换戏班，巴黎和伦敦的戏院仅向他们提供兼职的工作。没有新的

---

① 参看刘易斯（W. H. Lewis），《辉煌的世纪》（*The Splendid Century*, New York: Anchor, 1957）；哈特诺尔，《戏剧简史》，第 156 页。

赞助商，这个时期的演员依然穷困不堪。①

由于表演行业的经济状况如此，所以只要有活干，同一个演员可以演悲剧、喜剧，甚至可以唱歌、跳舞。更重要的是，由于在戏院中赚不到足够的钱，所以在什么地方表演变得无关紧要。在巴黎演出的戏班，也在乡下或者凡尔赛宫演出。②

在复辟时期，伦敦出现了一些不那么依赖于皇室或贵族的经费的戏院，这些戏院每年有一段相对较短的时间向公众开放，比以前更能维持自身的运营，但依然接受很多赞助。歌剧院的情况尤其如此。器乐家在公众场合的演奏也是先在伦敦出现，巴黎和罗马要晚一些才有；这些表演原本是酒馆生活的一部分，表演者的地位则跟陪酒女郎差不多。③

因此，在17世纪中期，不管是作为宫廷活动还是城市活动，表演都是一种极其不稳定的行业，从事这种职业意味着居无定所，流落四方；普通的演员社会地位极低，而技巧精熟的戏台导演只能成为赞助商的仆人，处处迎合他的喜好，如果在伦敦的话，则成为一小群公众人物的仆人，忍受这些人蔑称自己为"万金油"。

戏剧表演的观众组织形式在这个时期和18世纪中期差别很大。不管表演属于哪一类——戏剧的、歌剧的、口头的，所有的观众行为都围绕当天的主要赞助人展开。那些围绕在他身边的人会尽量跟他叫好或者起哄，表演者无须取悦所有的观

---

① 让·杜维诺（Jean Duvignaud），《演员》（*L'Acteur*，Paris：Gallimard，1956），第68—69页。

② 同上，第69—70页。

③ 亨利·雷诺（Henry Raynor），《音乐的社会史》（*A Social History of Music*，New York：Schocken，1972），第246、252、259页。

众，只须迎合其中少数人就可以了。戏院的设计恰恰体现出这种社会等级关系。在这样设计出来的戏院中，位置最佳的总是皇亲国戚的包厢；在17世纪的伦敦戏院中，同样只有少数赞助演出的人才能看清戏台上的表演，其他的观众就看不清戏台的情况了，反倒能看清这少数人。

18世纪初期，戏院和观众开始产生了新的形式。巴黎和伦敦某些戏院变成了收取公众赠款并赋予赠款人某些权利的机构。用杜维诺的话来说，戏院"慢慢地变成政府机构，而演员就算不是变成政府官员，也可以说变成了有固定工作的工人，在固定的日子生产特定的情感"。因此对演员来说，流落江湖的日子已告终结。和其他公职人员一样，巴黎或伦敦的演员也寻求在这些获得批准的戏院中找到永久的职位，而且不管来自公众的票款是否足够支付戏院开销，他始终能保有这个职位。[1]

而在得到政府许可但没有获得执照的戏院中，比如在意大利剧院和展演会戏院中，戏班的收入来源也更加稳定，他们有一群固定的赞助人，从政府那儿得到一些违法的经费。在伦敦，有专营执照的和得到政府许可的剧院也都变得更加稳定了，尽管它得到的政府资助微乎其微。[2]

表演行业日趋稳定，其原因并不难找到。在古代政制时期的城市中，公众开始像古代的雅典人那样对待戏院：把它当作

---

① 杜维诺，《演员》，第74页。
② 同上，第75页；也可参看理查德·萨瑟恩（Richard Southern），《戏剧的七个年代》（*The Seven Ages of the Theatre*，New York：Hill & Wang，1963），该书论及了戏剧表演的职业化。萨瑟恩认为英国的戏剧表演职业化比法国早，但他给出的时间并不像杜维诺那么具体。

全部观众得以聚集的地方，而不是上演的剧目只为了取悦一个或几个赞助人、只供他们观赏的地方。18世纪20年代之后设计的戏院就体现了这种观念，设计的中心不再是仅让少数人，而是让戏院中很大一部分都能看清戏台上的情况，而且尊贵的包厢也逐渐不再成为吸引观众注意力的中心。兜售点心零食的小贩也开始在过道走来走去招揽顾客，而不仅仅在赞助人的贵宾包厢做生意。前厅不再仅仅是入口，它变成了供人们在表演间歇碰头的地方。戏票不再由赞助人作为礼物四处分发，而是在戏院出售——尽管前面一种情况在小范围内依然存在。这些变化决不意味着公共表演的民主化。赞助人依然很强势，只不过每出戏剧的赞助人越来越多；戏院本身也仍依照社会地位来划分座位。实际情况是，戏院变得更加亲近平民百姓了，越来越成为城市社会生活的中心，看戏不再是君王或皇亲国戚"赐给"人们的娱乐。职业表演的"常规化"并不意味着它的终结，也不意味着观众不再有自发的情感反应；新的客观条件既使得这个稳定下来，又让戏院变成了对观众来说更加可靠的媒介，促使他们不再仅把它当作一个娱乐场所而已。

由于所有的观众都开始给演戏的仆人加油喝彩，观众对表演的反应越来越吵闹。要知道的是，尽管17世纪宫廷观众的反应也很热烈，但只要提供娱乐节目的王子或者其他贵胄点一下头，他们就会变得鸦雀无声；赞助人不仅能够控制演员，还能够控制被他请来当观众的客人的行为。在18世纪，这种单独出资赞助演出的情况已经不复存在，观众也就没有受到控制的义务。

观众越来越多，演员和观众之间的互动也产生了新的形式。演员的表演变得更加精细，而不仅仅是把台词背诵出来就算了；他要打动整个戏院中的观众，而不仅仅是给少数人留下深刻的印象。由于对上演的剧目越来越熟悉，观众要求表演必须出彩；他们知道即将上演的剧情，所以开始把注意力集中在演员的表演细节上。用一个评论家的话来说，他们关注的不是"作为一个被展示的故事"的戏剧，而是作为一种美学体验的"表演"本身。今天，如果我们去意大利北部的歌剧院欣赏演出，或许还能看到这种情况：重要的不是动作，而是时机的拿捏。

18 世纪中期，在大都会这种注重时机多过注重动作的表演中，演员说出来的台词与其说是符号，毋宁称之为标志。"符号"这个词在当代的含义是一个代表了某些东西或者其他东西的标志。例如，我们会说符号有"指示对象"，也会说"先行词"。我们经常会说诸如"你那么说的时候，或者当你说出那个词的时候，你真正想说的是……"之类的话，在这种用法中，符号很容易失去它本身的真实含义。至于这种解读标志的观念的起源，可以追溯到一个世纪之前——也就是 19 世纪——的城市中人们对外貌的解释：外貌是一件外套，人们把真实的自己藏在它里面。①

这种从标志到符号的转换，这种认定人们表里不一的想法对 18 世纪中期的人来说还很陌生。在当时的人们看来，说话本身就是强烈而有效的情感表达。人们不管这些话是不是精心编织出来的，也不管见到的身体形象是不是刻意打扮出来的，

---

① 符号的这种意义得到各个语言哲学家（如卡西尔和乔姆斯基）的认可。

他们只在乎传统赋予这些话和这类身体形象的含义。人们不会觉得顶着"猛烈的情感"发型的女人很"做作"，这个发型本身就是一种表达。观众会认定那个倒在他邻居脚下一命归西的演员是真的死了，尽管今天的我们会觉得这是"不协调的"场景。想想这种绝对的言语标志，这种戏台脚灯之前的动作吧：就在这一刹那间，观众完全为演员的动作所掳获，乃至泫然欲泣或者对演员大为光火，因为他们完全相信这个动作本身的含义，而忘了它是在戏台上发生的。

　　这套认知系统实际上是一种传统的力量。18 世纪的观众总是立刻而且毫无保留地做出他们的判断，他们极其细心地检查演员或者编剧是否试图带来一些之前没有过的东西。让我们回想起当法瓦夫人饰演的仆人第一次以粗鄙污秽的写实面貌出现时巴黎观众的反应：她即将促使他们同情她的悲惨；他们情不自禁，因为他们无法认为她或者别的女演员"只是在演戏"而已。戏剧并不"象征"现实，它通过它的传统创造了现实。所以她必须被赶出戏台，因为人们如果为自己的仆人哭泣，那这个世界还成什么样子呢？博马舍也因为这个缘故一再和他的观众作斗争。看到仆人费加罗成为主角，观众十分震惊；但这并不是因为他们希望身处一个虚幻的理想世界，而恰恰是因为他们在戏院中无法不相信费加罗，所以这个角色才会让他们觉得很困扰。[1]

　　所有戏院都有一个任务，那就是创造出内在的、自给自足

---

[1] 更详细的讨论可以参看法尔（R. Fargher），《18 世纪法国的生活和文学》（*Life and Letters in France: The 18th Century*，New York：Scribner's，1970），第 19 页。

的、使观众信以为真的标准。在那些表达被当成标志而不是符号的社会中，这样的任务不费吹灰之力便可完成。在这样的社会中，"幻象"并不意味着非现实，戏院幻象的创造并不是对"真实生活"的遗忘、模糊或者逃避，而仅仅是"真实生活"中某种表达力量的实现。18世纪50年代末期，巴黎人取消了戏台上的座位，这个例子正好用来说明人们在一个标志的社会中对幻象的这种观感。

1759年，他们清除了戏台上的座位，以便其他观众能够一目了然地看清表演；关于这件事有两种说法。其中一种说法是，有个富人捐款给法兰西喜剧院，以弥补戏台座位带来的收入。另一种说法则把变化归于伏尔泰[①]，如果事情确实如此的话，那将会很有趣。在诸如《塞蜜拉米斯》[②]之类的戏剧中，他安排了很多演员同场演出，1759年这部戏重新上演的时候，演员多得人们只好把戏台上的座位搬掉。加里克戏院在1762年也搬掉了戏台上的座位。戏台上"幻象"的感觉由此得到加强。下面是当时的一位编剧科勒对此的评价：

> 人们听得更清楚了，幻象的效果也加强了。人们再也不会看到恺撒大帝[③]给一个坐在戏台座位前排的白痴掸去假发上的灰尘，也不会见到米特拉达特在熟人之间魂归地府。

---

① 伏尔泰（Voltaire, 1694—1778），法国作家、哲学家，伏尔泰是笔名，原名叫弗朗索瓦-马里·奥罗埃（François-Marie Arouet）。——译者
② 《塞蜜拉米斯》（Sémiramis）是伏尔泰于1748年创作的戏剧。——译者
③ 恺撒大帝（Julius Caesar, 100—44 B.C.），罗马帝国君主。——译者

当科勒说到在那些脚不再出现的地方"幻象"的效果变得更强了，他说的是标志的完美化。他想说的是，当那些脚消失了之后，观众能够更加狂热地相信演员的死是真的，而不是"这只是一出戏，没有什么蛛丝马迹来提醒人们它并不是真实的"。[1]

因为话语在某个特定的时刻是真实的，所以"戏点"的出现无关乎已经演过的情节和即将随之而来的情节，观众的自发性情感也在这一刻被释放了。在看戏的时候，人们并非时时刻刻都不得不解读演员的姿势向他们传达的意义。这就是"戏点"造成的后果：自发情感是一种刻意为之的产物。

现在让我们来看看戏台和街道之间的这座桥梁是什么。在18世纪初期，这套话语标志系统中的城市场所主要是咖啡屋[2]。到了18世纪中期，可供陌生人聚集的新场所出现了：咖啡厅、酒吧、第一批餐厅[3]、供行人散步的公园。有些新场所原封不动地照搬了咖啡屋的交谈模式，但另外一些新场所则不。18世纪中期还出现了一种新的聚会场所，也就是男性俱乐部，男性俱乐部的社会交谈模式完全不同于咖啡屋、咖啡厅和公园。了解这些场所的情况之后，我们可以很清楚地看出：一方面，18世纪中期的戏院和年代稍微早一点的聚会场所之间存在着一座纯粹的桥梁；另外一方面，到了该世纪50年

---

[1] 格林，《18世纪的法国》，第166页；哈特诺尔，《戏剧简史》，第154—155页；引文出自科勒(Collé)的《日记》(Diaries)，转引自格林，《18世纪的法国》，第166—167页。

[2] 关于咖啡屋(Coffeehouse)和咖啡厅(Cafe)的区别，请参见本书第25页注①。——译者

[3] 法国第一家餐厅于1765年出现。——译者

代，这座桥梁依然存在，但在某些其他场所，社会交谈模式已经发生了改变。最重要的是，戏院本身的前厅和附属建筑也变成了重要的社交场所，在这里，观众之间的交谈模式和戏剧演出过程中观众和表演者的交谈模式差不多。

在 17 世纪末和 18 世纪初，咖啡屋是伦敦和巴黎常见的聚会场所；不过由于英国对咖啡市场的控制比较有力，所以伦敦的咖啡屋的数量比巴黎要多。当时的咖啡屋是一个被浪漫化和过度理想化的地方：充满了欢声笑语，人们之间彬彬有礼地交谈，气氛很融洽，一杯咖啡就能促使人们称为好朋友，而且不像售卖杜松子酒的店铺那样，顾客喝醉了之后便陷入了沉默。此外，咖啡屋还发挥了一种作用，这种作用令人在事后很容易将它浪漫化：当时的咖啡屋是伦敦和巴黎的主要信息中心。人们在这里看报纸，到了 18 世纪初期，伦敦那些开咖啡屋的商人已经开始自己编辑和印刷报纸，并在 1729 年申请了报纸的专营权。诸如保险之类依赖各种信息来判断某项投资的成功概率的商业活动也是在咖啡屋中发展出来的，例如伦敦劳合社[①]的前身就是一间咖啡屋。[②]

作为信息中心，咖啡屋当然是交谈活跃的场所。当一个人走进咖啡屋，他会先走到吧台交纳一个便士；如果他之前没有来过，会有人告诉他这家咖啡屋的规定（比如不能在这面墙或

[①] 劳合社(Lloyd's of London)，英国最大的保险组织，是从劳埃德咖啡馆演变而来的。——译者
[②] 埃顿·艾利斯(Aytoun Ellis)，《便士大学》(*The Penny Universities*, London: Secker and Warburg, 1956)，第 223 页；该书第九章对伦敦咖啡屋的描述十分了不起。（所谓"便士大学"，即指咖啡屋，意为人们花一便士去喝咖啡便能得到很多知识，相当于上大学。——译者）

那面墙吐痰、不能在靠近窗户的地方打架等），然后他就能随意坐下来了。坐下来之后，他就会跟其他人交谈，这种交谈有一条重要的原则：为了让信息尽可能全面，社会等级的差别暂时被悬置了；坐在咖啡屋里的任何人都有权利和其他任何人交谈，也有权利参与任何谈话，不管他是否认识其他人，也不管他是否被人邀请来发言。此外，当在咖啡屋里和其他人交谈的时候，询问他们的社会身份是一种糟糕的行为，因为这样一来，无拘无束的交谈就会遭到妨碍。①

18世纪初，在咖啡屋之外的世界里，社会身份极其重要。而为了通过交谈获取知识和信息，当时的人们创造了一种对于他们来说并不真实的场景；在这种虚拟的场景中，社会等级的差异并不存在。在咖啡屋之内，如果一位绅士决定坐下来，那么他就必须允许社会地位比他低的人不请自来地和他攀谈。这种场景产生了属于它自己的交谈模式。

亚蒂森和斯蒂尔对当时的咖啡屋谈话进行了报道，他们的报道很大一部分不仅仅是他们的精神产物，而且还是对一种允许人们在共同的基础上进行交往的谈话模式的准确描绘。当人们在一张长桌旁边坐下，或讲述一个十分曲折的故事，或绘声绘色地谈论战争，或手舞足蹈、大吹牛皮地描绘城里各位头面人物的举止风度时，听者只能利用自己的眼睛和耳朵来判断讲出这些故事或者这番描绘的人的身份到底是一个头脑聪明的帅气办事员，还是一个只会阿谀奉承的弄臣，或者是一个富商的

---

① 刘易斯·科塞(Lewis A. Coser)，《理念人》(*Men of Ideas*，New York：Free Press，1965)，第19页；米歇尔(R. J. Mitchell)和雷斯(M. D. Leys)，《伦敦生活史》(*A History of London Life*，London：Longmans, Green & Co., n.d.)，第176—179页。

败家子。但这些对讲话者身份的判断绝不能在相互交谈的时候宣之于口；讲话者滔滔不绝，大家都听得耳朵起老茧的俏皮话会再次引起哄堂大笑，如果有人说了一句能够影射"他的听众中的每一个人"的话，大家就会皱眉头。咖啡屋的话语是一种极端的情况，这种表达具备一套意义的标志系统，该系统独立于——实际上是对立于——现成的诸如等级、出身、品位等意义符号。

因而，咖啡屋中的人们无须太多地透露自己的情感、个人经历或者身份地位也能与他们进行社会交往。口音、讲话的方式和衣服也许会泄露人们的身份，但关键在于没有去注意这些。和18世纪50年代显示身份的打扮一样，交谈的艺术也变成了一种传统，尽管这两者的机制恰好相反：前者是为了显示，后者则是为了悬置人们的社会地位。这两者都使得陌生人能够在无须了解对方的个人背景的情况下进行交往。

到了18世纪50年代，伦敦和巴黎的咖啡屋的生意开始江河日下。说到咖啡屋的衰落，部分原因纯粹是经济上的。18世纪初期，英国的东印度公司开始进口茶叶；和原先的咖啡进口相比，茶叶进口的规模极大，该公司从中获得的利润也更多。该公司和中国、印度的贸易围绕着茶叶扩张，茶叶变得流行起来了。而开办咖啡屋的商人没有得到售卖茶叶的许可，所以生意日渐萧条。[1]

咖啡屋的生活在18世纪中期两国首都的旅店中得到延续；当时到巴黎或者伦敦的游客经常吃惊地发现，这些旅店的

---

[1] 艾利斯，《便士大学》，第238页。

常客"自由地、毫无保留地高谈阔论"。伦敦和巴黎新出现了一些人们能够在里面喝酒精饮料的店铺，咖啡屋的生活也在这些店铺之中得到延续。人们通常认为在18世纪的咖啡厅和酒吧中饮酒作乐的顾客都是些手工业劳动者，但这种看法并不正确。那些光顾戏院周围的咖啡厅和酒吧的顾客成分相当复杂，而且许多饮酒场所都建筑在戏院周边，它们是戏院的观众在表演前和表演后聚集的地方。在18世纪中期的伦敦和巴黎，去戏院观看演出的人们在这些酒吧和咖啡厅里面或者附近消磨大量的时间；这些地方的谈话既冗长又常见，交谈者总是口若悬河滔滔不绝。实际上，来自那个时期的回忆录表明，咖啡厅里面也常常出现"戏点"和"修理"的情况：如果有个人即将说出一个"戏点"，他会突然站起来，旁听者会欢呼叫好，让他再来几遍。如果旁听者觉得讲话的人很无聊，他们就会起哄"修理"他。

但并非所有咖啡厅的情况都和戏院附近的咖啡厅一样，作为标志的话语也没有安然无恙地继续存在于18世纪中期的日常生活中。巴黎最著名的咖啡厅揭示了多种话语形式共同存在的情况；这家咖啡厅叫普罗科波咖啡厅[1]，它可以合法地出售食物、红酒和咖啡。

该店始创于17世纪末期，到了18世纪中期，巴黎大概有三百家类似的店铺。普罗科波咖啡厅中的谈话向所有人开放，但是它有几桌常客是年轻人，他们大多数拥有法兰西喜剧院的戏台位子；每当戏剧表演结束之后，他们就会群集到普罗科波

---

[1] 普罗科波咖啡厅（*Café Procope*），巴黎最古老的餐厅，于1686年开业。——译者

聊天、饮酒和赌博；当这些人在 1759 年被踢下戏台时，他们还在该店组织了一次抗议活动。巴黎其他咖啡厅和该店的不同之处在于它们的顾客中没有那么多文学家和著名人物。但是在其他咖啡厅也能看到这种几个朋友不和其他顾客交谈、只顾聊他们自己的事情的情况。①

作为标志系统的话语在 18 世纪中期受到两个方面的威胁。一个是俱乐部，另外一个是步行街。俱乐部于 18 世纪 30 年代和 40 年代在小范围内流行起来。尽管 18 世纪的俱乐部只涉及很少人的生活，但它的某些细节值得研究，既因为它的话语模式预示了一种在 19 世纪普遍存在的现象，也因为在 18 世纪中期，它的社交模式也没有让那些出于势利而创造了这种交往模式的人得到完全的满足。

要理解这种俱乐部，首先要理解较为富裕的布尔乔亚和贵族阶层所使用的语言。他们区分了公共场合穿的服装和私人场合穿的服装，但并没有试图在亲密语言和公共话语之间创造一些具体的差别。在 18 世纪初期发展起来的社交用语依然是家人之间相互开玩笑、朋友之间相互恭维所用的语言，甚至和恋人之间相互示爱的语言也没多大差别。第一个专门为私人谈话而创建的场所就是男性俱乐部。

咖啡屋偶尔也会提供食物，但如果它们提供食物，那就变得跟酒馆差不多了。俱乐部的成员通常不在咖啡屋，而是在酒馆和客栈聚会；他们的聚会总是以共享一顿大餐开始。伦敦的

---

① 让·莫拉（Jean Moura）和保罗·洛威（Paul Louvet）在《每周新闻》（*Revue Hebdomadaire*）第 38 卷第 11 期上发表的"普罗科波咖啡厅"是所有严肃地研究这个咖啡厅的文章中最好的。

俱乐部比巴黎要多一些；在 18 世纪中期，这两个城市的俱乐部很少拥有属于自己的建筑。①

博斯韦尔②著有《撒缪尔·约翰逊③的生活》一书，书中有一件小事栩栩如生地揭示了俱乐部的社交和咖啡屋的生活之间的不同之处。约书亚·雷诺德斯爵士④向突厥首领俱乐部的成员约翰逊说，演员加里克提起这个俱乐部，他说"我很喜欢它，我想我应该加入你们"。约翰逊说："开什么玩笑！他怎么知道我们会批准他加入？"也就是说，加里克以为该俱乐部和原来的咖啡屋一样。约翰逊所否定的正是那种开放性。⑤

18 世纪中期的俱乐部的基础是这样一个观念：只有事先选好听众，把那些私生活十分下流或者怪异的人排除在外，人们才能在谈话中得到最大的乐趣。从这种意义上来说，俱乐部具备了私密性。私密性意味着人们只有在能够控制自己的谈话对象时才愿意进行交谈。⑥

俱乐部的谈话意味着作为标志的话语已经被改变了，人们已经开始关注说话者的个人情况。你想知道的第一件事情不是他说了什么，而是这个说话的人是谁。它造成的直接后果是，

① 亨利·惠特利（Henry B. Wheatley），《霍加斯的伦敦》（*Hogarth's London*, New York：Button and Co., 1909），第 301 页；杜博维尔（A. S. Turberville），《约翰逊的英国》（Johnson's England, Oxford：Clarendon Press, 1933），第 1 卷，第 180—181 页。
② 詹姆士·博斯韦尔（James Boswell, 1740—1795），英国律师、作家。——译者
③ 撒缪尔·约翰逊（Samuel Johnson, 1709—1784），英国文学家、词典编撰家。——译者
④ 约书亚·雷诺德斯爵士（Sir Joshua Reynolds, 1723—1792），英国画家。——译者
⑤ 詹姆斯·博斯韦尔（James Boswell），《撒缪尔·约翰逊的生活》（*Life of Samuel Johnson*），转引自艾利斯，《便士大学》，第 229 页。
⑥ 科塞，《理念人》，第 24 页；惠特利，《霍加斯的伦敦》，第 272 页。

信息流被打断了；当你和朋友在俱乐部相处的时候，你再也不像以前在咖啡屋的日子那样有那么多的机会去了解外部世界发生的事情。

除了严格的准入制度之外，俱乐部在 18 世纪中期的日子并不好过的原因还在于它的这种局限性。在这个人们频繁进行社会交往的年代，俱乐部的局限性很快就导致了无聊。突厥首领俱乐部的成员奥利弗·古德史密斯①1773 年向另一位俱乐部成员所说的话很好地体现了这一点；他说应该将俱乐部的成员拓展到二十名："扩大俱乐部能给我们带来新鲜的血液，因为我们之间已经没有什么新奇的东西了，我们已经游遍其他所有成员的精神领地了。"②

奇怪的是，咖啡屋和戏院周边咖啡厅的交谈模式所遭遇的一项更大挑战来自那些非常乐于在陌生人环境中观察与被观察的人们。18 世纪中期，无论是在伦敦还是在巴黎，作为一种社会活动的街头漫步获得了前所未有的重要性。当时的人们视步行街为来自意大利的舶来品，从某种意义上来讲它确实是。意大利的巴罗克城市规划家，尤其是罗马的教宗西斯笃五世③，极其看重人们在游览城市的过程中得到的快乐，想让他们好好感受一座座的宏伟建筑、一座座的教堂、一处处的广场。百余年之后，这种目的在于使人感受到城市壮观景色的步行街被引进伦敦和巴黎的生活，但走在其上的人们与其说是在看景色，

---

① 奥利弗·古德史密斯（Oliver Goldsmith, 1728—1774），爱尔兰作家、诗人。——译者
② 引自艾利斯，《便士大学》，第 230 页。
③ 教宗西斯笃五世（Pope Sixtus V, 1521—1590），俗家本名菲利斯·佩雷提（Felice Peretti），1585 年就任罗马教宗。——译者

毋宁说是在看其他人。然而，在街道上和其他人进行交往并不是一种简单的事情。罗马的市容市貌在 17 世纪期间有了很大的改善，但巴黎和伦敦的街道主要还是一些错综复杂的道路，路面既不宽，还十分肮脏。人行道很罕见，路面铺的通常是木板，而且也没钉紧，所以过不了几年就坏。就算在光天化日之下，两座城市最为繁华的城区也会发生暴力案件，而维护治安的警察才刚刚出现。

所以城市中必须有一种新的场所。那就是公园。公园的设计目的在于使行人和马车能够顺利地通过。新公园的建造、将原先未经开发的地区变成公园和步行街的改造在 18 世纪 30 年代方兴未艾。

该世纪中期，大多数伦敦人每天都要去公园——尤其是圣詹姆士公园——散步和骑马：

> 外国游客在伦敦的公园里见到……某种英国人民"特有的精神"：他们极其喜欢步行街，各色人等混在一起，他们居然能够安之若素。

公园中的散步因而变成了一种方式，社会整体通过它来维持曾经在咖啡屋中发生的各种阶级之间的社会交往。但在这个过程中，话语的模式发生了变化。[①]

这段有趣的文字摘自利奥泼德·莫扎特[②]的一封信，他在

---

① 杜博维尔，《约翰逊的英国》，第 182 页。
② 利奥泼德·莫扎特（Leopard Mozart, 1719—1787），德国作曲家、小提琴家、著名音乐家沃尔夫冈·莫扎特的父亲。——译者

信中描绘了他带着家人在圣詹姆士公园散步的情况：

> 国王和王后坐车经过，虽然我们的打扮和原来完全不一样，他们还是认出我们来了，并和我们打招呼；国王特意打开车厢的窗子，探出头来，哈哈大笑，又点头又招手地问候我们——尤其是我们的音乐宗师沃尔夫冈。

这次公开的遭遇实际上是刹那间的邂逅：国王招呼这个矮小的小提琴家和他的天才儿子；他们并没有坐下来喝几罐热气腾腾的咖啡，接连聊上几个小时（当然，国王从来不会这么做，但在 1700 年，即使是公爵也会这么做）。圣詹姆士公园的散步是自发性的遭遇，和咖啡屋中的谈话的自发性一样，只不过如今这种自发性的事情转瞬即逝罢了。[①]

巴黎人像伦敦人使用圣詹姆士公园一样使用瓦匠区，但是有两点不同。瓦匠区各处公园的位置离塞纳河十分近——当时是一条帆来帆去的繁忙工业河道——经常有载满货物的车辆出出入入，所以无法复制圣詹姆士公园的田园风韵。此外，瓦匠区也更经常发生罪案。两者的共同点在于，它们都出现了在公共场合保持沉默的观念的萌芽。你将不会坐下来一聊好几个小时，你只是来散步，你可以从任何人、任何事物旁边走过。[②]

无论是在伦敦还是巴黎，聚集在公园或者街头的陌生人都

---

① 艾米莉·安德森（Emily Anderson），《沃尔夫冈·莫扎特的书信和家人》（*Letters of W. A. Mozart and His Family*, London: MacMillan and Co., 1938），第 1 卷。

② 卢浮宫铜版画研究所收藏的一幅铜版画（1744 年的瓦匠区景色）很好地描绘了瓦匠区和塞纳河上的商业活动。那些公园是用于从塞纳河上卸货的仓库和通道。

能够自如地彼此交谈。在18世纪40年代，任何阶级的男人如果想跟一个陌生女人攀谈，都可以不作声地摘下帽子表达自己的心意，这被当成彬彬有礼的行为。如果这个女人愿意，她可能会做出回应；但女人愿意在街道上和男人攀谈，绝不意味着男人就有了去拜访她或者她的家人的权利；同性之间也不能进行这样的交往。街道上发生的事情和家庭中发生的事情处于两个不同的维度。与之相反，在塞维涅夫人的时代，只要某个人向另外一个人介绍了自己，那么后者至少就有了去拜访前者的权利。就算拜访吃了闭门羹，那也不能说明后者缺乏礼貌。要弄清楚的一点是，18世纪的话语规则是属于中等和上等阶层的，但有一些证据表明，家庭佣人阶层也在模仿这些规则。

到了这个时候，18世纪的戏院中的话语自发性也许就获得了其独特的意义。在戏院中，观众能够处于完整的表达状态之中，但在戏院之外，他无法完整地或者一致地体验到这种状态。18世纪50年代，在戏院之外，面对突厥首领俱乐部的朋友或者喜剧院咖啡厅中的陌生人的时候，人们能够展示同样激烈的情感，但在圣詹姆士公园步行的时候他肯定做不到这一点。

某个学派的文学评论家或许会在此提出反对意见，他可能会说："你把话语当成这些戏院中的传统标志，你提到了一群十分时髦的观众的自发情感，但促使观众感觉到他们在日常生活中很难体验得到的情感的，正是所有艺术的通则，也就是'艺术手段'，这一点难道你没有意识到吗？你在描述的是一般的戏院，不是18世纪50年代这两座城市的特殊的戏院。"这种观念可以进一步转变成一句名言：只要人们在相互交往中借用传统，那么他们交换的就是标志而不是符号。

这种反对虽然很聪明却暴露了一个问题，也就是脱离了历史背景去看待语言和信念之间的关系。在所有人们相信标志的场合中，他们并非总是以大声嚷嚷的形式来展示他们已经领会了标志：18世纪法兰西喜剧院的观众行为和现代观众在面对表演时默默坐着的行为发生在两个不同的世界。街道上的话语规则、服装、戏服等的情况也是如此。标志的体验——既可以是喧嚣的，也可以是沉默的——决定了标志的内涵。那些要求重复"戏点"的观众所使用的语言，并不同于那些在表演结束时鼓掌或者至多在演讲结束时鼓掌的观众所使用的语言。

充满激情的非人格领域

"公共的"行为首先是一种和自我及其直接的经历、处境、需求保持一定距离的行动，其次，这种行动涉及对多元性的体验。这个定义不需要时间和空间的限制，因为以狩猎和采集为生的原始部落或者中世纪的印度城市根本就不能满足它的条件。但从历史上看，在"公共"这个词汇获得其现代意义的同时，两种信念也出现了：那就是把身体当作服装模特和把话语当作标志。这种同时出现的情况并非偶然，因为上述两种信念原则都符合公共现象的定义。

作为服装模特的身体是人们自觉地采用的公共打扮模式。那些量身定做、以追求舒适为目的的衣服被认为只适合在家里穿。从两种意义上来说，作为服装模特的身体符合了多元性的定义：首先，这种穿着原则几乎原封不动地从街道走上了戏台；其次，在街道上，它本身这种像打扮布娃娃一样打扮身体的方式给街头的多元性带来了秩序。

作为标志的话语也符合公共现象的定义。它是一种和自我拉开了距离的活动；在街道上，它是一种普遍的、泛泛而谈的语言；在戏院中，话语只有出现在特定的传统时刻才能唤起人们的情感。和服装一样，这种意义上的话语也在两种意义上符合了多元性的定义：该原则在戏台和街道之间架起了一道桥梁，也在街道上的陌生人之间架起了一道桥梁。

可以说这两种原则通过相反的方法达到了相同的目的。视觉的原则使人们武断地根据身体的标记来判断社会地位；言语的原则使人们武断地拒绝根据话语的标记来判断社会地位。然而，这两种原则共享了一种对符号的拒绝，它们都拒绝承认传统所指向的是一个隐藏在传统之后的、具有"真实"意义的、内在的现实。因而，视觉的和言语的原则共同形成了"公共"表达的一个定义："公共"表达是反符号的。

如果公共领域只不过是某种情感模式，那么我的分析就应该到此为止，因为这些视觉的和话语的原则是公共情感的方式。然而，公共领域还具备地理学上的意义，它存在于它和另外一个领域——也就是私人领域——的关系中。公共性是一种更大的社会平衡的构成部分。此外，作为整体的一部分，它还涉及政治行为、人权观念、家庭的组织和国家的局限，而我们只分析了人们在公共领域所使用的情感工具，还没有弄清楚这些因素。在接下来的篇幅中，我们将要分析公共与私人之间的关系，看看 18 世纪的社会如何在公共与私人之间划下一道分界线。

第五章 公共与私人

公共生活的客观刺激因素以及它的各种情感表达方式，促使现代观察者转而注意到它的对立面——私人生活。在这个靠近自我的、由家人和朋友组成的领域中，人们似乎应该更乐于表达他们的特立独行的气质、不落窠臼的性格和与众不同的个性。但这种相当合理的期待是一种扭曲；它等于用 19 世纪才形成的私密性观念来看待 18 世纪。在 19 世纪之前，这个接近自我的领域并不被当成一个用来表达独特个性的领域；私人领域和个人领域还没有合二为一。个人情感的各种独特性尚未具备社会形式，因为统治这个贴近自我的领域的是各种自然的、普遍的人类"共同情感"（sympathy）。社会是一个分子；它的构成要素有两种，一种是人为地、有意识地和个人情况、家人和朋友拉开距离的表达；另外一种是"非人格的"——在这里，这个词汇的意义和我们今天所理解的相同——自我表达。我们需要弄清楚自我的自然领域这种奇怪的观念，因为我们今天仍然持有的人权观念就是因为它而产生的。

现代的人权观念来自自然和文化的对立。不管社会的风俗伦理是什么样的，每个人都会有一些基本的权利，就算他在这些文化秩序中所处的地位十分低下或者十分不利也一样。这些权利是什么呢？我们早已习惯于把它们分为两组，而且这两组都是起源于 18 世纪：生存的权利、自由的权利和追求幸福的权利；自由的权利、平等的权利和友爱的权利。在这些权利之中，讨论生存权、自由权或者平等权要比讨论追求幸福权或者友爱权来得容易；后两者不像是能够和前三者相提并论的基本权利，反倒像是附加在前三者之上的好处。而我们之所以会认为这两种权利并没有生存权、自由权等那么重要，是因为我们已经不再持有一种萌芽于 18 世纪的假设——该假设恰恰是它们的基础。那种假设就是认为心灵拥有一种自然的尊严；心灵需求的完整性同样来自自然与文化的对立。如果有人伤害了一个人的感情，让他感到自卑或者羞愧，那么这个人就侵犯了他的自然权利，这跟抢走他的财产或者强行把他关进牢房没什么两样。如果一个人受到这样的伤害，那么他就有权利试图通过改变造成这种伤害的社会环境来疗伤。追求幸福是这种心灵健全的一张药方，友爱是另外一张。拥有这些心灵权利的是自然人（natural man），而不是个体人（individual）。所有人都可以要求友爱权或者幸福权，恰恰是因为自然领域是一个非人格和非个体的领域。

认为人们有追求幸福的权利这种概念是现代西方的特产。在十分贫穷、等级森严或者宗教信仰十分虔诚的社会中，心灵的满足本身并不成为人们追求的目标。这种由于自然与文化对立而产生的特殊权利在 18 世纪开始形成，它主要出现于英国、法国、意大利北部和美国东北部。和所有复杂的历史发展相同，它并非一生下来就已经发育完全。为了赋予这种追求幸福的权利以一种具体的社会形式，我们的先辈曾苦苦寻找一些能够用来表达这种对立的形象和体验。他们找到了一个办法，那就是通过区分公共与私人来表达自然和文化的对立。而公共领域和私人领域并存的首都城市为它的市民提供了一种思考自然和文化的方法，那就是将公共等同于文化，将自然等同于私人。当时的人们认为某些心灵过程是先验的、半宗教的现象，永远不会受到传统文化的侵犯或者破坏，也无法用公共的话语得到表达，并由此为他们自己创造了一种方法（当然，这不是惟一的方法，却是一种可以被感知的方法），使得自然权利能够超越任何特殊的社会权利。

人们越是能够通过私人和公共的对比来理解自然与文化的对立，他们就越把家庭当作一种自然的现象。家庭和戏院、街道等场所不同，它是"自然的场所"。这种观念的含义是这样的：如果自然和私人是统一的，那么每个人对家庭关系的体验都将是他对自然的体验。自然秩序或许只有那些最聪明的人才能弄清楚，但普通人也能讨论这种先验的现象，因为如果人们在谈论家庭中的情感交流，那么他就等于在谈论自然的问题。

所以当时的人们在家庭中的心灵交流在今天的我们看来都是非人格的和抽象的。文艺复兴时期，人们认为人的性格是由体内器官所产生的四种液体的多寡所决定的；到了18世纪，心理学逐渐取代了这种体液论；新的理论认为人们的性格是一些自然的"共同情感"，是全人类共同拥有的属性，它并不会因为身体的正常或者异常而发生变化。心理学的基础不是生理学，而是一种自然的分类学——也就是对不同物种的行为进行区分。这些共同情感每个人都有；它们在家庭这个自然的场所中显露出来；于是不管社会地位高低贵贱，每个人都拥有一种自然的情感，一种对他人需求的自然的敏感。认为人们拥有自然权利的观念是这样一种人性观的必然结果。

为了探索这个私人的、自然的世界，我们需要澄清两种情况。首先，尽管启蒙时代那些持有这种人性观的人们认为自然是神圣的，是一种先验的现象，而且认为家庭中的爱就是这种先验现象的可以被感知的表达，但他们并没有因此而将自然神化为一种完美的状态。用弗兰克·曼纽尔①的话来说，启蒙时代"尊敬但绝不服从"它的上帝；毕竟，和中世纪的迷信观念不同，自然使人们有理由对他自己的能力产生希望而不是绝望。当这种态度在私人/自然和公共/文化的对立中被表达出来时，它意味着这两个领域之间存在着的并非一种完全对立的关系，而是一种互相补充、互相平衡的关系。公共领域那些传统的、强制性的表达规则并不能完全控制人们对现实的感知，因此私人领域是对公共领域的补充：在公共领域之外，人们拥有一种生活，一种表达他们自己的形式，和一些没有任何传统能够强行剥夺的权利。但公共领域也是一种对私人领域的修正；自然人是动物，单纯依据家庭之爱的规则而度过的生活将会产生一种自然的缺陷：不文明；而公共领域修正了这种自然的缺陷。如果文化的缺点是不公平，那么自然的缺点就是它的野蛮。

所以，当谈起这两个领域时，我们必须把它们当作一个分子：它们是同时存在的人类表达模式，处于不同的社会背景之

---

① 弗兰克·曼纽尔（Frank E. Manuel, 1910—2003），美国历史学家。——译者

中，彼此相互补充。

需要澄清的第二点是语言的问题。公共领域是一个进化的现象，历经一段时间之后才形成，私人领域也是如此。家庭被视为一种特殊场所的过程十分缓慢。除此之外，人们也不是一生下来就认为家庭是一种不同于街道的社会场所；他们在家庭生活中快乐无忧地度过童年，直到长大成人、走进处处碰壁的社会，这时才会产生这样一种家庭的观念。我们把公共与私人当作两种固定的状态，是为了方便对它们进行描绘。实际上，它们是两条非常复杂的进化链。

公共表达的范围

我们已经看到视觉的公共表达和话语的公共表达所划出的范围。家庭服装的设计以让身体舒适、方便身体活动为目的，而用于公共场合的服装则没有考虑到这些身体需求。家庭话语和公共话语没有什么本质上的差异，但在私人领域人们能够控制和自己进行交谈的对象，所以私人俱乐部的成员常常说他们的组织带来了"家庭般的感觉"。

18世纪的人们逐渐把家庭当成是庇护一类特殊人物——也就是儿童——的自然群体，所以他们给公共表达施加了更多的限制。菲利普·阿利兹[1]的著作《童年的世纪》揭示了两百年前的人们的儿童观念；这本书开拓了一片全新的领域——人们自此不再认为家庭在历史中是一种固定的生物形式，而是开始将家庭当作一种历史的形式加以研究。阿利兹发现，到了

---

[1] 菲利普·阿利兹（Philippe Ariès, 1914—1984），法国历史学家。——译者

18 世纪中期，成年人开始认为他们自己是一种基本上和他们的孩子并不相同的生物；戴维·亨特①和约翰·德默斯②拓展并细化了阿利兹的这一发现。儿童不再被当作小大人。人们认为童年是一个特别脆弱的阶段，成年则与之相反。阿利兹所使用的证据大多来自处于社会中上层的城市居民的家庭记录。这是有原因的，这些城市居民也利用这种对各个成长过程之间的关系的看法来定义公共生活的范围。在这些大都市发生的情况是，这些大都市中的成年居民开始认为只有成年人才能够忍受和享受公共生活，因为公共生活太过复杂，太过做作，而且在公共生活中，人们经常需要和陌生人打交道。

这种将公共生活划给成年人的情况的起源相当有趣：之所以会出现这种情况，部分原因竟然在于儿童游戏和成年人游戏之间所发生的分化。

直到 17 世纪晚期，成年人所玩的游戏和儿童所玩的游戏没有什么区别；也就是说，成年人不感兴趣的儿童玩意很少。穿着精致衣服的布娃娃能够引起所有年纪的人的兴趣。玩具兵也同样能够逗乐所有年纪的人。所有年纪的人都喜欢相同的游戏、布娃娃和玩具，原因恰恰在于人们并没有清楚地划分不同的成长阶段。用菲利普·阿利兹的话来说，年轻人从很小的时

---

① 戴维·亨特(David Hunt)，生年不详，1969 年获哈佛大学博士学位，目前任教于波士顿马萨诸塞大学，于 1970 年出版了《历史上的父母与儿童》(*Parents and Children in History*, New York: Basic House, 1970)，利用菲利浦·阿利兹的观点，研究了现代早期法国家庭。——译者

② 约翰·德默斯(John Demos)，生年不详，仍健在，任教于耶鲁大学历史学系，于 1970 年出版了《小小的共和国：普利茅斯殖民地的家庭生活》(*A Little Commonwealth: Family Life in Plymouth Colony*, New York: Oxford University Press, 1970)。——译者

候开始就是一个"刚出现的大人"，所以他并没有什么专属于他自己的游戏。到了 17 世纪末 18 世纪初，由于童年和成年之间出现了前所未有的清晰界线，有些游戏儿童依然可以玩，但有些游戏他们不能碰。

在 18 世纪中期，儿童被禁止参与赌博游戏，因为政府认为只有明白世道险恶的人才适合玩赌博游戏。1752 年，法国全国禁止网球高手和撞球高手在儿童学校授课，因为当时很多人就这些游戏下赌注。当时的人们认为儿童太天真了，不能接触这些东西。[1]

和前两个世纪相同，在整个 18 世纪，每逢唱圣诗的时候，儿童和大人都参加。但在 18 世纪初期，成年人开始觉得群体朗诵的行为很孩子气，并不适合他们。他们宁愿安静地阅读那些印在书上的民间传说。而印制成书的民间传说被认为并不适合年轻人阅读。当成年人在公共场合讲话的时候，他使用自己的词语。[2]

部分地由于这些游戏观念的改变，大城市的行为被认为只适合于成年人。儿童不应该清楚地显示出他的社会地位；如果是好人家的儿童，他还不能玩弄自己的身体形象。在 17 世纪晚期的绘画中，甚至在 18 世纪的西班牙绘画中，不同社会等级的儿童穿着不同的服装，有些儿童还穿着精致复杂的贵族服装。实际上，在 18 世纪 50 年代的伦敦人或者巴黎人看来，这些绘画十分荒唐。他们认为儿童和成年人是两类完全不同的人，应该穿着专属于儿童的衣服。

---

[1] 菲利普·阿利兹（Philippe Ariès），《儿童的世纪》（*Centuries of Childhood*，trans. Robert Baldick, New York: Vintage Books, 1965），第 87—88 页。
[2] 同上，第 97—98 页。

同样，如果父母竟然允许儿童陪他们去看戏，那么这些儿童在戏院中应该保持安静。没有人研究过 17 世纪晚期的戏剧观众中有多少儿童，但我们确切地知道当时的儿童被允许观看康格雷夫①和魏策利②的戏剧，而且也被当成普通的观众——考虑到他们所观看的戏剧内容，儿童和成年人之间的这种平等真是让人瞠目结舌。

咖啡厅、俱乐部和酒吧也被认为是儿童不宜的地方，不过这些地方并没有完全排斥儿童，尤其是那些同时充当旅店的酒吧。亚蒂森和斯蒂尔的报道偶尔会提到，当儿童参与到咖啡屋的谈话中去时，成年人也会跟他们开玩笑。俱乐部本质上不是一个用来招待儿童的场所。18 世纪中期的巴黎酒馆被认为是儿童的危险地，因为他们可能会沾上白兰地或者红酒——当时的人们倒不是认为儿童饮酒是一种不道德的行为，而是生怕给他们的健康带来伤害。

人们对童年这种特殊的状态与日俱增的关怀就是这样划分出一些公共表达的范围。这些范围可以被这样加以表述：公共领域是社会中一片只让成年人游玩的地方；也可以被这样加以表述：成年人不能在这些范围之外游戏。到了 1750 年，一个父亲如果要给他儿子的布娃娃穿衣服，他可能会觉得很难为情，尽管实际上给布娃娃打扮的方式就跟他出门之前打扮自己的方式一模一样。

如果儿童不属于公共领域，那么他在什么样的情况之下属

---

① 康格雷夫（William Congreve, 1670—1729），英国剧作家，代表作有《老光棍》（The Old Bachelor）、《望门寡》（The Mourning Bride）等。——译者
② 魏策利（William Wycherley, 1640—1716），英国剧作家，代表作有《村妇》（The Country Wife）、《老实的生意人》（The Plain Dealer）等。——译者

于家庭呢？家庭将会为他做哪些公共生活不适合替他做的事情呢？正是在回答这些问题的过程中，人们才开始将家庭当作"自然的场所"，并找到新的表达原则。

自然表达处在公共领域之外

要理解童年和家庭内部的自然表达信念之间的相互促进关系，我们不得不先来研究当时各种反对这种相互促进的因素。杜戈[①]认为"人们应该为自己的孩子感到羞愧"，范德蒙[②]则在一篇叫作《论完善人类的方式》的文章中提到，"人们应该为宠爱自己的孩子的念头而脸红"；当看到诸如此类的言论时，我们便能明白，18世纪的家庭之中就算存在着什么情感，那也是很微弱的。吉本[③]在书中提到他曾经有过好几对父母，能够活下来实在是幸运（确实有一个阿姨救了他的性命）；塔列朗[④]从来没有跟他的父母在同一座房子里面睡过觉。社会地位越高的人越经常听到别人说直接的母爱和对婴儿表达怜爱是一种粗俗的标志。无论是在巴黎还是在伦敦，来自社会中上层阶级的儿童通常被从托儿所直接送进"寄养院"；这种机构负责照料那些七岁到十一岁或者十二岁的儿童——所谓"照料"，通常就是不断地对儿童进行体罚。18世纪中期杰出的儿科医生詹姆斯·尼尔逊和乔治·阿姆斯特朗责备读者"不自然地忽

---

① 杜戈（Anne Robert Jacques Turgot, 1727—1781），法国经济学家、政治家。——译者
② 范德蒙（Alexandre-Theophile Vandermonde, 1735—1796），法国数学家。——译者
③ 吉本（Edward Gibbon, 1737—1794），英国历史学家。——译者
④ 塔列朗（Charles Maurice de Talleyrand, 1754—1838），法国外交官。——译者

略和漠视"他们的后代。总而言之，斯威夫特的同时代人在看到《一点愚见》①时除了点头表示赞同之外不会有别的感受。②

然而，最重要的并非人们对这种不人道地对待儿童的争议的看法，而是这些争议终究发生了。在西欧，忽略婴儿和儿童的问题已经存在了几百年；但是直到 18 世纪中期，许多人才终于不堪其扰而出来发表意见。抚养儿童的重担所带来的烦恼并不亚于这些负重的人的行为给改革主义者带来的烦恼，它之所以出现，恰恰是因为人们越来越意识到童年是一个特殊的成长阶段。人们开始注意到身体的生长机制造成了一群特殊的、无法自立的人。人们对这种依赖性的认识是新出现的，人们对它的恐惧、同情和困扰也是新出现的。

在政治哲学中，"自然状态"是一个可以追溯到中世纪的概念。由于逐渐意识到儿童的脆弱性，18 世纪初期的人们对于自然状态是什么有了一种更加具体、更加有经验的认识。自然状态不是一种假说。它实际上存在于每个人的生命当中。

因为认识到未成年人的依赖性，在 18 世纪 50 年代，英国和法国的人们产生了保护未成年人权利的意识；到了该世纪60 年代，这两个国家立法规范抚养儿童的行为，并禁止寄养院的各种残忍做法。立法保护儿童的意义在于，如果一个人的自然状态很脆弱，那么他有受到抚育和安慰的权利，而且这种权

---

① 《一点愚见》(A Modest Proposal)，斯威夫特于 1729 年所写的文章，他在文章中描述了爱尔兰贫民儿童的悲惨遭遇，并提出了解决这种问题的方法。具体内容可参看作者的《一点愚见与其他讽刺文章》(A Modest Proposal and Other Satirical Works, New York：Dover Publications, 1996)。——译者
② 参看博格纳·洛伦斯(Bogna Lorence)，《18 世纪欧洲的父母与儿童》(Parents and Children in 18ᵗʰ Century Europe)，载《儿童史季刊》(History of Childhood Quarterly)第 1 卷(1974)第 2 期，第 1—30 页。

利不受出身、环境或者父母的性情影响。家庭关系因而被放大了。由于人们更加看重自然成熟的各个阶段，所以家庭中的每个人都变得更加重要。这就是"生存权"在两百年的含义；它不仅仅是生存的权利，也是一种被重视、被关爱的权利。儿童处于脆弱的自然状态中，因而和社会上其他人之间并不平等，但这并不意味着他就应该受到忽略；恰恰是他的脆弱赋予了他抵抗父母乃至抵抗社会的权利，因为在社会中，他会由于脆弱而被占便宜，在社会中，父母对孩子"毫不重视"。

因此，自然秩序在启蒙时代是一个充满了道德色彩的主题，人们对受抚育需求和受抚育权利的发现是和自然联系在一起的。在这场对受抚育权利的争论中，那些拥护儿童权益的人们认为抚育有两个方面的含义：其中之一是必须慈祥地对待儿童，培养他们善良的性格；玛丽·沃尔斯通克拉夫特因此写道：

> 只有在童年，人们的幸福才依赖于别人［这就是人们对童年的依赖性的看法］，用毫无必要的管教来使那些年变得痛苦是很残忍的。要培育那些好的性格，家长应该表现出关爱。

另外一层含义是父母双方都必须参与到对儿童的抚育中来；所以儿科医生尼尔逊认为妇女应该抚养她们自己的子女，而父亲不应该把他们的权力授予教养院。实际上，尽管人们在尽父母的责任这件事上持有一种矛盾态度，但到了 18 世纪 50 年代，这两种意义上的抚育已经在社会的中等阶层流行起来了，大量中上层阶级的父母也开始采用这种抚育方法——但要弄清楚的一点是，真正的贵族在抚养孩子的时候依然遵循过去那两种原则：严厉的管教和父母的缺席。①

人们开始把这种家庭所能够承担的特殊任务——抚育那些无助的儿童——当成家庭组织的自然功能。抚育使家庭和社会环境分离。所以在一本谈论家庭功能的著作中，尼尔逊只字不提长子继承制、婚姻契约、亡夫遗产继承权等问题。随着这种自然功能的定型，人们对家庭内部的自然表达产生了一些看法。这种被称为自然的"共同情感"的表达和公共领域的表达完全相反。

目前还没有学者真正研究过共同情感理论，因为心理学家很容易认为"早期的"或者"前科学的"心灵理论都是些老古董，对它们没有什么兴趣。有关自然性格的定义有很多，而且各不相同，它们都被收录在狄德罗的百科全书里面，贝卡利亚②的《关于罪与罚》也有所提及；这些不同的定义最少拥有两个共同点。首先，自然的共同情感涉及一些"本能"，但这些本能并不超越感觉到这些本能的人的真正需要；其次，只要人们拥有"相同的"本能，他们就会渴望相同的东西，诸如繁衍后代、抚育子女和相依相伴等。用杨格曼的话来说，相同的本能是一些"属于全人类并和个人没有关系的"欲望。③

---

① 引文见上引文献第 23 页。
② 贝卡利亚（Cesare Beccaria, 1738—1794），意大利哲学家、政治家，《关于罪与罚》（Of Crimes and Punishments）是他的代表作。——译者
③ 所以反倒是一些研究哲学史的学者对启蒙时代的心理学理论有很深入的了解。例如，关于这两个特点，可参看卡尔·贝克尔（Carl Becker），《18 世纪哲学家的天堂之城》（The Heavenly City of the 18ᵗʰ Century Philosophers, New Haven：Yale University Press, 1932），第 63—70 页；阿瑟·威尔逊的《狄德罗》（Diderot, New York：Oxford University Press, 1932）第 250—251 页（给郎多瓦的信）印证了贝克尔的观点；也可参看恩斯特·卡西尔（Ernst Cassirer），《启蒙时代的哲学》（The Philosophy of the Enlightenment, Boston：Beacon, 1955）第 105—108 页、第 123 页及以下。

当时的人们由此得出的第一个看法就是，如果一个人的行动很自然，那么他的行动就会很简单。自然的秩序很复杂——复杂得任何给定的现象或者社会条件都无法完整地表达它。但是，自然给个人施加的影响是使他追求一种朴素而简单的体验。当时的人们越来越喜欢在家里穿着宽松的、不加装饰的服装，并将其视为自然情感的表达；人们把这种行为视为天经地义的事情，从而很容易忘记在很多文化当中，家庭的重要性恰恰是通过人们在家里盛装打扮的欲望而得到强调的。追求简单的观念使传统的观念变得毫不相干，因为公共服装或者公共谈话将意义存放在姿态和标志本身之中，而一种共同情感的表达的意义则只有通过行为和做出该行为的人的自然本能之间的关系才能得到理解。

其次，当时的人们开始认为自然的共同情感使得人与人之间没有什么不同，因为所有人都根据相同的本能来调节他们的行动。在实践层面上，这意味着人们认为如果一个人的行动很自然，那么他不会做一些出格的事情，也不会宣称他自己与众不同。有个 18 世纪的词汇很好地同时涵括了自然欲望的简单性和常规性："中庸"（modesty）。

家庭的抚育功能在这种自然表达的主题之中占有一席之地。当人们说家庭关系是"野蛮的"时，不管是出于恭维还是出于贬低，这句话的意思是，家庭中的情感需求，尤其是抚育儿童的过程中的情感需求，远比家庭之外的环境中成年人彼此之间的情感需求要简单。在一个父母视抚养子女如登天之难的年代，人们竟然会认为抚育后代比其他社会事务要简单，这真叫人难以理解。但当时父母亲自抚养子女已经变成了一种普遍的现象，家庭变成了一个适合成年人的自然的简单性表达其自身的地方。

这种自然心灵的表达有一种属性，也即它拥有不受任何个人因素影响的健全性和尊严。这种自然心灵的健全性又产生了一系列的自然权利。贝卡利亚在一本谈论监狱的书中提出，囚犯拥有得到人道对待的权利，因为不管他所犯的罪行在社会看来多么邪恶，一旦进了监狱，他就像儿童一样不能自立，所以应该获得一些同情；如果他的身体变得极端虚弱，那么他有得到基本喂养的自然权利。人们抓住犯人之后对他慈善一些，并不意味着为虎作伥。此外，看守这个囚犯的人也应该意识到，他们和他并没有太大的区别，因为他们内心都有一种共同的"中庸"欲望；不管他个人在社会中犯了什么罪，作为人类这种动物的一员，他的非人格属性中始终有正派的一面。这种认为人类有一种共同的自然属性的观念和关于自然的依赖性的理论变成了某些政治权利的心灵基础。

只要各种自然权利来自抚育和自然欲望的简单性观念，那么它们就是由对痛苦的不平等分布的限制所构成的。在另外一本书中，我试图展现有关人类尊严的观念在 18 世纪如何和有关平等的观念分离；自然的尊严限制的仅是平等的对立面，也就是不平等，它仅仅限制了一种特殊的不平等。现代早期欧洲社会的身份传统将当时的人们隔离在各不相通的房间中，导致这些人根本不觉得他们属于同一个种类：塞维涅夫人热爱那些和她地位相当的人，但她却把去看绞刑当作一种娱乐活动，而且还觉得那些可怜人的垂死挣扎"很好玩"。由于认识到人类有抚育弱者的自然责任，而且全人类都有着共同的心灵欲望，人们不再认为有一类人生来就应该忍受痛苦或者让另外一类人受苦。①

但如果说诸如此类的等级制度有自然的局限，那么等级制度的各种仪式活动却是人造的、得到公认的传统。和等级观念本身一样，这些行为不再被认为是天经地义的。产生这种认识之后，人们对传统的看法就会受到自然表达的各种原则的限制。再接下来，人们会确立起这样的原则：私人的自然世界能够对大城市公共生活这个特殊世界施加一种限制。

我们已经在儿童由于无法承受公共生活而被禁止参与其中的现象中看到了这种限制的踪迹。而对于成年人来说，在视觉的行为和言语的行为中普遍存在的心灵痛苦也受到了同样的限制。如果有个人比较虚荣，穿的衣服并不属于他所在的社会阶层，而是属于更高的社会阶层，但又被人发现了，那么在这种情况之下，他的家人不能嘲笑他，外人也不能在他的家里嘲笑他。在家庭这个自然的场所，一个人不能够引起别人的痛苦。在家里责骂某个人是一种侮辱，但在街道上则不是。这些细小的例证都展示了一种更为宏观的看法：公共传统的世界必须不能削弱人们对幸福的追求，前提是这种追求基于一种心灵健全的意义和一种将自己或者别人当作"一个人"的尊重之上。

公共世界反过来也限制了私人世界，使得幸福的原则不能被当成对现实的完全定义。虽然传统的领域无法动摇或者改变

---

① 理查德·桑内特(Richard Sennett)和乔纳森·寇伯(Jonathan Cobb)，《阶级中隐藏的伤害》（*The Hidden Injuries of Class*，New York：Knopf，1972），第251—256页。

自然，因为自然本质上超越于所有的社会环境，但公共文化有一种驯化自然的影响的功能。伏尔泰在一封写给卢梭的著名的信件中提到，他早已失去了像被称为人的自然动物那样用四只脚走路的兴趣；在信中，他认为自然人的社会和一群幸福而友爱的鸭子相似：抚育和简单普遍流行，社会礼仪由欢乐的呱呱叫构成；满足的饱嗝是话语的最高形式。[①]

公共和私人就像社会的分子

公共表达的模式和私人表达的模式并不是截然对立的。在公共领域，社会秩序的问题通过标志的创造得到了解决；在私人领域，抚育的问题通过对先验原则的遵守得到了解决。统治公共领域的情感是主动的和造作的；统治私人领域的情感是克制的和反造作的。公共领域是人类的创造，私人领域是人类的约束。

支撑这种平衡的第一种结构是我们如今所称的非人格；"个人因素"无论在公共领域还是私人领域都不是一种社会原则。由此产生了第二个结构：公共的传统只受到那些自然的共同情感的限制。我们现在都说自然权利是人权，在我们看来，这个老生常谈的词汇的所指十分宽泛，简直没有确定的含义。但当自然权利第一次在日常体验中出现时，它们的含义并没有这么广。自然秩序的原则是一

[①] 1755年，卢梭将自己的著作《论人类社会不平等的起源》寄给伏尔泰，伏尔泰回信对其大加嘲讽。同年9月，伏尔泰出版了剧本《中国孤儿》（*L'Orphelin de la Chine*），征得卢梭同意，将这封信作为序言予以刊出。参看"伏尔泰、卢梭和'关于天意的通信'"（Voltaire, Rousseau, and the "Lettre sur la Providence"），载 PMLA（1944年3月，第59卷第1期），第129页注164。——译者

种调节的原则：社会的传统只有在造成极大的烦恼或者痛楚的时候才会受到制约。

那么，当一种关于社会权利的观念形成之后，在这种自然调节的原则的背景之外，将会出现什么变化呢？当18世纪的人们开始谈论自由的概念时，他们开始在这种背景之外试验一个观念。作为一种原则，作为社会关系的一种结构，自由无法被传统的观念或者自然的共同情感的观念所涵盖。诚然，早期的社会契约理论家，诸如约翰·洛克①之流，提出了一种关于自然自由的观念，但它很难被付诸实践。当这样一种观念被引进日常的社会生活时，公共和私人所构成的分子就会发生裂变。这个分子之所以凝聚，因为个人的性格没有被用于形成一种社会原则。自由的需求改变了这种情况。至于这个分子如何发生裂变，如何使得人们对自由的渴求和作为一种社会原则的关于个人性格的信念结合在一起，我想通过重述一个生活在18世纪中期的人的体验来加以描述。这个人往往被认为是第一批"为自由而奋斗的个人"——这几个字至关重要——中的一员。从他的故事当中，我们可以看出后来那场颠覆了古代政制社会的狂飙的端倪。但由自然与文化构成的分子并不是他单独打破的，而且他也没有一劳永逸地打破这个分子，因为实际上他作为"为自由而奋斗的个人"的生涯很短暂，但从他的体验中，我们可以预见到这种打破终有成功一天，而且在这个过程中，自由本身将会消失，而人格将会继续存在，在一种新出现统

① 约翰·洛克(John Locke, 1632—1704)，英国哲学家。——译者

治的基础上成为一种社会组织的原则。

分子破裂

约翰·威尔克斯(1727—1797)是克拉肯威尔一个富裕的酿酒商的儿子，他在二十岁刚出头的时候就成了伦敦浪子的典型。这人长着一双斗鸡眼，额头隆起，下颌前突，相貌实在是令人不敢恭维，但他极富魅力和智慧，终其放荡的一生，他从来不乏寻欢作乐的对象，反倒是投怀送抱的女人多得令他头疼。他喝起酒来毫无节制，还加入了当时最臭名昭著的俱乐部：地狱之火俱乐部。地狱之火原是中世纪某个教派的名字，其成员所举行的"仪式"混合了黑弥撒、古罗马的狂欢祭神仪式和英国国教晚祷的戏剧表演。二十岁那年，为了取悦他的父亲，威尔克斯和一个家财万贯但比他年长十二岁的女人成婚；这个女人除了有钱，没有什么值得一提的地方。这场婚姻并没有给他的放荡生活带来明显的约束；到了1763年，威尔克斯成为当时最臭名昭著的政治人物——用他自己的话来说，这一切纯属"偶然"。他拥护人民有权利选举代表参与管理国家的政治原则。在整个18世纪60年代，威尔克斯一刻不停地寻欢作乐，甚至在身陷图圄的时候也不忘用无数昂贵的贵族娱乐节目来让自己高兴；然而在当时的伦敦工人和伦敦中下层阶级成员的心目中，他不仅是一个捍卫自由的人，而且还是这种崇高的道德原则的化身。威尔克斯是一个矛盾的现象。他是一个代表性人物，既代表了公共政治和"个人的性格因素"之间的分野，也代表了第一批跨过这道分界线，从而改变了公共领域的意义的人。①

如果看到 18 世纪 50 年代英国和法国的政治传单或者演讲稿，那些激烈的措辞肯定会让现代读者感到瞠目结舌。人们将论敌称为——以 1758 年的一份英国传单为例——"魔鬼似的嫖客，对亲生父亲没有半点怜悯的私生子"；而在一份建议向外国举债的法国传单中，作者将他的敌人描述为"卑鄙的猴子，屎堆的奴隶，只会在屎堆之上叽叽喳喳"。奇怪的是，和咖啡屋中那种不涉及个人情况的谈话一样，这种人身攻击的政治语言居然也同样服务于一个自我距离化的目的。威尔克斯就是一个很好的例子，我们可以从他身上窥见这种情况的一斑。②

威尔克斯刚踏入政界的时候是一名撰写政治传单的作家。1762 年，他和几个朋友决定创办一份新闻刊物，也就是《北方英国人》，专门和拥护政府政策的两份新闻刊物——由斯摩莱特③编辑的《英国人》和由亚瑟·墨菲④编辑的《听众》——唱反调。依照当时的通行做法，所有文章都是匿名发

① 关于威尔克斯的传记主要有如下几种：乔治·鲁德(George Rude)，《威尔克斯与自由》(*Wilkes and Liberty*, Oxford: Oxford University Press, 1962)；雷蒙德·伯斯特盖特(Raymond Postgate)，《那个邪恶的威尔克斯》(*That Devil Wilkes*, London: Constable, 1930)；威廉·特雷罗阿(William Treloar)，《威尔克斯与伦敦》(*Wilkes and the City*, London: Murray, 1917)；也可参看彼得·昆奈尔(Peter Quennell)的《渎神的美德》(*The Profane Virtues*, New York: Viking, 1945)，该书第 173—220 页很好地刻画了威尔克斯这个人物。

② 参看约瑟·格雷高(Joseph Grego)，《从斯图亚特王朝到维多利亚女王的国会选举与竞选活动历史》(*A History of Parlimentary Elections and Electioneering from the Stuarts to Queen Victoria*, London: Chatto and Windus, 1892)第四章，"民众代表威尔克斯"。

③ 斯摩莱特(Tobias George Smollett, 1721—1771)，苏格兰作家。——译者

④ 亚瑟·墨菲(Arthur Murphy, 1727—1805)，爱尔兰律师、剧作家。——译者

表的；用文字公开攻击别人在当时被视为上不得台面的行径。威尔克斯所发起的人身攻击，尤其是他对萨缪尔·约翰逊和艺术家霍加斯[1]的责难，非常尖酸刻薄。但没有人知道这些攻击文章是谁写的：这个传统意味着人们永远无法确定那个骂自己是"魔鬼似的嫖客"的人到底是谁。《北方英国人》上面的言语攻击还有第二个特点，《英国人》和《听众》也一样，一个人受到的人身攻击要么跟他和某项政策或者某个政治派别的公开关系有关，要么跟他施行政策的能力有关。如果一个内阁大臣或者国会议员遭到人身攻击，那么肯定是攻击者认为他的为人太过马虎，或者头脑不太灵光，或者太容易上当受骗，所以不能很好地履行职责。[2]

政治话语的这两种特征导致了某些行为的克制；关于这一点，我们可以举一个有趣的例子来予以说明。1762年，"大宗伯卿"[3]塔尔博特男爵[4]认为《北方英国人》对自己的人身攻击太过刻毒。他怀疑那篇文章的作者就是威尔克斯本人，所以要求后者与他决斗。在相互开枪之前，塔尔博特装出一副暴跳如雷的样子，试图让威尔克斯承认他确实就是那篇文章的作者；威尔克斯同意开战，然而拒绝承认文章是他写的。于是决斗开始了，双方举枪一阵扫射，子弹都落在对方身前大约七米的地方。这个时候威尔克斯终于承认自己就是文章的作者；两个人

---

① 霍加斯(William Hogarth, 1697—1764)，英国画家。——译者
② 昆奈尔，《渎神的美德》，第181—182页。
③ 即 Lord High Steward，英国王室所设高级官职，自亨利四世之后，这个职位的主要功能是主持英王的加冕礼，或者充当审判贵族的法官。——译者
④ 塔尔博特男爵(Lord William Talbot, 1710—1782)，英国政治家。——译者

都大拍对方的马屁，跑到附近一家酒馆把酒言欢去了。[1]

公开的侮辱和公开的恭维都是和人们之间的友谊与社会关系无关的仪式——不理解这种公共言论的组织方式，就无法解释大多数与此相同的、发生在18世纪中期的巴黎和伦敦的政治行为。对于统治阶级来说，他们的政治话语领域之中存在着一套公共言论的规则，而且这套规则的含义和通过服装创造出来的标志一样清楚。诸如匿名发表之类的传统使得这种公共言论——即使是刻毒的人身侮辱——成为一种非人格的激烈情感。

然而，《北方英国人》第45期却侵犯了这些传统中的一条。它所攻击的不是别人，而是国王乔治三世。以现在的眼光看，第45期的措辞已经算是温和的了，至少绝对没有其他期份（比如第17期）那么激烈，但它使得皇室成员大为光火，导致哈里法克斯伯爵[2]（相当于内政部长）发出通令，要求逮捕《北方英国人》的作者、承印人和出版人。于是一场旷日持久而且纷繁复杂的斗争开始了。威尔克斯先是被迫放弃他在国会的席位，接着逃往欧洲大陆避难——在流亡的日子里，他要么和自己的女儿相依为命，要么和意大利最著名的妓女科拉蒂妮寻欢作乐。18世纪60年代晚期，他重返英国，就《北方英国人》第45期一案接受审判，在监狱中度过了一年又六个月。在此期间，他四次被推举为国会议员，但该机构的成员四次拒

---

[1] 威尔克斯在一封信中谈到了这次决斗，伯斯特盖特的《那个邪恶的威尔克斯》第45—50页重印了这封信件。

[2] 哈里法克斯伯爵(Earl Halifax, 1716—1771)，即乔治·蒙塔古-但克(George Montagu-Dunk)，英国政治家。——译者

绝他的当选。等到刑满出狱时，他发现伦敦人已经将他的案件和英国的自由事业联系起来，发起了声势浩大的政治运动，而他自己竟然变成了这个运动的领导人。[1]

全面地讲清楚这些事情是不可能的任务。但它们和附着在某种 18 世纪中期的观念之上的意义有直接的关系，这种观念就是，人们把公共言论当作一种和自我拉开了一定距离的表达。

和他那一代的其他人相同，威尔克斯也在家庭责任——尤其是他作为父亲对他惟一的婚生孩子即他的女儿珀丽所承担的责任——和"追求快乐的朝圣之旅"之间划下了一道明显的分界线。尽管威尔克斯和他的妻子的婚姻关系只维持了四年，但这个父亲一直很关心他的女儿的教育；除了他的密友查尔斯·丘吉尔[2]之外，威尔克斯尽量不让她接触他那些"朝圣路上的同伴"。威尔克斯还不同于 17 世纪晚期的伦敦浪子罗切斯特男爵，他竭尽全力不让他的婚生孩子接触她那些同父异母的兄弟姐妹。就这种使自己的家人和自己在外部世界的生活隔绝的做法而言，威尔克斯确实是属于他那个时代的人。

同样，他的性生活不但十分随便，而且是公开的，人们对此也并无微词。威尔克斯和当时许多有头有脸的男士一样，他本人决不会偷偷摸摸地和女人勾搭，除非这个女人已经结婚，嫁了一个地位与之相当且有可能来找他麻烦的丈夫。否则的

---

[1] 鲁德的《威尔克斯与自由》第 17—73 页详细地描述了这件案子的来龙去脉，特雷罗阿的《威尔克斯与伦敦》第 51—79 页也提到了这件案子，虽然谈得比较浅陋，但所用的原始材料比较多。

[2] 查尔斯·丘吉尔（Charles Churchill, 1720—1812），英国政治家，曾任国会议员。——译者

话，就算勾搭的对象是已婚妇女，那么如何瞒住这个妇女的丈夫纯粹是女方的事情。如果女方是妓女或者荡妇，那就更没有什么保密的需要了。

婚外性关系的语言也带有许多其他形式的公共话语所具备的特点。恭维能否取悦于人，要看它们本身是否是精心编织出来的或者机智的话语，而说话者在说出这些恭维时是否真心实意毫无关系，实际上，如果说话者在说出这些恭维话时使用一点讽刺的语调，那么听者受到的诱惑就会越大。现在的人认为男性恋人在谈起他对某个女人的感觉时必须使用一种独一无二的语言，爱的语言必须是两个人之间专有的；但当时的人们还没有这种观念。相同的恭维话被反复地用在不同的对象身上，因为关键在于这些话是怎样被说出来的，是怎样被组织起来的。①

威尔克斯将这些规则发挥到极致，所以二十来岁时就已经是闻名遐迩的浪子了。这里是本·弗兰克林对他的描述："他目无王法，人品低下，一文不值。"这是博克的评价："他是一个活泼的、令人如沐春风的人，但胆大妄为，离经叛道。"下面是霍雷斯·瓦尔波尔的原话："自由将会因为这个放荡不羁的圣徒而永远受到专制制度的指责。"②

这种名声曾多次拖累了他的政治生涯，许多历史学家因此认为，威尔克斯的同时代人用他的人品作为标准来判断他的政

---

① 昆奈尔，《渎神的美德》，第 177 页，也可参看关于斯特恩对性关系的看法的讨论，同上，第 169—170 页；至于法国的情况，请参看塞尔瓦(J.J. Servais)和劳伦 (J.P. Laurend)，《卖淫业的历史与档案》(*Histoire et Dossier de la Prostitution*, Paris: Éditions Planète, 1965)。
② 引文出自鲁德的《威尔克斯与自由》，第 13—14 页。

治行动。这种看法不完全是正确的。举例说吧，威尔克斯写过一篇题为《妇女杂谈》的文章，该文戏弄性地模仿了教皇的《男人杂谈》，内容极其淫秽下流。威尔克斯的敌人确实拿他写过这篇文章的事实作为拒绝他成为国会议员的各种理由之一，即使伦敦选区绝大多数有投票权的人都把票投给了他。国会连续四次拒绝吸收威尔克斯为成员，在其中最后一次选举的过程中，《妇女杂谈》这篇文章被提及的次数最多，这次国会吸收了一个叫鲁特雷尔的上校为成员，认为他"应该得到推选"；然而这个人的声名甚至比威尔克斯还要狼藉。在当时（1769 年年中），威尔克斯的许多政敌曾经是或者依然是他寻欢作乐时的座上宾，而且这一点也广为人知。所以政敌之所以利用威尔克斯的人品来大做文章，其实是出于对他的妒忌。这些做法经常遭到人们的嘲笑，甚至连那些这么做的人自己也觉得啼笑皆非。普通人威尔克斯和政治家威尔克斯之间的真正结合——这种结合对于当时公共的政治传统而言是致命的——只发生在那些支持他的人中间。①

乔治·鲁德详细地研究了威尔克斯的支持者，他得出的结论是，这些人来自九流三教，从发迹的商人到半熟练的工人，什么背景的人都有，不过以引车卖浆者流居多。威尔克斯和《北方英国人》引发了社会争议，这些争议又因为他连续遭到国会的拒绝而变得更加激烈；在威尔克斯的支持者看来，这些争议涉及的是代表权的意义——他代表了那些正在行使选举代表进入政府的自由权的、较少特权的社会成员。但在 1793

---

① 伯斯特盖特，《那个邪恶的威尔克斯》，第 150—168 页。

年，自由的含义并不清楚。他的支持者并没有形成一种清晰的自由观念，假以时日他们才能使用这种观念；在推动威尔克斯重返权力机构的过程中，他们只是在试图培养这种观念，试图弄清楚自由到底意味着什么。因为他们正在培育一种政治原则，而不是正在将这种原则应用到他们的生活当中，所以对于他们来说，这个人、这个人的存在、这个人进入国会的决心变得极其重要。"威尔克斯和自由！"的口号准确地反映了这一点；威尔克斯和自由结合成一体，是因为如果缺乏这个人的存在，他的支持者无法通过别的方法来想象自由的含义。①

这种结合意味着威尔克斯本人的每一次行动都必然具备一种符号的或者公共的性质。他寻花问柳的行为要么必须被否认，被从对他的为人的描述中抹去——这是他的支持者中较为富裕的人的惯用伎俩；要么必须被转化为一种反抗已确立的秩序的标志，或者一种才子佳人式的浪漫——他那些工人阶级的支持者就是这样解释他的行为的。1768 年，一个赶马车拉货的车夫敬仰地说威尔克斯"从鸡巴到假发都很自由"。和这个人的所有其他行动一样，滥交也必须得到解释，因为约翰·威尔克斯的生活本身已经变成了一个象征着自由的符号。

与政府成员横加于威尔克斯身上的指责相比，威尔克斯的支持者这种通过个人性格来解释一种政治原则的含义的行为涉

---

① 鲁德，《威尔克斯与自由》，第 86—89 页；伯斯特盖特，《那个邪恶的威尔克斯》，第 141—142 页；另可参看伯纳德·拜林（Bernard Bailyn）的《美国革命的意识形态根源》（*Ideological Origins of American Revolution*， Cambridge: Harvard University Press, 1967）。

及的层面更深，而且意义也更加重大。那些政府成员一方面大义凛然地控诉他，另外一方面却用臭名更加远扬的鲁特雷尔来取代他当国会议员，而且鲁特雷尔实际上比他更加暴戾，拈花惹草的行径也更广为人知。由于威尔克斯的追随者将性格和政治联系起来，国会这种道貌岸然的做法变成了一种人格的侮辱，但被侮辱的不是追求自由的集体运动，而是国会中的每个成员。

根据威尔克斯的书信和他在谈话中所发表的意见，可以肯定的一点是，他本人根本没有意识去抹除他的人格和他的政治之间的分界线。每当他和朋友谈天，他总是喜欢拿自己的名声来开玩笑，也经常挖苦那些支持他的人。他实际上试图区分私人生活与公共生活，他的支持者对他个人的膜拜既让他感到飘飘然，也令他十分不舒服。

经过一段极受拥戴的时期之后，他的追随者赋予他身上的身份和他本人对自己的定位之间的差异给双方都带来了伤害。威尔克斯继续我行我素，可是他特别倒霉，所做的事情都广为人知，于是许多人都说他背叛了威尔克斯主义，因为他做了太多不利于自由运动的事情。如果他的支持者将他视为自由的化身，那么他们所允许他用来过自己的生活的自由就会变得越来越少。等到戈登暴乱（伦敦的一场大规模地迫害天主教徒的骚乱）发生时，伦敦城里试图镇压暴动的群众的人并不多，威尔克斯就是其中之一。民众觉得威尔克斯已经变成政府当局的工具，所以他又一次背叛了他们，而且这次背叛得更加彻底；他们认为背叛的原因在于他的人格发生了变化，丝毫不去考虑他身为伦敦市长的代表所受到的制度约束和所承担的责任，更不去考虑他本人将自由视为一种忍耐行动的观念。①

在受到万众景仰的 18 世纪 70 年代初期，被目为公共人物的威尔克斯给政治修辞的语言造成了什么影响呢？在威尔克斯的行为引发的报纸大战中，有一个匿名的作家充当了急先锋，他自称为"尤尼乌斯"。他的信条很简单：

> 治理国家靠的是法术，而非道德②，这是那些道貌岸然的人最经常说的屁话；流氓无赖编造了这种卑鄙而虚假的语言，并让它在白痴当中流行……轻描淡写的指责已经不适合如今这个礼崩乐坏、道德沦丧的社会了。

在尤尼乌斯给威尔克斯所做的辩护中，最为有效而且最引人注目的莫过于他对威尔克斯的政敌——尤其是格拉夫顿公爵——的人品的攻击。但这些人身攻击和十年前的文章不同，甚至和《北方英国人》刊载的人身攻击也不相同。早先的政治修辞形式依据公共事务和公共需求来评论人格，可是尤尼乌斯只字不提所谓的"法术"。人品本身变成了政治话题。威尔克

---

① 伯斯特盖特，《那个邪恶的威尔克斯》，第 251—258 页详细地描述了这种情况。

② 关于当时的政治家所持有的这种观念，可以参看爱德华·拉尔金（Edward Larkin），《托马斯·潘恩与革命文学》（*Thomas Paine and the Literature of Revolution*，Cambridge：Cambridge University Press，2005）第 79 页；安东尼·特罗洛普（Anthony Trollope），《费涅斯·芬》（*Phineas Fin*，USA：Oxford University Press，1999）第二章。关于这种政治理念和中国先秦法家思想的异同，可参看格里高·保罗（Gregor Paul），"The Idea of Measure and Its Relation to the Furthering of Knowledge and Humaneness；Speculations on the Ancient Chinese and Greek Philosophers' Concepts of Measure"，载刘述先编著的《当代东方和西方视角下的和谐与冲突》（*Harmony and Strife：Contemporary Perspectives，East and West*，香港中文大学出版社，1988），第 293—302 页。——译者

斯是一个"象征"自由的人，因而他的政敌象征的是专制。只要证明这些人的人品极其低劣，就能够使得他们所提倡的法术失去合法性。公共言论的基础因而被挖掉了：表示友好和敌意的公开言论自身不再具备意义，它们只是说话者的人品的体现。要清楚的是，尤尼乌斯的文章并没有跳出原先的语言模式的窠臼——也就是说，他运用的是一种老生常谈的语言，一种精心编织的、近乎矫揉造作的语言，一种被认为适合用于公共言论的语言。但这种语言如今被派上了一个特殊的用场：这些侮辱的词汇直接以诋毁对方的人品为目的，诋毁敌人的人品本身就是一种政治行动，就是一种对自由的捍卫。[①]

威尔克斯的政敌萨缪尔·约翰逊于18世纪70年代末期参与了这场修辞的战争，他和尤尼乌斯形成了一种有趣的对比。在约翰逊谈论威尔克斯的政治传单中，《狼来了》是最有名的一份。该文字斟句酌，紧扣威尔克斯本人和"法术"之间的关系，实际上也就是和各种有关宪法权利和贵族特权的抽象原则之间的关系。比较一下尤尼乌斯的文章和这段摘自《狼来了》的文字：

> 哲学的发展和普及让当前这代人受惠良多，人们的主要收获之一，便是自此不再感受到多余的恐惧，也不再身受诸如"狼来了"之类的错误警报之害。在那些蒙昧的年代，异乎寻常的现象，不管是有规律的还是偶然出现的，都让人惊错愕骇，但如今人们视若等闲，将它们当作

---

① 詹姆士·布尔顿(James Boulton)，《政治的语言》(*The Language of Politics*, London：Routledge & Kegan Paul, 1963)，第24页。

满足好奇心的消遣娱乐。①

詹姆斯·博尔顿曾经评论了这场修辞战争，正如他所指出的，两者文风不同的部分原因在于阶级的差异：约翰逊的目标读者是社会中的上等阶层。但这些差异不仅跟阶级有关；它们还涉及当时的人格和意识形态之间的关系。约翰逊和埃德蒙德·博克都是现存政权的捍卫者，都是威尔克斯的敌人；他们在政治文章中所做出的姿态，就跟其他人通过衣服或者在戏院中所做出的姿态一模一样。政治的语言和私人生活保持了一定的距离；就算在最为刻毒的谩骂文章中，即使在对威尔克斯进行最下流的人身攻击的文章中，约翰逊也从不指摘威尔克斯的人品如何低劣，而只是论证他如何不适合在政府中工作。与博克以及现存政权中的其他人相同，约翰逊也有一套清晰的观念，有一套清楚的政府语言，有一个他们用来将威尔克斯安放在其中的客观话语的领域。这个领域是现存的、过去的、已知的领域。威尔克斯和他的追随者正在反抗这种现存的清晰性。他们是追求自由的革新者，但特权的观念经过多年的沉淀和积累，已经拥有了一种清楚的、客观的含义，而自由这种新观念的含义依然模糊不清。所以威尔克斯的拥护者只能认为某个人的行动体现了自由，只有这样他们才能体会到这种政治原则的意义。

公共领域和私人领域所组成的分子就是这样破裂的。自

---

① 布尔顿，《政治的语言》，第 36 页。（原书引文最后一句有误，译文根据萨缪尔·约翰逊的原文做了更正。——译者补）

由既不在自然的共同情感的框架之中，也有悖于作为公共秩序的传统观念。那么它是什么呢？在威尔克斯时代，几乎没有人能够回答这个问题；他们只能试图赋予这个自由拥护者特殊的个人生活以符号意义，认为它"象征"了自由本身。如果说自由的呐喊使得这个分子的结构发生破裂，那么真正对公共生活构成威胁的却并非自由，而是作为一种"符号性"力量的个体人格。这种将个体人格当作社会原则的观念最终将会导致一种现代观念的产生，使得现代人认为政治措施值得拥护的前提是倡导它们的是一些"可靠的""值得信赖的""正派的"人。

威尔克斯的政治生涯让我们看到这种现代观念将会如何产生，但他的生活也让我们看到公共文化在 18 世纪依然十分强大。从他对自己的定位来看，以及从他无法让支持者长久地拥护他的情况来看，18 世纪中期这个由私人领域和公共领域构成的分子依然有能力抵抗个人自由的攻击。

第六章　作为演员的人

关于 18 世纪的公共领域，我们还有最后一个问题。生活在它里面的是一些什么人？当时的人们给出了一个清晰的答案：他是一个演员，一个表演者。但公共演员是什么呢？他和父亲有什么不同呢？这是一个关于身份认同的问题。身份认同是一个有用但被滥用的词汇。依据埃里克·埃里克松的定义，身份认同是一个人想获得的身份和世界允许他获得的身份之间的交接点。它不仅仅属于环境，也不仅仅属于欲望，而是处在由环境和欲望交叠所形成的一片土地之上。两百年前的公共人这种演员的形象就是一种非常清楚的身份认同；恰恰由于当时的人们坦然地承认这种身份，这种身份在我们回顾那段历史过程中才发挥了一种重要的作用。它是一个参照点；古代政制衰落之后，公共生活的客观环境和意识形态环境逐渐变得混乱和四分五裂，直到最后变成一片空白；我们可以利用它来描绘这段历史过程中的人们在公共领域的自我意识。

公共人的演员形象虽然很有启发意义却是不完整的；因为躲在这种形象背后、赋予这种形象以内涵的，是一种更为基本的观念。那就是将表达视为情感表述的观念；这种观念还是演员的身份认同的源泉：公共演员是表述情感的人。

作为情感表述的表达实际上是一种普遍规则；我们在前两章讨论的那些作为标志的话语其实都是情感表述行为。假设有个人向别人说起他的父亲在医院临终那几天的情况。在今天，这个人只要复述所有的细节就已经足够引起别人的同情。对于我们来说，被详细地加以描述的强烈印象和表达是一致的。但让我们来设想存在另外一个社会，在这个社会中，单纯报告病痛的这些细节对别人来说毫无意义。复述那些日子的人不能只是把它们再现出来，而是不得不改造它们，选择一些细节来加以强调，掩盖另外一些细节，甚至伪造他的报告，这样才能让他的报告符合一种使听者能够理解临终意味着什么的形式或者模式。在这样的情况之下，说话者如此组织死亡的细节，将它描绘成一种能够引起同情的画面，并表述给听者。同样，"同情"并不因为听者听到不同的死亡故事而发生变化；同情是作为一种独立的情感存在的，它并不因为人们对它的体验而发生变化，因而它并不取决于人们对它的体验。

这种表达理论和认为个体人格具备表达性的观念相互矛盾。如果只要复述我的所见、所感和所遇，无须对我的经验进行过滤、修改或者伪造也能让它符合一种标准，如果这是表达性的，那么我生活中的"同情"的表达性就几乎不可能跟你自己生活中的"同情"的表达性一样，因为你对同情的感知来自不同的体验。在这种情感的呈现中，当我向你表述某些我正感受到的特殊感觉时，并没有什么表达性的工作得到完成，我所说的"只是生活"。装出一些姿态或者编排一些场景并不能使这种表述具备更多的表达性，结果只会适得其反，因为人们一旦为了让体验符合某种一般模式而对其进行修改，那么这种被修改过的体验就会显得比较"虚假"。同样，情感呈现的原则是非社会性的，因为每个人所说出来的同情各不相同，所以人们缺乏一种可以作为社会纽带的对同情的共同理解。

与此相反，在一个作为情感表述的表达的系统之中，这个人在公共领域有一个演员的身份认同，这种身份认同使得他和别人产生出一种社会纽带。作为情感表述的表达是演员的工作——如果我们暂且在一种非常广泛的意义上使用工作这个词的话；他的身份认同的基础是制造作为情感表述的表达。当一种文化从相信情感表述转化为相信情感呈现，从而使得被准确汇报的个人体验也具备了表达性，那么公共人就失去了一种功能和一种身份认同。由于他失去了一种有意义的身份认同，表达本身的社会属性变得越来越少。

我为如此概括这个理论而道歉，但是从一开始了解将公共人视为演员这种观念的根基有多么牢固对我们很有帮助。实际上，了解这些逻辑关系，对于理解那些生活在古代政制时期英法两国首都的公共世界中的人们对作为演员的人的看法而言是必要的。主要的看法有三种。

第一种看法在当时的大都会居民中最为常见：如果我们生活在人间戏台之中，并且已经变得像演员一样，那么在我们之上有一种更加轻松的新道德。第二种是狄德罗之流的作家的观点，这种观点比较详细地探讨了表演和公共生活及自然之间的关系。第三种是卢梭一个人的观点。卢梭的观点是当时最了不起的关于大城市生活和戏台之间的桥梁的理论，也是对这一桥梁的强烈谴责。他不仅是分析家和批评家，还是个预言家，他预言公共秩序将会屈服于一种以真诚的亲密情感和政治压迫的结合体为基础的生活。关于这种情况——和我们今天的情况何其相似——他的预言得到了证实。然而他也是一个糟糕的预言家，因为他认为这种新秩序是通过城市的衰落和小城镇的复兴而出现的。他的观念是一块试金石，我们可以用它来探索公共世界如何在当代城市文化中消失；当代城市文化用一种更加个人、更加真诚而且也更加空虚的新生活取代了公共人的表达生活和身份认同。

普通人对作为演员的人的看法

到了《汤姆·琼斯》第七卷的开篇，年轻的主角自此以伦敦为中心展开他波澜壮阔的经历。菲尔丁在这里奉献了一篇叫作《世界和戏台之比较》的文章。文章的开头如下：

> 世界经常被用来和戏院进行比较……这种观念由来已久，深入人心，某些戏局用语起初只有通过引申比喻才能被应用于世界，但如今它们已经能够被毫无差别地直接应用于两者；因而当我们在谈论日常生活时，常常会熟极而流地使用舞台、布景之类的词汇，仿佛我们所谈论的是戏剧表演……

在文章的稍后，菲尔丁的笔触带着道歉的意味；他的读者当然知道街道和戏台是两个可以"直接"对应的领域，他说的无非是陈词滥调，所以他为此而道歉。他只想提醒那些亲爱的读者，在复辟时期，戏剧和日常生活的混合不仅是一种"比喻"，而是真实存在的。[①]

到了 18 世纪中期，"世界如戏台"确实是换上了新装的古老俗语。我们已经指出，人间戏台想象的古典功能之一就是通过区分表演和演员让人类的本性和社会行动分离。在这种常见的有关作为演员的人的观点看来，你个人再也不会因为做了一件坏事而被视为坏人，你只需要改变你的行为就可以了。这种把人当成演员的观点所带来的道德枷锁比清教徒的或者虔诚的天主教徒的道德枷锁要轻得多：人不是生来就有罪的，如果他有罪，那么只是因为他碰巧扮演了一个邪恶的角色。

关于这一点，菲尔丁本人讲得很清楚。在他的文章中，他认为"一件坏事正如戏台上的一个坏角色，它不足以证明某个人在生活中是一个恶棍"；由于城市和戏院的领域已经混合在一起，这种类比实际上被人们奉为真理。行动（表演）的性质和行动者（演员）的性质是相互分离的，所以世人"能够指责一个缺点，甚至一种罪行，却不会对犯错的一方感到愤怒"。此外，由于没有办法弄清楚大城市的居民都是些什么样的人，所以重点必须完全放在他们所做的事情上。这个人伤害了其他人吗？于是，加里克在表演中遇到的问题就是如何改造他的角色。在大城市中，由于人们彼此不了解对方的过去，所以没有什么外表和角色是固定的；既然如此，他为什么不对角色进行改造呢？[②]

如果这种把人当成演员的观念通过分离人的本质和行动，

---

① 亨利·菲尔丁（Henry Fielding），《汤姆·琼斯》（*Tom Jones*， London：Penguin，1966；first published 1749），第 299 页。

② 同上，第 302 页。

使得人们普遍卸下了原罪的重担，这种 18 世纪的常识就会得出这样的结论：人们因此可以更多地享受生活。在公共领域中，人们既和自然领域脱离了关系，也可以完全不顾基督教的灵魂责任，因而他们可以和其他人尽情地嬉闹玩乐。这就是那个时期的作品经常将作为演员的人的各种形象和大城市的生活联系在一起的原因；文艺复兴时期的柏拉图主义著作经常探讨人和上帝的关系，伊丽莎白年代的剧作则以一种很深的悲观主义情绪来看待人类生活的意义，但从这个时期的作品对人间戏台的描写中，我们看不到这两者的痕迹。在孟德斯鸠的杰作《波斯尺牍》[①]中，主角某天晚上走进了法兰西喜剧院，可是他无法区分哪些是演员，哪些是观众；剧院中的每个人都兴高采烈地手舞足蹈。这种将人视为演员的观念使得人们在和其他人相处时，既能够一起嬉闹，也能够容忍对方的缺点，更能够从中获得愉悦。

但是也有一些人凭借他们对社会交往的理解而清楚地看到，这种把人当成演员的流行观念有一个基础，那就是一种关于表达的理论，这种理论涉及的层面更深，而且尚未有人提出来。这些人中的翘楚当属狄德罗，他的《表演悖论》将表演和一种更为普遍的心理学理论联系起来。

狄德罗的表演悖论

狄德罗十分简单地总结了他所称的表演悖论：

[①] 孟德斯鸠（Baron de Montesquieu, 1689—1755），法国哲学家，《波斯尺牍》（*Persian Letters*）是他于 1721 年创作的作品。——译者

难道人们在社会中没有把人看成伟大的演员吗？他们这句话的意思并非说凡人都有情感，而是说人即使在没有任何感觉的情况之下，也能装出各种各样的情感……

狄德罗是第一个将表演当作世俗活动的伟大理论家。许多16世纪和17世纪的法国表演理论研究的是演员的表演和他或她的表演内容之间的关系。这些理论家认为演员能够在多大程度上把台词说好跟台词本身的真实程度有一定的关系。因而他们把表演的观念归入修辞术的范畴之内，并认为修辞术和道德与宗教都有关系。在这样的理论中，神父是人世间最伟大的修辞家，因为他说的台词都是绝对的真理。当然，虔诚的基督教徒做梦也不会拿神父和演员进行直接的比较，但内中的原因恰恰在于，神父的修辞本质上高于戏台上的任何台词，因为他所说的都是神圣的真理。①

狄德罗打破了表演、修辞和文本内容之间的这种联系。在他的《悖论》中，他创造了一种和宗教仪式相分离的戏剧理论；他是第一个认为表演本身是一种和表演内容没有关系的艺术形式的人。在狄德罗看来，表演的"标志"并不是文本的"标志"。对这个观点，我说的没有狄德罗清楚。他写道：

---

① 李·斯特拉斯堡（Lee Strasberg），"狄德罗导论"，收录于邓尼斯·狄德罗（Denis Diderot）的《表演悖论》（*The Paradox of Acting*, trans. W. H. Pollack, New York: Hill & Wang, 1957），第10页；阿瑟·威尔逊（Arthur M. Wilson），《狄德罗》（*Diderot*, New York: Oxford University Press, 1972），第412—416页；菲利克斯·福克斯勒(Felix Vexler)，《狄德罗的美学自然主义研究》（*Studies in Diderot's Esthetic Naturalism*, New York: Ph.D. thesis, Columbia University, 1922）。

如果演员充满了，真的充满了感情，他如何能够以同样的神韵和成功将同一个角色表演两次？如果他在第一次表演中充满了感情，等到第三次他就会心神疲倦，冷漠得像一块大理石。[①]

如果演员相信自己的眼泪，根据他的情感来进行表演，没有和他表现出来的情感拉开一定的距离，那么他就不能够连贯地进行表演。为了演出某个剧本，演员必须不能对剧本的内容有反应，他的艺术不能被剧本的内容所统治。例如，我们都知道，一个了不起的演员在烂戏里面也会有了不起的演出。原因就在于表演式表达的本质：如果不对将要传达的情感进行处理，如果事先不排练如何将它们展示出来，一种表达不可能被不止一次地表演。[②]

狄德罗提出的理论涉及的不仅仅是表演的技巧；它还认为人为的情感表达要优于自然的情感表达。狄德罗提出了一个问题：

你曾经想过为真实生活的悲惨遭遇而流的眼泪和为一篇动人的文章而洒的眼泪之间有什么不同吗？

他的答案是，真实生活的眼泪是下意识的和直接的，而艺术带来眼泪必须是人们有意识地、逐步地产生的。自然世界尽管也许会因此而显得比演员的世界高级，但它实际上却更加脆

---

① 狄德罗，《表演悖论》，第14页。
② 同上，第15、24页。

弱、更容易受到偶然因素的影响。狄德罗说，例如以一个女人的哭泣为例，如果这个女人容貌甚丑，那么你可能会对她的痛苦无动于衷，或者她说的话你根本就听不懂，所以你无法理解她的痛苦，又或者她向你展示悲哀的时候，你根本就没有做好心理准备。就所有这些情况而言，在一个人们直接而自发地对其他人作出反应的世界中，表达经常遭到妨碍；两个人之间的表达越是自然，他们之间的表达就越不可靠。①

在一个被共同情感和自然情感所统治的世界中，就算存在一种准确的情感呈现，那么它最多也只能发生一次。②

狄德罗接着问，表达要怎样才能被不止一次地展现呢？在给出答案的过程中，他提出了传统标志的定义。当一个人不再受到某种情感的"折磨"，在一定的距离之外研究它，最终确定它的本质模式时，他才能够不止一次地传递这种情感。这种本质模式是一种偶然性的减少：如果一个妇女在表达失去丈夫的悲痛时挺直腰板有时候会让听者分心，那么挺直腰板这个姿势就会被弯腰的姿势所取代。如果大声说话偶尔会使听者注意力集中在说话声的音量上，而不是集中在被说出来的话语上，那么说话者就会被教导要低声说话。通过诸如此类的研究，情感的本质属性就被确立起来。演员的任务是将情感传达给观众，但在完成这些任务的过程中，演员对情感的感受和观众对情感的感受并不相同。他并非不再有感受：狄德罗经常遭到这样的误解；只不过演员对身段的感受变得不同于该身段将会在

---

① 狄德罗，《表演悖论》，第20、23页。
② 同上，第25页。

观众中所激起的感受。①

只有通过这类身段，表达才能保持稳定，才能持续。身段的功能在于抗拒时间的流逝：

> 你跟我说的是自然中某个转瞬即逝的时刻。我跟你说的是一种艺术品，经过精心设计打造出来的——这件艺术品是逐步被制造出来的，它是持久的。

标志的本质正是可重复性。②

狄德罗认为了不起的演员的典范就是英国的戴维·加里克。他在 1764 年和 1765 年之间那个冬天遇到加里克；在《悖论》的一段文字中，狄德罗描述了加里克给他留下的印象：

> 加里克将会把头放到两扇折叠门之间，在五六秒的时间之内，他的表情将会相继从大喜若狂转变为正常的欢乐，再转变为平静，从平静变为意外，从意外变为吃惊，然后转变为悲哀，从悲哀变为不能自持，接着变成害怕，从害怕变为恐怖，从恐怖变为绝望，从这里他将会回到他最初流露的表情。他的灵魂能够确实体验到这么多情感，并用他的脸庞将这些层次分明的音阶演奏出来吗？③

有一种批评狄德罗的陈词滥调认为，狄德罗将艺术和自

---

① 狄德罗，《表演悖论》，第 15 页及以下。
② 同上，第 25 页。
③ 同上，第 32—33 页，作者改变了最后一句的字体。

然对立起来，并且觉得诸如戴维·加里克之流的演员的能力简直大得不正常，不在自然范围之内。这种简单的反对意见并不成立。狄德罗认为演员所有的研究都是为了找出各种统治着自然世界的本质模式；演员将这些模式提炼出来。通过将他自己的情感从材料中收回，他获得了一种能力，能够意识到自然情感领域中固有的形式。因为演员是在自然的基础上培养出来的，所以他能够和那些依然处在这个混乱状态中人们进行交流。通过找到一些可以重复的表达模式，他让他们暂时觉得自身的感知是有秩序的。交流并非分享这种标志。其中的一方必须成为另一方将会对之屈服的情感的主人——也就是说，他必须和这些情感保持一定的距离。因此，嵌入在这种持续的、可重复的表达观念之中的，是一种不平等的观念。

在狄德罗的理论中，艺术和自然这种潜在的友好关系对于分析戏台之外的表演而言也很重要。狄德罗打算涵括的不单是少数像加里克这样的天才的各种行动。他想把它们当作其他表达性的社会交往的模型。具备表达性本质的社会行动都能够被重复。在可重复的社会行动中，行动者在他自己的人格和他展现给别人的话语或者身体装饰之间插了一段距离。和自我拉开一定距离的外表能够被设计，而制造出这种外表的人能够根据他所处的环境改变他的话语或者身体装饰。狄德罗的理论阐明了那些精心编造出来的、非人格的恭维如何成为这样的标志，乃至几乎可以毫无差别地说给其他人听；它还解释了这样的标志性话语为什么还能给人带来快乐。恭维话有其自身的生命，它是一种独立于说话者和听者的形式。它本身的意义是固定的。"猛烈的情感"如此，脸部的色块也是如此。阶级之间的成功话语的非人格属性也同样得到了阐明：只要这种话语是精心编造出来的，本身具备了独立的含义，只要它是一种独立于说话者和听众的环境的形式，那么它就是表达性的。总而言之，狄德罗从成功的表演推导出一种情感表述的理论。演员引发的各种情感具备一种形式，所以它们具备了独立的意义，就像一个数学公式，不管把这个公式写出来的人是谁，它的意义都是相同的。若要使得这种表达能够发生，人们的行为必须不自然，人们必须寻找那些能够被一再重复的传统和公式。

现在回顾历史，我们很容易认为狄德罗的理论是他那个时代的公共生活的知识基础。但是狄德罗绝不能被认为是当时的巴黎人的代言人；他这本著作最终完稿于 1778 年，但直到1830 年才印刷成书。18 世纪 50 年有不少研究戏剧的人在其著作中公开否定狄德罗的理论，他们强调的反而是自然的共同情感。实际上，《悖论》本身是对雷蒙·德·圣阿尔宾①的《喜剧》的回应。后者是一本著名的书，出版于 1747 年，约翰·希尔②很快将它翻译成英文，斯蒂科提③又在 1769 年根据英文版把它翻译回法文——狄德罗读到的正是这个版本。《喜剧》认为情感，也就是演员的灵魂，是演员的表演能力之源；如果他是一个冷血的人，那么他将会成为一个冷漠的演员。但狄德

---

① 雷蒙·德·圣阿尔宾（Pierre Remond de Sainte-Albine, 1699—1778），法国历史学家、戏剧演员。——译者
② 约翰·希尔（John Hill, 1716—1775），英国作家、记者、编辑。——译者
③ 斯蒂科提（Antonio Fabio Sticotti），生卒年不详，意大利裔法国演员，翻译家。——译者

罗所反对的这种理论在 18 世纪 50 年代十分流行，尽管它的论证不那么令人信服。在狄德罗之前，莱科博尼①的《戏剧艺术》和格林②谈论戏剧的著作也提出了类似的观点；后来，马尔蒙特③在《百科全书》中一篇谈论雄辩术的文章中综合了这两个人的观点。④

　　这场被研究戏剧的历史学者称为真情与假意之战的辩论正是在 18 世纪 50 年代出现的。稍后几年，有人记录了这场辩论的一些事件，让我们来看看其中比较有趣然而又最受怀疑的一个例子。狄德罗时期最了不起的两个女演员——克莱尔昂夫人和杜默斯尼尔夫人——在红球戏院（Théâtre Boule-Rouge）相遇。克莱尔昂夫人是狄德罗眼中的女加里克；而对他来说，杜默斯尼尔夫人是一个天赋平庸的女演员，因为她依赖于自己的情感。她们两人开始就扮演角色应该依赖真情还是假意展开了辩论。杜默斯尼尔夫人宣称："我全情投入到角色中去，我自己的情感服从于角色的情感。"对于这句话，克莱尔昂夫人给出了一个不礼貌的回答："我从来不明白一个没有虚假情感的人如何还能够表演。"男演员杜伽松插口说："我们要弄清楚的并非戏剧艺术是否存在……而是在这种艺术中占据统治地位的是虚构还是真实。"克莱尔昂夫人回答是"虚构"。杜默

---

① 莱科博尼（Antoine François Riccoboni, 1707—1772），法国演员。——译者
② 格林（Baron de Grimm, 1723—1807），法国哲学家。——译者
③ 马尔蒙特（Jean-François Marmontel, 1723—1799），法国历史学家、作家。——译者
④ 科尔（T. Cole）和切诺伊（H. Chinoy），《演员谈表演》（*Actors on Acting*, rev. ed.; New York: Crown, 1970），第 160—161 页。

斯尼尔夫人的回答是"真实"。①

尽管这场争论充满了各种各样的趣闻轶事，但最重要的一点是争论的双方都接受了一个假设。从 18 世纪 50 年代的雷蒙·德·圣阿尔宾和莱科博尼的著作，到狄德罗的著作，再到 19 世纪柯克兰之流的演员的回忆录，这些作品无一例外地认可了狄德罗的基本假设。那就是表演活动的独立性——表演活动独立于剧本之外。真情与假意之战关注的是演员的情感，而不是用他或者她所必须说的话的正确性来衡量这些情感的正确性。在 17 世纪一次著名的布道中，波舒哀②主教问他的听众：如果你们被我的雄辩打动，你们怎么能够不向上帝坦白你们的罪行呢？八十年之后，人们不再认可这样的假设：如果他是一个了不起的演讲家，那么听众应该变得更加虔诚；所以当时的人们能够轻松地讨论波舒哀了不起的演讲才能，有时候还会就他在多大程度上控制演讲的内容、在多大程度上受到他在教徒身上堆积起来的激情的影响而展开激烈的争论。在狄德罗时代，这场争论的双方都将表演的现象世俗化了，将它和外在的真实标准割裂开来。狄德罗从这种世俗观念推断出一种表达理论：如果表演这种活动具备了独立于特定文本的意义，那么它的意义也肯定不会受到特定的表演者及其私人感觉和情绪波动等因素的影响。

卢梭将这种世俗表演的观念和城市联系起来，让这种观念走向成熟。

---

① 狄德罗，《表演悖论》，第 52 页及以下；曼奇乌斯（K. Mantzius），《古代和现代的戏剧艺术史》（*A History of Theatrical Art in Ancient and Modern Times*, London：Duckworth & Co., 1903—1921）第 5 卷第 277—278 页。
② 波舒哀（Jacques-Bénigne Bossuet, 1627—1704），法国教会主教，神学家。——译者

卢梭对作为戏院的城市的控诉

奇怪的是，那个最为孜孜不倦地研究城市公共生活的人、那个写出最了不起的关于城市公共生活的著作的人，竟然是一个最讨厌城市公共生活的人。让-雅克·卢梭认为，大城市并非文明发展的高级阶段，而是一个怪胎。和同时代的人相比，卢梭更加全面地研究了大城市，就像解剖一个恶性肿瘤似的。巴黎是他的主要研究对象，但他认为巴黎生活的戏剧属性在欧洲所有的首都城市都能够被找到。我们阅读卢梭的作品时，绝不能只是把他看作那个时代的记者或者道德批评家。卢梭谴责了戏台生活和城市生活的混淆，提出了一个完整的理论，第一次把现代城市当成一种表达性的环境来加以研究。

卢梭是第一个把城市作为世俗社会来加以描写的作家。他第一个显示世俗主义最早出现于一种特殊的城市——大都会；也就是说，他是第一个在"城市"体验中发现断裂，并由此提出一种有关大城市的行为方式的理论的人。他是第一个将大城市的公共信念系统和诸如信任和游戏态度之类的基本心理体验联系起来的人；也是第一个将城市心理学和创造心理学联系起来的人。所有这些富有洞察力的研究都指向一个可怕的结论；从他对大城市的解剖中，卢梭得出了如下的结论：只有将一种政治的专制强加于人类身上，人与人之间才能够拥有大城市人际关系的对立面——真诚的关系。他关于这种专制的语言得到了证实。

卢梭所写下的内容和他开始写下这个理论时所处的环境有关。在 1755 年至 1757 年间的某个时候，法国哲学家达朗贝尔为《百科全书》写了一篇谈论瑞士城市日内瓦的文章。达朗贝尔注意到日内瓦城里没有戏院。考虑到日内瓦的加尔文①主义传统，这种现象并没有使达朗贝尔感到意外；他知道日内瓦人担心"演员会让年轻人染上爱美、浪费和放荡的恶习"。但作为一个外地人，他想不通这个有着很多清规戒律的城市为什么不能容忍一座戏院；实际上他认为戏院会给当地市民带来一些好处。他写道："如果没有戏剧表演的帮助，人们的为人处世很难变得圆滑得体，人们的情感也很难变得复杂细腻。"②

达朗贝尔的看法和菲尔丁的观点十分相似：戏剧可以指导日常生活的行为。这些看法激怒了曾经在巴黎生活过几年的日内瓦市民卢梭；1758年，卢梭发表了《致达朗贝尔的信》。这封信不仅仅是对达朗贝尔的文章的回应。为了论证禁止戏剧的正当性，卢梭不得不证明达朗贝尔的价值观是大城市的价值观；接着他不得不证明，大城市的价值观如果蔓延到小城镇，将会毁掉这个小城镇的宗教，从而使当地的居民变得堕落，因为人们如果学会在行为举止中表现出演员的"复杂细腻的情感"，那么他们将不再拥有一种深层的、诚实的内心生活。③

---

① 加尔文（John Calvin, 1509—1564），法国新教神学家。——译者
② 时间的先后如下：伏尔泰于1755年搬到日内瓦郊外的一座庄园居住；达朗贝尔前往拜访伏尔泰，随后撰写了那篇文章；该文于1757年印行面世；卢梭对它的回应于1758年出现。卢梭（Rousseau），《政治与艺术：致达朗贝尔的信》（*Politics and Arts: The Letter to M. D. d'Alembert*, trans. A. Bloom, Ithaca：Cornell University Press, 1968），第15页。"政治与艺术"是该信英译本的名称；下文提及该信之处均使用它的正确名称：《致达朗贝尔的信》；达朗贝尔所说的话引自该书第4页。
③ 有证据表明，尽管如此针锋相对地反驳达朗贝尔对日内瓦的道德生活和宗教生活的描述，卢梭本人也怀疑这种军事性的禁欲主义宗教能给这座城市带来什么价值。若要了解卢梭对宗教的看法，可参看恩斯特·卡西尔，《让-雅克·卢梭的问题》（*The Questions of Jean Jacques Rousseau*, trans. And edited by Peter Gay, New York：Columbia University Press, 1954）第73—76页。

卢梭所有的对立概念——大城市、小城镇，表演、真诚性，自由、专制——都来自一种moeurs腐化理论。moeurs是一个法语单词，如果把它翻译成中文，那么它应该是礼仪、道德和信仰三者的交接点。在18世纪的作家笔下，这个词通常包括了"价值取向""角色定义"和其他社会学词典所无法囊括的含义；moeurs指的是一个人所拥有的生活方式，为人处世的总体态度。①

卢梭认为，如果人们形成一种超越了工作、家庭和市民责任的生活方式，那么这样的moeurs就是腐化的。在满足基本生活需要之余，追求那些不能给生活的存续带来利益的快乐——这就是腐化。我们可以这样来看卢梭的作品：他把腐化等同于我们所说的富裕。②

要使一个男人或者女人变得腐化，究竟是容易还是困难呢？在《致达朗贝尔的信》开篇，卢梭给出的答案是困难："一个父亲、一个儿子、一个丈夫和一个市民都有许多重要的任务需要完成，他们没有空觉得无聊。"但卢梭立即修改了自己的观点，因为敌人——轻浮的愉悦、奇异的娱乐、咖啡厅中的无聊闲话——无处不在。工作的习惯可能会由于"人们对自己感到不满，或者长时间赋闲，或者忘却了那些简单而自然的情趣"而遭到破坏。换言之，人总是处在一种堕落的危险之中。③

历史学家约翰·海辛格将游戏定义为和经济无关的活动；

① 参看卢梭的《致达朗贝尔的信》中的"译者注"，见该书第149页"注3"。
② 同上，第30页和第16页。
③ 同上，第16页。

他这个定义的含意是，游戏超越了那些人们为了满足基本的生活需求而不得不从事的活动。这种意义上的游戏是卢梭的敌人。游戏是一种堕落的活动。①

只有在闲适的环境中，游戏才有可能发生。闲适和罪恶的新教关系是这样的：如果人们没有什么必须完成的任务，他们就会给他们的自然情感让路，而自然情感都是邪恶的。懒惰者、贪吃者、好色者和贪玩者都喜欢游戏，所以他们都是自然人。这是加尔文的看法，在他的组织之下，日内瓦使人们没有休息的机会，宗教的原罪因而也就无机可乘。

加尔文坦率地承认，日内瓦这个小城市是最适合神权政治的地方。这里有一个自给自足的经济环境，有一个能够在战争时期提供防御的地理环境，然而它又足够小，便于持续不断地对市民进行监督。从宗教的观点来看，这座小城市的优点在于，它是最安全的政治工具，可以用来压制人类的卑劣本性。卢梭向来认为人性本善，然而却为这种政治控制辩护；因此，和加尔文相比，他对 moeurs 和这座小城市之间的关系的看法要复杂一些。

他问：如果生活在小城市的人们不再遵守这些清规戒律，那么会出现什么样的情况呢？如果男人和女人都拥有真正的闲适时间，那会怎么样呢？不用再为生计奔波劳碌意味着男人和女人拥有更多社会交往的机会——到咖啡厅小酌，去步行街漫步等。社交是闲适的果实。然而，人们之间的相互交往越多，他们就会变得越依赖于对方。因而我们口中的社会交往的公共

---

① 约翰·海辛格(Johan Huizinga)，《游戏人》(*Homo Ludens*, Boston: Beacon, 1955)，第 1、6、8—9 页。

形式在卢梭看来是一些相互依赖的社会关系。人们的这种相互依赖和满足基本的生活需求没有任何关系，在《致达朗贝尔的信》中，卢梭把它描绘得十分可怕。

人们为了一种自我感觉而依赖于他人。一个人摆布自己在他人眼里的外表，目的是为了赢得他们的赞赏，从而获得一种良好的自我感觉。莱昂内尔·特里灵曾经这样概括卢梭在《致达朗贝尔的信》中的观点：

> ……观众染上了演员特有的疾病，也就是扮演角色所造成的自我的萎缩……在扮演角色的过程中，演员忘记了自己的真实身份。[1]

在闲适的状态中，男人和女人养成了演员的moeurs。失去独立的严重性被掩盖了，因为人们正在游戏：他们在失去自我的过程中体验了快乐。用卢梭的话来说：

> ……主要的目标就是高兴；只要人们能够感到快乐，这个目标就已经得到了实现。[2]

所以当有人提议在日内瓦建造一座戏院时，卢梭表示了反对。他的反对绝不是偶然的。和淫秽的书籍或者图画不同，戏剧是一种危险的艺术形式，因为它会诱导那些不用为生计发愁

---

[1] 莱昂内尔·特里灵，《诚与真》(Sincerity and Authenticity, Cambridge, Mass.; Harvard University Press, 1972)，第64页。

[2] 卢梭，《致达朗贝尔的信》，第18页。

的男女犯罪。它是人们失去自我的诱因。

现在来看看首都城市这种大都会的情况：它的公共文化是这种自我丧失发生的领域。

所有的城市都是大量的人拥挤地生活在一起的地方，都有一个中心市场或者很多个市场，劳动分工的程度都非常高。这些因素会影响到所有城市的居民的 moeurs。对于小城市而言，卢梭认为这种影响是直接的。[①]小城市是一个让人们养成各种美德的地方，在这里，正派的人们都为了生计而劳碌。与之相反，在伦敦或者巴黎，经济、家庭背景和其他客观因素对生活方式的影响是间接的；受到它们直接影响的是城市人的 volonté——意志。Moeurs 因此受到这种意志所渴望的东西的影响。[②]

为什么要做出这种区分呢？原因有两个。首先，通过插入这个中间因素，卢梭得以使用一套特殊的道德用语来谈论大城市。有一种观点认为糟糕的城市行为是糟糕的城市环境的产物，那些行为不轨者的灵魂是高贵的，时刻准备着被解放；但卢梭超越了这种观点。他之所以要关注大城市，是因为它们腐蚀了人的内心，腐蚀了他或她的意志。

其次，由于大城市的社会关系和经济关系十分复杂，当你和某个人发生交往的时候，就算你了解他所从事的工作，了解他要抚养多少个孩子，总而言之，就算你了解他的谋生方式，你也无法判断他是什么样的人。城市中社会关系的复杂性使人

---

① 这恰恰是达朗贝尔文章中的观点，卢梭的《致达朗贝尔的信》一书收录了这篇文章，该文最后五段讨论宗教的文字就是最好的例证，参看此书第147—148 页。
② 卢梭，《致达朗贝尔的信》，第58 页。

很难根据客观因素来看透一个人的性格。同样，大都会的经济本质是积累所谓的"剩余资本"。它是一个富人通过闲暇活动享受财富、穷人则以他们为榜样的地方；资本的集中意味着只有少数人才拥有真正的闲暇，而多数人由于艳羡而变得"闲混"——也就是说，他们为了拥有一种闲暇的"生活方式"而牺牲了物质利益。

因而在卢梭看来，大城市是一个这样的环境：在这种环境中，你在特定的场合无法通过了解一个陌生人如何谋生来断定他是什么样的人。实际上，你最有可能遇到陌生人的场合不是那些你出于功能性的目的而参加的场合，而是那些你为了非功能性的社会交往、以社会交往本身为目的而参加的场合。基于这种洞见，他提出了他对闲适的游戏的分析。由于处在闲适的状态中，人们越来越为了追求交往的快乐而互相往来；超出基本的生活需要之外的交往越多，他们就变得越像演员。但这是一种非常特殊的演员：

> 大城市充满了没有宗教或原则的人，这些人无所事事，心怀鬼胎；由于怠惰、懒散和贪图享受，他们变得道德败坏，满脑子想的都是邪恶的念头和害人的勾当。在大城市中，moeurs 和荣誉一文不值，因为一个人很容易把他的行为隐藏起来，不让公众看到，只展示他的名望……[①]

---

① 卢梭，《致达朗贝尔的信》，第58—59页。

名望——被了解、被认可、被挑出来。在大城市中，这种名望的追求成了其自身的目的；而人们用来达到这个目的的手段是欺诈、传统和礼仪，所有这些手段，人们在大城市里都能随心所欲地加以玩弄。然而这些手段不可避免地导致一个结局；因为人在社会中的"地位"是由国家决定的，而国家是一种更高权力[①]的工具；当一个人在社会中没有固定的地位时，他就会通过摆布自己的外表来给自己伪造一个地位。由于玩游戏是一种堕落的行动，一个人通过玩弄自己的外表所能得到的只有掌声。于是，在卢梭看来，大城市破坏了宗教的可信性，因为人们能够伪造自己的地位，自己的身份，而不是服从于更高权力指派给他们的那个身份。在这里，名望的追逐取代了美德的追求。

卢梭有很多个，因为许多卢梭所著的作品自相矛盾或者提出了不一致的观点。就对游戏、声望和宗教的看法而言，《爱弥儿》中的卢梭和《致达朗贝尔的信》中的卢梭并不全然相同。而《忏悔录》中的卢梭更是一个部分地打破了《致达朗贝尔的信》的清规戒律的人。《致达朗贝尔的信》是一种极端的情况，它的论证比较牵强。[②]

不过，从卢梭的全部著作中，时不时可以看到这种对大都会公共生活的指责。下面这段话摘自《朱莉》：

就像时钟通常上一次发条只能走二十四个小时一

---

① "更高权力"指神权。——译者
② 在《爱弥儿》中，卢梭对某些行为的看法比较矛盾，而《忏悔录》中那些事情并非都是为了显示卢梭的"高尚"。

样，这些人必须每天晚上都出去参与社交活动才能知道他们第二天将会想一些什么事情。①

下面这段异乎寻常的段落也摘自这本小说，恩斯特·卡西尔认为这段话"没有'杜撰'，每个字都是从卢梭自己（在巴黎）的体会中抓出来的"：

> 人们遇到我的时候表现得极其友好；他们让我见识了一千种文明行为；他们向我提供各种各样的帮助。但这恰恰是我所要抱怨的。你如何能够立即成为一个你从来没有见过的人的朋友呢？这些虚情假意的礼貌（和骗人的外表）都是巴黎这个大世界的风俗所造成的——真正的友谊和真情的流露绝不需要这些繁文缛节。②

这座大城市是一个戏院。它的剧情主要是追逐名望。所有的城市人都变成了一种特殊的艺术家：演员。他们在公共生活中演戏，并因而和自然的美德失去了联系。这些艺术家和这个大城市相得益彰，结果就是一场道德的大灾难。③
但在这里应该提出几个问题。巴黎确实是一座戏院，一个男人和女人相互之间装腔作势的社会。但装腔作势有时候能够

---

① 引文来自英译本，收录于伯尔曼（M. Berman）的《真诚的政治》（*The Politics of Authenticity*, New York: Atheneum, 1970），第 116 页。
② 卡西尔，《让-雅克·卢梭的问题》，第 43 页；引文出自卢梭的《致达朗贝尔的信》。
③ 伯尔曼，《真诚的政治》，第 114—115 页；正如伯尔曼指出的，最初赋予名望以重要意义的是孟德斯鸠；卢梭对名望的观点与此不同，他持否定性的看法。

治愈天性的残缺或者环境的伤口。卢梭告诉我们，城市里的人们都忙于追逐名望。既然如此，如果人们为了得到赞扬而去做好事，那又如何呢？《爱弥儿》中有一段的文字谈到大城市中的人们把角色扮演当作一种用来忘记他们通常很卑微的出身的手段，卢梭对此十分轻蔑；但是就罪行的轻重而言，我们很难把这种行为和强奸或者谋杀等量齐观。

卢梭对城市的批评有着一个辉煌的起点，却似乎通往一个平庸的终点——赞扬那些头脑简单的诚实乡巴佬。为了避免他的论点流于庸俗，卢梭突然戏剧性地改变了这封信中的用语。

卢梭以德行/工作、罪恶/闲适的范式开始。大城市显然是喧嚣的；它的生活极其丰富，而日内瓦人的生活十分沉闷，每天都是过着家庭-工作-教堂-家庭这样三点一线的生活。在《致达朗贝尔的信》中间，卢梭提到了一种新的行动：发疯似的来来去去，这些毫无意义的行动是大城市所特有的，因为人一旦没有了生存的压力，就会变得像无头苍蝇。而在小城镇中，行动都是以一种迟缓的速度展开的，这使得人们有余裕来思考行动和自我的本质。[①]

卢梭之所以突然做出这种改变，是因为他想说明城市给人类表达的普遍模式所造成的影响。只有寻觅一个真我的人，才能够做出真实的创造性表达；他用文字、音乐和绘画来表达真实的自我。这些艺术作品就像一些心理报告。而大城市的艺术以一种相互依赖的社会关系开始，它产生的是自我的虚构和符号化。这些艺术传统本身具备了独立的意义，它们和个人的特

---

① 卢梭，《致达朗贝尔的信》，第59—61页。

性毫无关系。卢梭憎恶这种意义上的情感表述，他想要更加内向地探索人的性格。卢梭将表述和呈现进行比较，下面的文字是这次比较的一部分：

> ……真正的天才……并不认识功名利禄之路，也从不梦想找到这条路；他从不将自己和任何人进行比较；他所有的创作材料都在他自己心中。[1]

卢梭耍了一个花样：一个人的表达将会由他的诚实（honnête）程度所决定，而诚实则由这个人的独特程度所决定。对于加尔文主义者来说，诚实就是详细地说出"我今天都犯了些什么罪行"；对于卢梭来说，诚实就是忘记自己在世人眼里的形象。[2]

于是一个巨大的矛盾出现了。演员所遇到的问题是，演员对侮辱或者赞扬十分敏感，但在他或她所生活的世界中，存在着好与坏、善与恶的定义。同样，大城市的麻烦在于在它之中有太多的共同体。共同体的价值观（无论是什么样的价值观）的影响太大，因为人们的行动都以这些价值观为指导，企图借此从其他人那里赢得名望。小城镇有更好的价值观，但是在《致达朗贝尔的信》篇末，卢梭提出小城镇还有第二种优点。它使人们更加孤立，它允许人们忽略共同体的标准，并去寻找他们的内心，"去看看那里有什么，哪怕只是看一看"。下面的文字是卢梭对小城镇的总结：

---

① 卢梭，《致达朗贝尔的信》，第60页。
② 同上。

……在小城镇，人们能够找到更多具有独创性的灵魂，更多创造性的行业，更多真正新颖的东西，因为这里的人们更少相互模仿，由于可供效仿的榜样很少，人们从自己身上获得了更多的力量，在做每一件事情的时候更多地发挥了自己的才智。①

　　对戏剧这种艺术进行审查的制度因此具备了正当的理由，那种控制思想的加尔文主义也同样得到了辩护。确实，如果戏剧繁荣了，那么道德就会沦丧。在一个像日内瓦这样的城市，戏剧会给人们提供模仿的对象。在日内瓦，在这种政治专制之中，人们应该发挥创造性，让自己变得更加独特。而在大城市，审查制度毫无用处；因为在那里已经有了戏院的存在，戏院演什么戏反而变得不重要了。戏台上的演员已经变成每个梦想在私人生活中取得成功的巴黎人的模仿对象。②

卢梭的预言

　　我们已经扼要地论述了卢梭对公共生活这种令人震撼的伟大看法。这种看法的伟大之处部分地在于它的矛盾之处；而这些矛盾，我们在后来那些对公共生活进行分析的作品中也能看到。政治的专制和个体真诚性的追求携手共进。这是卢梭的预言的要点，这一点已经被证实了。相比之下，那些追逐名望、顾及他人对自己的看法的人，最终却没有属于他自己的灵魂。这一点也已经变成了现代人的看法。

---

① 卢梭，《致达朗贝尔的信》，第60页。
② 同上，第65—75页。

但卢梭对现代社会的预言也有错误的。我们可以拿他的理论来跟威尔克斯和拥威派的行为进行比较，也许可以从中看到他的预言中最为明显的错误。拥护威尔克斯是 18 世纪第一次大规模的城市运动；拥威派来自各个社会阶层，既有富裕的商人，也有身无分文的年轻车夫。他们以一种卢梭做梦也没想到的方式颠覆了古代政制时期大城市的戏剧性表达行为。在卢梭看来，传统的毁坏只能在一个人们受到更多控制的生活环境中发生。在他们看来，只有摆脱控制，获得越来越多的自由，这种毁坏才会出现。卢梭只能想象公共生活在小城市的终结——也就是说，他只能给大城市找一个替代品，而想象不到大城市本身的发展。他认为只有通过整合各种价值观，实行政治专制，压制人们除了基本生活需求之外的欲望，这样才能让公共生活走向终结。这是一种历史的倒退，从大城市退回到一个充满神秘色彩的过去。但城市内部那些正在颠覆古代政制时期的外表原则的力量却被引向了一个完全相反的终点，它们使得大城市之中的人们摆脱了各种束缚，得到了一种自由。当时的人们希望通过个人体验的符号化来理解这种无边界的自由。

第三部分
19 世纪公共生活的混乱

对于一个生于古代政制时期，直到 19 世纪 80 年代仍然健在的巴黎老太太来说，她年轻时的巴黎和她年老时的巴黎之间的对比显示了公共生活在 19 世纪突飞猛进的发展。这座城市的街头充满了奇观：她可能会想起成千上万的人聚集到战神广场（Champ de Mars）观看纳达尔乘坐热气球冉冉上升的场面；或者想起一只长颈鹿在植物园（Jardin des Plantes）出现所引发的轰动，当时人们争先恐后地前往参观，有几个人在拥挤中死于非命；或者想起一条名字叫穆尼多的狗，据传这条狗会说人话，结果很多人日复一日地跑去突厥公园（Jardin Turc），徒劳地等待穆尼多开口。如果她是一个认真的人，记录下大革命时期那些同样轰动的事情，她将会阅读巴尔扎克的小说，这些小说最重要的主题就是把城市的人群描绘成人类马戏团。在她的记忆之中，19 世纪巴黎市民对新奇事物趋之若鹜的狂热劲头将会和她在童年，也就是第一次革命之前那些日子里亲眼看到的陌生人之间那种谨小慎微、小心翼翼的交往形成强烈的对比。①

如果我们告诉她，巴黎已经不再拥有一种公共文化，她肯定会嗤之以鼻。然而，尽管在她的记忆中巴黎的公共生活依然热闹非凡，但这种表面现象掩盖着很多问题。那些生活在这座奇观之城中的人们知道这些公众狂欢的时刻都很短暂；马克西姆·杜·坎普扼要地表明了这一点："……人们的脑袋仿佛被一阵迷狂之风吹晕了。巴黎人的热情来得非常突然，而且有时候非常惊人，但持续的时间并不长久。"奇观也已经变成是一种单方面的情况。观看纳达尔乘坐热气球的群众见证的是一次处于日常经验之外的行动——恰恰是这一点使它成为奇观。面对这次壮举，他们该如何评价纳达尔呢？他们如何能够参与呢？当"都市浪荡人"（flâneur）在马路上闲逛的时候，人们只是观察着他；他们再也不觉得自己可以随意走过去和他攀谈了。观众变得被动了，这些旁观者变得既沉默又惊奇：这座城市可能正处在狂热之中，然而在喧嚣的表象之中，某种变化的迹象出现了。[2]

这个时代的精神风貌十分古板，但与此同时，它又有如此之多转瞬即逝的狂热和梦想，我们今天很难想象得到它所有的复杂和伟大之处。我们将这种古板当成是一种我们在百余年之后尚未完全摆脱的奴役，我们还认为那些梦想是虚妄怪诞的，当时的人们不堪各种繁文缛节的重压，所以才会产生这些虚幻的激情和夸张的感受。我们很难将巴尔扎克笔下的生意人、波德莱尔诗歌中那些在巴黎街头漫步的"都市浪荡人"同时当成了不起的人物和病入膏肓的患者。尽管我们已经反叛了他们，但我们依然很难理解他们和私人性与公共性之间日渐模糊的分界线的那场斗争如何成为今天我们和亲密性这场斗争的种子。

我们同样很难将百余年前这个狂热而可怕的公共世界和此前的情况联系起来。这种被动观众的城市是新出现的；它也是古代政制时期确立起来的公共礼仪所造成的一个后果。这种文化必须先行存在，布尔乔亚才能使它膨胀成为一种奇观，从

---

① 乔安娜·理查德森（Joanna Richardson），《巴黎人的生活：1852—1870》（*La Vie Parisienne，1852—1870*，New York：Viking，1971），第76—77页。

② 马克西姆·杜·坎普（Maxime du Camp）的话转引自上书第77页。

而最终使得公共领域不再充当一种社会交往的形式。

关于19世纪的公共生活，有四个问题应该被提出来。第一个是，客观条件——19世纪首都城市的人口和经济——给公共领域造成了什么影响？第二个是，个体人格如何变成了一种社会范畴？让我们回想一下，早在古代政制时期伦敦市民拥护威尔克斯的运动中，个体人格的问题就已经深深地——尽管只是暂时地——撼动了公共领域。从强烈的个人主义到适者生存的理论，从新出现的经济学理论到一些更为微妙、更为麻烦的观念，就是那些认为社会应该解决人格问题、应该为人格存在、应该有利于人格的发展的观念，在所有这些19世纪的观念中，个体和他的能力、欲望、品位都被捧到了至高无上的地位。这种个体人格的信念如何使它自身在公共领域中的行为得到实现，公共领域中的人格如何被理解——这是第二个问题的重要性所在。

第三个问题是，如果人们将人格当成一种社会范畴，那么人在公共领域中的身份认同会发生什么变化？更确切地说，作为演员的人这种形象会发生什么变化？在这里，我们所涉及的并非一句18世纪的陈词滥调的命运，而是19世纪最为复杂的变化，也就是沉默的观察如何变成一种公共秩序的原则。

第四个也是最后一个问题是，公共的人格如何为现代的亲密性统治埋下了种子？如果前三个问题涉及的是19世纪所继承和改变的东西，那么第四个问题涉及的是它如何为公共秩序的现代消除奠定了基础。

在接下来的四章中，每章将会解决一个问题。第七章主要关注客观条件和公共生活的关系，它涉及的是19世纪英法两国首都的人口状况、生态环境和经济，尤其是城市公共经济的一种新形式。第八章所关注的是个体人格如何变成一种社会范畴，开头先说明一个作家，也就是巴尔扎克，如何将人格解释成一种社会范畴；接着根据 19 世纪 40 年代的街头服饰和戏台服饰来探讨人格给公共领域造成的影响；本章通过比较 1795 年一场颠覆古代政制时期的身体形象的变革和百年之后一场颠覆维多利亚时期身体的公共形象的变革而得出了结论。第九章研究了公共身份的各种形象，说明公共领域的个人化如何创造了一个新的话语与沉默的领域，并说明在这个领域里面为什么只有一类特殊的人才能继续充当公共的演员。第十章主要研究公共空间的个人化过程通过什么样的方式为公共秩序的现代之死铺平了道路，本章涉及的内容是政治，它的两个主题分别是被定义为公共人格的领袖，作为形成集体人格的努力的共同体斗争。论及客观条件的第七章描绘了整个 19 世纪的各种总体趋势，但后面三章采用了"钻地洞"的研究方法，研究的是这些公共现象在 19 世纪40 年代和 90 年代的情况。

本书的第一章曾扼要地论述了三种在 19 世纪改变了公共生活的因素：工业资本主义带来的双重变化，新的世俗性带来的公共信念的变化，古代政制时期的公共意识形态遗留下来的一种观念造成的公共行为的变化。这些因素共同构成了一种解释——但愿是一种能够自圆其说的解释——能够指出客观变化对公共生活的影响，能够厘清公共人格是什么，也能够说明一种新的公共人形象为什么会产生，更能够解释 19 世纪公共生活的创伤如何为 20 世纪公共生活本身的否定奠定了基础。读者也许会问，为什么要以塔木德①式的追问展开行文呢，为什么不干脆用每一章来论述一种变化因素，并说明它对礼仪和道德伦理的各种影响呢？

因果解释有两种方式。一种是机械性的，甲的出现或者存在导致乙的发生。另外一种是历史性的，但这种解释更加复杂。本书的分析试图将一系列在某个时期发生变化的具体现象联系起来，构造一个解释这种变化的理论。有个很好的例子可以让我们看到这两种方式的区别，那就是某个精神病人在接受治疗时对自己的生活经历的描述。在这次治疗的过程中，"治疗蜜月"很早就出现了；病人很清楚地描述了他生活中所有导致他患上精神疾病（乙）的原因（甲）。因果关系非常清楚：但恰恰是这种清楚的性质，这种静止的描述使得他的解释毫无意义；如果病人说"我知道我的问题在哪里"，那么他仍受到这些问题的困扰。随着治疗的展开，某些特定现象的各种变化逐渐被联系起来了，这最终导向了一个能够解释它们为什么会发生的理论。也许病人得到的解释跟他最初在治疗蜜月期间所提出的解释差不多，但是前者具备了一种不同的经验含义。

撰写文化史所碰到的问题跟描绘个人生活图景的问题相似。问题不在于清晰性本身，而在于机械的清晰性。这三种在19世纪发挥作用的因素的本质是，当每一种因素闯入公共生活的不同领域时，它闯入的方式或多或少有所不同。例如，人们对有意义的公共视觉外表的观念的继承和他们对把公共话语当作一种特殊体验的看法的继承有相似之处，但两者并不完全

---

① 塔木德(Talmud)，犹太教的法典。——译者

一致。同样，某种公共生活的现象如果发生变化，那么背后的原因肯定不止一个。因果关系就像阶级一样，它是确实存在的，但经常被滥用。如果没有因果解释，那么社会就是一大片现象的海洋；所有事物都存在，但是都没有存在的原因。因而，我们不能采用机械性的因果解释，也不能对因果关系视若无睹。我试图通过具体地描绘历史变化的后果，来提出一些关系这种变化的问题，这些问题将会逐渐让我们认识到这三种因素的复杂性，并最终让我们得出一个关于变化的理论。

我们将会以同样的方法来研究四种可以用来衡量这些历史变化所造成的心理痛苦的参数。这四种在个体人格进入公共生活的过程中使人们感到不安的因素是：对情感的不自觉流露的担心，私人想象对公共情况的不适当叠加，为了在公共场合保护自己而产生的压抑自己情感的欲望，将内在于沉默的被动性当成一种公共秩序原则的尝试。对于一个在街头被男人默默地注视着的女人和一个准备向听众说谎的政客来说，对情感的不自觉流露的担心显然意味着不同的东西。和上述的三种因素相同，这些心理痛苦的复杂性就像赋格曲的各个主题。

最后我想对"城市"这个词的用法和巴黎这座城市本身做出一点说明。

在城市研究中，"城市"和"城市化"是两个很难使用而且很容易混淆的词汇。在通常的用法中，"城市"指的是地图上某个地方及其生活；"城市化"指的是这种生活向这座城市之外的其他地方扩张。查尔斯·蒂利已经很好地说明这种通常的用法不足以用来研究 19 世纪的社会，因为制造"城市"的是一个国际性的行政、金融和法律系统。19 世纪的城市化也不仅仅是城市生活方式的扩散，它还是一种更为普遍的扩散，也就是各种"现代的"、反传统的力量的扩散。然而很重要的一点是：城市仍然拥有一种独特的文化，尤其是首都城市。它的公共生活向四周扩散，但城市是这种扩散的中心和发源地。[①]

城市环境被定义为一个人们最有可能在其中经常碰到陌生人的环境。我们已经研究了陌生人之间的相遇的社会心理学；在 19 世纪，这种社会心理学面临着一个严峻的人口问题。在 19 世纪的西欧、南欧和东南欧，大量的农民离开了他们的祖辈世代生活的家园。造成这种情况的部分原因是饥荒，部分原因在于农村出现了一种新的财产所有制和资本主义的圈地运动。大量的农民和山民因此被迫离乡背井，前往欧洲各地的城市、其他未开垦的乡下地方或者前往美国、阿根廷和巴西谋生。因而这些四海为家的人也会碰到陌生人——而且还很经常，这也是离乡背井给他们造成的痛苦的一部分。

通过这种方式，19 世纪农村的人口状况使得城市生活拥有了一种超越了城市边界的意义。这并不是说，首都城市的公共行为无论发生什么样的变化，各个地方城市都会很快加以仿效；而是说，尽管城市生活意味着永久地不再和土地打交道，但由于人们本身已经失去土地，变得居无定所，所以城市生活对他们来说不再是全然怪异和全然陌生的。农村也面临着在陌生人中度过一生的问题；从这种意义来讲，农村也存在城市的观众问题，只不过它通过对过去的传统的回忆来过滤这个问

---

① 参看查尔斯·蒂利(Charles Tilly)，《城市世界》(*An Urban World*，Boston: Little, Brown & Co., 1974)。

题；而当那些农民本身被迫进入城市时，他们会形成一个由同乡的人或者说同一种方言的人组成的聚居区，以此来应付陌生人的问题。正是由于 19 世纪城市和农村之间的这种关系所奠下的基础，当前这个世纪的城市和乡村之间的地理界限才会变得更加模糊，当今大城市对公共生活的否定也才能够通过一种新的通信技术和整个社会对公共生活的否定纠缠在一起。

我们目前主要关注 19 世纪的首都城市本身，慢慢再把注意力集中在巴黎之上。在接下来的四章中，前两章主要研究巴黎和伦敦分别在客观环境和人们关于公共的个体人格的看法这两个方面的共同点。到了后两章，由于我们已经把目光转向政治，巴黎逐渐成为惟一的研究对象。在瓦尔特·本雅明笔下，巴黎既是"19 世纪之都"，又是一个"难以管理的独特城市"。在这里，意识形态的冲突被引向了极端；令其他地方的人们提心吊胆的革命暴动在这里确确实实地发生了，变成了每一代巴黎人的体验或者记忆的一部分。巴黎是一个 19 世纪的布尔乔亚所有的担忧和梦想的集中之地。巴黎汇集了所有遍布整个西欧社会的潜在冲突，这些潜在冲突的结构和后果都在巴黎显露出来；于是和现代的纽约相同，巴黎也成为一个让外地人感到既爱又怕的地方。身处巴黎的欧洲人仿佛看到一种疾病正在悄悄地潜入他们的生活，然而他们却没有办法将目光从这个患病的地方转开。

第七章　工业资本主义对
　　　　　公共生活的影响

　　说起一个世纪之前的变化，人们通常会用"城市革命"和"工业城市"来加以形容，但这两种说法都很误导。前者令人误认为 19 世纪城市的增长一日千里，乃至和原先存在的城市毫无关系。后者则令人误认为这种增长主要发生在市民除了在大型的工厂从事劳作之外别无其他生活的地方。实际上，人口增长最多的城市是英法两国首都，但它们的工业规模其实并不大。要知道的是，这种人口增长之迅猛是史无前例的。原先那些处理城市人口及维持其经济生活的模式也被放大了，直到变得面目全非。通过这种方式，数量的变化慢慢导致了形式的变化。起初，城市依照原先的生态模式来安置新的人口；这些模式发生了变化，只不过其过程相当缓慢而已。在这个世纪中，随着时间的流逝，城市之外越来越多的人不再从事农业生产，他们涌进城市，大多数人依然年轻、单身，和过去有千丝万缕的关系，但是这群人也会慢慢变老，成家立业。

　　19 世纪两国首都的经济状况也部分地放大了原先在古代政制时期的城市就已存在的东西。贸易、借贷和行政管理依然是这两个首都的主要活动。工厂需要占据很大面积的土地，一般来说，它们就算设置在这两座城市中，也只能在地价较为便宜的地方立足。城市中心更多的是血汗工厂，它们规模较小，机械化程度也不高。在 19 世纪，两国首都特有的这些血汗工厂大体都从事贸易加工业，它们规模不大，专门加工来自殖民地或其他欧洲国家的货物，快速地将其变成可供零售的商品。

两国首都内部的这种经济状况确实产生了一种新的经济追求。由于城市人口增长如此巨大，零售业变得前所未有的有利可图。大量的顾客催生了一种以百货商店为中心的公共商业形式，原来的露天市场和小商店则变得门可罗雀，逐渐消亡。19 世纪公共生活的所有复杂性和问题都在零售业的这种新形式中出现了；我们可以从这个行业窥见公共领域即将发生的变化。为了理解这种新的公共贸易，让我们先来看看物质生活通过什么样的方式来放大原先存在的东西。

19 世纪城市人口的新变化

19 世纪两国首都的人口增长很迅速，光是那些增长数字本身就足够让人感兴趣的了。下面是人口学家 A.F.韦伯列出的巴黎历年人口增长数据：

1801	547 756
1821	713 966
1841	935 261
1861	1 174 346

1881	2 269 023
1896	2 536 834

　　下面是一种理解这些数字的含义的方法：以 1801 年的人口为基数 100，然后以基数比的方式列出这个世纪中历年的人口增长。在 19 世纪中，法国全国的人口基数比，除了巴黎之外 12 个最大城市的人口基数比和巴黎本身的人口基数比如下：

年份	法国	12 个城市	巴黎
1801	100	100	100
1821	110	120	130
1841	120	154	171
1861	133	268	306
1881	140	354	414
1896	143	405	463[①]

　　这幅增长的图景十分清晰：12 个大城市的增长比法国全国的增长迅速得多，巴黎本身的增长又比这些城市快得多。[②]

---

① 有的统计学家在算 1852—1865 年巴黎人口的时候将某些城区包括在内，有的则没有，所以这个比率并不是依照巴黎人口的原始数据算出来的。

② 这两个表格的原始数据来自阿德纳·弗林·韦伯(Adna Ferrin Weber)的《十九世纪的城市增长》(*The Growth of Cities in the 19ᵗʰ Century*，Ithaca, N.Y.: Cornell University Press, 1963；初版于 1899) 第 73 页。修正数据来 （转下页）

伦敦在这个世纪中的人口增长和巴黎一样迅猛，但要将其描绘出来比较难，因为"伦敦"没有清晰的人口、行政或社会界限。那儿有一个伦敦行政郡，在此之外还有一圈外围地带，将伦敦变成"大伦敦"；甚至在这圈外围地带之外还有更广阔的城区。然而，这数目巨大的人口和英国其他城市人口、英国全国人口的关系，正好跟巴黎和里尔或法国的关系一样。阿萨·布里格斯写道："（自1871年到1901年）大伦敦的人口增长比任何地方城市都要快，比起英国全国人口的增长更是快得多。"[1]

如果我们仅统计伦敦行政郡的数字，那么伦敦人口在19世纪的增长可以计算如下：

1801	864 845
1821	1 225 694
1841	1 873 676
1861	2 803 989
1881	3 834 354
1891	4 232 118

（接上页）自路易·舍夫里尔（Louis Chevalier）的《十九世纪巴黎的人口构成》（*La Formation de la Population Parisienne au XIX Siécle*, Paris: Institut National d'Études Démographiques, Cahier No.10, 1950）第284页及以下。

[1] 引文出自阿萨·布里格斯（Asa Briggs），《维多利亚时期的城市》（*Victorian Cities*, New York: Harper & Row, 1963），第324页。

在 18 世纪，伦敦比巴黎大得多，不过话说回来，这两个城市比其他欧洲国家的首都又大得多。考虑到各自国家的情况，伦敦和巴黎的增长率是相同的。下面是伦敦、其他大城市（人口在 10 万以上）和英国全国（包括英格兰和威尔士）的人口比率：

年份	全国	其他大城市	伦敦
1801	100	—	100
1821	134	100	141
1841	178	158	216
1861	226	153	324
1881	292	136	443
1891	326	166	489

法国和英国模式的差异在于各自地方城市的增长；比起英国的地方城市，法国地方城市的人口增长更快，也更稳定。巴黎和伦敦在这个世纪的逐年人口增长比率异乎寻常地齐肩并进。[1]

要理解这些数字的人类意义，人们必须回忆起一个事实：在那个时候之前，城市规模能够和巴黎或伦敦相提并论的城市是 1 600 年前的帝国时代的罗马。或者可以这样说，从来没有

---

[1] 根据上引阿德纳·弗林·韦伯一书第 46 页数据计算。

其他已知的城市居住区的人口在如此短的时间内增长得如此之快。

这两个首都变得如此庞大的原因相当复杂。可以肯定的一点是，在这个世纪中，不管是巴黎还是伦敦，出生人口越来越多于死亡人口。医疗条件和公共卫生的改善消除了从前一直存在的瘟疫威胁——原先有大量城市人口死于瘟疫——所以更多在城市家庭出生的小孩能够长大成人，并且开始拥有他们自己的家庭。但即使城市的人口增长多多少少来自其内部，增长的人口大部分还是来自迁入的移民。在这个世纪的上半叶，流入的人口主要是未婚青年人，来自和城市有一定距离的地方；1850 年之前，乡村的危机尚不算特别严重。就算等到它全面爆发的时候，也并非所有的农民家庭都举家离开故乡；涌向城市的依旧是原先那些单身的人，只不过加入了一些新的移民家庭罢了。

关于这些巨大的数字，我们还必须注意到一点。流出城市的人口数目也非常庞大；他们——尤其是那些离乡背井的农民——像潮水般退回地方城市和乡村，其中很多人在某一年的人口普查中被算在内，第二年就离开了城市。彼得·奈特和斯特凡·瑟因斯特罗姆认为，19 世纪城市人口增长的真实图景应该是这样的：城市的永久居民人口快速而稳定地增长，此外还有更多的、更不稳定的增长来自那些流入大城市的人群，这些人很快又离开，被又一波同样不稳定但人数更多的移民所取代。

城市的区域划分

由于我们对稳定的城市移民和不稳定的城市移民之间的

差别所知无多，我们很难弄清楚他们是否居住在不同的区域——这是人口密度的基本条件。我自己对芝加哥的研究表明，在这个城市定居的中产阶层和城里居无定所的工人一样，也经常搬家。有一项关于 19 世纪巴黎的研究得出了相同的结论，但另外一项研究则相反。[①]

和在 18 世纪一样，巴黎和伦敦在 19 世纪用相当不同的方法来处理人口密度日渐加大所带来的普遍问题；而且也和在古代政制时期一样，这些不同的模式产生了相同的社会后果。

要想象 19 世纪上半叶巴黎城内人口增长的情况，我们可以拿一个装着玻璃块的盒子来打比方：越来越多的玻璃被塞进这个盒子，在压力的作用下，这些玻璃块本身开始碎裂，然而盒子的各面完好如初。到了 1850 年，这个盒子再也装不下任何东西了，但它没有裂开，而是整体扩大了一些，不过盒壁依然很牢固。这个增压的过程又开始了。巴黎和伦敦不同，它的城区并没有杂乱无章地向四面八方扩散，它的城市结构总是被人口增长的极限逼得变形。

历史上，容纳巴黎的盒子是它的城墙。城墙在不同的历史时期有不同的功用。到了 18 世纪，城墙不再充当抵制外敌入侵的防线；实际上，到了 18 世纪 70 年代，城墙的功用已经转变为控制内部的人口。巴黎的城墙有 60 个入口，它们全都向进入城内的商品货物收取入市税。人们把它叫作"收税员之墙"。19 世纪 40 年代之前，它一直是巴黎的法定城界。19 世

---

① 理查德·桑内特，《家庭对抗城市》（*Families Against the City*）的数据磁带，哈佛大学和麻省理工大学联合城市研究中心，交互数据表："阶级和居住的时间长度"（class and length of residence）。

纪 50 年代晚期，豪斯曼男爵开始为巴黎修建一道新的城墙，这道城墙既是法定的城界，也是行政的和居住的城界；它的功能和先前的城墙相同，只不过它不再是一道物理结构而已。

在 19 世纪上半叶，巴黎日渐增加的人口不得不在"收税员之墙"内部找空间。可供居住的房子很快被填满。然后房子开始被隔成许多小房间；等到这么做还不够的时候，人们开始在旧楼之上叠加新的楼层。想想上个世纪那些空旷的公共广场吧，这些巨大的开放空间在 19 世纪初期依然很开阔，但现在却被一些人满为患的城区所环绕。只要想象中央公园周边城区比 20 世纪 30 年代各色移民聚居的下东区的人口密度还要大，美国人就能够理解这种极端的情况。[1]

关于各种社会阶级究竟在多大程度上混居于这些拥挤的街道，历史学家之间有很多争议。说起 19 世纪初期巴黎的住宅，人们通常会认为富裕人家住一楼，二楼住着一户体面的人家，依此类推，阁楼住的是仆人。这种形象当然是误导的，不过否定它也是误导的。原因在于，19 世纪 50 和 60 年代，豪斯曼对巴黎进行了重新建设，在此过程中，城市规划降低了城区中不同阶级杂居的程度。尽管巴黎的私人楼房在这个世纪上半叶分拆成公寓的过程中自然而然地导致了阶级杂居的情况，但新规划却旨在使得各个街区变成经济属性相同的区域；因为那些出资兴建或者翻修房子的人需要准确地知道他们把钱投在什么地方，他们自然乐于见到某个街区的居民都属于同一个阶

---

[1] 戴维·平柯尼(David H. Pinkney)，《拿破仑三世和巴黎的重建》(*Napoleon III and the Rebuilding of Paris*，Princeton：Princeton University Press，1958)，第 6—9 页。

级。城区的分布从而也就等同于阶级的分布：这恰恰就是豪斯曼在这种城市的市民中树立起来的一道围墙，就像他在城市周边修建的围墙一样。

巴黎人口密度的根本问题依旧和过去相同，聚集在这个空间的人口迅速增长，可供分配的城区面积却固定不变。主要街道后面和新建广场周围的住宅区和商业区依然人满为患。但由于那种旨在赋予城区更为同质的阶级属性的重新规划，大都会的属性和功能区的划分发生了改变。

戴维·平柯尼曾说："百余年前的巴黎人通常在几条街的范围内生活、工作和娱乐。"豪斯曼对巴黎城市结构的重新修整恰恰体现和落实了一个更大的进程，这个过程芝加哥的城市学家路易·沃斯称之为城市的"碎化"，他的同事罗伯特·帕克则称之为巴黎的社会"分子"在 19 世纪的形成。这些碎片和工业经济中日渐增长的劳动分工相辅相成。巴黎的人口密度越来越大，社会地位相同的人聚居在同一地盘，不同地盘的人社会地位各不相同。①

当然，在古代政制时期，巴黎也有富人区与穷人区——但"富人"区往往意味着有很多富人居住在那儿而已，并不意味着该地区的饮食或住宅价格高于其他较不富裕的人居住的区

---

① 戴维·平柯尼(David H. Pinkney)，《拿破仑三世和巴黎的重建》(*Napoleon III and the Rebuilding of Paris*，Princeton：Princeton University Press, 1958)，第 17 页；关于沃斯的观点，请参看路易·沃思(Louis Wirth)的论文"作为一种生活方式的城市主义"(Urbanism as a Way of Life)，收录于理查德·桑内特主编的《有关城市文化的经典论文集》(*Classic Essays on the Culture of Cities*，New York：Appleton-Century-Crofts, 1969)一书第 143—164 页；关于帕克的观点，请参看罗伯特·帕克(Robert Park)的论文"城市……"，收录于上书第 91—130 页。

域。今天的城市人早就习惯了认为一个地区的经济水平和该地区居民的富裕程度"相称"，所以很难想象19世纪前期巴黎城区的实际境况：就算不是混居在同一栋楼座，各种不同阶级所住的房子也相邻颇近，以不同顾客为服务对象的各种档次不同的摊亭、商店甚至小型市集都混杂在一起。

巴黎人口在19世纪的这种再分布过程使一个问题变得更加严重了，那就是我们已经看到的公共广场在古代政制时期给城市带来的问题。由于城市继续填满越来越多的人，这些人与外界的联系变得越来越少。陌生人越来越多，他们越来越孤立。广场的问题被放大成城区和街区的问题。

巴黎城中各种社会阶级彼此隔离的状况也发生于19世纪的伦敦，但伦敦和巴黎不同，它通过城市的扩张——而不是把各种阶级压缩在原有的城区之内——来实现这种隔离。由于伦敦新辟了城区，建筑者修建了大量成批的房子以满足各种经济属性相同群体的不同需求。和巴黎的情况一样，如果该地产只提供给同一个阶级的成员居住，那么其投资将会较为稳固和安全；如果修建的是供布尔乔亚的住宅，在新的城区修建外观相同的房子意味着这个街区的房价不太可能会下跌；如果修建的是工人的住宅，那么修建大量相同的工人阶级的顾客能够买得起的房子，意味着建筑商可以通过大批量的采购原材料来降低其成本。

巴黎的城区距离相对较近，但通过住宅、食物和娱乐活动等的价格差异完成了城市的区域划分，而伦敦则在城区不断扩张的过程中通过遥远的地理距离和分隔完成了这一任务。人口学家有证据表明，伦敦的"中心区"（圣詹姆斯公园和梅菲尔区之外）依然是经济和社会活动中心，但中心的含义逐渐丧失；伦敦变成了一道联结各处住宅区的绳子，就像它如今这样。伦敦庞大的规模意味着少数每天乘坐交通工具去工厂上班的伦敦工人多数空闲时间都是在路上度过的；这反过来加强了居住地的重要性——它是一个能够暂时逃离工作世界的地方。

我们在前面已经说过，在工业时代，各国首都的工业并不发达。不过，工业在法国的含义和它在英国的含义不同；但这种差异再一次给两国首都造成了相同的结果。克拉普汉姆是个了不起的历史学家，专门研究 19 世纪德国和法国的经济，他认为在 1848 年，就全国范围内的工厂系统而言，法国根本不能和英国相提并论。那一年法国出产的商品和货物比 1815 年要多，但都是从大型的作坊生产出来的。到了 19 世纪下半叶，真正的工厂确实设立起来了，但它们离巴黎都有一段距离。原因很简单：巴黎乃至巴黎近郊的地价都太贵了，不适合设厂。在大伦敦范围内，土地并不是紧俏的商品，"大伦敦"外围确实出现了很多工厂，但不知道怎么回事，曼彻斯特和伯明翰的中心区的工业经济反倒不发达。[①]

芝加哥城市研究学派的人员曾经写道，"城市"体验的本质特征就是从一个街区到另一个街区、从一个场景到另一个场景的运动。对这些研究人员来说，城市人是那些不仅仅熟悉一个城区、一个区域特征的人，他们同时熟悉很多城区。然而，在 19 世纪，并非所有城市人都拥有这样的体验；这种体验具备一种阶

① 请参看克拉普汉姆（J. H. Clapham）的《1815—1914 年间德国和法国的经济发展》（*Economic Development of France and Germany*，1815—1914，4ᵗʰ ed.，London：Cambridge University Press，1968）第 70—71 页。

级属性。由于城区和街区的经济属性变得同质化了，只有那些因为利益或者人际关系而需要在城市各个区域来去的人才有可能在不同场景之中移动；这些人都比较富裕。每天在城区之外活动成了布尔乔亚的城市体验；因而，成为城市人的感觉和成为布尔乔亚的感觉是相辅相成的。反过来也一样，社会阶层较低的人局限于在一个区域活动。巴黎的工人若到城里的非工人阶级城区，或者到别的工人阶级城区，惟一目的基本上都是为了到新出现的百货商店里面购物。因此，对于工人阶级来说，城市体验——对城市中各种差异性的体验——就等同于购物的体验。

工人阶级的城区体验和中产阶级的城市体验之间并不是截然对立的。那些有头有脸的人很少会愿意离开他们自己的城市安全角落；尤其是中等阶层的妇女，她们根本不想见到那么多陌生人。但富人的生意、娱乐和社交比较复杂，所以较有可能离开属于他们自己的那片小小城区；至于女人，她们需要出去做帽子，找裁缝，上女子学院，回家喝下午茶，然后出去吃晚饭；男人则需要去上班，去俱乐部，也许还要去看戏，去会谈。

今天有很多人以为19世纪巴黎的"城区生活"丰富多彩，但我们要清楚的是，这种亨利·勒弗菲尔所说的"城市权利"在当时是布尔乔亚的特权。有些人想当然地认为"城区生活"很丰富，工人在咖啡馆或者街头的生活"多姿多彩"，但他们并没有明白，这种"多姿多彩"正是19世纪城区经济属性单一化的产物。在古代政制时期，城市里的工人尽管也是受到很多束缚，但他们穿的衣服和这个时期相当不同，也能够随心所欲地在城里各个区域娱乐、玩耍或者工作。当今有些好心的规划者认为城市应该建设一些小规模的街区，每个城区的特色要鲜明突出；他们全然不知道这样做其实相当专横独断，剥夺了部分人对城市的体验——19 世纪的工人遭到的正是这样的对待。

因此，对于 19 世纪的人来说，如果他们是布尔乔亚而非工人阶级，那么身处"公共领域"是一个更有意义的问题。他们碰到的问题多少有点自相矛盾：如果更多社会阶层的人在公共领域活动，那么他们在公共领域遭遇的苦恼会减轻一些吗？

城市变化和布尔乔亚的生活

在封建等级四分五裂的城市中，布尔乔亚才是关键的阶级。在 18 世纪的巴黎和伦敦，商业和行政的工作并不是世袭的。进入 19 世纪之后，这些城市的布尔乔亚职业出现了新的面貌。

我们可以职业为依据，把伦敦和巴黎的布尔乔亚分类如下：至少有一个雇员的店家；政府的工人、办事员、记账员等；还有地位在这些人之上的专业技术人员和管理人员。这群人相当庞大，在 1870 年，他们连同他们的家人占到伦敦总人口的百分之三十五至百分之四十三，在巴黎则是百分之四十至百分之四十五。说到中等阶级家庭和总人口之比，英法的首都要高于两国其他地方。1867 年，英国全国的中等阶级家庭人口约占总人口的百分之二十三。[①]

---

① 更详细的关于定义"中等阶级"的问题的讨论，请参看理查德·桑内特 (Richard Sennett)，《家庭对抗城市》(*Families Against the City*, Cambridge, Mass.: Harvard University Press, 1970)第五章和第十一章。罗伊·刘易斯 (Roy Lewis)和安古斯·毛德(Angus Maude)的《英国的中等阶级》(*The English Middle Class*, London: Phoenix House, 1949)第一部分第三章讨论了英国不同历史年代的中等阶级，这些讨论尽管不是定量式的，但十分出色。1867 年的数据来自伯奈特(J. Burnett)的《充足与需求》(*Plenty and Want*, London: Pelican, 1968)第 77 页。

工业资本主义在英国和法国的含义各不相同，伦敦"体面人"的自我意识和巴黎"布尔乔亚"的自我意识从内涵上来说也不尽一致。然而，两个首都的这些差异并没有两国在工业资本主义方面的差异大。在古代政治时期的首都，城市体验因不同国家而异；但到了19世纪，城市体验不再只和本国有关。19世纪的城市布尔乔亚具备了某些国际阶级的特征，而工业国家的无产阶级反倒没有这种国际属性。在18世纪，"世故"这个词无论在英国还是法国都是贬义词，但在19世纪的布尔乔亚之中它成了褒义词。说一个人"世故"，相等于说这个人"很有教养"或者能够"得体"地和人交往，而不受语言、国家风俗和年龄的障碍影响。

根据记载，在1770年到1870年间，巴黎布尔乔亚工人占总人口的百分比增长并不大，约为三分之一强。但更大的变化发生在他们从事交易和进行管理的背景——机器制造、批量生产的商品的系统。我们有必要理解那些身处这个系统中的人如何看待它。他们并不是很能完全理解它，部分原因在于他们还用对旧城市的理解来看待新城市。但究竟是什么令他们错误地理解了工业秩序呢？弄清楚这一点很重要，因为我们可以从中看出人们对工业生活的基本态度——认为工业生活就是投机。所有对公共领域的看法都受到这种态度的限制，布尔乔亚的体面也以此为基础。

19世纪的商人和政府工作人员基本上不认为他们所参与的是一个秩序井然的系统。此外，由于他们是新系统的掌舵人，我们倾向于认为他们至少能理解自己的工作，但这和事实相去十万八千里。即使是那些非常成功的人士，他们也往往弄不清各种赚钱和领导大型机构的新规则。19世纪60年代至70年代，巴黎和伦敦的大规模工厂中的工人常常将他们的活动比喻为赌博，机会的赌博——以此来形容股票交易最为恰当不过了。

各种新的刺激经济增长的因素让有钱人趋之若鹜，为了理解这些因素，我们必须知道投机在当时的含义。实际上，人们有可能隔夜暴富，也有可能转眼就一贫如洗。有余资的家庭通常将资本投进一个或者顶多少数几个工厂。所以，如果投资失败，豪富之家可能遭遇家道中落的窘境；而如果投资成功，投资者可能突然间就拥有一个崭新的世界。成功的投资和失败的投资都有些什么样的规则呢？在今天，投资者作决定的时候会参考很多信息，但可供19世纪的投资者参考的信息少得可怜。举例说吧，公布盈亏年报的公司凤毛麟角。多数"信息"都是小道传播的猜测之辞。伦敦的股票市场和金融区、巴黎的股票交易及其衍生产品没有任何管理法则，甚至也没有保障参与交易的公司确实存在的先期保险。商品交易的情况甚至还要糟糕。大规模的国家投资同样是投机行为，根本就连一点常识水平的理性都没有。法国在一片荒无人烟的地方修建了铁路，因为人们"怀疑"那儿迟早有一天会发现铁矿；血本无归的投资失败例子每年层出不穷，只不过一般来讲不像巴拿马事件[①]之类的大丑闻那么明目张胆地诈骗、那么引人注目罢了。之所以会出现这么多投资失败的事件，原因在于投资阶级本身根本就不知道工业发展的标准，因而不知道什么是理性的投资

[①] 巴拿马事件(Panama Affair)，也称巴拿马丑闻，发生于1892年；当时承建巴拿马运河的公司财务状况出现了问题，但法国政府收取贿赂之后对此缄口不言，最终导致了大约十亿法郎的损失。巴拿马丑闻通常被当成19世纪法国最大的贪污腐败案件。——译者

决策。

其实一直要到 19 世纪 60 年代末期，人们才开始把好年头和坏年头联系起来，从而产生了经济循环的想法。但什么因素导致了这种循环呢？今天，凭借马克思在那个年代所写的著作，我们能够有条有理地讲清楚这个问题；但是在 19 世纪，很少投机商会看他的书。曼彻斯特的银行家约翰·米尔斯认为，经济循环取决于"精神的科学"；1876 年，威廉·蒲狄进一步阐发了这个理论，他认为经济循环之所以会发生，是因为年轻的投资者步入中年，结果没有足够的身体力量来保证资本的活跃流通。法国人对经济循环的理解也好不到哪里去。19 世纪的人看不清时局，原因在于当时的经济变化远比今天来得急剧和突然；在短短几个月的时间内，法国的工业便可从欣欣向荣转变为大萧条，紧接着是一段似乎没有任何好转迹象的停滞期，然后却又突然莫名其妙地开始快速发展。[①]

投资领域这些难以言喻的动荡也使政府机构变得极不稳定。像"国家抵押银行"这么大规模的项目经常会出现，参与一些貌似长期的计划，然后突然说垮就垮了，然后其他机构和新的人员会接过它们的职责。有些法国史专家喜欢比较法国和英国的行政机构历史，他们认为在法国，国家对经济的控制比较有力，所以行政机构人员的地位比较牢固。如果只考虑到各省区的情况，这种观点或许能站得住脚，但说到伦敦和巴黎，它就错了，因为当时的情况很吊诡：虽说法国所有的国家部门

---

① 切克朗德(S. G. Checkland)，《英国工业社会的兴起，1815—1885》(*The Rise of Industrial Society in England，1815—1885*，New York：St. Martin's Press，1966)第 425—426 页。

都位于巴黎，这座城市本身的经济受到的控制却比外省或者农村地区少得多。豪斯曼对巴黎的重建造成了很大的财政和商业损失，换作在一个外省的城市，他的计划根本无法实现，因为当地的政府部门会插手干预这种资本、工人和建筑材料的狂热而又无序的累积。

体面的生活也建立在不可预测的运气上：不可预测是 19世纪的经济属性，和其扩展与隔离的人口密切相关。布尔乔亚的尊严再次出现：在这样的经济大环境之下建立一个稳定的家庭，迫使全家人过上一种拘谨于礼节的生活。这是他们付诸实践并为之努力的意愿。在今天看来，那些拘谨的礼节令人窒息；但也许正是由于资本主义经济已经变得比较有秩序，给予我们更为坚实的支持，我们才能够对 19 世纪的礼节说三道四。

如果人们对身处时代的意识是他们所生活在其中的物质环境的直接产物，那么 19 世纪英法两国首都的布尔乔亚市民应该认为他们生活在一个永远动荡的岁月中。回顾历史，我们能够看清城市的物质环境和在工业秩序取得统治地位之前就已存在的物质模式之间的渊源，也能看清前者其实无非是后者的放大。但在当时，人口的增长、居住环境的变化和新工业秩序的波动十分巨大，乃至令人摸不着头脑。因此对每个人来说，城市生活本该意味着一种人们避之惟恐不及的生活；人们应该认为城市中充满了大量无根而危险的盲流，维持体面的生活并非取决于人们的意愿，而是要靠运气。

但实际上，这些物质条件并没有导致这种印象的产生。大城市和其他地方城市的居民确实认为大城市的物质环境十分混乱，然而很多人尽管对首都的生活心怀忧惧，却仍渴望搬迁到那里去。就整个 19 世纪而言，流入城市的移民大多数是自愿离家出走的单身青年，而不是被迫流离失所的家庭群体。在英法两国，地方城市的居民更有可能认为他们正在投进深渊之中。部分原因在于，这些地方城市正是工业资本主义肆虐之地。法国的里尔和里昂、英国的曼彻斯特和伯明翰都有很多工厂；这些工厂创造了新的经济和人口分布状况，将曼彻斯特变成一座新的城市。而在其他较为古老的城镇，这些地方城市的社会生活本来就相当薄弱，所以很容易被工厂和资本主义对农业的影响冲撞得四分五裂。《米德尔马契》[①]一书描绘了一个城镇"即将发生的巨变"；《小杜丽》[②]描写了同样在伦敦发生的客观事实，以及伦敦的城市生活对这些变化的理解。《米德尔马契》展示的是地方城镇的变化，《小杜丽》描述的是伦敦的变化。

这些客观环境的变化为什么没有让人觉得城市生活是一片绝对的混乱呢？中等阶层的人们为什么会认为他们能够在城市中生存呢？大城市的生活既然有这么多可怕之处为什么人们还会觉得它重要而且有意义呢？原因恰恰在于，市民无须创造出一种能够让他们知道城市生活是什么、如何对付未知事物、在陌生人面前该有什么举止的文化。这种文化就是公共领域。古代政制时期，公共领域适应了人口和居住环境的客观变化；同样，它在 19 世纪也抵受住城市中更为巨大的物质环境变

---

① 《米德尔马契》（*Middlemarch*），英国作家乔治·爱略特（George Eliot, 原名 Mary Ann Evans）的小说。——译者
② 《小杜丽》（*Little Dorrit*），英国作家查尔斯·狄更斯（Charle Dickens）的小说。——译者

化，成为当时的人用来维持秩序的工具。但 19 世纪的人和所有败家子一样，浪费了他们所继承的遗产。18 世纪的人们发展出一些模式，用于在不确定交往对象个人背景的情况下过上一种有意义的公共生活，这些模式最终被布尔乔亚阶层改变得面目全非。但当时的人们依然极其希望参与到公共生活中去，尽管他们实现这种愿望的辅助手段正在失效。这正是 19 世纪末的悖谬之处：客观环境变得更加广为人知，更加常规化，但公共世界却变得越来越不稳定。

公共生活是对新的客观环境的回应和抵制，那么，在上述的新的客观环境中，它是如何展开的呢？

公共商品

19 世纪英法两国首都零售业的变化是个有趣的故事，用它来讲明这种公共生活最好不过了。百货商店的兴起尽管像是平平无奇的题材，但实际上恰恰具体而微地展现了公共领域在人们生活中的变化：从一种主动的相互交往便成一种人口更稠密、交往更稀少的公共性的体验。

1852 年，阿里斯泰·博西柯在巴黎开了一家叫作"便宜货"的小型零售店。这家店铺基于三个全新的创意：薄利多销、标明价钱、不讨价还价。任何人都可以走进他的店铺翻看商品，而不用觉得非买不可。[1]

以固定价格零售商品的原则并不完全是他本人的创意。

---

[1] 帕斯德玛蒂雅（H. Pasdermadjian），《百货商店的起源、演化与经济》（*The Department Store: It's Origins, Evolution, and Economics*, London: Newman, 1954），第 3—4 页。

早在 1824 年，派里索的店铺"美丽园丁"就这样出售亚麻布。但第一个将此原则应用到所有商品的却是博西柯。给商品设置固定价格的原则没有尽早得到推行的原因是，直到古代政制时期的最后十年，零售商派发印有商品固定价格的传单仍然是违法的行为。此外，更重要的原因在于固定价格对人们购物体验的影响。[①]

在零售价格浮动的市场，店家与顾客为了抬高或压低价钱而使尽花招。例如在中东的市场，交易中的人讨价还价往往口沫横飞，店家会满怀深情地说失去或者卖掉一张如此美丽的地毯会带来多么大的痛苦和折磨。而在 18 世纪的巴黎肉食市场，如果卖方打算将一块牛肉的价格提高几分钱，买卖双方通常会争执上几个小时。[②]

讨价还价和买卖双方的行为方式是城市日常生活戏剧化和公共人演员化的最为常见的例子。在一个没有固定价格的社会中，生产和分配链条的终端便会尔虞我诈，极力寻找对手铠甲上的裂缝，以便占得上风。这种程序化的你来我往使得买卖双方有了相互交织的社会关系；不积极参与到其中，就意味着有损失钱财的风险。

博西柯的固定价格系统降低了不扮演角色的风险。他那容许顾客自由进入商店的创意则使得人们自此不再主动讨价

---

① 伯特兰·吉勒(Bertrand Gille)，"巴黎大型商店起源研究"(Recherches sur l'Origines des Grands Magasins Parisiens)，载《巴黎和法兰西岛》(Paris et Île de France，Paris，1955)，第 7 期，第 260—261 页。马丁·圣-里昂(Martin St.-Léon)，《法国的小生意》(Le Petit Commerce Français，Paris，1911)第 520—521 页。

② 参看克里福德·吉尔兹(Clifford Geertz)，《小贩与王子》(Peddlers and Princes，Chicago：University of Chicago Press，1963)，书中各处。

还价。

在古代政制时期和 19 世纪初期巴黎的零售商店中，顾客走进商店，就意味着他不管买什么，总会购买一些东西。随意查看商品的行为只能在露天市场而不能在商店内部进行。这种非买不可的"隐含契约"有助于我们理解为什么价格未定的系统中需要那些戏剧化的讨价还价。如果卖方愿意花时间赞美他的商品、宣称他就要破产了一分钱也不能少，那么他肯定知道他的口舌不会白费。这种戏剧化的行为需要花时间，所以商品不可能很快被售出。博西柯预见到薄利多销的好处，于是他取消了这些戏剧化的行为。[①]

博西柯及其仿效者——伦敦的伯特、芝加哥的波特·帕尔默——为什么会开始以薄利多销的理念销售商品呢？最简单的答案和生产系统有关。比起手工生产的商品，机器生产的商品的生产速度更快，产量也大得多。我们提到的百货商店和工厂相互呼应。赖特·米尔斯提供的补充解释则和工业科层组织有关。在《白领》一书中，他为固定价格系统提出了如下的解释：出售大量货物的商店肯定会有很多雇员，所以，"如果店主本人并不卖东西，他必须设定一个价格；他无法信任雇员能够成功地进行讨价还价。"[②]

除了工厂和非人格的科层组织之外，如果没有大量的顾客，百货商店也不能取得成功。正是在这里，涌进首都的人口进入了这个场景。但房地产开发的经济使得大量的潜在顾客越

---

① 帕斯德玛蒂雅，《百货商店的起源、演化与经济》，第 4 页和第 12 页。
② 赖特·米尔斯(C. Wright Mills)，《白领》（*White Collar*, New York: Oxford University Press, 1957），第 178 页。

来越固定在一个城区活动。错综复杂的旧城区街道也不利于大量顾客的聚集。据估计，在 19 世纪初期的巴黎，由于城中街道曲折而狭窄，今天我们步行十五分钟能走完的路程，在当时需要花一个半小时。离开自己的城区是一件花时间的事情，然而对百货商店来说，要想生意兴隆，就必须吸引全城各地的顾客。19 世纪 60 年代巴黎兴建的主干道使得这种情况有实现的可能。巴黎和伦敦的交通系统则使得这种实现更为可行。尽管巴黎直到 1838 年才出现公共马车，但 19 世纪 50 年代是公共马车快速发展的时期；在 1855 年，它们运送了三千六百万乘客；1866 年，它们运输的乘客达到一亿零七百万。1871 年大火之后的芝加哥也同样出现了这种快速交通系统和零售商业齐肩并进的发展。设计这种公共交通的初衷并不是为了快乐，它的路线也没有沟通各种不同的社会阶级。它的目的在于运送工人去上班和购物。①

批量生产的商品、处理交易的大型科层组织、大量的顾客，所有这些都是促使卖方放弃原先那些旨在获取更多利润的零售商业模式的因素。它们并没有解释顾客这一方为什么也愿意随之改变。除此之外，卖方的利润也无法解释为什么巴黎的顾客在付钱的时候愿意变成一个不讨价还价的人。

首先让我们来看看顾客愿意在购买商品时不再主动讨价还价的最简单和最明显的原因。一般来说，百货商店的价钱并不比老式商店更加便宜。虽说某些商品的价格水平会下降，但即使是最为节俭的人，往往也会买一些本来不想拥有的东西，

---

① 帕斯德玛蒂雅，《百货商店的起源、演化与经济》，第 2 页，注释 4；桑内特 (Sennett)，《家庭对抗城市》（*Families Against the City*）第二章。

这样省下来的钱等于贴进去了。中等阶级和上层工人阶级的总体消费水平上升了。举个例子：由于百货商店的出现，人们开始购买几套大同小异的机器制造的衣服，用于上街的时候穿着。再举一个例子：在这些商店，人们开始购买各种功能各不相同的炊具，而不是仅仅满足于购买一个多功能的炖锅或烧锅。

卖方这种被动的新角色和新的消费刺激因素有关。达文奈尔扼要地描述了新百货商店所售货品的质量：

> 它们(百货商店)既不销售利润惊人的高档商品，也不卖只有一点蝇头小利的低档货物，而是出售一些质量上乘或者相当不错的产品，并且只赚取和过去低档商品带来的收益差不多的利润。

中档商品只赚取低档商品的利润，顾客花更多的钱买更多的东西——这就是物理商品"标准化"的真谛。当时的零售商——尤其是博西柯和帕尔默——知道他们很难刺激人们购买这些平平无奇的商品。为了解决这个问题，他们在商店外面布置了一些引人注目的场景；通过联想，这种场景能赋予商品一种商品本身所缺乏的令顾客感兴趣的属性。[①]

零售商使用的第一种办法是将一些商品摆放在一起，产生一种出乎意料的效果。人们要是到纽约布鲁明代尔商店的家具楼层去，便能体会到这些 19 世纪商店的意图。它们不会在地

---

① 达文奈尔(G. D'Avenel)，"大商场"(Les Grands Magasins)，《两个世界评论》(*Revue des Deux Mondes*)，1894 年 7 月 15 日。

板上摆出一百个同样大小、同一厂家生产的饭锅，而是每种饭锅只摆一件样品，在一个饭锅旁边摆一个形状不同的饭锅。左拉写道："各种不同种类的商品摆放在一起，它们相互衬托，相互突出彼此的优点，这样一来，百货商店的力量增加了十倍。"达文奈尔也同样指出："这些迥然相异的物品一旦摆放在一起，似乎产生出一种相互支持的效果。"为什么要这么做呢？商品的使用属性暂时被置之不理。商品变得能够"刺激"人们的购买欲望，因为它暂时变成了一件顾客意想不到的东西，变成了一件奇怪的东西。[①]

通过不断地寻找珍奇的"新产品"来放在最为寻常的货物之中，零售商加强了这种不同物品摆放在一起所产生的刺激。伯特兰·吉勒说，新奇的产品和来自殖民地的进口商品在贸易中不仅仅是商品本身而已。它们使得顾客养成了这样的观念：他将会在商店中找到他原来没有预料到的东西，因而愿意带着他本来不打算购买的东西离开商店。也就是说，通过这种迷惑顾客的行为，零售行业得以卖出大量的商品：顾客的购买欲望来自商品所获得的新奇感和神秘色彩。[②]

从这种刺激顾客购买欲望的过程中，我们能够得出一个结论。销量巨大意味着商店中商品出现和消失的速度都很快。零售商利用这一事实，创造出供不应求的幻象，但实际上这些商品都是大批量生产的。顾客如果看到货如轮转的情况，而且那些商品的属性又蒙上一层和其实际用途无关的联想，那么他或

---

① 左拉的话出自帕斯德玛蒂雅，《百货商店的起源、演化与经济》，第 12 页。
② 吉勒，"巴黎大型商店起源研究"，载《巴黎和法兰西岛》，第 7 期，第 252—253 页。

她的购买欲望就会被激起。

在 19 世纪最后几十年间，百货商店的店主开始精心设计商品的摆放方式。他们在商店的地面层开辟了一些玻璃橱窗，而橱窗中摆设的是商店中最不寻常的货物，而不是最为常见的商品。橱窗本身的装饰也变得越来越新奇和精巧。[①]

通过刺激顾客对商品注入一些和其用途无关的个人感情，一套使得大规模的零售商业获利的信念系统出现了。贸易中新出现的这套信念系统体现了一种更大的变化，也就是人们对公共领域的感觉的变化：投入个人情感和消极的观察紧密相连；身处公共领域既是一种个人的体验，也是一种消极的体验。

卡尔·马克思有一个恰如其分的术语——商品拜物教——来指称这种消费心理。他在《资本论》中写道：现代资本主义的每件劳动产品都变成了"社会的象形文字"；他的意思是劳动者和资本家在生产这件物品的过程中的不平等关系被掩盖了。如果商品获得某种神秘色彩、某种意义、某种和其用途无关的联想，那么人们的注意力便会从这些商品得以生产的社会条件转移到商品本身。[②]

博西柯和其他百货商店的店主所创造的正是这样一种意义。通过给商店中物品的用途蒙上一层神秘色彩，比如说通过展示一张某公爵夫人穿着某件裙子的照片来赋予这件裙子以"地位"，或者通过将一个饭锅摆放在商店橱窗中摩尔族妇女的裸体塑像旁边来增加它的"吸引力"，零售商首先让顾客不

---

① 帕斯德玛蒂雅，《百货商店的起源、演化与经济》，第 32 页。
② 卡尔·马克思（Karl Marx），《资本论》（*Capital*， trans. Samuel Moore and Edward Aveling, New York: Modern Library; first published 1906），第 82—85 页。

再考虑商品是如何被制造出来的，甚至不再考虑它的质量，其次还使他们忘了自己的买家身份。商品就是一切。

但商品拜物教为什么能生效呢？这个问题的答案要到资本主义和公共文化的关系中去寻找。用马克思的话来说，资本主义秩序有一种力量，能够让物品的外表处于永远不确定的、永远"神秘化的"状态中。设想一下博西柯打算卖一个新饭锅：他知道若想卖掉大量的饭锅，最好别准确地提及它的用途，以及家庭主妇该如何使用它；他知道他必须将它摆在商店的橱窗中，用摩尔族的女人来做衬托背景，暗示它的用途是不确定的、多种多样的，并且让顾客觉得这种饭锅极其抢手，很快将会成为收藏家的至爱。而在服装制造行业，我们也将会看到这种外表的神秘化，只不过其处理方式要简单得多：最便宜的机织衣服都只用一点布料，并且款式也只有几种，所以大多数人的外表看上去差不多。他们都是些什么人呢？现在的人们恐怕难以区分他们的外表。

但关于19世纪的城市文化，这种新的经济所无法解释的是，大城市的居民为什么以及如何这般认真地对待他们神秘化的、难以辨认的外表；商店中的他们为什么会认为穿上一件某位公爵夫人所穿的价值10法郎的裙子就会使人变得"高贵"一点；或者认为一个铁锅对顾客来说具备某种个人的意义，会让他联想起摩尔人的快乐。如果说那个时代的一大特征是机器制造的同质化产品迅猛增长，那么另外一个特征就是，对于那些居住在卡莱尔的伦敦和巴尔扎克的巴黎的市民来说，作为个人性格、私人情感和个体性的标志的外表变得越来越重要。

有一种观点认为人们购买商品，是因为商品能够体现他们的身份和个性；马克思本人由于反对这种观点而招致不断的批评。今天我们已经对这种观点习以为常，乃至很难通盘接受马克思这种讲求功用的批评取向。在马克思看来，每个人都在理性地追求合理的经济利益，只会购买那些有需要的或者派得上用场的东西。这就是19世纪思想的双重性：一方面抽象地强调事物的用途和具体的事实，一方面又对人们的心理形态有所察觉。马克思的思想也是如此，所以他本人才会注意到商品正在变成"体现购买者个性的事物的表象"；其他人则对别的一些易变表象作出解释，认为它们是恒定的内在特性的标志。

约翰·斯图亚特·密尔①提出了一种"行为学"的科学，认为能够从细微的行动看出性格特征来；这种观点普及之后，人们开始根据他人的一些外在表象，比如头颅的形状或者写字的笔迹，来推断其性格。卡莱尔写过一本书，叫作《服装哲学》②，提出了服装是"灵魂的表现"的理论。达尔文出版了一本心理学巨著《人类和动物的表情》，书中认为哭泣的细节能够体现出悲哀的意义，愤怒的感觉能够用一个人愤怒时脸上的肌肉形状来衡量。像贝蒂隆的"犯罪型"头颅测量法之类的广受欢迎的犯罪学方法更是这种新行为科学的体现。菲尔丁的世界，也即脸谱并不反映演员性情的世界已经终结了；脸谱变成了脸庞。

在这里，在零售商业的世界中，出现了导致19世纪公共领域发生变化的第一种力量，还有一个这种力量所无法解释的

---

① 约翰·斯图亚特·密尔（John Stuart Mill, 1806—1873），英国哲学家。——译者

② *Sartor Resartus*，简体字译本译为《拼凑的裁缝》（广西师范大学出版社，2004年5月）。——译者

问题。资本主义对公共生活的两大主要影响之一就是将公共现象神秘化，但这种神秘化要获得成功，必有一个先决条件：人们愿意相信物品被注入了各种人类的性格特征；卖方的利润并不能说明人们愿意如此相信的原因。要理解这种相信，我们应该理解在这个过程中人们对于性格的新看法。

也正是在这里，第一次出现了这种新公共生活的各种心理表征中的一种：很多在古代政制时期没有被叠加想象的领域被叠加了想象。在1750年，裙子和你感觉到什么无关；它是一个精致而明确的符号，表明你在社会中的地位，你的社会地位越高，你根据某些精细的非人格的规则来玩弄这件物品和自己外表的自由就越大。到了1891年，拥有相应的裙子能够让你觉得纯洁或者性感，尽管它可能是批量生产的并不漂亮的服装，因为你的衣服"体现"你。1860年，你的消费欲望被挑起，想买下一个口径十英寸的黑色铁锅，因为它被摆在一个展示"神秘而诱人的东方美食"的商店橱窗中。工业广告通过转移消费者的注意力来打动消费者，这种转移有赖于想象对物品的叠加，而反过来，这种叠加又有赖于一种独特的生产模式和一种认为人类性格无所不在的独特信念。

除了上述的神秘化之外，工业资本主义对公共领域还有第二种影响。它改变了隐私的本质，也就是说，它影响到和公共领域相抗衡的私人领域。第二种影响的迹象也存在于城市商业的范畴之内，我们可以从受到百货商店挑战的小商店和市场所发生的变化中看到。

直到17世纪末期，巴黎的中央市场仍是市民购买各种农产品和手工产品的去处。路易十四驾崩前后，中央市场变成了一个更为专门的市场——食品市场。早在工业世纪来临之前，由于商业变得越来越专门化，巴黎的中央市场失去了其市集的特性，中世纪末期的表演和狂欢节等市场庆祝活动也消失了。工业时代只是完成了中央市场的这个专门化过程，而并非促使其专门化的原因。[①]

在 19 世纪发生变化的是限制食物买卖的社会条件。18 世纪 40 年代，市场受到的约束极大，法律将中央市场的商贩都当成潜在的奸商，他可能采取的各种行动都受到严格的规制：法律禁止某些形式的广告，并且保障顾客有某些获得赔偿的权利；商贩能卖什么东西也由法律规定。[②]

中央市场的商贩受到这些约束在 19 世纪被解开了。卡尔·波兰尼认为自由市场是 19 世纪的福音，他所说的自由市场，是卖方的法人资格不受法律管辖的市场。但销售本身的"解放"并不是经由同样的方式。因为正是在 19 世纪，紧随大规模的百货商店之后，中央市场的零售交易也采取了固定价格的系统。[③]

开放价格的交易并没有从 19 世纪的中央市场消失；它继续存在于批发交易领域。但这些交易第一次被当成需要保密的生意。如果以零售价格购买商品的"公众"知道批发的价格，

---

① 查理·费格达（Charles Fegdal），《室内市场的人与事》（*Choses et Gens des Halles*，Paris：Athéna，1922），第 211—220 页；鲍瑞（M. Baurit），《早年巴黎的室内市场》（*Les Halles de Paris dès Romans à Nos Jours*，Paris：M. Baurit，1956），第 46—48 页。

② 让·马丁诺（Jean Martineau），《起源于 1789 年的巴黎室内市场》（*Les Halles de Paris dès Origines à 1789*，Paris：Mondarestier，n.d.），第 214—215 页。

③ 保罗·梅纳（Paul Maynard），《巴黎的中心市场的蔬菜和水果称重法》（*Les Modes de Vente des Fruits et Légumes aux Halles Centrales de Paris*，Paris：Sirez，1942），第 35 页。

他们可能拒绝接受商品的定价，这样一来大规模的零售市场就会变成一片混乱。所以，批发贸易这种情况的出现，有赖于一种社会因素，也即人们赋予"私人领域"以新的意义：在私人领域，人们能够自由地讨价还价，而1个世纪之前，这些都是公共商业领域才有的行为。[①]

也正是在这里，我们能够从19世纪巴黎的经济实践看到一种更大的变化的端倪。在"公共领域"，人们观察想购买的商品，在心里权衡比较，通过商品来表达自己；但这种购买不再是讨价还价的结果，而是一段被动、沉默、专注的观察过程。与此相反，"私人领域"意味着一个当人们被其他人触动时能够直接表达自己的世界；私人领域意味着一个互动的世界，但这种互动必须是秘密的。19世纪末期，恩格斯认为家庭这个私人领域体现了资本主义的特性。他应该说得再详细一点。和家庭相似的并不是资本主义的公共世界，而是批发的世界；在这两个领域，保密是人们持续交往的代价。

但在这里，也有一些无法立即得到解答的谜团。19世纪这条保密的法则十分费解。家庭，尤其是中等阶层的家庭，即将受到绝对的保护，和外部世界的混乱相互隔绝。如果人们强烈地认为家庭是一个抵御外部世界的避难所，在家庭中他们能够表达自己，那么他们就不会认真地认为城市公共世界的表象和个人情感有关。从逻辑上来说，应该是只有在家庭的范围之内，或者只有在批发贸易的范畴之内的表象才具备一些心理属性。但这种逻辑并没有落到实处。人们在现实交往中注重隐

---

① 费格达，《室内市场的人与事》，第123页；马丁诺，《起源于1789年的巴黎室内市场》，第242—243页。

私——然而所有人都认为陌生人能够从自己的外表和穿着看出自己的性格；城市是一个狂热的"戏剧世界"——然而在这个戏台上很少有人扮演一个主动的角色。

人们在毫无保留地进行交往时需要保密这种信念是一个关键，我们能从中瞥见当时社会的精神压抑的情况：为了避免无意中向他人表露自己的情感，人们希望把感情藏得严严实实。只有把你的情感变成秘密，这些情感才是安全的；只有在掩饰的时刻和地方你才能够自由地和他人交往。但恰恰是这种不愿表达情感的担忧，促使其他人为了知道你感觉到什么、想要什么、知道什么而更加接近你。逃避和强迫性亲密关系的种子紧密相关：由于打消他人的防备让他愿意进行交往需要费上很大劲，所以无论表达的是什么情感，纯粹的情感表达都变得更加重要。

公共领域和私人领域这些自相矛盾的标志不但让回顾历史的我们大感不解，也让当时的人们摸不着头脑。我们已经从零售商业的世界看到了这些谜团最为基本的要素，也就是资本主义对公共生活的影响与限制：使得公共生活神秘化与私人化。为了更深入地理解这些问题，我们现在需要探讨人格如何变成了一个社会范畴，以及如何闯进了公共领域。我想指出的一点是，尽管当时的人们对这个变动中的世界认识十分有限，但有个人还是值得一提，他就是巴尔扎克。巴尔扎克的巴黎就算比马里沃的巴黎更不文明，更不吸引人，但它也更让人信服。现代生活的种子已经萌芽，但还需要挣扎，没有什么东西能够顺利地茁壮成长。

第八章　公共领域中的人格

在追问新的物质环境给公共生活造成了什么样的影响，尤其是工业资本主义对它造成的影响的过程中，我们发现我们自己不得不追问第二个问题：人格如何进入公共领域。如果缺乏人格的闯入，利润的系统无法取得成功；而且利润的系统也无法解释这种闯入为什么会出现。

人格出现在公共领域，是因为整个社会出现了一种新的世俗的世界观。这种世界观通过对自然现象的解释取代了自然秩序。当一件事实能够被安置在一个普遍的框架中，第一种世界观的信仰就出现了；第二种世界观的信仰的出现要早一些，当这件事实被理解并因此本身具备了真实意义的时候，第二种世界观的信仰就出现了。第一种是世俗主义的超验的教条，第二种是世俗主义的内在的教条。人格是这种有关世界的内在意义的信仰的一种形式。

人们很容易把"资本主义"想象成一种历史力量，因为人们会想起生产、价格或者权力的各种能被感知的行动和变化。把"世俗主义"想象成一种历史力量则不然，因为人们很难说清它到底是什么东西，只知道它是其他各种社会力量的抽象产物。在我看来，人们无法将世俗主义视为一种独立的社会力量，其原因恰恰在于今天的人们无法认为信仰行动本身是真实的。而这又是因为我们尤其无法理解宗教的社会学的现实——而宗教，正如路易·杜蒙曾经指出的，在人类社会存在以来多数时间里，一直是多数人类社会的首要社会结构。因为今天我们的头脑中已经不再有各种神明，因此我们很容易想当然地认为信仰的过程之所以不再成为一种基本的社会范畴，是因为它本身的缘故，而不是由于受到社会的影响。例如，列维-斯特劳斯的追随者抓住他的理论，认为思维有一些普遍性的结构，但丝毫看不出这种理论来自一种幻觉：认为信仰的冲动产生了那些让各种看似不同的社会交织在一起的语言的、经济的和家庭的结构。

有些人认为18世纪的自然之神依旧是一位神明，所以世俗社会只能从19世纪开始算起。但把18世纪和19世纪视为世俗化过程的两个阶段比较恰当。"自然和自然之神"是一个没有面相的神明，人们可以崇拜它，却不能对着它祈祷许愿。尽管自然是超验的，但信仰自然之神的人却不认为有来生，也就是说，信仰并没有使他们成为超验的生灵。所以说世俗主义的这个定义是最好的："在我们死亡之前，世俗主义是一套关于事物为什么会是它们现在这个样子的信念；一旦我们去世，这套信念便不再起作用。"（见第一章）

世俗主义在18世纪和19世纪之间发生了变化，这一点很清楚。它不仅包括科学的实证主义，还包括了达尔文的进化论、各种关于艺术的理论、各种日常的信念，还有心理学本身发生的复杂变化。要说明这种变化的原因需要一整本书的篇幅，但我想指出一种理解它的办法。

尽管人类不再相信神明，但信仰依然是一种基本的社会条件，信仰的意愿也没有被抹掉。我们这个时代的独特之处并不在于我们对科学和理性主义的癖好，而仅仅在于我们将科学当成偶像崇拜的敌人。这种敌对性在启蒙时代开始出现，随后稳定发展。在 19 世纪，信仰的意愿从一种没有偶像的宗教发展到一种更注重反省自身的状况：信仰越来越集中在人类自身的直接生活，以及定义他所能相信的一切的经验。偶像崇拜一旦遭到禁止，信仰只能够在直接的、感官的、具体的地方茁壮成长。在 18 世纪，这种反思性的原则迈出了一步，完成了第一次突破。由于神明已经被去神秘化了，人类开始神秘化他自己的环境；他的生活充满了意义，然而它终究会结束。意义内在于生活之中，然而人不像固定不变的石头或者化石，能够被当成一种形式加以研究。

　　正是在这儿，人格进入了内在信仰的框架。在 19 世纪，人格变成了一种探究人类生活所隐含的意义的方式；然而就每个人的生活而言，人格的具体形式，亦即作为一个完整客体的自我，依然必须得到区别对待。过去人们认为"家庭"是历史中一种固定不变的生物形式，现在的人们很容易想当然地认为人格是各种人类事件中的不变因素，因为人们的情感、感觉和行为总是有所不同。问题在于什么样的人会表现出这些差异。由于神明已经逃走了，情感和感官的直接性变得越来越重要；作为直接经验的现象本身被视为是真实的。由此人们倾向于在给彼此造成的印象中制造越来越多的差异，实际上他们还倾向于将这些差异视为社会存在的根基。不同的人所制造的这些直接印象被当成是他们的"人格"。

19世纪的人格通过三种道路与自然属性的启蒙信仰背道而驰。首先，人格被当成是因人而异的，而自然属性是整个人类所共同具备的。人格因人而异，因为一个人的情感的表象和这个人的情感的本质是一致的。一个人的本质就是他的外表，所以，有着不同外表的人们具备不同的人格。当一个人的外表发生变化，他的人格也随之变化。由于共同人性的启蒙信念已经消失，人们外表的各种变化开始和人格本身的不稳定性联系在一起。

其次，和自然属性不同，人格受到自我意识的控制。一个人对自然属性的控制就是调节他自己的欲望；如果他以某种方式妥当地行动，那么他能够使得本身和自然属性保持一致。人格不能通过行动得到控制；环境可能会催生不同的表象，从而使自我变得不稳定。惟一的控制形式只能是不断地试图弄清楚自己感觉到的是什么。控制自我的概念很大程度上是反思性的；人们只有在体验已经结束之后才能理解自己做了什么。在这个框架中，意识总是伴随着情感的表达。因此，人格的构成因素不仅仅是各种程度不等的愤怒、同情和人们之间的相互信任；人格还是一种"重新发现"人们的情感的能力。在19世纪的心理学中，渴望、后悔和怀旧获得了一种特殊的重要性。19世纪的布尔乔亚总是怀念自己年轻时的光景，认为当时的他过着的才是真正的生活。他个人的自我意识并不是要比较自己和他人的情感，而是用已知的和已经结束的情感——无论这些情感是什么——来定义他自己。

最后，现代人格和自然属性观念的不同之处在于，在特定时刻，情感的自由似乎侵犯了"正常的"传统的情感。在18

世纪中期，社会传统和自发情感并不对立。正在对法瓦夫人"指手画脚"的那个梳着高髻发型的女人所展示的是一种形式的自发情感，在家打扮自然的她所展示的是另一种形式的自发情感。然而，人格的自发情感和社会传统相对立，使得无拘无束地表达情感的人看上去像是异类。自发的情感和性格的无意揭示在含义上有所交叠，但可以这样加以区分：自发的情感是安全的无意的情感流露，对自己和他人都没有害处。19世纪的精神医生和他们的病人都认为，不自觉地表露心声的普通人通常都是疯子；这是把自发情感当作异常现象的另一种形式的忧虑。这条原则后来还产生了相反的效果。有的人认为自发地表达情感是特立独行的表现。

人格是由外表创造出来的，能够通过关于过去的自我意识得到控制，人们只有在精神异常的情况下才会自发地表达情感：这些关于人格的新定义在19世纪开始被用于理解作为各种人格的总和的社会本身。正是在这样的大背景之下，人格进入了首都城市的公共领域。

是什么样的原则导致人格这三种定义的出现呢？所有的线索都能在第一种定义中找到。人格因人而异，每个人的人格都是不稳定的，这是因为外表和内心的冲动没有区别，外表是"内在的"自我的直接表达。也就是说，人格是内在于外表的，这和自然属性恰好相反，自然属性和自然本身一样，超越了世界中所有的表象。

> 所有肉眼可见的事物都是象征；你所看到的事物并非本身，严格地说，事物根本就不是你所看到的表象：物

质只能以精神的形式存在，并表现为某种观念，然后将其
体现出来。因而，尽管在我们看来衣服微不足道，但它却
具备无法形容的重要性。

这些出自托马斯·卡莱尔的《服装哲学》的文字在假发和
"猛烈的情感"的年代毫无意义。卡莱尔之所以会认为服装
"具备无法形容的重要性"，原因在于世人打扮出来的外表不
再是遮蔽穿着者真正的自我的屏障，而是揭示它的指南。[①]

人们要真正了解一个人，则必须得知他身上最为具体的层
次——包括衣服的、言谈的和行为的细节。因此，在巴尔扎克
笔下巴黎人的服装和言谈中，外表不再和自我有距离，而是被
当成揭示私人感情的线索；与之相反，"自我"不再超越它在
尘世中的表象。这就是人格的基本状况。

这种关于人格的世俗主义信条——认为外表是揭示内在情
感的线索——和工业资本主义经济共同促使人格变成一种社会
范畴，从而得以进入公共领域。这两种因素已经展开了一场对
话。在上一章，我们看到利润方面的因素给公共生活中的人格
所造成的影响：人们变得被动，相互的交往成为秘密，表象本
身的神秘化。这种新的世俗主义信条也以其本身的逻辑对公共
领域产生了影响。要了解他人，人们就必须不能将自己的情感
和看法强加于他人身上；这导致了人们在公共领域中为了理解
他人而保持沉默，还催生了科学调查中的客观性和眼睛的盛

---

① 托马斯·卡莱尔（Thomas Carlyle），《服装哲学》（*Sartor Resartus*， edition
reproduced in *English Prose of the Victorian Era*， Harrold and Templeman， eds.，
Oxford：Oxford University Press，1938），第 94 页。

宴。窥私癖是 19 世纪的世俗主义的逻辑补充。

为了听懂世俗主义的言语以及它在这场对话中的位置，我想最好还是来看看一个人是如何解释出现这些情况的世界，从尽可能具体的细节开始。所以，让我们从巴尔扎克开始。他生活的现代城市出现了所有这些新的客观条件，从他对它们的解释中，我们应该可以看到人格的这些新定义。

巴尔扎克的看法：人格是一种社会规则

亨利·詹姆士曾经写道："在巴尔扎克的小说中，他并没有直接描写巴黎，而是通过暗示性的描写使其跃然纸上。"放纵、孤立和机遇——这些都是英法两国首都的刺激因素，也是巴尔扎克的主题。它们存在于巴尔扎克对巴黎的描写中。他对巴黎着墨甚多，在他笔下，这是一个发财与破产的地方，这是一个向天才开放然而又会莫名其妙地将天才忽略的环境。相互暗算是人类关系的基本模式。如果一个冷静沉着的人进入巴尔扎克的世界，如《幻灭》中的戴维，只能无奈地成为这种欺诈社会的受害者。因而，巴尔扎克作为巴黎本地人对这种新的客观秩序的看法，在下面这些来自《交际花荣枯记》的形象中体现得最为明显：

> 你知道的，巴黎就像新世界的丛林，充满了啸聚的野蛮人——伊利诺伊人、休伦人，他们靠劫掠各种不同的社会阶级为生。你想成为百万富翁；既然要发财致富，你就必须使用罗网、涂了粘鸟胶的树枝、圈子。有人追猎女继承人，有人觊觎万贯遗产；有人垂钓良心，有人将客户五

花大绑转手卖出。那些满载而归的人会得到欢呼声与盛情款待，为上流社会所接受。

若想在这样的环境中生存，人们必须放弃所有的感情，更不能一诺千金。

> 白痴才会以毕生循规蹈矩为荣，才会相信什么礼义廉耻。这年头哪有什么规矩，有的只是尔虞我诈；这年头哪有什么法律，有的只是人不为己，天诛地灭。[①]

巴尔扎克用"运气之轮"这个意象来表达在这样的社会大背景中物质条件对生活的影响。文艺复兴时期的作家也用这个意象来描绘他们的社会，但他们不会接受巴尔扎克对它的用法。在巴尔扎克笔下，运气不再是神明对凡人的播弄，也不再是马基雅弗利的宗教战争中的"机会女神"。巴尔扎克根据《李尔王》写出了《高老头》，但通过将情节挪到一个现代城市，巴尔扎克将"运气之轮"的观念从文艺复兴时期高贵圣洁的神坛赶了下来，将其丢进斯文扫地、狼狈为奸和痴心妄想的污泥之中。由于机会被人类从神明的领域拖下到日常事件的琐碎，由于它被世俗化了，所以"运气"变成了大起大落的东

---

① 亨利·詹姆士(Henry James)的原话引自唐诺德·范杰(Donald Fanger)，《陀思妥耶夫斯基和浪漫现实主义》(*Dostoevsky and Romantic Realism*, Chicago: Chicago University Press, 1967)，第30页；巴尔扎克的原文出自《交际花荣枯记》(*Splendeurs et Misères des Courtisanes*, Paris: Edition de Béguin, 1947—1953)，第137页。第一段引文的英文翻译出自上述范杰一书第42页和普里切特(V. S. Pritchett)的《巴尔扎克》(*Balzac*, New York: Knopf, 1973)，第165页，第二段引自普里切特的《巴尔扎克》。

西，要么是绝对的成功，要么是彻底的失败，两者之间没有可供运气之轮留驻的坡度。因而在《高老头》中：

> 昨天还是高高在上的公爵夫人……今日却流落风尘，低声下气求人借钱：这就是巴黎的女人所遭遇的命运。

凄惨而绝对：这就是机会已经变成的样子。[①]

巴尔扎克这种描绘城市生活新景况的欲望替他招来了不少非议；人们批评他一叶遮目，不见舆薪，像一个糟糕的新闻记者。所以查理·拉罗说：

> 《人间喜剧》低估了主要的东西，也就是生产，然而高估了次要的东西——投机。

当然，这些批评本身就很蠢，没有人能够写出像百科全书般面面俱到的作品；但它们也提出了一个重要的问题：巴尔扎克为什么会如此关注19世纪中期巴黎的动荡、机会和极端的变化？有一个明显的答案，那就是巴尔扎克无非是在如实地记录这座城市新出现的刺激因素而已。但在这个答案之后还有另外一个回答。[②]

对巴尔扎克来说，在流动性极大的现代城市，人们的心灵确实完全摆脱了稳定的责任、义务、封建关系和传统纽带的束

---

① 引文出自巴尔扎克，《高老头》（*Père Goriot*， Paris：Édition du Pléiade, n.d.），第2卷，第884页。英语译文出自彼得·布鲁克斯，《闹剧》（手稿），第44页。

② 引文出自查理·拉罗（Charles Lalo），《艺术与生活》（*L'Art et la Vie*， Paris, 1947），第3卷，第86页。

缚。在这座城市，轻微的腐败、无意的言语过失、微不足道的怠慢都变成了极其严重的道德问题：再也没有任何上帝的先验原则来对付这些过错了。巴黎城因而显露出人类心理的各种可能状态；也就是说，每个场景都具备一种意义，因为没有外在于人类欲望的原则导致它的发生。《人间喜剧》前三部分的标题依次是"私人生活场景""地方生活场景""巴黎生活场景"，分别描绘了生活循环的各个舞台；巴尔扎克在一篇前言中认为，人类只有在城市才能完全成熟。既然所有的依附关系和责任关系都已破碎，那么城市催熟的是什么呢？巴尔扎克的回答也许是他全部作品中最著名的对巴黎的描绘：

> （在巴黎）真实的情感少之又少，它们被利益争夺拉扯得四分五裂，被这个机械世界的车轮辗得粉碎。在这里，品性纯良的人反受诽谤；在这里，天真无辜者惨遭出卖。感情让路给歹念和恶行；一切都被权衡计算，都可以购买和出售。这里是一个市集，所有的东西都有其价格，人们在光天化日之下不知廉耻地相互算计。这儿的人可以分为两类，骗人者和上当者……有人巴不得爷爷奶奶早点死；诚实的人是傻子；慷慨导致倾家荡产；宗教只是政府愚民的必需品；正直变成了矫情；没有什么不能被利用和出卖的。揶揄奚落是自我标榜和取信于人的方式：那些七老八十的人还觉得自己很年轻，并瞧不起年老的人。①

---

① 巴尔扎克，《巴黎生活场景》（*Scènes de la Vie Parisienne*， Paris：Edition de Béguin），第 15 卷，第 110 页。该段英文翻译为范杰，见范杰，《陀思妥耶夫斯基和浪漫现实主义》，第 37—38 页。

因而，在巴尔扎克的作品中，我们看到了上一章提出那个更大的问题的例证，看到了一种基于城市的客观环境而对城市作出的控诉。然而巴尔扎克比任何人都更清楚这些客观环境；他用一根新的标尺来解释它们。在《巴黎生活场景》的开篇，他管巴黎叫"最美味的怪兽"；实际上，巴黎的每一恐怖之处他都甘之如饴。在巴尔扎克的作品中，我们可以看到他满怀激情地细数巴黎各种令人作呕之处，兴高采烈地向读者展示它有多么可怕；巴尔扎克对这个"美味的"怪兽的喜爱和他对巴黎人生活的真正厌恶并不矛盾，而且这种喜爱甚至胜过他的憎恶。令巴尔扎克成为伟大的巴黎精神风貌报道者的，并不是他对巴黎的控诉，而恰恰是这种爱恨交加的矛盾态度。巴尔扎克之所以会有这种矛盾态度，是由于他认为人格已经变成了城市中一种基本的社会范畴；而他这种信念，又来自他对各种表象的细节的分析。巴尔扎克正是在此基础上和他的同代人对话、为他的同代人代言。

　　巴尔扎克对细节的关注过去被人当成是他的"风格"，而不是他的"内容"；现在它则被当成他的写作艺术的实质。在当前，巴尔扎克对细节的痴迷被解释成"浪漫现实主义"或者"闹剧风格"。这两种解释并不矛盾，但它们之间有一点至关重要的差异。在认为巴尔扎克属于浪漫现实主义的这一派——如唐纳德·范杰——看来，小说家之所以注重个人日常生活的细节，是因为这些细节如果被挑出来，被分开，被加以端详，它们将不仅能够揭示人物的性格乃至隐藏在各种伪装之后的人格，还会透露出一个能够让人窥见整个社会图景之一斑的秘密。社会的方方面面体现在生活中每个具体的细节中，但小说家和小说的读者必须强迫自己竭尽全力，必须对细节投入异乎寻常的感情，才能够得知这个秘密。如果缺乏这种放大，人们细微的举动和生活中细小的事情并不具备任何清晰的指喻。乔治·卢卡奇在下面这段话中扼要地讲述了这种对付人类性格和行动的各种细微变化的方法："巴尔扎克所做的，是描述他那个时代的典型人物，然而他将这些人放大了很多倍……乃至他们再也不能被当成单独的个人，而必须被当成各种社会力量。"对细节的关注也就是一种"现实主义"的关注，而对细节所投入的强烈情感也就是一种"浪漫主义"的情感；当这两者相互结合，结果就是将每个场景中的每种人格都当成是城市整体的社会秩序的体现。①

巴尔扎克正是这样把人格归入社会范畴的：即使人格内在于社会生活，并且在社会生活中无所不在，它也仍是一个迷思，一个有待揭露的秘密。他的观点和马克思正好相反：人格在社会关系中无所不在但被神秘化了。那么该如何揭露它呢？首先，观察家能够做到这一点，但这个观察家必须有强烈的兴趣，不断地将细节放大为象征符号。但强烈的兴趣并不能说明生活细节如何被放大为心理符号的过程。

彼得·布鲁克斯将这个符号制造过程称为闹剧风格——这不仅是因为巴尔扎克毕生都对戏台情有独钟，并撰写了好几种戏剧或剧本（最早的是《黑人：闹剧三幕》②），还由于巴尔扎克用来将细节放大为符号的程序正是那些编写闹剧的人用于塑

---

① 这种解释来自范杰，《陀思妥耶夫斯基和浪漫现实主义》，第28—64页；卢卡奇的原话见该书第17页。
② 《黑人：闹剧三幕》（*Le Nègre: Mélodrame en Trois Actes*），巴尔扎克于1823年所创作的剧本。——译者

造人物的方法。通过描写行为的细节，或者那些能够让读者一下子就想起另外一个细节的感情，这种风格得以呈现出来；在这种描写中，细节本身如果没有指称对象，那就是毫无意义的。读者只能将事实放在它所属的类型之中来加以理解，而当他看到一个人的行为，则必须将其归到某一类行为中去。在看舞台上的闹剧时，通过这种方式，我们能够一下子就认出谁是恶棍，谁是伤心欲绝的未婚少女，谁是那个英雄救美的少年。[①]

但在舞台上，由于这种关系的存在，单独的角色必须符合某种角色类别才有意义。而在巴尔扎克的小说中，这种因果关系被颠倒过来了。由于巴尔扎克将各种细节编织成这样一张网，一般社会力量只有在能够被个别的案例所反映的时候才具备意义。在巴尔扎克的作品中，这种程序让我们看到——正如卢卡奇所说的——"社会力量"体现在日常生活的细枝末节之中；然而，它们一旦联结在一起之后，便很难被分开。巴尔扎克的艺术只有通过描写个别的资本家才能让我们认识到资本主义，只有通过描写巴黎某些艺术家在特定地方、特定时刻的行为细节才能分析"巴黎的艺术家"。在这种方式中，我们只有认为社会范畴内在于个人的生活，才能够相信社会范畴的存在。巴尔扎克作为艺术家的伟大之处，正在于他这种激发读者信念的方式；他认为这样描写出来的社会生活才能取信于读者，所以他的作品再现了一种新的、更为广泛的社会精神风貌。

---

① 这种解释出自彼得·布鲁克斯，《闹剧》，第1—64页。

在《高老头》的开篇，巴尔扎克描写了伏盖公寓的餐厅和伏盖夫人本人。艾立克·奥尔巴赫在《拟态》对这个著名的场景作出了著名的解释，他认为这个场景完美地展现了巴尔扎克从一些无关紧要的细节提炼出心理符号并将社会转变成一套心理符号系统的办法。巴尔扎克先是描写了早晨7点钟的餐厅，一只比女主人先走进餐厅的猫。然后伏盖夫人走了进去。巴尔扎克通过比喻形容了她的五官，然后通过另外的比喻再次描绘了她的整张脸。跟着我们能准确地看到她身上所穿的每一层衣服；接下来是六个句子，每一句都重述了先前提及的关于她的性格的描写，但用词稍微有点改动。这种对细节无微不至的关注被奥尔巴赫称为"乐此不疲的"兴趣，这种乐此不疲——这种探究早晨走进餐厅对这个矮胖的妇女来说意味着什么的激情，这种在她第一次出场时就总结她的一生的写作方式——正是范杰所说的浪漫现实主义。它意味着观察者将所有的情感都投入到细小的事实中去。①

但巴尔扎克究竟怎样使得我们看到每一个细节呢？奥尔巴赫指出，巴尔扎克的方法在于让每个客观的细节都蕴含着另外一个细节和更大的现象，比如在"她的为人说明了她的公寓，她的公寓体现了她的为人"这个句子中；还有就是通过联想，比如在紧接这一句之后，巴尔扎克将公寓和监狱进行了比较；再有就是通过将各种细节并置在一起——"她那松垮肥胖的身材和四面墙壁散发出倒霉气息的餐厅相得益彰"；要不就

---

① 埃里克·奥尔巴赫（Erich Auerbach），《拟态：西方文学中的现实再现》（*Nimesis: The Representation of Reality in Western Literature*，trans. Willard R. Trask, Princeton：Princeton University Press, 1968），第469页及以下。

是在一般的描写中加入各种细节，如此一来，这些细节就突然具备了一种它们本身所不包含的意义：

> 伏盖夫人和所有饱经沧桑的女人相似。她有着迷蒙的眼睛和无辜的表情，活像一个老鸨，可以为了抬高价钱而声情并茂，也随时准备为了改善命运而不择手段。

我们并没有预期到一个爱发牢骚的中年妇女的形象会如此突然地和一个妓女的形象联系起来；被投入到这两种形象之间并协调这两种形象的，是一个妇女外表的细节——"迷蒙的眼睛"。通过这种安置方式，这个小小的词组连接了这两种人物；这个客观现象的细节是这两种人物类型之间存在关系的惟一的具体"证据"。通过这样安置客观的细节，巴尔扎克迫使它同时具备语言学的意义和隐喻的意义，成为两种相异的东西之间的联系。于是它被放大了，体现了某些比它本身更大的东西。通过这样的程序，巴尔扎克，这个极其在乎事实的观察家，使得物理的细节超越了实在的领域。用奥尔巴赫的话来说，这个场景和巴尔扎克所有的描写一样，"目的在于引起读者的拟态想象，让他觉得宛如自己曾经见过那同一个人和同一个地方"。通过详细备至地描写这座寄宿公寓，巴尔扎克使得我们认为自己在看的是关于"巴黎的一座寄宿公寓"的描写。然而在巴尔扎克笔下，这座公寓并不是那种共性多过独特性的典型公寓。所有的描写都将它和"同一个人和同一个地方"联系起来——公寓和阴森森的巴黎监狱联系在一起；公寓的女主人和最厚颜无耻的妓女联系起来——这使得公寓本身变得更加重要。细节由于被放大了，显得它和社会世界中其他的一切有本质的关系，所以它变得富于内蕴，变成了解开社会之谜的关键所在。于是，这种观察的方式自然而然地促使观察者把整座城市看作每个细节都蕴含着意义的地方；如果人们把城市的每个场景本身都当成是一个世界，那么城市就是一出有待探究的戏剧。①

放大和缩小同时进行；这种个人化的社会出现了两个后果，一个是导致被察觉的现象变幻不定，一个是导致观察者消极被动。

在他自己的作品中，巴尔扎克最喜欢用衣服来显示各种外表展露出来的个人性格。衣服不仅能够揭露穿着它们的人的性格，巴尔扎克笔下的角色还相信如果换掉衣服，他们就会变成新的人物。在《驴皮记》②中，穿上新衣服的雷斯蒂纳似乎刹那间"变成另外一个人"；在《幻灭》③中，刚刚抵达巴黎的吕西安觉得他要是能穿上一套合适的衣服，他的举止可能就不会显得那么像乡下人，也不会感觉这么紧张；新衣服将会"给他力量"。在《高老头》中，衣服的变化是我们看到道德堕落的方式。总之，除了那些用于分析伏盖夫人的寄宿公寓的感知原则之外，性格的变化正是通过这种对衣服细节的分析而得以传达的。④

---

① 巴尔扎克的原文引自《高老头》，第 470 页；奥尔巴赫的原话出自《拟态：西方文学中的现实再现》，第 471 页。

② 《驴皮记》（*Peau de Chagrin*），巴尔扎克 1831 年创作的小说。——译者

③ 《幻灭》（*Illusions Perdues*），巴尔扎克于 1837—1839 年创作的小说。——译者

④ 丽贝卡·福克曼·马西厄斯（Rebecca Folkman Mazières），《巴尔扎克作品中的衣服和时装》（*Le Vêtement et la Mode Chez Balzac*），手稿，第 3 页。

这些由衣服造成的性格变化将巴尔扎克引向了一个特殊的主题：外表是面具，躲在这面具后面的人幻想自己有一种独立的、稳定的人格，但实际上却是这些短暂的外表的囚徒。这又微妙地引出了他所处社会的一个更大主题：人们害怕在不经意中显露自己的性格。你看不到内在的性格和外在的、短暂的表象之间有什么障碍；这些表象变化了；因此只要有人端详着你，他就能发现你的内在变化。没有什么伪装，每个面具都是一张脸庞。人格的内在性、人格的不稳定性和人格的不经意流露：巴尔扎克将他所处时代的这种三重性视为监狱。从当时的人们对巴尔扎克作品的评论中可以看出，这个伪装的问题似乎确实给大多数公众带来了麻烦。将面具视为脸庞触动了一根紧张的神经。

如果说在巴尔扎克的作品中我们能见到他对这种观察的行动和整座城市有感情的话，那么我们看不到他对任何特定的场景有什么感情。由于他钟爱的城市有很多可供观察的场景，巴尔扎克将其称为"眼睛的盛宴"。巴尔扎克描写了城市各处区域的景观，但他并没有以叙事者或者评论者的身份对这些景观作出什么评价。从他叙事的立场来看，他仿佛并不属于这座城市。他的这种艺术揭示了第二个后果——特殊的被动性，而这种后果的根源在于人们用各种心理符号来理解社会。

我们在早先已经提及，这个首都依照阶级和种族划分城区的情况越来越明显，并且使得布尔乔亚和工人对城市的体验各不相同。布尔乔亚更有可能在不同场景之间来去自如；工人限于窘迫的经济状况，更有可能偏安在自身居住的城区。巴尔扎克仿佛处在一个最棒的城区，居高临下地看待城市的其他区域，所以他对所有场景都缺乏感情，而且在他的作品中也不对这些场景进行评论；这恰好是布尔乔亚的城市性的体现。杜米埃[1]和他恰好相反；杜米埃植根于一种特殊的文化，也就是某个特殊的城区的城市无产阶级的文化。他笔下的多数人物"来自我从自家窗口看到的人"。他对阶级的看法也同样是固定的：在他看来，工人并不是罪人，而是受难者。社会关系是众所周知的，只需要被展现出来而已。对巴尔扎克来说，所有人都是罪人。要理解人类各种形式的罪恶，人们必须走遍全城，而不能将社会某个构成部分的行为当作社会其他部分的标准。人们无法理解一种特殊的生活，除非"考虑到其自身的状况"。之所以说巴尔扎克对城市的看法是布尔乔亚对城市的看法，原因正在于这种无根性、这种绝对的相对主义、这种信仰的缺乏。这个布尔乔亚作家不再奉任何特殊信仰为圭臬，转而痴迷于观察这一行为。激情和一种特殊的被动性：这种"眼睛的盛宴"正是一种阶级文化的特色；而这种文化的指南针，正如我们将要看到的，从对艺术的感知移向了对城市中各种社会群体的感知。

现在，通过将巴尔扎克和巴黎零售商业的新形式放在一起，我们能够看清19世纪公共世界的一个轮廓。我们可以从他的作品看出，在当时的社会中，人们对人格的感知有一种确定的结构。社会关系嵌入在个人外表的细节中；被感知到的人格的不稳定性和感知者变动的被动性有关。零售商业展示了社

---

① 杜米埃（Honoré Daumier, 1808—1879），法国画家、雕塑家。——译者

会中无所不在的人格感知如何能够被转变为利润。巴尔扎克的世界的起源在于一种内在意义的世俗教条；百货商店的起源在于大批量生产和大规模分配的资本主义。

我们不应纠缠于一个天才作家是否具备代表性的问题——现在人们很容易认为只有平俗的艺术才能代表一个时代，我们应该问的是，在如何看待人们的外表这个问题上，巴尔扎克的同时代人为什么会持有和他相同的看法。

公共领域中的人格：身体的各种新形象

19 世纪中期那几十年的服饰让大多数历史学家觉得很无趣，他们确实应该有这种感觉。斯奎尔曾经下了一个埋怨的简短断语："女性服装史最沉闷的十年始于 1840 年。整个中产阶级时代的特色就是一种无趣的平庸。"女性的身体很少以这么难看的形式出现，男性的衣服也很少这么乏味。但这几十年也是一段至关重要的岁月。在这个时期，人格以一种结构性的方式进入了公共领域。人格以服装为媒介，将工业生产的各种力量网罗在一起，从而得以进入公共领域。人们极其认真地对待街头上每个人的外表；他们认为能够看穿那些他们所看到的人的性格，但他们所看到的情况，却是人们所穿的衣服越来越同质化，色彩越来越单调。因此，要根据外表来认出一个人，就必须从他的服饰的细节上去寻找线索。这种解读身体的方式反过来影响到街道和戏台之间的桥梁。人们对街头服装的看法开始不同于他们对戏台服装的看法。通过这些方式，城市布尔乔亚试图以巴尔扎克的眼光去观察，但他们所看到的情况却导致了艺术和社会的分离。①

我们必须小心使用诸如"同质""统一""乏味"之类的词汇。20 世纪 50 年代的北京人不分男女老幼，统统穿着军装，和这种情况相比较起来，19 世纪 40 年代的服装显得毫不统一和乏味。和 20 世纪 50 年代的美国相比，它简直是时髦至极。但和它之前的情况相比，比如和古代政制时期或者古罗马时期人们的穿着相比，它显得既同质又乏味。如许多作家已经指出的，正是从这个时代开始，服装风格的第一要素在于中和性——也就是说，不让自己显得有异于其他人。

这个时代的服饰造成了两个问题。首先是服装如何和为什么会变得更加中和；其次是人们依然坚持试图从大同小异的外表中看出人格。第一个问题涉及服装和机器之间的一种新的关系。

缝纫机在 1825 年出现，它在美国和欧洲一些工厂得到采用，最终由辛格在 1851 年获得专利。19 世纪 40 年代，钟表变成了一种大众产品。在一个美国人发明了制作毡帽的机器之后，帽子在 1820 年也变成了大众化的产品。等到 19 世纪中期，许多城市出售的鞋子几乎都是机器制造的。②

要理解这些产品的变化对巴黎和伦敦的服装所造成的影响，我们还必须了解巴黎时装流行的一种新模式。在此前一百年中，巴黎的时装通过两种方式得到流传：在城市内部，最有效的方式就是街道上和公园中的直接接触；人们也使用布娃

---

① 斯奎尔的原话见《服装和社会：1560—1970》，第 159 页。
② 弗朗索瓦·布瑟，《时装两万年》，第 408 页；伊丽莎白·布里斯-梅耶，《这就是时装》，第 273 页；威尔科克斯，《帽子和发型的款式》，第 213 页；威尔科克斯，《鞋子的款式》，第 131 页。

娃，给它穿上某位公爵夫人当时所穿的裙子的复制品。到了1857 年，情况发生了彻底的变化。通过"时装版"，报纸极快地传播时装，准确地描述时装原本的样式。19 世纪 40 年代是报纸得以大量发行的第一段黄金岁月；实际上，报纸的发行量很大，这意味着大多数顾客不和一个活生生的商贩接触也能知道自己要买什么。19 世纪依然有人生产时装布娃娃，但它们失去了原先的功能；人们把这些布娃娃当成古董，饶有兴趣地收集它们，但服装商再也不需要使用它们了。因此，百货商店发生的变化在服装世界内部得到了响应：买方和卖方主动的交流被转变成一种更加被动的单方面的关系。[1]

到 1857 年，大众产品的这些变化和服装的传播模式影响到上流社会的时装界。那一年，沃斯在巴黎举办了他的时装沙龙。他是第一个使用机器制造、批量生产的布料的高级服装设计师。今天，沃斯牌服装引人注目的地方是它们的工艺质量，而不是它们的美观。一百五十年前，沃斯利用机器为那些皇亲贵胄制作服装；这些服装引起了轰动，因为沃斯的"高尚的品位"和"美丽的设计"在一些很容易被新出现的服装机器复制的款式中得到实现。结果，18 世纪时中等阶级模仿贵族阶级的服装过程中出现过的那种简化消失了。在沃斯之后，这种简化逐渐被机器淘汰了。上等阶层和中等阶级的外表差异出现了一种新的更加微妙的形式。[2]

19 世纪 30 年代和 40 年代女性的典型形象是蜂腰和三角袖。细腰的效果是通过穿上束腰外套而达到的，布尔乔亚的妇

---

① 马克斯·凡·伯恩，《布娃娃》，第 10 章和第 11 章。
② 布瑟，《时装两万年》，第 385—386 页。

女之所以喜欢这种折磨自己的穿着方式，是因为它让她们尝到一点高贵的味道：在过去的皇权时代，贵族妇女都穿着束腰上衣和连衣裙。到了 1840 年，几乎所有女性锁骨以下的肉体都被衣服遮盖了，因为当时的裙子又逐渐变长，再次盖住了双脚。[1]

在 19 世纪 30 年代，男性开始不再穿着奢靡华丽的浪漫主义式服装。到了 1840 年，领带不再花样百出，而是紧贴着脖子。男性的服装款式在这二十年间变得越来越简单，而这些服装的色彩也变得越来越单调。此外，上等阶级和中等阶级在街头所穿的服装基本上都是由黑色的宽幅细平布制成的，工人上教堂时所穿的"礼拜日服装"也是如此。[2]

此时所有这些服装都是依照一些款式由机器制造出来的；就算某位绅士或者某位女士请得起裁缝，也会让裁缝依照这些机器制造的款式手工缝制服装，除非这个顾客富得流油或者十分喜欢奇装异服。然而在这数十年间，人们越来越瞧不起那些打扮怪异的人。

用弗朗索瓦·布瑟的话来说，我们在这儿遇到了"品位之谜"，这个谜团其实是一种深层次的复杂信念的迹象。在公共场所，人们不愿意在任何方面有异于其他人；他们不愿意引人注目。为什么呢？

研究时装的历史学家给这种担忧找出了一些相当琐碎的

---

[1] 布里斯-梅耶，《这就是时装》，第 139 页，费尔法克斯·普洛特菲特·瓦尔卡普（Fairfax Proudfit Walkup），《打扮角色：戏剧服饰史》（*Dressing the Part: A History of Costume for the Theatre*，New York：Appleton-Century-Crofts, 1938），第 244 页。

[2] 露茜·巴通，《历史上的戏台服饰》，第 424 页和第 445 页。

原因。例如，他们会提及美男子布伦梅尔的影响。虽然一些像奥塞公爵这样的浪漫主义者喜欢打扮得花里胡哨，布伦梅尔本人穿着的衣服却干净、整洁而且朴素。就像布尔乔亚妇女为了追求一种已经消失的高贵皇室品位而不惜折磨自己的身体一样，自布伦梅尔在 1812 年拒绝时装的打扮之后，三四十岁的绅士开始认为他们如果穿着整洁而单调的服装就会显得很有品位。①

但这种解释还不够。例如，我们不妨来看看哥本哈根皇家美术馆所藏的一幅画；这幅画是画家霍诺乌斯在 19 世纪中期创作的，画中是哥本哈根街头的一群人。儿童的服装完全是丹麦风格的，成年人则穿着"巴黎风格"的衣服。这幅画画得很糟糕，但它具备很高的史料价值。这群人为数众多，全都穿着色彩相当单调的服装。他们都是些什么人？我们如何能辨认出他们的职业、身份和社会背景？只凭观察不可能完成这项任务。他们被衣服保护了起来。

大城市和地方城市的生活的差异在于这种追求匿名性的品位。在 19 世纪 40 年代，它变成了大城市的中产阶级居民的标志，也变成了各个地方城市的居民的追求。这十年中，欧洲大陆上那些住在大城市之外的人们的追求却和城市居民不同，他们开始强调保护他们"本土的"服装，而拒绝穿上"巴黎风格"的衣服。每个国家的民俗和民俗精神各不相同，而我们上面提到的关于巴黎的时装和"本土的"时装之间的差别之所以会出现，部分原因就在于这些日渐兴起的关于民俗和民俗精神

---

① 玛姬·安捷洛格罗，《化妆史》，第 89 页。

的观念。民俗的概念始自赫尔德那一代，而且在赫尔德那一代逝去之后依然存在——民俗总是和乡村有关，大城市是反民俗的。

在时装界，这种新的本土主义产生了两种截然相反的后果。如果翻看里昂或者伯明翰的报纸的男性时装版面，人们会发现，和大城市的高尚品位相比，英法两国地方城市的高尚品位意味着服装色彩更丰富、款式更多样，总之就是更加有趣。像大城市的人那样老于世故地穿衣服意味着让自己的外表变得单调，变得不引人注目。

于是人们很容易做出一个联想。由于城市的客观环境乱成一团，人们希望通过将自己融入人群来达到保护自己的目的。批量生产的服装给了他们一种融入人群的办法。如果这个故事讲到这里为止，那么人们自然会得出一个结论：机器社会控制了城市文化的表达工具。而如果这个结论是真的，那么我们所熟悉的那些词汇——分离、异化等——统统进入了这幅图景：人们肯定会觉得和他们的身体相分离，因为他们的身体是机器的表达；肯定存在着异化的现象，因为人们再也不能通过外表来表达自身的个性；诸如此类，不一而足。我们对这些描述变得十分熟悉，听起来感觉很舒服；它们如此简单地阐明了出现的问题。

然而人们这样穿衣服恰恰不会产生和自己身体相分离的感觉。由于人们的形象变得越来越单调，人们开始更加认真地对待这些形象，将其当成穿着者的人格的标志。人们期待从哪怕最为平平无奇和细碎的外表找到能够揭示人格的线索；这种期待贯穿了巴尔扎克的作品；他的读者在他们的生活中也有这种期待。比起地方城市的居民，外表更加单调的大城市居民更倾向于将服装当成心理符号。他们的公共生活的矛盾之处在于，他们希望自己能够避免引起他人的关注，机器向他们提供了做到这一点的办法，然而他们却端详其他人如此遮蔽起来的外表，想从中找到能够揭示个人情感状态的线索。用马克思的话来说，一套黑色的宽幅细平布衣服如何会显得像一个"社会的象形文字"？答案是这样的：在公共领域中，人们开始从这些批量生产的外表中看到内在的人格。

布尔乔亚在公共领域予以人格化的两种现象分别是阶级和性欲。陌生人试图通过解读外表的细节来确定某个人是否已经将他的经济地位转变为"绅士"的身份。当陌生人试图确定某个尽管看上去很正经的女人的外表是否有什么细微的线索表明她是一个"放荡的"女人时，公共领域中的性欲状态就被人格化了。这个"绅士"和这个隐藏在正经外表背后的"放荡的"女士只有在公共领域才具备视觉上的意义。离开了公共领域，绅士和放荡的妇女在家里的含义完全不同。在家庭，绅士意味着体贴，特别是要无微不至地关心他的妻子。他的外表怎样并没有关系。而在家庭里面，一个女人是否放荡则和她的行为有关，根本不用从她的相貌或者衣着去找线索。

如果你遇到一个陌生人，该如何确定他是不是一个绅士呢？《西洋镜》是一个以19世纪40年代的巴黎为背景的通俗故事；在这个故事中，有个年轻人突然得到一大笔遗产。他立即决定去买几件好的衣服。当他打扮完毕之后，他在街头碰到了一个朋友；这个朋友是共和派的，最鄙视不劳而获的财富。朋友看了他的外表之后，并没有发现他一夜暴富，因为他穿的衣服并没有很明显地透露出这一点。但事情到这里还没完。年轻人觉得很受伤，因为在他的诱导之下，朋友能够辨认出这些衣服是否属于绅士穿的服饰。由于朋友事先并不懂得内中的规则，所以他什么也没注意到。反过来情况也一样。当这个年轻人走进一座工厂时，他分不清工人的职位高低，而他的朋友一眼就能看出来。也就是说，衣服确实具备社会性的含义；它有一种能够被破译的密码。

在 1750 年，色彩的使用、徽标、帽子、长裤、短裤等都是街头上每个人都能辨认出来的社会地位标志；他们或许不能从这些标志准确地认定陌生人的身份，但可以猜个大概。而在这两个年轻人生活的 19 世纪 40 年代的世界中，只有新来者才能理解这些规则。新来者所解读的线索是通过一个琐碎化的过程被创造出来的。

这时工艺品的细节显示一个男人或者一个女人有多么"温柔"。当布料本身的色彩和光泽差异不大的时候，布料的质量和扣上外套上的纽扣就变得重要起来了。靴子的皮革成了另一个标志。打领带也变得很讲究；它们如何被扎起来显示一个人是否"富裕"，领带本身的质地反而变得无关紧要。手表的外观变得越来越简单，用来制造它们的材料变成了拥有者社会地位的标记。在展示你自己的身份时，所有这些细节都很讲究；那些粗枝大叶地宣称自己是绅士的人反而不是绅士。[1]

曾经有个俄罗斯人到某个骑马俱乐部做客，他问那些接待他的人怎样定义绅士：绅士是一个世袭的头衔吗？一种种姓制

---

[1] 巴通，《历史上的戏台服饰》，第 425、444 及 395 页；布里斯-梅耶，《这就是时装》，第 273 页。

度？或是有钱就能当绅士？他得到的回答是这样的：绅士从来不显摆，只有那些有足够知识的人才能够心领神会地察觉到他的身份。这个相当鲁莽的俄罗斯人想知道这些绅士显露身份的方式，有一位成员神秘兮兮地告诉他，人们总是能够认出一件绅士所穿的衣服，因为绅士穿的外套的袖子上的纽扣是真的可以被扣上和解开的；而如果一个人一丝不苟地把这些纽扣都扣好，以免他的衣袖引起别人的注意，那么人们就会觉得他这种举动是绅士的行为。

小布尔乔亚和工人阶级的上层也开始讲究这些细节。蕾丝花边的应用在 19 世纪 40 年代成为社会地位的标记，但绅士不会采用这种标志。对于一个开商店的人来说，想要知道刚见面的这个人是谁，到底是不是自己人，只要看看对方衣服上一些诸如颈圈之类的小饰品是否整洁就够了。

人们也通过这种放大化与琐碎化的结合来判断一个女人到底是正经还是放荡。斯蒂芬·马尔库斯研究了维多利亚时期的性，写了一本相关的书——《另类的维多利亚人》。在书中，我们可以看到 19 世纪中期的妓女如何竭力使自己的身体形象和社会形象相似于正经的普通妇女。下面是医生阿克顿提到的这些身体上的相似性：

> 人们原本以为当妓女会给身体带来极大的损害，但如果将一个三十五岁的妓女和她的姐妹——她可能是个已经当了母亲的家庭妇女，或者在极其炎热的服装工厂辛勤地劳作了很多年——进行比较，我们将会发现，卖笑生涯给身体造成的破坏很少会超过照顾家人所带来的影响。

淫荡的女人在街头也没有表现出特别的行为。她们只会流露出一点点的蛛丝马迹，比如时间过长的凝视，一个慵懒的动作，那些懂得如何解读的男人将会理解这些线索。①

对良家妇女来说，情况也一样。如果她们之间如此相似，那么一个正经女人如何将自己和放荡的女人更别提是堕落的女人区分开来的呢？如果她既天真又纯洁，她从何获取这些指引她的知识呢？这种困境促使良家妇女极其在意外表的细节，穿着打扮的时候也极其谨慎，生怕会被人错误地或者恶意地当成淫荡的女人；实际上，如果一个女人释放出一些表明自己生性淫荡的信号，人们才不会去想她到底是什么样的人。

在"淫荡"的感知过程中，琐碎化主要通过身体来发挥作用。由于四肢都被衣服遮住了，也由于穿上衣服之后的女人的体形和她裸体的体形毫无关系，所以诸如牙齿上染的一点颜色或者指甲的形状之类的细微之处变成了性的标记。此外，人们周边那些没有生命的物品的各种细节也富于暗示性，乃至人类在使用或者看到它们时会感觉到羞耻。有些读者说不定还记得他们的爷爷家里的钢琴腿套或者餐厅里面的桌腿套；当时的人们认为任何东西的腿都不应该裸露在外。我们千万不要因为这种假正经的行为特别傻而忘了它是怎么出现的。所有的表象都具备个人意义：如果你相信一个女人不经意间的眼色会暴露出她的淫荡，那么你觉得一架钢琴裸露的腿具备挑逗意味也是理所当然的事情。这种不分青红皂白的担忧既有其性心理的根源，也有其文化上的原因；或者更清楚地说，造成维多利亚时

---

① 转引自斯蒂芬·马尔库斯(Steven Marcus)，《另类的维多利亚人》(*The Other Victorians*，New York：Random House，1964)，第5—6页。

期的布尔乔亚比他们在 18 世纪的先辈更加拘谨的，正是文化中发生的变化。而这种导致连钢琴腿也要蒙起来的文化改变，根源又恰恰在于这样一种观念：所有的表象都有意义，人类的意义内在于一切的现象。

要抵抗这样一种文化，人们惟一能采取的方式就是确实将自己包得严严实实；而这种打扮方式又使女人害怕在公共场所被别人看到。不得被光线照到、不得被街头的行人看到、不得暴露手足，这是当时的身体表象的规则。有个作者如此描写这种情况：

> 成年之后的维多利亚人很少在强光之下被近距离地看到。夜间，他们用油灯或者汽灯照明；白天的时候则停留在阴暗处。他们脱衣服也在暗处；有钱人家的妇女会在床上吃早餐，等到她的丈夫去办公室、俱乐部或者庄园之后才下楼走到屋子的客厅。

在 19 世纪 40 年代，能够把整个脑袋包住的帽子再次成为高雅的服装饰品；稍后，几乎能把整张脸都遮住的厚面纱成为中等阶级服饰的特色。①

由于人们的人格特征能够从他们的外表中被看到，所以人们变得极其在乎那些有关阶级和性欲的事实。在古代政制时期的公共世界，外表和自我有一定的距离；而在这个世界中，人类情感内在于所有表象，所以这个世界比古代政制时期的公共

---

① 安捷洛格罗，《化妆史》，第 96 页。

世界更加紧张，也带来了更多的问题。在咖啡厅中，在戏院中，在人们的衣服上，各种有关社会地位的事实无所不在；它们确凿无疑地反映了人们的社会地位，尽管这种反映可能是错误的。一个人可能是也可能不是他的衣服所宣称的那种人，但这种宣称是清晰的。维多利亚时期，人们在弄清楚谈话对象究竟是谁时比从前要紧张一些，因为这需要一个破解密码的过程。如果交往对象未必是他的外表所显示的那种人，那么这个探究的过程是必需的。然而，如果有个人不懂得制约这些特殊外表的规则，不懂得如何"解读"一条被系好的领带，或者不知道在假发鬈上面包一块方巾意味着什么，那么人们就不能够肯定自己能猜对某个在街头上碰到的人的身份。正是这种对外表所象征的东西的焦虑，催生了对细节的强迫性关注和在许多方面令我们大惑不解的对事实的焦虑。

和这种人格内在于公共领域的外表的观念紧密相连的，是一种企图通过增强自我意识来控制这些外表的欲望。然而，行为和意识之间有一种特殊的关系：行为先于意识。人格是不经意间流露出来的，人们事先很难控制这种流露，恰恰是因为缺乏清晰的解读这些细枝末节的规则。这些规则只有对新来者来说才是清晰的，所以人们缺乏一套稳定的系统可以用来让自己的举动显得像个绅士或者将自己打扮成一个正经的良家妇女。性和时装一样，一旦有人能够通过这些规则的考验，那么这些规则就变得毫无意义。一些新的线索、一些新的解读密码就会出现；人格的神秘化和商店中新产品的神秘化一样，是一个持续不断的过程。因此，意识变成了反思性的活动，变成了对经历过的事情的控制——用杨格的话来说，变成了一种"挖掘"

而不是"准备"的工作。如果说性格的不经意流露是现在时，那么人们只有在它成为过去时的时候才能够控制它。

意识和行为这种过去时的关系解释了 18 世纪的自传和 19 世纪的自传之间一点关键的区别。在 18 世纪的自传——比如赫维爵士所写的回忆录——中，作者会怀旧地忆起过去，将其当作一段天真诚挚的岁月。19 世纪的回忆录新添了两个要素。过去的生活是"真正的生活"；如果人们能够把过去弄清楚，那么他对目前的生活的迷惑就会减少。这是通过反思得到的真理。维多利亚人对怀旧的这种理解催生了心理分析疗法，还有现代对青春的推崇。

同样由于这些变化，侦探推理小说在 19 世纪的伦敦和巴黎极受大众欢迎。对每个男人和女人来说，当他们想弄清楚街头上的情况时，他们就必须当一名侦探。例如（虽然这个例子来自 19 世纪末期），我们不妨来看看一段从我们小时候特别喜欢看的柯南道尔的《福尔摩斯探案全集》中摘选出来的文字。在《身份案》中，有个年轻的女人走进了福尔摩斯在贝克街的公寓；他看了她一眼。

"难道你不觉得，"他说，"眼睛近视还要打那么多字很费劲吗？"

福尔摩斯能够推断出这一点，让这个少女大吃一惊，华生也和往常一样感到惊奇。等到她走了之后，华生说：

"你好像能够从她身上看出好多我根本看不到的

东西。"

福尔摩斯给出了一段著名的回答：

> "你不是看不到，而是没留意，华生。你不知道该看
> 什么地方，所以你漏掉了所有重要的东西。我一直跟你说
> 衣袖很重要，指甲会透露出蛛丝马迹，鞋带也能看出大问
> 题来，可是你一直都没记住。"[1]

这段话完全可以给巴尔扎克当座右铭；他塑造人物形象的
方法也基于对孤立的外表细节的解读，并将细节放大为整个人
的象征符号。实际上，他还将这种放大应用在自己身上；例如
有一天，他写信给汉斯卡夫人，信中提到他那些著名的拐杖：

> 至于我最后这把拐杖在巴黎所引起的轰动，你怎么
> 形容都不会过分。它现在简直风靡全欧洲了。那不勒斯
> 和罗马的人都在谈论它。所有的花花公子都妒忌得
> 要死。

不幸的是，诸如此类的言论一点讽刺意味都没有。[2]
　　然而，柯南道尔的小说和巴尔扎克、福楼拜或者萨克雷的
作品是有区别的。柯南道尔让这种从外表解读性格的科学显得

---

① 引文出自柯南道尔（Conan Doyle），《福尔摩斯探案全集》（*The Complete Sherlock Holmes*, Garden City, N. Y.: Doubleday, 1930)，第 96 页。
② 巴尔扎克的原话引自普里切特的《巴尔扎克》，第 166 页。

很好玩，但在这些"严肃作家"的作品中，每当提到它，他们总要大肆描写这种解读行为中的焦虑；在后面这几个作家的小说中，这种从外表解读性格的科学显得像一种危险的必要手段，它很容易出错，而且出错之后会让他们笔下的人物犯错、遭到侮辱或者失宠。

当时的人们为了避免在街头上受人侦探，通常会像萨克雷所说的一样，"避免在别人眼中显得跟城里其他人不一样"。他们生活的世界充满了阴暗的油灯、把整个脑袋罩起来的帽子和车厢封得严严实实的马车。实际上，除了机器造成的神秘化之外，这种认为外表是性格的体现的观念也促使人们把自己打扮得毫无特殊之处，以便能够尽可能地神秘化自己，尽可能地使自己不那么容易被人看穿。

在今天看来，19世纪那些较为通俗的作品和较为流行的行当，比如面相学，已经变得毫无意义，但也有部分了不起的著作依然具备生命力，我们可以从这些著作中看到这种关于公共领域中的人格的新意义的理论。

19世纪中期，"行为学"（ethology）这个单词很复杂，密尔和其他作家用它来指"从人类的外表推断人类性格的科学"；而对今天的生物学家来说，这个词的意思是从动物的行为来研究动物遗传学。在这种框架之下，服装变得极其重要，所以才成为卡莱尔的《服装哲学》——第一本关于服装"哲学"的书——的主题。《服装哲学》是一本复杂的、尖酸刻薄的讽刺作品：卡莱尔塑造了一个人物，有很多稀奇古怪的哲学念头的托尔夫斯德吕克教授，他本人则是教授的编辑。每到读者准备笑话教授的时候，卡莱尔就开始慢慢地一点点引入常见的公共信念，比如秩序与稳定的益处、孝道的重要性等，让读者发现可笑的其实是自己。慢慢地，托尔夫斯德吕克说一些严肃的话，不是胡说八道，而是一些激进的观念——例如他并没有受到公共仪式的影响，依然相信不可知论。由于读者开始从托尔夫斯德吕克身上看到自己，他还看到了一个全新的托尔夫斯德吕克，一个变成激进哲学家的人。

这是一个复杂的说服游戏，服装和身体形象在其中扮演了主要角色。服装哲学的观点，在托尔夫斯德吕克刚刚把它提出来的时候，显得完全是胡言乱语，不知所云。到了第一部分第八章的时候，这个观念的说服力增强了很多。教授说，人们要是忽略服装，嘲笑服装，没有认真地对待外表，那么人们就等于：

> 对最为明显的事实闭上眼睛，仅仅凭借遗忘与愚蠢的惰性，自在地生活在好奇与恐怖之间。

如果服装是内在状态的象征，那么人们将会看到什么呢？

> 对我来说，每当想起我们的服装，想到直抵我们内心深处的它如何剪裁我们、如何使我们变得不道德，我就会为我自己和人类感到害怕。

这样看来，衣服揭露的是我们的道德腐化，但卡莱尔往前踏了一步。服装本身也有导致道德腐化的力量。人们之所以要认真对待外表，不仅是因为它们让人变得"透明"，还因为在腐化的社会环境中，错误的外表会让你变成一个坏男人或者坏女人。[1]

到了《服装哲学》的结尾，卡莱尔完成了一种连贯的社会批判：男人和女人哪怕只是相互对望，认真观察对方的外表，他们也会不由自主地想起正在发生变化的社会环境。看到的景象会让他们大吃一惊。和所有伟大的讽刺作品一样，卡莱尔的文章的结尾并不讽刺：难怪男人和女人都主动闭上眼睛，因为所有的社会疾病都一目了然，人们只要随便看一眼就能提出一种道德的控诉。

菲利浦·罗森伯格曾经将《服装哲学》称为"一种精神游戏，但它是一个精神状况非常糟糕的人的精神游戏"。当这本书出现在卡莱尔生活中的时候，他正对自己和每个人背负的自我的重担感到绝望——他正处于憎恨变得如此透明、如此内在于外表的人类心中的欲望之网的黑暗时刻。卡莱尔只有借助讽刺才能书写这种糟糕的状况——衣服将会揭示出令人羞于面对的自我。[2]

然而，有一本相当不同的书重新提出了同样一种从人的身体特征解读其性格的方法；这本书就是查尔斯·达尔文的《人类和动物的表情》，它用冷静的、科学寻绎的语调，试图揭开卡莱尔书中那个黑暗的自我的神秘面纱。达尔文想展示的是动物也有情感生活，动物和人类表达情感的方式是相同的，这种

---

[1] 引文出自卡莱尔，《服装哲学》，第89页；该书第一卷第十章进一步探讨了后一个主题。

[2] 引文出自菲利普·罗森伯格，《第七个英雄》（*The Seventh Hero*, Cambridge, Mass.; Harvard University Press, 1974），第46页；该作者在此书第45—55页对此作了很好的论述。

一致性的原因只能通过进化得到解释。通过展示动物中人类情感的生理基础，达尔文希望将他的进化理论应用到"价值和宗教信仰"的进化领域。①

达尔文在他的书中运用了科学的方法，提出了新的外表规则。这种科学方法使行为学——通过身体特征来解读性格——的应用变得极其复杂。达尔文把注意力集中在人类身体上。他问：身体的表象总是和感觉有关，但身体的器官、肌肉和反射动作跟这些感觉有什么关系呢？为什么人们悲伤的时候会哭泣，沉思的时候会眉头紧锁，高兴的时候将脸上的肌肉往上拉而阴郁的时候将它们往下拉？狄德罗的演员也会问自己这些问题；然而，达尔文将这些表情带出高雅艺术的范围，并展示了这种演员会试图不断地复制出来的表情的自然形式。

达尔文的方法在分析悲哀的第七章中体现得特别明显。他先是提出了一个问题：如果某个人的悲哀"稍微有所减轻，然而也被延长了"，我们如何能够发现他的痛苦呢？在回答这个问题的时候，他并没有列举造成这种得到控制的悲哀的原因——家人去世或者失去工作；也没有试图描述一个丧亲或无所事事的人的社会行为；他是这样认识这种现象的：

> 血液循环变慢；脸色苍白；肌肉酸软；眼睑下垂；头垂在胸前；嘴唇、脸颊和下巴都无力地下垂。因而所有的面部特征都被拉长了；我们说一个听到坏消息的人的脸会

---

① 这里分析所用到的版本是查尔斯·达尔文（Charles Darwin），《人类和动物的表情》（*The Expression of Emotion in Man and Animals*，Vol.X of The Works of Charles Darwin, New York：Appleton, 1896；reprinted by AMS）。

往下拉。

达尔文并非只是简单地用下垂的眼睑来衡量悲哀；他的意思是，如果感到悲哀，生理机制会将它的感觉通过下垂的眼睑表达出来。那么"感觉"是什么呢？它为什么会在这些身体条件中表达自身呢？[1]

为了回答这个问题，达尔文似乎变得更加关注生理因素了。他描绘了脸上的一些"悲哀肌"，当两道眉毛被斜斜地拉向对方时，这些肌肉会同时在两个嘴角往下拉。[2]

达尔文就这些肌肉作出了两个断语：首先，这些肌肉是所有年幼的动物在它们试图抵抗眼睛遭到的肉体痛苦时发展出来的；其次，这些肌肉的运作是不受意识控制的，只有少数了不起的演员才能够控制它们。从进化论来说，达尔文的第一个断语是有道理的。生命的"高级"形式的生理结构将会带着生命的低级形式在不同环境中形成的解剖学特征；如果生理机制继续使用这些特征，那么它通常会出于其他目的而用到它们，而且这些目的和它们第一次在低级生理机制出现时的环境毫无关系。因此，马通过自然选择发展出"悲哀肌"，用于为它的眼睛抵御太过强烈的阳光；这些肌肉在更为高级的进化形式中依然存在，因为在新的环境条件中这种同样的生理反应依然有其作用。达尔文因此认为，一个人之所以会悲哀，是因为太多的光线涌进了他的存在。对他来说，这并非索福克勒斯式的比喻；这种解释表面现象的方法准确而科学地说明了痛苦的感觉

---

① 引文出自《人类和动物的表情》第 178 页。
② 同上，第 179—183 页。

的起源。根据这种理论，人们之所以能够将痛苦的感受在脸上表现出来，是因为从前有太多的光线刺激了某种动物，而这种动物恰好拥有一种解剖学的防御机制。[1]

这种方法的第一个原则引出了它的第二个原则：如果我们确定了感觉的解剖学机制，那么我们将会明白，当人们真的体验到某种感觉时，他们为什么会不自觉地流露出这种感觉。感觉的不自觉流露对达尔文来说至关重要，而且也有助于我们理解 19 世纪的人们为什么会极其担心被别人看穿自己的内心，为什么会害怕出现在家庭这个避难所之外的地方。在推断出他的结论时，达尔文确凿无疑地阐述了他对不自觉的表达的看法：

> ……只有少数表达运动……是由个体习得的……大量的表达运动，和所有比较重要的表达运动，正如我们已经看到的，都是先天的或者遗传的；所以不能被认为是依赖于个体的意志的。

至于悲哀肌，达尔文认为，即使在那些能够自觉地控制悲哀肌的人身上，这种能力也经常是通过遗传得到的，他举了一个演员世家为例，在这个家庭中，控制悲哀肌的能力从一代传过一代。[2]

只要人的表达能力是从低级的进化形式遗传下来的，他就无法阻止情感的流露。在合适的环境中，这些"悲哀肌"将会

---

[1] 引文出自《人类和动物的表情》第 188—189 页。
[2] 同上，第 353 页；该书第 183—184 页讨论了后面这种观点。

不由自主地发挥作用，泪腺、"手指肌"等也是如此。达尔文不但成功地解释了情感的起源，还成功地树立了一种认为人十分容易被他人看穿的观点：如果一个男人或者女人确实有所感触，那么他或她的情感将会流露出来，而且该人没有任何能力可以控制这种流露。在这本伟大的解剖心理学著作中，表象变成了内心状态的绝对揭露。达尔文剥夺了人类那种以为自己有将印象和表达区分开来的能力的感觉。

之所以说达尔文的这部作品体现了他那个时代的特色，并不是因为他通过进化论的原则对情感进行了解释，而是因为他所采用的方法，那种将表象当成经历、性格或者道德取向的标志的方法。在医学院中，贝蒂隆的测量术——通过头颅的形状来测量一个人的犯罪倾向——之类的"科学"也采用了这种方法。西格蒙德·弗洛伊德青年时研究的骨相学也无非是将贝蒂隆这套测量术所采用的方法应用于头颅内部而已：在1890年，人们认为和性欲有关的激情集中在大脑的右前额叶上，而愤怒则在髓质的底部，凡此种种，不一而足。实际上，在他早期的思想中，弗洛伊德曾经认为本我、自我和超我分别位于大脑的不同部位。除此之外，19世纪中期人们对性的看法也体现了这种认为性格会在身体外表上不自觉地流露出来的观念。当时的人们认为手淫是一种道德败坏的行为，男性如果手淫，那么用来手淫的那只手的手掌心就会长出毛发，女性的手淫恰好相反，它会使阴毛脱落；而无论掌心长毛还是阴毛脱落，这两者都不受当事人的意识控制。

如果人们确实认为情感会不自觉地流露出来，那么浑身包得严严实实的妇女依然害怕到公共场合中去也就不是一种值得奇怪的现象了。人们避免遭到他人的注视，因为人们相信别人只要一眼就能看穿自己内心最为隐秘的情感秘密。

在今天，一个试图不产生任何感觉的人似乎正在走向一场灾难。在百余年前，也许有一整个阶级的人确实因为他们试图忽略或者压抑自身的情感而体验到一场心理灾难。但他们试图这么做的理由是合情合理的。这是他们对付公共生活和私人生活的混淆的方法。如果某种感觉被确凿无疑地感知到之后就会不自觉地流露出来，甚至连陌生人也能看到它的存在，那么保护自己的惟一方法就是试图让自己不再产生任何感觉，尤其是压抑自己对性欲的感觉。通过衣服来改变身体形状的做法的意义也正是如此：如果身体的自然形状被改变了，那么它将不再透露内心的秘密；如果一个人消除了所有的自然痕迹，那么别人将不会那么容易就把他看穿。也许维多利亚时期的拘谨是一种"披着否定激情外衣的非理性激情"（利顿·斯特雷齐语），也许它是"和他人压迫相互补充的自我压迫"（巴枯宁语）；但它也是一种保护自己免遭他人伤害的简单尝试——考虑到当时人们对公共生活的心理感受，这种保护被认为是必要的。

这是一种来自菲尔丁的遥远呐喊；菲尔丁认为表象和自我不是一回事，所以我们养成一种观念，就是称赞或者谴责的对象应该是表象或者行动，而不是行动者。卡莱尔的读者既不愿意在他的影响之下变成激进主义者，也不愿意被迫接受达尔文的进化论，但是这些伟大作家的方法在医学、犯罪学、教会对性爱的看法和服装中得到广泛的采用。

戏台展示了街道不再展示的真实

由于人格进入了公共领域，戏台和街道之间那道信念系统的桥梁发生了根本的变化。在 19 世纪 30 年代末期，公众的品位开始要求演员在戏台上的表象不能根据街道上的行为学判断来加以打扮。公众开始要求，至少在艺术领域，人们能够毫不困难地一眼就看出对方的身份。这种希冀在戏台上看到真实可信的表象的欲望最初是作为历史服饰的准确性诉求而出现的。

19 世纪 30 时代，戏台上出现了一种热切的——虽然经常是徒劳的——尝试，那就是试图使戏剧角色所穿的服装和戏剧情节所处年代的人们所穿的服装如出一辙。这种尝试并不是新出现的。早在法瓦夫人的年代，伦敦和巴黎的戏台上就都出现了相同的做法。我们前面提到，法瓦夫人曾经穿着农妇的服装登上戏台，而在 1761 年，她扮演了一个土耳其公主，身上所穿的服装确实是从土耳其进口的。但在 19 世纪 30 年代以及随后的几十年里，历史主义获得了一种前所未有的力量。公众要求准确，认为这样才能创造出戏剧的"必要的虚幻"——接下来我们将不得不仔细来思考莫伊尔·史密斯的这个短语。①

下面我们来看看 18 世纪伟大演员基恩的儿子查理·基恩在 19 世纪中期如何将莎士比亚的剧作搬上戏台。在《麦克白》(1853)、《理查三世》(1854)、《亨利八世》(1854)和《冬天的故事》(1856)中，他试图准确地重建这些戏剧情节所处的时代的服装和场景。每演出一部新戏，基恩都要花好几个月来进

---

① 詹姆斯·拉弗尔，《戏剧的服装与布景》，第 155 页；莫伊尔·史密斯的原话转引自邵仁恩，《戏剧的七个年代》，第 257 页。

行研究，还为此请了一个牛津大学的研究人员；基恩开出的报酬十分优厚，但这人还要求不能让外界知道他参与了"戏子的行当"。在《理查三世》的海报中，基恩告诉观众，用詹姆斯·拉弗的话来说："他选择这出戏，是因为它提供了一个机会，能够展示一个和已经上演的戏剧有所不同的历史时代。他列举了一些历史学权威的名字，担保戏剧中所有的细节都是绝对真实的。"①

如果认为这种历史主义只出现在历史剧中，那就大错特错了。当时的观众甚至要求寓言戏剧和神话戏剧中也必须出现可信的扮相。勒康普特收藏的 18 世纪中期的戏服显示，诸如塞弗或者爱洛斯之类的神话角色所穿的戏服无非是一个无精打采的身体上遮盖着的布料而已。但 19 世纪中期的情况与此相反。纽约林肯表演艺术中心的图书馆收藏了大量来自圣马丁门戏院的戏服，其中有部分是 19 世纪中期在该戏院上演的剧目所用的服装。从该馆第 131 幅和第 132 幅的图片中，我们可以看出塞弗和爱洛斯之后一个世纪的神话剧《鱼之国》中的角色如何打扮。②

每个饰演鱼儿的演员都戴着一个和鱼头十分相似的头罩，而且并非所有头罩都像一类鱼，而是用不同的头罩来代表不同种类的鱼。一个妇女戴着花鲈鱼头罩登场，几个男人戴着肺鱼头罩上台，诸如此类。此外，演员身上所穿的服装都布满了鳞片，以便观众知道出现在面前的确实是一条鱼，而非仅仅是一

---

① 詹姆斯·拉弗尔，《戏剧的服装与布景》，第 209 页。
② "戏剧档案"（*Galerie Dramatique*），纽约公共图书馆主馆（New York Public Library, the Main Branch）收藏的圣马丁门戏院（Théâtre de la Porte St.-Martin）服装档案，第 131 和 132 卷。

个假装扮成鱼的戏剧人物。鱼王位于这两幅图片的中央，他戴着一顶皇冠。皇冠的顶端有一条鱼尾巴，它的形状跟鱼王的头罩所代表的那种鱼的尾巴一模一样。①

这批藏品还有一些照片显示了《巴黎的秘密》所用的戏服。这是一部根据梅西耶②的作品改编的闹剧，在 19 世纪 30 年代和 40 年代十分流行。《巴黎的秘密》讲述的主要是巴黎的布尔乔亚很难理解下等阶级的生活的情况。剧中角色所穿的戏服基本上和当时的工人阶级和下等阶级所穿的服装相同。18 世纪中期那种美化仆人角色的戏剧早已远离我们而去了。伊迪丝·达波尼③收藏的历史戏服也存放在林肯中心。这批藏品显示，中等阶级妇女的服装被用来当成戏服，而且没有经过任何改造或者戏剧化——恰恰相反。角色在现实中穿什么服装，戏台上的演员就穿什么服装。戏台上的动作也获得了相同的逻辑：演员的一举一动都和所扮演的角色在"现实生活"的举止一模一样。到了 19 世纪 50 年代，演员的动作如果太过夸张，即使是在闹剧中，也会被认为是糟糕的表演。④

① 这个结论是通过将那些照片和阿兰·戴维森（Alan Davidson）的《地中海海鲜》（*Mediterranean Seafood*，London：Penguin，1972）"鱼类目录"中的插图进行比较而得出的。
② 梅西耶（Louis-Sébastien Mercier，1740—1814），法国剧作家、小说家。——译者
③ 伊迪丝·达波尼（Edith Dabney），生卒年不详，应为戏剧史研究专家，出版有《戏剧服装》（*A Book of Dramatic Costume*，New York：Crofts & Co.，1930）和《儿童的戏服》（*Dramatic Costume for Children: A book of Costumes for Children's Plays*，St. Louis：Educational Publishers，1949）。——译者
④ "戏剧档案"，第 37、38、41 卷；林肯表演艺术中心"伊迪丝·达波尼档案"，第 39 卷；关于闹剧的表演身段，请参看林肯表演艺术中心收藏的"英国戏服剪影"（Costumes：English Clippings）卷宗 C（Envelope C）；卡洛斯·费舍尔的评论引自拉弗尔，《戏剧的服装与布景》，第 155 页。

卡洛斯·费舍尔之流的评论家认为，这种追求戏服的真实性的激情限制了戏剧表演的自由和想象力。这个时候我们应该把美学的判断搁一边。戏台之下的男人和女人小心翼翼地打扮自己，以免其他人随意看上一眼就能知道自己是什么样的人。然而这些人却又相信服装中包含着亲密性的"知识"。这些人试图在戏院中找到的是另外一个世界，在这个世界中，他们能够确凿无疑地根据一个人的外表来判断他的身份和性格。这里不存在欺骗，而且所有的推断都不会出错。戏院和街道不同，在这里，生活是毫无遮拦的，它以真面目示人。

这是一种非同小可的变化。研究戏剧史的学者，如理查德·邵仁恩，认为19世纪中期是一个"虚幻的年代"。但这个虚幻的世界之中存在着确定性。大都会是一个身体表象不具备确定性的地方。也就是说，和街道相比，人们在这种被刻意营造出来的虚幻环境之中，反而能够了解到更多关于男人和女人的真实情况。莫伊尔·史密斯认为当时的人们之所以这样做，是为了寻找一种"必要的虚幻"。他这句话的意思是，如果一出戏剧要显得可信，它必须确立起一种时间和空间的真实——这是一种演员和观众无法在他们自己的生活中找到的真实。

亚里士多德告诉我们，戏剧涉及一种"怀疑的自愿悬置"。19世纪中期英法两国首都城市的戏台服饰超越了这句名言。在这两座城市中，社会必须依靠艺术才能终结神秘，才能辨认出真相；如果没有艺术，人们只有通过依照细微的线索进行推断的办法来认识真相，而这种推断过程往往会出错。也就是说，观众与这种艺术形式之间的关系已经变成了一种依赖的关系。戏剧替他们完成了他们在现代的首都城市中无法轻易地

为自己完成的事情。神秘、虚幻、欺骗这三者和真实的分化在
19世纪中期被赋予了一种特殊的形式：真诚的生活无需任何
破解的努力，它只有在戏台艺术的保护之下才有可能出现。

人格的新定义因此改变了公共领域内部戏台与街道之间
的关系。这些定义也同样改变了公共领域和私人领域之间的关
系。它们通过两种方法完成了这个任务，首先是使私人的情感
在公共领域不自觉地显露出来，其次是对私人领域的基本机
构——家庭——产生了影响。

人格和私人家庭

我在本书的开篇提到，在为写作这本书而作准备的过程
中，我发现我先前的作品存在某些问题。其中一个问题有必要
在这里被提出来。在19世纪中期，稳定的布尔乔亚家庭被视
为公共生活及其缺陷的对立面；我们要提出的问题和布尔乔亚
家庭的变化有关。

索罗金是第一个察觉到19世纪的城市变化和家庭内部的
基本变化存在一定关系的社会学家。他认为城市的发展引起了
家庭形式的变化，从"扩大"家庭转变为"核心"家庭。扩大
家庭是指由两代以上的人或者由同一代的两对或以上的夫妇所
构成的家庭。索罗金认为大都会文化的复杂性使得扩大家庭很
难得到维持，而比较简单的核心家庭则幸存了下来，用索罗金
的话来说，后者是扩大家庭破碎之后的"残余"。索罗金的学
生塔尔科特·帕森斯接过了他的衣钵，并以一种奇怪的方式对
这种观念进行了发挥。在帕森斯的作品中，核心家庭变成了一
种比扩大家庭更加"有效"的家庭形式；核心家庭并非扩大家

庭分崩离析之后的残存物，而是对新社会的一种积极回应，它主要出现在大城市，非人格的科层组织、社会流动和劳动的分工决定了它的结构。核心家庭被认为在这样的社会背景中更有效率，因为它给个体施加的家庭束缚比较少。例如，在扩大家庭里面，一个人可能经年累月地为自己的祖父工作，如果他想换工作，就必须顾及祖父的感受；但是在核心家庭里面，家里只有自己、自己的配偶和孩子，这个人只需要考虑工作本身以及他换了工作之后的优缺点就够了。通过这种方式，帕森斯将个人主义、核心家庭和新工业社会联系起来了。[①]

15年前，帕森斯的理论是现代家庭理论的主流——它曾被修改，也曾遭到质疑，但在社会学界，它是关注的焦点。这种理论的问题在于，历史学家知道从史实来说它是错误的。19世纪核心家庭中的布尔乔亚从来不曾将核心家庭当作效率更高的工具，也没有一只看不见的手使得核心家庭的成员的行为比扩大家庭的成员的行为更具效率。实际上，那个年代经常爆发突然的经济灾难，如果缺乏亲戚的支持，人们通常会不知所措，而且经常撑不了多久。

索罗金那种认为核心家庭是扩大家庭遭遇灾难之后的残余的观念倒是更加接近历史纪录，却没有提到家庭内部的生活结构。此外，就目前已经了解的情况，我们可以说核心家庭并不是19世纪才出现的或者独有的新家庭形式，它也不是大城市特有

---

① 索罗金(P. I. Sorokin)，《文化流动与社会流动》(*Cultural and Social Mobility*, Glencoe, Ill: Free Press, 1959)，第270页及以下；塔尔科特·帕森斯(Talcott Parsons)和贝尔斯(E. F. Bales)，《家庭》(*Family*, Glencoe, Ill: Free Press, 1954)；以及桑内特的《家庭对抗城市》一书参考文献中所列各种帕森斯论家庭的作品。

的家庭形式。在19世纪发生变化的是城市核心家庭的功能。

像我这样同时对历史学和社会学感兴趣的学者因此面临着一个如何将家庭过程和家庭形式联系起来的问题。15年前，学者开始严肃地对家庭进行历史研究，我们很仓促地得出一道公式，并用它来指导我们对19世纪家庭的研究：核心家庭是人们用来抵御社会的经济和人口变化的工具，而不是人们用来参与这些变化的方式。家庭被认为是庇护所或者避难所，而非像帕森斯所说的是一种"调节与整合"的方式。我曾经研究过芝加哥的中等阶级家庭，并写出一本专著《家庭对抗城市》。我在这项研究中发现一些证据，显示核心家庭实际上可能会产生一些不良后果，因为和这座城市中那些生活在扩大家庭中的人们相比，核心家庭的成员的职业更不稳定，而且向上流动的机会也更少。一些关注妇女地位的研究人员也对19世纪核心家庭的功能持有同样的看法，认为这是一个用来容纳被赶出社会的妇女和儿童的地方，核心家庭既为他们提供庇护，也对他们进行压迫。茱莉亚特·米切尔和玛格丽特·本斯曼等人的理论著作使马克思的私有化观念重获新生；有人对19世纪关于儿童护理、婚姻问题和家庭想象的著作进行了穷尽的研究，该研究表明，在整个19世纪，从社会退入家庭的意识形态变得越来越强大。最后，这项研究以阿利兹那本关于古代政制时期的家庭的著作为基础。该书有过度强调核心家庭是一种新的家庭形式的倾向，但它令人信服地展示了核心家庭在19世纪如何获得了一种新功能的过程。①

----

① 桑内特，《家庭对抗城市》；茱莉亚特·米切尔(Juliette Mitchell)，《妇女的地位》(*Woman's Estate*，New York：Pantheon，1971)；阿利兹，《儿童的世纪》，结论。

这种观点的问题并不在于它是错误的，而是在于它的分析并不完整。它会使人认为家庭过程是一幅静止的画面。下面的引文来自一项 19 世纪晚期维也纳布尔乔亚生活的研究，它所勾勒的正是这样的静止画面：

> ……**稳定性**在各种优点中名列前茅。这些观念的具体化身就是一个男人的家庭……父亲保障了家庭的秩序和安全，因而他拥有绝对的权威。一个男人是否成功，可以从他的家庭看出来，但家庭的重要性并没有因此而消失。家庭还是一个抵抗外部世界的**避难所**，一个将工作世界所有那些令人厌烦的细节拒之门外的地方。家庭是与**世隔绝**的环境，而且在家庭中，所有的**生活烦恼**都被严严实实地遮掩起来；对于一个不属于那个年代的人来说，很难想象在这样的环境中出生、直到长大成人的生活是什么样的。①

这段文字中有四个词汇被我加粗了，它们共同构成了一幅布尔乔亚家庭过程的静止画面：稳定性受到看重，因为社会是不稳定的；家庭通过充当一种从社会退缩的方式而成为一种稳定性的动力；家庭因而是与世隔绝的；家庭促使其成员有意识地、自愿地避免让生活烦恼干扰家庭关系，从而成功地达到了这种与世隔绝的状态。这种描述有两点失实之处：首先，它有

---

① 阿兰·甄尼克(Allan Janik)和斯蒂芬·托尔敏(Steven Toulmin)，《维特根斯坦的维也纳》(*Wittgenstein's Vienna*，New York：Simon and Schuster, 1973)，第 42—43 页。

一个假设，就是认为布尔乔亚能够很好地控制经济生活，所以他们只要心知肚明地一致同意不对生活中的经济问题进行讨论，他们的家庭关系就不会受到这些问题的影响。但是在那个年代，能否过上体面的生活完全取决于运气，即使在晚餐桌上不应该谈论金钱，人们也绝不可能丝毫不考虑经济问题。第二也是更关键的一点是，"与世隔绝的、退缩的"家庭在 18 世纪倒有可能出现，因为当时的人们认为自然性格只在家庭之中表达出来；但在 19 世纪，这样的家庭只能是一种梦想，因为这时的人们认为人格内在于所有的社会关系之中。布尔乔亚家庭当然希望远离社会的险恶、退入安全的家庭；他们当然认为自己能够逃离这些险恶。然而：

公共世界中的人类关系的形成所依据的规则和决定家庭中的人类关系的规则是相同的。这些规则将某些细微的、容易发生变化的人格细节转变为象征符号；人们又认为能够从这些符号看出一个人的性格的全部，但是可供转化成这些符号的"素材"总是很难被发现，甚至消失得无影无踪。家庭被认为是一个人们能够在其中表达自己的人格的地方；但如果他们将家庭互动的细节转变为心理符号，那么不管他们的愿望和意志如何，他们将会再次体验到社会关系的不稳定性。在公共领域，给人们造成一种混乱感觉的并不仅仅是混乱的经济状况；部分原因还在于人们将社会本身当成一个巨大的人性"象形文字"，并以此来理解这些经济状况。如果家庭成员把他们之间的关系也当成象形文字，认为只有通过从不稳定的表象的细节中解读出意义才能理解这些象形文字，那么混乱的感觉将会在家庭这个藏身之所的内部出现。人格将会再次造成那种人们试图逃避的混乱。

因而，哈特夏德在《改善幼教与育婴方法指南》（第 16 版出现于 1853 年）中指出，在家庭内部创造秩序的方法就是稳定家庭成员彼此展现的表象的方法。哈特夏德写下了当时流行的所有培养儿童的方法——"儿童应循规蹈矩，切勿大声喧哗""物件应保持整洁，切勿随处摆放""黎明即起，方能刚毅"。所有这些谚语都反对自发的行为。哈特夏德解释说，只有让孩子形成一种观念，让他觉得必须"整洁地表现"他自己，他的情感才会发展，才会懂得爱、服从和照顾他人。但父母也同样受到这种规则的约束。要想让孩子爱他们，他们也必须在他面前规范自己的行为。只有不让孩子的预期落空，孩子才会产生信任。①

18 世纪的儿科医生认为，父母和儿童之间存在着一种自然的共同情感，但在哈特夏德的作品中，我们看不到这种观念的痕迹。各种情感不是天生的，而是培养出来的；它们来自人格的形成；而为了培养一个稳定的人格，家庭过程必须固定下来，每个家庭成员必须"整洁地表现"自我。父母在关注孩子的行为的同时，必须"警惕"自身的行为。恰恰由于人格是由表象创造的，所以松懈才是一种危险，因为当人们处于松懈状态的时候，自然秩序就被破坏了。这就是先前的自然共同情感理论和新出现的人格发展理论之间的巨大差别。只有固定的表象才能创造爱。

---

① 哈特夏德（T.G. Hatchard），《改善幼教与育婴方法指南》（*Hints for the Improvement of Early Education and Nursery Discipline*，London：1853），书中各处。

现代人格观念赖以发展起来的基础并非是一种闯入了私人领域、在私人领域中得到表达的自然属性，而是上述那些关于人格的看法。由于这个原因，家庭中的秩序不仅仅是一种对外部世界的混乱的反应。这种追求家庭过程中的秩序的情况也是由那些促使人们用人格的标准来看待社会的运作的认知规则造成的。然而，这种为家庭过程中的秩序而奋斗的情况和核心家庭这一形式之间存在一种特殊的关系。

核心家庭通过缩减家庭成员的人数，也就是缩减每个家庭成员必须扮演的角色的数目而简化了秩序的问题。每个成年人只需要扮演两个角色，也就是配偶和父母：由于家里没有祖父母，孩子将永远不会把他们看成别人的孩子。孩子本人也只知道一种成年人对他的爱和一种成年人对他的期望；他将无须弄清在父母前面应该表现得怎么样，在祖父母或者叔伯面前又应该表现得怎么样。换言之，核心家庭通过简化人类关系而使得人类的表象更加有秩序。家庭关系越简单，家庭过程中的秩序就越稳定；一个人需要打交道的对象越少，他的人格就能得到越多的发展。

诸如此类的信念在某些 19 世纪的著作中体现得最为淋漓尽致；这些著作被当成《莫尼汉报告》——关于 20 世纪 60 年代的黑人家庭的报告——的前身。在 19 世纪 60 年代，伦敦和巴黎的社会工作者也担心穷人的道德败坏问题，并将这些道德腐化与穷人生活的家庭环境联系起来。和 20 世纪 60 年代的情况一样，在 19 世纪 60 年代，"破碎的家庭"通常是指由女人做主的家庭，并被认为是道德败坏的根源。在 19 世纪 60 年代，所谓的破碎的家庭实际上是扩大家庭的一部分，20 世纪 60 年代也是如此。寡妇或者被抛弃的妻子实际上并非举目无亲，而是一个社会网络的组成部分；在这个网络中，孩子被母亲寄养在叔伯姑姨家；在这个网络中，丈夫也许只是去了外地工作，过一段时间就会回来。穷人只有借助这种十分复杂的家庭群体，才能够对付家庭财富的变化。那些中等阶级的社会工作者既没有将扩大家庭当作一种防卫性的社会网络，也没有去考虑如果这些工人阶级的家庭真的是核心家庭，那么家庭财富的灾难性变化会带来什么样的影响，而是认为儿童在这样的家庭中得不到确定的关爱，所以他们的灵魂是残缺的。也许那儿确实存在一些残缺的灵魂；但关键的一点是，在这些社会工作者的解释中，他们强调儿童只有在核心家庭中成长才能拥有稳定的情感，毁灭性的经济因素反而遭到了忽略。[1]

由于受到一些历史因素的影响，现代社会认为人格发展只有通过个人互动的稳定化才能实现，而且在人们看来，核心家庭是一个十分适合将这种信念付诸实践的地方。然而，如果外表和行动的每一个细节都"象征"整个人格状态，那么，由于行为的细节总是不断地发生变化，人格本身将会变得乱七八糟。所以外在表象的秩序变成了持久稳定的人格的必要条件。简单的情感被认为是"好的"情感，复杂的情感变得很危险；它是不稳定的——而为了知道你自己到底是谁，你必须从各种各样的情感中挑选出最为重要、最为关键的情感；在核心家庭这种简单的环境中，孩子能够通过消除自身表象的多样性和复杂性，学会敬爱和信任固定而简单的惟一父母形象而发展他的

---

[1] 丹尼尔·帕特里克·莫尼汉(Daniel Patrick Moynihan)，《关于美国黑人家庭的调查报告》(*Report on the American Negro Family*, Washington D. C.: U.S. Dept. Labor, 1965)，书中各处。

人格特征。他只要在言行和信念上保持前后一致就可以"指望他们"值得信赖。哈特夏德认为人们应该尽量创造出某些不让儿童有机会体验到矛盾的或者冲突的情感的社会关系；这种看法得到很多人的赞同，包括弗里德里克·狄梅迪、约翰·威臣等研究青少年犯罪的专家和伦敦医院新一代的儿科医生；贵族阿什利在向国会陈述他对弃儿的看法时也认可这种观点。这是将儿童培养或者重新培养成好人的惟一方法。①

只要人们将复杂性视为稳定人格的敌人，他们就会对公共生活的观念，更别提公共生活的行为持有一种敌对的态度。如果复杂性是对人格的威胁，那么在社会体验中，复杂性不再受到渴望。一种历史的悖谬由此出现了：古代政制时期的公共世界尽管有着其非人格的复杂性，但它却更加稳定。那些造作的举动、那些对传统的遵从恰恰在公共领域中创造了一种近乎僵化的清晰性。

至于核心家庭在稳定情感方面的成效如何，我们可以从19世纪家庭医疗的"病症"种类中看出来。这些病症是一些对身体并无大的伤害的疾病，病根在于焦虑、长期的精神紧张和妄想出来的恐惧。"绿色病"通常指妇女的习惯性便秘；马尔堡大学的教员卡尔·路德维格医生认为，当时的妇女在用餐之后经常担心突然需要排便，所以不断地收缩肛门，最终导致了习惯性便秘的出现。当时的妇女还害怕出门，甚至连自家的花园也不敢去，因为担心被陌生人偷窥或者观察，所以她们很少运动，导致脸色变得苍白，从而患上了所谓的"白色病"。布

---

① 约瑟·霍尔斯(Joseph Hawes)，《城市社会中的儿童》(*Children in Urban Society*, New York: Oxford University Press, 1971)，书中各处。

勒伊尔对歇斯底里症的研究比弗洛伊德要早，他认为诸如强迫性发笑之类的症状之所以会出现，是因为患有这些病症的人在家每逢高兴的时候总是压抑自己，以免显得太过得意忘形。"这种疾病在家境良好的妇女身上十分常见"，简直已经变成了正常的行为。要清楚的一点是，对这些疾病的分析是生理学上的，但诊断报告千篇一律地将其归咎于一种心理因素：人们担心自己的生理需求和自己在家庭圈子中的情感会不自觉地、错误地表达自我。19世纪医学教科书中的"疾病"目录是一份证词，它控诉了那种试图在家庭行为和表达中创造秩序的做法。换言之：如果一个社会使其成员认为情感的规律性和纯洁性是拥有自我的代价，那些歇斯底里就变成了合乎逻辑的也许是惟一的反抗方式。如今，当读到下面这段摘自特罗洛普的《当今世道》的文字时，人们会不由自主地感到恐怖：

> （保罗·曼特丘）对她矢志不渝。还有什么比这更值得女人梦寐以求的呢？当然，她为了他守身如玉。她从未让其他男人触碰她的朱唇，抚摸她的玉手，也未曾与其他男人眉来眼去……与他相恋，她只求他从今往后，始终真诚地对待自己。

贞节、纯洁、永恒的感情、不跟其他男人来往——所有这些都导致了在后来的生活中出现的歇斯底里病症。①

---

① 安东尼·特罗洛普(Anthony Trollope)，《当今世道》(*The Way We Live Now*, London: Oxford University Press, 1957; first published serially 1874—1875)，第391页。

如果歇斯底里症是家庭中的人格受到审判的标志，那么弗洛伊德和其他人通过诱导患者认识自身的行为的方法来对它进行治疗的情况就不是偶然出现的。在弗洛伊德之前，多数谈话疗法的目的很简单，就是让这些症状自行消失，使患者重新过上"正常的"生活。当时的医生认为，患者只要巨细靡遗地将歇斯底里的症状说给医生听，就能将它们摆脱，不过这种方法很少奏效。这种观念认为，一旦你把你的情感说出来，它们就结束了，也可以置之不理了；它们进入了你的过去。对症状的自我认识被当成一种调节的工具；弗洛伊德之前的医学的目标并非深入地了解内心。"掌控"才是它的目的。人们在家庭中由于担心不自觉的情感表达而变得十分紧张，要消除这种紧张的精神状态，人们就必须通过自我意识来控制表面的行为。弗洛伊德和他的前辈的不同之处在于，弗洛伊德更愿意让他的病人通过谈论歇斯底里症状而认识他们内心混乱的情感。

我们现在已经能够阐述现代的人格观念如何影响私人生活和公共生活之间的平衡了。在古代政制时期的社会中，人们在家庭生活与公共生活之间划下了一道分界线；到了 19 世纪，划下这条分界线的欲望变得更加强烈了，但可供人们用来划下它的工具却变得更加混乱。启蒙时代的家庭从一种自然的观念中获得了它的秩序；19 世纪的家庭秩序则来自人类的意志。欲望的节制是自然给人性烙下的印记；欲望的纯净是意志给人格烙下的印记。人们试图让家庭固定成一幅静止的画面，人格却使这个领域变得不稳定。

推翻过去的革命

到了 19 世纪末期，人们决意调节这种心理文化的焦虑和单调。服装的去维多利亚化过程被认为始于 19 世纪 90 年代，在第一次世界大战之前保罗·波烈将妇女从她们的束身服装中解放出来那些年愈演愈烈，并在 20 世纪 20 年代演变成一场彻底的革命，而这些解放的力量在随后大约 30 年的日子里一败涂地，但后来又以胜利的姿态出现在流行透光上衣和低腰裤子的 20 世纪 60 年代。这幅历史画面是有启发意义的，但也是误导的。因为尽管人们发起一场革命，改造了维多利亚时期那些对身体施加诸多约束的服装，而且这场革命还是一场推翻当时的性压抑的革命的一部分，但是人们并没有对产生这些约束的根源，也就是个体人格对公共领域的闯入，发起一场革命。衣服依然被当成性格的标志，人们依然根据陌生人所穿衣服的各种细节来解读他或她的人格。服装的街头世界和戏台世界之间的鸿沟继续扩大，这也无关乎我们在戏台上看到的身体形象，只和我们用来看待这些身体形象的方式有关。

更为宽泛地说，如果一场反抗压抑的革命不是一场反抗公共领域中的人格的革命，那么它就不是一场真正的革命。一场"文化革命"发生了，一种"反文化"兴起了，然而旧秩序所有的缺点却原原本本地、令人始料不及地以新的面目重新出现。现代的布尔乔亚不断地发起反抗布尔乔亚生活的革命，旁观者可能会因此认为布尔乔亚的文化革命是毫无意义的。但这种观察并不完全正确。反抗 moeurs（也就是广义的行为规范和生活方式）的革命之所以会失败，是因为这些革命在文化上还不够激进。文化革命的目标依然是创造一套值得信赖的人格规则，所以，这种革命依然受到它试图推翻的布尔乔亚文化的束缚。

通过比较 19 世纪前后两场时装革命，我们可以很好地看出这种把人格当成目标的革命是如何自我失败的。第一场革命反抗的是古代政制时期的身体语言，它发生在 1795 年的巴黎，它的目标是解放人的自然属性——允许 la nature spontanée（自发的本性）在公共领域表达其自身。第二场革命发生在 19 世纪 90 年代；它是一场反抗维多利亚时期的压抑和拘谨的革命，但它的目标是使人们能够在公共领域表达他们自己的各种人格特征。通过这次比较，我们或许能理解现代人在将人格和自发情感联系起来以及使自我的解放变为一种信条的过程中所遇到的困难。

"革命的服装"这个词语的含义是什么呢？在大革命时期的巴黎，它意味着两种自相矛盾的服装观念，其中之一在 1791 年到 1794 年间流行，另一种观念则在始自 1795 年的"热月"时期流行。

我们这个时代对第一种观念知之甚稔。现代中国的穿衣原则和罗伯斯庇尔的巴黎的穿衣原则是一致的，尽管实际所穿的服装有所不同。服装都变成了款式、质地相同的制服，象征着这个社会正在努力争取平等。人们穿着单调的上衣，款式简单的裙裤，从不佩戴珠宝首饰或者其他装饰品，所有这些都象征着巴黎没有任何社会障碍。罗伯斯庇尔的巴黎是对古代政制时期那个依据社会地位来穿衣服的巴黎的直接攻击；那些显示社会地位的标签被移除了。身体遭到了去性别化——也就是说，身体不再穿着任何使它具备吸引力或者显得与众不同的"装饰品"。通过使身体变得中性化，当时的巴黎市民摆脱了强加在身体之上的外在差别，从而能够"自由地"彼此进行交往。

罗伯斯庇尔倒台之后不久，这种革命服装的观念被一种更加复杂的观念取代了。人们穿衣服不再是为了遮蔽身体和它的特征，而是为了在街道上将他们的身体显露给其他人看。自由不再被具体地表达为统一的服装：这时出现了一种自由的观念，认为衣服必须让身体能够自由地运动。人们希望在街道上看到每个人的身体都能够自然地、无拘无束地运动。18世纪中期的家庭中那种居家风格的服饰开始在公共场所出现。

在古代政制时期，妇女的身体是一具用来打扮的服装模特。在"热月党"执政的第一年，这种服装模特所穿的衣服少得近乎全裸，变成了肉体。当时的 *merveilleuse*（时髦妇女）的打扮是这样的：穿着紧贴乳房的薄棉布衫，手臂和小腿都裸露着。像哈密林夫人这样的勇敢妇女近乎全裸地在公园漫步，身上只穿着一层薄纱。热月巴黎的时尚先锋塔里恩夫人披了一张老虎皮就出现在歌剧院中。身在巴黎的路易斯·斯图亚特写道："这些透明的服装……让你可以肯定的是里面并没有穿着贴身内衣。"[1]

当然，哈密林夫人和塔里恩夫人是极端的例子。社会地位较低的女人一年之前还穿着千人一面的制服，这些 *merveilleuse* 无疑为她们创造了一种时尚，这种时尚很快得到群起仿效。在

---

[1] 布里斯-梅耶，《这就是时装》，第91页；引文出自斯奎尔，《服装和社会：1560—1970》，第135页。

较不极端的形式中，一件贴身内衣会被加在棉布衫之内。棉布衫不仅显示了乳房的形状，更重要的是，当身体改变位置时，它还会显示身体其他部位的动作。①

为了展示这种运动，人们——无论男女——通常将他们的棉布衣服弄湿，使其尽可能紧地贴着身体。他们会浑身湿漉漉地走上街头，夏天如此，冬天也一样。结果造成了巴黎的大量人口染上了肺结核。医生万般无奈之下，以卫生和自然的名义要求人们穿上干爽的衣服。但听从的人很少。②

18世纪50年代的巴黎人觉得当时那些花样百出的假发、那些用蔬菜和微型船模做成的发型很好玩。然而，他们并没有自我嘲弄的意思，甚至就算穿上最离谱的服装，他们也不带丝毫的讽刺意味。而在出现于"热月党"执政时期的巴黎的游戏观念中，自我嘲弄占据了主要的位置。男性的 merveilleuse，也就是 incroyable（花花公子），栩栩如生地说明了这一点。

Incroyable 指的是那些把自己打扮成一个倒立圆锥体的男性。他们穿着非常窄的裤子，和女性的家居服相同，这些裤子通常也是由棉布缝制而成的。上半身穿着衣领又高又夸张的短外套，系着色彩鲜艳的领带，头发则被剃光，或者剪成古罗马奴隶风格的平头。③

这种打扮的本意是对时装的嘲弄性模仿（parody）。Incroyable 戴着带手柄的眼镜，迈着小碎步，戏弄性地模仿了

---

① 这种解释和斯奎尔在《服装和社会：1560—1970》第135页所提出的解释稍微有点不同。
② 所有这些异常的行为在18世纪90年代法国最寒冷的冬天也有出现。
③ 布瑟，《时装两万年》，第343页；威尔科克斯，《帽子和发型的款式》，第188—189页。

macaronis——18世纪50年代的时髦男士。这些incroyable知道他们在街头会遭人嘲笑;别人的注目让他们觉得很高兴;他们和旁观者都把他们的身体当成一个笑话。妇女的打扮偶尔也会出现这种刻薄的戏弄性模仿;刽子手在将囚犯送上断头台之前,会把他们的头发梳理一番,以便砍掉他们的头,有些妇女会加以模仿,把头发梳理成"绞架发型"(style du pendu)和"罹难者发型"(à la victime)。当时有一种很流行的娱乐活动叫作"绞架舞会"(bal des pendus),参加晚会的男女都打扮成即将被送上断头台的囚犯,或者在脖子上画一个红色的圈圈。①

所有城市都有过禁止性的规则被悬置的历史时刻。有时候,这些禁条会暂时被搁置一两天,比如在某些世纪的"星期二狂欢节"或者其他节日中情况即是如此。有时候,人们从农村迁入城市,农村社会确立起来的禁条已经作废,但是城市还没有属于它自己的限制性规则,所以也就变成一个没有禁条的地方了。关于这些禁条被暂时移除或者规则存在但能够被有效地忽略的时刻,让·杜维诺称之为城市的否定性自由的时刻。②

"热月党"执政期间巴黎的社会生活可以被归入此类的时刻,而且也显示了这样的自由所带来的问题。如果人们不再受到禁条的约束,那么他们得到了什么样的自由呢?他们将会做出什么事情呢?热月党人并没有意识到他们正在度假,也没有意识到社会规则只是暂时被搁置起来,以便人们能够喘一口

---

① 威尔科克斯,《帽子和发型的款式》,第189页。
② 让·杜维诺,《戏剧社会学》(*Sociologie du Théatre*, Paris: Presses Universitaires de France, 1965),第238页。

气。罗伯斯庇尔就更别提了，这人在 1795 年还以为他正在见证一个新社会的诞生。热月党人相信他们将会把人的自然属性带进公共领域。这种自然属性的意义是身体上的，将它带进公共领域意味着人们能够在社会关系中随心所欲，不受任何束缚。"你不认为如果没有脸庞、没有乳房、没有大腿，我们的情感就不会受到约束吗？"有一个女售货员这样问塔列朗。

这种身体的自然属性进入了公共领域之后，人们对公共场所的身体活动爆发了极大的热情。据估计，1796 年，巴黎开业的舞厅超过六百家；人们不分日夜、无时无刻地到舞厅去，尽管这些舞厅通常没有暖气，而且气味也很臭。巴黎人这种不断地自由地出现在公共场合的欲望很少受到约束。于是街道的重要性与日俱增，就在这一年，巴黎城里许多咖啡厅开始通宵营业，并开辟了临街的窗户；这些窗户在冬天也没有挂上窗帘。而在先前，临街的窗户通常会挂上厚厚的窗帘，以免咖啡厅里的顾客被街道上的人看到。[①]

在 18 世纪 50 年代的巴黎街头，没有人会把行业的徽章当成性格的标志。这时身体变成了徽章。从穿上贴身的棉布服装到移除咖啡厅的窗帘，促使人们这样做的是一种相同的情感冲动：原原本本地在街头被人看到，不加掩饰地暴露在别人的眼光之下。"热月党"执政时期，巴黎的街道变成了一些没有面具的地方。

某些"热月党"执政时期的服装元素在 19 世纪前 20 年因袭了下来，比如贴身的棉布内衣、平滑的长外套和长裤，人们

---

① 布里斯-梅耶，《这就是时装》，第 90 页。

继续穿着这些服装。然而，在这二十年里，越来越多的布料、装饰品和衣服件数被穿戴在身体之上。在1795年的巴黎街头，人们为了模仿古希腊的简朴与直接，开始给衣服起一些拉丁文名字。这种做法逐渐消失了，人们也逐渐不再用衣服来表达讽刺。[1]

"热月党"执政时期的服装最后一点重要性并不在于这种特殊的穿戴模式的影响持续了多久，而在于这种穿戴模式是一场真正的文化革命，一场如假包换的革命。任何想拥有革命体验的人都能得到它，因为这场革命的基础是非人格的基础。一个人是否能够在公共场合展示自己的身体，并不取决于他做出这种举动之前是否认为自己是个革命者；一个人只要做出这样的举动，他就参与到革命中去了。如果人们像这样用非人格的标准来理解革命，那么革命就变成了一种现实主义的事情，因为实际的行动就能够让革命发生。

如果人们用人格的标准来理解革命，那么他们就很难参与到革命中去。一个人必须成为"革命者"才能参与革命。由于大多数革命都是一些混乱的事情，革命群体的身份认同也很混乱，所以以人格的这种入侵很有可能使革命不再与具体的行动有关，而是与象征性的姿态和只能在想象中体验到的变化有关。就算人们并不想轰轰烈烈地革命，只想改变现状，他们也会遭遇到这种困难。"热月党"倒台之后一个世纪所发生的情况正是如此。在文化用语已经被人格所统治的19世纪90年代，个人的革命变成了一种反社会规范之道而行的事情。那些反抗维

---

① 布瑟，《时装两万年》，第343—344页。

多利亚时期拘谨的服装的人大多数被他们自己的行为弄糊涂了；他们认为"真正的"反叛是成为那些和他们自己完全不同的人。

在 19 世纪 90 年代之前那些年，女性身体受到的限制达到了一个新的水平。裙撑在 19 世纪 70 年代和 80 年代变得十分常见，它需要一个木架子和很多绳索才能将裙子撑起来。当时的女服也变得更加繁复、更加束身，所以说女人的身体确实被囚禁起来了。除此之外，女人还戴着帽檐向前突出的帽子，穿着十分丑陋的鞋子。男性的外表尽管没有受到这么多的约束，但也同样让人大倒胃口。印着巨大花格子的肥裤子、宽松的长外套以及领口开得很低的马球衫领使男性看上去十分猥琐。[1]

到了 19 世纪 90 年代，伦敦和巴黎都出现了试图使身体不再受到扭曲的做法。1891 年，裙撑突然不再流行了，取而代之的是一些紧包着屁股的裙子。到了 19 世纪 90 年代中期，女性和男性的服饰又开始变得五颜六色。男人的打扮不再单调乏味，他们的衣服和手杖的款式变得复杂起来，绑腿和领带也开始变得色彩鲜艳。当穿着这些衣服的伦敦人或者巴黎人在地方城市或农村出现的时候，他们会受到指摘和羞辱。[2]

就激烈的程度而言，这场反对维多利亚时期服饰的革命远不能和"热月党"执政时期那场反对法国大革命和古代政制时

---

[1] 巴通，《历史上的戏台服饰》，第 461 页；《永恒的假面舞会》（Eternal Masquerade, New York Public Library Collection, n.d.），第 230 页；布瑟，《时装两万年》，第 343—344 页。

[2] 尼维尔·杜鲁门·皮特曼（Nevil Trumen Pitman），《历史上的服装》（Historic Costuming, London: A.I. Pitman & Sons, 1967），第 109 页；布洛比·约翰森，《身体和衣服：插图服装史》，第 195 页。

期的服饰的革命相提并论。巴通曾经刻薄地写道：

> 百余年前，被解放了的巴黎女市民扔掉她的裙撑和高跟鞋，如今，她的后代（还有在她之后的西方妇女）认为周长 18 英寸的腰部才是最美的，并将她的脚塞进黑漆皮鞋里，这些鞋子的鞋尖和牙签一样，而鞋跟比玛丽皇后的鞋跟还要高。①

男性重视的依然是细节——单片眼镜、拐杖之类的，他们依旧穿束缚着身体的服装。而男性服装细节的美化，如硬领的出现，往往使男性的身体比过去 20 年受到更多的束缚。女人解放了她们的大腿，但是身体的其他部位依然受到束缚：束身上衣和过去一样紧贴着身体。

然而，真正表明"热月党"执政时期和 19 世纪 90 年代的差别的，并不是后面这个时期的妇女能够在多大程度上裸露自己，而是 19 世纪 90 年代的人们认为他们通过这些改革措施——尽管这些改革措施十分有限——所表达的东西。

19 世纪 90 年代初期有一种短暂的时尚值得我们关注——当时的妇女流行在乳头上穿孔，以便戴上黄金的或者镶嵌了珠宝的乳环。下面是写给当时一份妇女杂志的信，作者试图在信中解释她为什么要去做这种痛苦的手术：

> 我曾经很久都找不到足够的理由来说服自己去接受这样一种痛苦的手术。但是，不久之后我就明白了，为了

---

① 引文出自巴通，《历史上的戏台服饰》，第 498 页。

爱情，许多妇女能够忍受短暂的痛楚。我发现和那些没有戴乳环的妇女相比，戴上乳环的妇女的乳房显得无与伦比地圆润，发育也更加饱满……所以我给乳头穿了孔，等到伤口痊愈之后，我就戴上了乳环……我只能说它们没有让我觉得难受或者疼痛。恰恰相反，这些乳环的轻微摩擦和滑动让我觉得很爽。[①]

当时的妇女还开始穿上丝绸衬裙，原因和她们给乳头穿孔的动机相同。她们认为丝绸衬裙摩擦的时候会发出一种诱惑的声音。她们开始把头发烫成波浪形，目的是让头发显得"迷人"；她们甚至还开始化妆。她们希望传达的是什么样的性观念呢？给乳房做穿孔手术、穿上沙沙作响的内衣等做法意味着妇女们认为这些隐藏在衣服之后的准备措施能够带来性吸引力；她们还认为把脸庞遮起来也能产生性吸引力，所以她们往自己的脸上涂抹化妆品。没有人会看到妇女所戴的乳环，除非人们看到她脱掉衣服；人们在近距离能够听到衬裙的声音，但是看不到衬裙的样子。在19世纪90年代，该世纪40年代那种把身体包得严严实实的穿衣模式消失了，此时的人们认为，给身体加上一层别人看不见的衣服会让自己具有吸引力。情感自由的符号依然是隐形的，例如乳环即是如此。那么，当一个男人听到五层衬裙相互摩擦发出的声响时，他脑海中浮现的这个妇女的身体形象是什么样的呢？从逻辑上来讲，19世纪90年代这场反抗僵化的穿衣模式的革命应该促使人们穿上更加简

①　无名氏的原话，引自安捷洛格罗，《化妆史》，第103页。

单的服装，但实际上，在这 10 年当中，服装变得越来越复杂，越来越具有象征性。它们并没有将妇女从束缚中解放出来；打扮身体反而需要添加一层新的性感的衣服。①

女性服装之所以难以得到解放，是因为那些通过添加一层衣服来使自己变得性感的女人依然持有该世纪中期形成的一种服装观念，她们依然认为服装是个体人格的表达。

在 19 世纪 90 年代，穿孔的乳头、衬裙和化妆等都是旁观者需要懂得如何去破解的性格密码。举个例子：在 19 世纪 90 年代中期，人们认为一个妇女在长裙底下穿多少层衬裙，跟她认为她所要出席的场合有多么重要有关。如果她的衬裙发出明显的沙沙响，那么意味着她非常重视这个场合，想展示最好的自己。但同样，她也很容易穿得过分隆重，在某个场合显得过分诱惑，而这反过来又表明她错误地判断了与她一起出席该场合的人的"重要性"。19 世纪 90 年代的情况和该世纪 40 年代相同，如何把握这些细微的差别，如何平衡自己的身体，都是一种让人们煞费苦心的行动。

这些通过隐秘的方式——比如在外套之下戴上乳环、穿上衬裙或者喷上香水——来使自己变得性感的做法显示出一种非常特殊的、遭到禁止的性格，那就是自由地对待性爱的性格。然而这是一种下流女人和妓女的性格。在整个 19 世纪，只有妓女才使用化妆品。到了 19 世纪 90 年代，诸如阿朗松的艾米莉②和

---

① 《永恒的假面舞会》，第 209 页；威尔科克斯，《帽子和发型的款式》，第 266 页。
② 即艾米莉·安德烈（Émilie André, 1869—1946），法国著名舞女和妓女，阿朗松的艾米莉（Émilienne d'Alençon）是她的绰号。阿朗松是法国诺曼底地区一个小城市的名字，艾米莉·安德烈的籍贯地。——译者

美人奥特罗①之类的名妓都是使用雪花膏和香水的专家。海伦娜·鲁本斯坦在 1908 年底说：

> 化妆只能用于戏台，女演员是惟一懂得艺术的女人，或者是敢于在公众场合只穿一层薄如蝉翼的衣服的女人。

这句话夸大了事实。在 19 世纪 90 年代，化妆品已经得到大规模的生产，并且悄悄地在妇女杂志上刊登广告。正确的说法应该是这样的：在使用化妆品来让身体变得有吸引力的时候，妇女觉得自己好像在犯罪。这里是格温·雷夫拉特对 19 世纪 90 年代的化妆品的回忆：

> 很明显，那些低级趣味的妇女会偷偷摸摸地使用粉底，但是年轻的女人从来不这么做。至于胭脂和唇膏，良家妇女绝不会使用。这些绝对只有女演员、"某种女人"或者最不要脸的"时髦"妇女才会使用。

正是由于这种犯罪的感觉，中等阶级的妇女才会给身体加上一层性感的服饰之后，又将其遮掩起来，以免被他人看到。身体泄露了性格，但这种泄露是秘密的。化妆是仅有的一种大胆地反抗维多利亚时代的道德伦理的行为。②

---

① 即卡罗琳娜·奥特罗(Carolina Otero, 1868—1965)，原籍西班牙，是法国著名的舞女、演员和妓女。美人奥特罗(*La Belle Otero*)是她的绰号。——译者
② 海伦娜·鲁本斯坦(Helena Rubenstein)的原话引自安捷洛格罗，《化妆史》，第107 页；格温·雷夫拉特(Gwen Raverat)，《流年碎屑》(*Period Piece*, London: Faber and Faber, 1952)，第 105 页。这本回忆录忠实地记录了那个年代。

对于当时那些致力于解放身体的女性而言，服装变成了另外一种符号。这些女人希望摆脱那种认为她们的身体只为吸引男人而存在的观念；她们希望她们的服装和性感的形象无关。然而，她们选择用来表达这种自由的服装却是男性的服装；她们的行为举止也变得男性化了。在那些观看她们游行的人看来，这种自由的展示无非是女同性恋品位的展示。这些将她们从性的角色中解放出来的女人身体表象和那些试图使她们自己变得更加性感的女人身体表象通向了相同的终点：在他人看来，她们正在从事一种非法的行动。①

总而言之，这种意义上的革命变成了社会中的一种越轨行动。越轨行动本质上是一种异常的行动。自由地表达自己的感觉、越轨和异常：一旦公共领域变成了人格揭露的田野，这三者就变得紧密相连了。在"热月党"执政时期，自然的身体是一种宣言，它宣称的是普通人应该以什么样子出现在街头；这种近乎赤裸的打扮虽然令人震撼，却没有人会觉得 incroyable 或者 merveilleuse 是在犯罪。而到了 19 世纪 90 年代，一个女人或者一个像奥斯卡·王尔德之流的男人只有通过违法才能获得自由。在一种人格的文化之中，自由意味着从行为举止到外表都不与其他人相同；自由变成了一种独树一帜的表达，而不再是一幅描绘自由的人如何生活的画面。

在所有这一类的革命当中，自我意识肯定扮演了一个重要的角色，而且直接以自发的情感为代价。生活在"热月党"执政时期的人所写的回忆录透露的是街头的生活状况。19 世纪

① 布洛比-约翰森，《身体和衣服：插图服装史》，第 200 页。

90年代的反叛者所写的回忆录透露的是我的衣服给我带来什么样的感觉。"热月党"时期的男人对他的外表有一种自我意识，他清楚地知道它有一个社会性的目的，就是为了嘲讽，为了让其他人嘲笑自己。如果人对自己的人格有一种自我意识，那么他就不会去做很多事情；拿衣服来做实验变成了一种危险的行为，变成了一种事先得到反复斟酌考虑的行为，因为每一次实验都是一种透露了实验者的人格的宣言。

越轨行为对主流文化有一种奇怪的加强作用。在奥斯卡·王尔德的同性恋案之前那些年，每当谈起他在使用围巾和领带方面的品位，人们总是一方面承认他的个性，一方面认为正常的绅士不应该以他那身打扮出现。卡伊·埃里克松曾经指出，如果一个社会能够确认某些人是越轨者，那么这个社会也就获得了一些工具，可以用它们来定义什么人不是越轨者、什么行为不是越轨行为。越轨者的行为让其他人瞠目结舌，其他人因而清楚地意识到应该拒绝什么样的行为，所以越轨者强化了其他人的行为规范。这场肇始于19世纪90年代的反抗样式和色彩都很单调的服装的革命的吊诡之处正在于，革命的每个阶段都让那些没有参与革命的人"感兴趣"，同时也让这些人清楚地意识到，如果他们不想被唾弃，那么他们不应该打扮成哪种样子。

通过审视戏台上的信念系统和观众的信念系统之间的关系，我们可以看清楚这种人格文化中的革命所受到的各种限制。艺术家被迫扮演了一个补偿性的角色，在观众眼中，他是一个能够真正地表达自己的人，是一个自由的人。自发的情感表达在日常生活中被理想化了，但它只能在艺术领域中得到实现。戏台服饰之所以在 19 世纪 90 年代确实出现了革命性的变化，恰恰是因为新出现的戏台服饰为身体创造了一种超越了越轨和从众标准的表达。观众在戏台服饰中找到了一种他们无法在自身的街头服饰中找到的无限自由。

1887 年，极力倡导戏台上的现实主义的安托万在巴黎开了一家戏院，名字叫作"自由戏院"（Théatre-Libre）。他追求的目标是在戏台上最准确地重现"现实生活"。例如，如果剧情安排一个角色在炉灶旁边做饭，那么饰演这个角色的演员就会真的在戏台上煎鸡蛋和咸猪肉。四十年前肇始的那种追求准确的表演观念到了安托万这个时代已经是强弩之末。安托万的戏院很快遭到一群自称为象征主义者的画家的批评。这群画家的观念和斯特凡·马拉美的诗歌理论有所关联，但两者出现的时间并非完全一致。在保罗·福特的领导之下，这些象征主义者开了一家戏院，名字叫作"艺术戏院"（Théâtre d'Art）。[①]

艺术戏院（后来很快改名叫"劳动戏院"）追求的目标是使各种戏剧元素相互之间尽可能地自由与和谐。他们不再以"现实世界"及其景象与气味作为参照标准，而是认为戏剧形式本身具有某种结构，某种象征符号或者一些象征符号，诸如戏服和布景、戏服和灯光之类的关系应该由这种戏剧形式来决定。身体的表象应该尽量感性地直接地表达这种形式。

通过艺术戏院，巴黎人开始见识到一些新的身体表象，在这些身体表象之中，表达变得十分流畅，不再受到先前那种火

---

① 拉弗尔，《时装简史》，第 216 页。

腿与鸡蛋的现实主义的专制统治。他们发现身体变得十分具有可塑性，在这种意义上，身体已经脱离了世界的束缚，但它又不仅仅是一种拒绝世界的宣言。在戏院中，身体能够采纳任何戏剧的象征世界所提出的表达形式。

艺术戏院是一座开风气之先的戏院，但这种身体形象的新定义也蔓延到普通的戏台。哈佛戏剧文物与档案收藏中心有一些莎拉·伯恩哈德在19世纪90年代扮演不同角色时所拍的照片。[①]在科佩的《人在旅途》中，她饰演了一个年轻行吟诗人；她穿着一条露出小腿和大腿的短裤、一件拉风的斗篷和一件松松垮垮的汗衫。她这身打扮既不是历史上的行吟诗人所穿的服饰（如果在19世纪40年代，服装师会让她穿上这样的戏服），也不是平常人们在街头所穿的衣服（如果是在18世纪50年代，她就会穿上这样的戏服）。她的戏服混合了现实的元素和幻想的元素，体现出极大的想象力和自由，并不具备和外在的参照物或者来源相关的意义。而在《斐德尔》中，她穿上了古典的、飘逸的长袍。同样，它们既不是考古学家所描述的古代长袍，也不是当时流行的时装的延伸。一条缀着金色鳞片的皮带将这些长袍系紧在腰间。每当伯恩哈德变换动作，长袍就会出现新的形状。她的身体构建了一种表达，它构建了一个象征古典的巾帼英雄的符号：在表演的过程中，这个女演员所穿的服装是她的身体的延伸。[②]

---

① 此处年代有误，莎拉·伯恩哈德饰演《人在旅途》（*Le Passant*）和《斐德尔》（*Phèdre*）的年份分别为1869年和1866年。——译者

② 康妮丽雅·奥蒂斯·斯金纳（Cornelia Otis Skinner）那本谈论这个女演员的著作《莎拉夫人》翻印了这些照片，但是印得很糟糕；原版照片存放在哈佛大学图书馆（Harvard College Library）的哈佛戏剧文物与档案收藏中心。

如果说 19 世纪 40 年代人们在戏院中找到了解决他们在街道碰到的各种问题的方法，那么到了这个世纪末期，人们在戏院中找到的是各种自发地表达情感的人物形象，和一种表达的自由——这种自由并非通过简单地和街道断绝关系而得到。在这两种情况之中，正式的戏剧艺术替观众完成了他们无法在日常生活中完成的任务。在 19 世纪 40 年代，这种完成意味着观众变成了真正的旁观者——他们观看戏剧，他们并不扮演戏剧。到了 1900 年，观众变得更加被动了。戏院中的旁观者看到了表达的自由，但和 50 年前的戏院中的旁观者一样，他看到的表演和他自己的感知毫无关系。呈现给他的是另外一种感知形式。

这种分歧在 1909 年的一个现象——也就是俄罗斯芭蕾舞团在巴黎出现——中体现得最为明显。现在很难描述该歌舞团的出现在当时所带来的轰动。他们都是非凡的舞者，他们的动作一点都不传统，一点都不"芭蕾"，但他们的身体似乎完全服务于原始的情感。抓住公众的想象力的，并非俄罗斯芭蕾舞团那种东方的或者异国的"情调"，而是这种动物的身体表达性。

利昂·巴克斯特为俄罗斯芭蕾舞团设计的服饰不但囊括了艺术戏院流派的理想戏服的要素，而且也显得更加引人注目、更加原始。如果单独放在画廊或者展览馆之中，它们看上去沉重而笨拙。而一旦被穿在身体之上，就像照片和巴克斯特的精妙素描所显示的那样，这些服装便和身体合二为一；身体的动作和服装遮盖身体的方式完美地结合在一起，所以舞者的每一个动作同时具备动感的和"静物照片的"意义。[①]

从某种意义上来说，俄罗斯芭蕾舞团是一座在戏台上复活的"热月党"执政时期的城市——只不过这座城市如今在戏院之外不能被体验到而已。该舞团的主要男舞者尼津斯基曾经在某出芭蕾舞中扮演了古罗马神话中的农牧神，他在该剧临终时那次异乎寻常的退场是芭蕾舞历史上一次难忘的时刻。他跳离舞台，看上去上升到一个不可能的高度，然后消失在布幕之后。他的戏服突出了这个动作的每一道线条。他仿佛是一个不受地心引力束缚的人，他的整个外表象征着轻飘飘的、毫不费力的漂浮。观众看得如痴如狂；然而，紧紧地裹着皮衣的普鲁斯特、那些穿着束身上衣的贵妇淑女和那些拄着拐杖、穿着高领外套、戴着圆帽的绅士在重新回到街头之后，哪有机会看见，更遑论亲自去实践这种表达的自由？[②]

总　结

19世纪的人格有三种构成要素：情感和外表的统一、关于情感的自我意识和作为异常情况的自发情感。这种人格的根源是一种新的世俗信念；先验的自然被作为现实核心的内在感觉和直接事实所取代了。

在巴尔扎克的作品中，他将这些人格的要素转化成用于理

---

① 1972年春天伦敦举办了一场巴克斯特服装展销会，会上展出了那些美丽的服装；可惜它们大多数变成了私人收藏品；博里斯·科特奇诺（Boris Kotchno），《贾季列夫和俄罗斯芭蕾舞团》（*Diaghilev and the Ballets Russes*, trans. Adrienne Foulke, New York：Harper & Row, 1970）；《巴克斯特的绘画》（*The Drawings of Léon Bakst*, New York：Dover Publications, 1972）。

② 更详细的描述请参看理查德·巴克尔（Richard Buckle），《尼津斯基》（*Nijinsky*, New York：Simon and Schuster, 1971）。

解社会的密码，并将它们和他那个年代的客观环境联系起来。在该世纪中期的服饰中，这些人格要素入侵了公共领域，并和各种工业生产与销售的力量进行了一场对话。在当时的核心家庭中，尽管存在稳定个人关系和从社会退缩的欲望，这些人格要素干扰了家庭过程。在各场反抗该世纪中期的公共文化的革命中，在公共场所表达个人情感的强迫性兴趣依然没有受到挑战，它限制了这种革命的范围与自发性，并且扩大了日常生活的外表与戏台的外表之间的鸿沟。

由于人格对社会的这种入侵，以及人格和工业资本主义在公共领域的交叠，社会上出现了各种与公共文化的新环境有关的精神疾病的迹象：性格的不自觉揭露的恐惧、公共想象和私人想象的叠加、防卫性的情感退缩和与日俱增的被动性。怪不得有一种不祥之兆，怪不得有一种黑暗笼罩着这个时期。由于人们能够相信的现实本身转变为他们能够直接体验到的东西，一种和内在性有关的恐惧进入了他们的生活。

公共生活的戏剧性让我们重新回到巴尔扎克。良家妇女在穿衣服的时候总是担心她的外表那些"泄露天机的细节"可能会暗示她的性格十分糟糕；银行家彼此端详，以便找到一些线索确认对方确实是一名绅士。因而，他笔下的人物改变了他们所继承的关于公共外表的看法，所以和他们的先辈相比，他们在日常生活中变成了更加严肃、表达能力更弱的演员。巴尔扎克察觉到这些情况，并且利用它们塑造了一个全新的人间戏台，一部人间喜剧。

这是一种吊诡：遭遇巴尔扎克的世界的现代读者受到作者不断的有意的诱导，他促使读者认为"这就是巴黎的样子，这里是一个展示世界如何运转的例子"。巴尔扎克的同时代人也使用这些认知工具，但是使用这些工具的他们越来越难以理解世界是如何运转的。18世纪50年代的普通人在日常生活中便能够完成的公共表达任务，如今只有伟大的艺术家才能完成。

唐诺德·范杰很好地扼要指出了巴尔扎克和狄更斯之流的城市小说家的任务。他这样写道：

> 实际上，每个作家都在提醒他的读者，"原先的假设、原先的范畴已经不再有效；我们必须试图以一种全新的眼光来看待世界"。例如，菲尔丁能够将人性作为小说的主题，他只要对其进行描绘就可以了；但这种便于写作的确定性……他们不再能够享受得到。他们的世界已经不是原先那个熟悉的、众所周知的世界；阿波罗并不统治着这个世界，而美本身被请出了神龛。[1]

① 引文出自范杰，《陀思妥耶夫斯基和浪漫现实主义》，第261—262页。

第九章 19 世纪的公共人

当人格进入公共领域之后，社会上出现了两类公共人。少数人继续在公共场合主动地表达他们自己，延续了古代政制时期的想象，即认为凡人皆是演员。不过到了 19 世纪中期，这些主动的少数人把在公共场合的表演变成了自己的职业，他们变成了演技精湛的演员。另外一类公共人和前一类共生共长；这一类就是观众。观众参与公共生活的决心不如观察它的决心大。尽管他对自己的情感并不确定，而且坚信无论这些情感是什么，它们会不受他的控制而完全表现出来，但他并没有抛弃公共社会。他秉持这样的信念：在家庭之外，在大城市的人群之中，有一些重要的经验等待人们去拥有。他和古代政制时期的先辈不同，对他来说，这种对公共生活的投入并非他的社会身份，而是他的人格。只要他能够做好准备，主要是约束自己在公共场合保持沉默，那么他的情感将会发生某些他作为个人无法引发的变化。

到了 19 世纪中期，这个观众在公众场合变得被动，然而又依旧相信公共生活的意义，从他身上，我们可以看到一种新的世俗秩序和一种古代政制时期遗留下来的信念交织在一起。根据前面已经提及的内在性和内在人格造成的影响，我们很容易得出结论：比起主动地传达自己的情感，公共人可能会觉得观看别人的表达来得更加自在；这种态度以各种不同的方式呈现在 19 世纪 40 年代至 90 年代的服装品位中。因而，依然相信公共生活就显得很必要了，只有依然相信公共生活的意义，人们才能够在其中进行观察。但在和人格结合起来之后，原来这种对公共生活的信念又造成了其他的后果。

作为孤立的个人，观众希望能够完成他觉得当他主动和其他人交往时无法完成的人格任务。他的情感在社会交往中变得混乱而不稳定；通过让自己保持被动的状态，他希望他能够感知到更多的东西。这种希望不仅仅是一种寻求快乐的欲望，也不仅仅是一种通过保持沉默来获得感官刺激的欲望。人们，尤其是男性，被家庭责任压得不堪重负，他们希望至少能看见外面的生活是什么样子。在沉默中观察着周边生活的男人最终获得了自由。因而，在新的情况下，由于人们依然相信公共领域的意义，现代生活中出现了一种基本的矛盾：个人自由发展的模式和体现在家庭中的社会交往模式是相互对立和相互冲突的。悖谬的是，公共生活遗留下来的这种观念竟然导致人们的自我属性和社会属性变成相互敌对的力量。

在 19 世纪，人格施加于那些依然主动表达自己的少数人的公众身份之上的影响引发了一种引人注目的变化。在人们看来，政治家是否值得信任，取决于他是否能够像演员取得观众对角色的信任那样取得大家对其人格的信任。政治理念的具体内容在公众场合渐渐退隐，人们变得越来越对政治家的私人生活感兴趣。约翰·威尔克斯预见到这种情况；在他之后 100 年，人们通过某些具体的方面——比如他的动机是否纯洁——

来看待政治家的为人，而政治家所秉持的政治理念在人们决定是否信任他的过程中已经变得越来越无足轻重。

如果我们认为公众演员主导着一群沉默的观众，那么也是不对的。粗略地看，公共人物确实主导着沉默的观众——他们不再指摘他，也不再让他难堪。但"主导"这个词有两层误导读者的含义。沉默的观众需要从公众演员身上看出某些个人特征，不管他是否拥有这些特征；他们会在幻想中将他实际上所缺乏的人格特征加诸他身上。所以说他主导着他们并不完全正确，因为这群观众在他们自己的生活中遭受到的挫败在他们心中引发了一种需求，他们需要将这种需求投射到公共演员身上。此外，主导这个词意味着如果没有演员，那么就没有观众。但在公众场合，即使没有值得关注的人物，沉默的观众依然存在。于是那些需要投射到公众人物身上的需求发生了质变，观众变成了窥私狂。他们在沉默中、在彼此隔离的防护罩中行动，通过幻想和白日梦释放内心的抑郁，观察着街头的生活。埃德加·德加那些描绘咖啡馆中沉默而孤独的顾客的画作抓住了当时人们生活的实质。现代公共领域那种人们彼此能够相互看见却又相互隔离的情况在这里已经开始萌芽。

最后，19世纪的公共演员是一种复杂的人物，因为对表演艺术家来说，在他的作品中起作用的人格表演不仅仅是文化施加于他的自我意识的影响。表演艺术中的表达不可避免地会引起一些复杂的人格问题。狄德罗否定人格和角色的关联，试图以此来解决这个问题。而在浪漫主义时代，表演者开始通过另外一种方式来解决它。

在本章中，我们将会先来看看浪漫主义时代的表演者如何对付这套新的内在人格信念，如何从这种遭遇中为自己在公共场合创造出新的身份。然后我们将会看看他的观众，看看在浪漫主义的第一代人渐渐退出社会的过程中，这群沉默的观众如何幸存下来并且不断增强。最后，我们将会来看看身前没有表演者的公众场合中的沉默观众，来看看街头的这些窥私狂。

在下一章中，我们将会接着说公众人格的问题，但要分析的不是艺术家，而是政客。

演　员

我们在上一章发现，与其说人格的文化"引发"了性恐惧，倒不如说它"刺激"了性恐惧。西方社会的性恐惧由来已久，没有哪个年代该为它的出现负责，只不过是加剧或者减轻了性恐惧的负担而已。同样，人格的文化鼓励而不是造成表演艺术家把自己当作某类特殊的人。因为在西方社会中，表演者的演出都是以文本为依据，促使他认为自己拥有特殊性格的根源包含在文本的问题之中。而19世纪30年代和40年代期间发生的情况是，人格的文化通过表演者自己的和观众的眼睛，强化了这样一种观念：职业演员是惟一在公众场合主动表达自己的人物，是惟一能够在公众场合强烈地唤起他人的情感的人物。

演员和音乐家都有一种文本来支撑他的艺术，但他看待这种文本只有两种方式中的一种。区别在于表演者认为他自己的作品在多大程度上可以被"注解"。就音乐而言，这等于问：印刷在曲谱上的音乐符号系统怎样才能如实地再现作曲家脑海中的音乐。如果你（也就是表演者）相信这些符号——音符、重音和轻音标记、速度指示——的语言已经足够，那么在表演中，你只要把你对曲谱的理解演奏出来就可以了。如果你认为音乐不能在曲谱中得到足够的注解，那么你的任务是在表演中找出曲谱上所缺失的东西。演员的选择也一样。他可以把剧本当成是莎士比亚或者易卜生对角色的一套建议，这套建议可以被忽略，让他自己拥有自由的表演空间；他也可以把剧本当作经典，他只要读懂它，它就会告诉他该怎么表演。这个问题在芭蕾舞中尤其关键：你能够把所有的身体动作写下来吗？就算你能够，这种图解应该在多大程度上被当成金科玉律？①

因此，表演艺术总是会碰到这种文本问题：注解的语言要到什么样的程度才足够成为表达的语言。这就决定了表演者的人格的出现。只要注解似乎拥有内在的意义，只要表演者并不觉得他本人必须介入，表演者就是一个代理人，一种工具，一个中间人，如果他拥有足够的技巧来完成表演的任务，那么观众将有可能会理解注解所要传达的意义。这种注解的力量也有其极限。很少有音乐家会宣称阅读乐谱的体验等同于聆听它的体验；编舞者就算正在沉思最为复杂的舞蹈动作，他们也几乎没有人会宣称自己正在体验着舞蹈。由于表演注解的这种间接属性，由于音符、图解、对白只能是表演行动的指南，表演者永远不可能只将自己当作"镜子"或者忠实的执行者。

在音乐史上，19 世纪起初那几十年间，对待注解和人格

---

① 这些问题在戴维·巴奈特（David Barnett）的《音乐的表演》（*The Performance of Music*，New York：Universe，1947）中得到了详细的讨论。

的态度曾经分为相互斗争的两派。悖谬的是，出现这种情况部分原因恰恰在于，和 18 世纪的作曲家相比，当时的作曲家开始在乐谱上加上越来越多关于如何演奏该乐曲的注解。例如，在《古大提琴奏鸣曲》中，作曲家巴赫[①]并没有留下任何轻音和重音的标记，而且只有非常粗略的速度指示；而贝多芬[②]的《第 69 号大提琴和钢琴奏鸣曲》则与之相反，他在乐谱的不同地方注明了非常复杂的音量和演奏速度标记。这位作曲家甚至还是用了更为重要、更为文雅的术语来解释他为什么会觉得古典的音乐注解不足以传达他的音乐。"渐低"和"极低"之类标记开始更为频繁地出现；在贝多芬的晚年，它们变得更加复杂；而在贝多芬死后，作曲家开始用诗歌来当曲谱的前言，用以说明音乐的含意，或者像舒曼[③]在《童年情景》中所做的那样，精心地给每一首乐曲取名字。到了 19 世纪末期，作曲家通过文学的手段来注明音乐属性的尝试要么变得极其复杂，例如德彪西[④]，要么变成自我嘲弄的方式，例如萨蒂。[⑤]

表演者如何应付这种越来越复杂的注解？在处理这个问题的方式上，两种相互对立的学派出现了。第一种学派的成员

---

① 巴赫（Johann Sebastian Bach, 1685—1750），德国音乐家。——译者

② 贝多芬（Ludwig van Beethoven, 1770—1827），德国音乐家。——译者

③ 舒曼（Robert Schumann, 1810—1856），德国音乐家，《童年情景》（Kinderszenen）是舒曼于 1838 年创作的钢琴曲。——译者

④ 德彪西（Achille-Claude Debussy, 1862—1918）和萨蒂（Erik Satie, 1866—1925）都是法国音乐家。——译者

⑤ 建议读者参看彼得斯（Peters）音乐出版公司出版的巴赫和贝多芬乐谱，这些乐谱都删除了后人添加的标记和诠释，差不多可以算是"净本"；而在国际音乐出版公司（International）和施尔默音乐出版公司（Schirmer）的乐谱中，现代编辑擅自添加了无数的标记。

有舒曼、克拉拉·维克和他们的晚辈勃拉姆斯以及中欧的约阿西姆[1]，也包括了法国的比才、圣-桑、福莱[2]和德彪西。他们都认为不管标记多么复杂，和音乐多么无关，乐谱都应该被当成正确的音乐的指南；如果这种音乐语言扩张了，那么它变成一种更好的、更完整的语言，变成了一种更加难以遵守的指南。[3]

第二种学派在 19 世纪初期开始形成，而将表演的工作和公共场合中某些特殊的人格联系起来的正是这种学派。这种学派的成员认为音乐本质上超乎注解的力量之外；在他们看来，越来越复杂的音乐注解恰恰是对这一事实的承认。这个学派的核心人物主要是表演者。表演者是创造者——作曲家可以说是他的教练。对于这一学派中更为离经叛道的表演者来说，忠实于乐谱没有任何意义，因为乐谱和音乐之间并没有绝对的亲和性。如果莫扎特[4]的乐谱并不代表莫扎特的音乐，他们干吗要如实地依照这些印刷出来的乐谱进行演奏呢？如此一来，要使音乐获得其自身的生命力，表演者不得不变成莫扎特本人；表演者就像一个魔法师，他通过擦擦魔灯，给一个人物带来生命力。因此，这种学派开始以两种方式看待音乐：首先，音乐的

---

① 克拉拉·维克(Clara Wieck, 1819—1896)，罗伯特·舒曼之妻，德国音乐家。勃拉姆斯(Johannes Brahms, 1833—1897)，德国音乐家。约阿西姆(Joseph Joachim, 1831—1907)，匈牙利音乐家。——译者
② 比才(Georges Bizet, 1838—1875)、圣-桑(Charles Camille Saint-Saëns, 1835—1921)、福莱(Gabriel Urbain Fauré, 1845—1924)都是法国音乐家。——译者
③ 相关例子可以参看阿尔弗雷德·爱因斯坦(Alfred Einstein)对门德尔松的讨论，见爱因斯坦，《浪漫主义年代的音乐》(*Music in the Romantic Era*, New York：Norton, 1947)，第 124 页及以下。
④ 莫扎特(Wolfgang Amadeus Mozart, 1756—1791)，奥地利音乐家。——译者

意义只有在演奏中才能体现出来，而非被冻结在文本之中；因而音乐变成了一种以内在性的原则为基础的艺术。其次，表演是否成功，取决于表演者在表演时是否强有力地揭露了自己强烈的情感。"演奏会就是……我本人。"弗兰茨·李斯特[1]这句著名评论体现了表演者和文本的这种新关系。能够饰演精彩角色、演奏出美妙音符的表演者再也不被当成熟练的工人，而是被视为有其个人风格的艺术家。[2]

在浪漫主义思潮的席卷之下，所有的艺术领域都出现了这种内在艺术和人格之间的关系。例如，从雷蒙德·威廉姆斯的《文化与社会》中，我们能看到在浪漫主义的影响之下，19世纪20年代那些和创造力联系在一起的词汇如何发生了变化：

> 就评价艺术家而言，对技巧的强调逐渐被对情感的强调所取代，这种取代得到的支持来自同时发生的词语变化，这个时期出现了"创造性的""原创的"和"天才"等词语。"艺术家"的新义项派生出"艺术的"和"艺术家的"这两个词，到了19世纪末期，它们所指的不是技巧或者技能，而是人们的性格。"美学"派生出"审美家"，同样，这个词指的是"某种特殊人物"。[3]

---

[1] 弗兰茨·李斯特(Franz Liszt, 1811—1886)，匈牙利音乐家。——译者

[2] 李斯特那句话出自伊莲诺·佩伦尼(Eleanor Perenyi)，《李斯特：作为浪漫主义英雄的音乐家》(*Liszt: The Artist as Romantic Hero*, Boston：Atlantic Monthly Press, Little, Brown & Co., 1974)，第49页。

[3] 引文出自雷蒙德·威廉姆斯(Raymond Williams)，《文化与社会：1780—1950》(*Culture and Society, 1780—1950*, New York：Harper & Row, 1966)，第44页。

然而，表演艺术家必须成为一种不同于浪漫主义诗人、画家或者杂文家的"特殊人物"。表演艺术家必须引发出观众的直接反应，诗人的情况则与此不同，后者在创造清高的自我形象时可能是单独地构想他的意境和诗句。除了直接面对观众之外，对于浪漫主义时期的钢琴家和画家来说，艺术从技巧到自我的转变也肯定并不相同，因为这两种艺术家和他们的表达媒介之间的关系并不相同。无论他在弹奏中表现出什么样个人的风格，浪漫主义时期的钢琴家依然受到文本的束缚；这种文本通常不是他的作品，也不是在此时此地被创造出来的，而在此时此地，他正在观众面前赋予它以生命力。因此，在将音乐转变成一种内在体验的过程中，浪漫主义时期的表演者必须依据文本进行演奏，同时又将文本转变为他自己。

当代的评论建议我们如何聆听浪漫主义音乐家使音乐具备内在意义的演奏：停顿、延迟和自由速度使得某个音符出现的时刻变得很重要；在由训练有素的交响乐团合奏的长乐曲中，为了平衡各个乐曲的各个部分，使其紧密地衔接在一起，通常会出现大起大落的节奏变化。这些都是表演者在表演某个文本的时候才会使用的技巧。突然的起奏、伤感的音调、震撼的和弦——这些都是使音乐在此刻显得绝对真实的技巧。

人们会认为一个能够如此演出的音乐家具备什么样的人格呢？1840年8月23日，弗朗茨·李斯特就帕格尼尼的去世撰写了一份讣告。他在文章开篇写下了如下的句子：

> 当帕格尼尼……出现在公众场合，世人将他当成超人，好奇地看着他。他引起的兴奋是如此罕见，他用来调

动听众的幻想的魔法是如此强大，以至于他们自己并不满
足于将他视为普通人。

这些话并没有夸大公众对帕格尼尼的接受。这个小提琴
家出生于匈牙利的一个小镇，到了 1810 年，不但是布尔乔亚
阶级的听众，就连工人阶级的听众也对他赞不绝口。他是第一
个被大众当成英雄的音乐家。[①]

帕格尼尼技巧高明却没有什么音乐品位。他在戏台上所
有的表演都专注于将观众的目光引到自己身上。在一场典型的
帕格尼尼音乐会上，观众可能会见到这个小提琴家拉断一根、
两根，甚至三根琴弦；如此一来，等到一首很难演奏的协奏曲
快结束的时候，所有的音符都由一根琴弦拉出来。他们当然也
会听到他即兴拉出极其复杂乃至和原来的乐曲毫无相似之处的
装饰奏，观众则会陶醉在暴风骤雨般的音符中。帕格尼尼喜欢
躲在交响乐团中，然后突然出现在观众面前，而不是先在戏台
的两翼等待。一旦出现在观众面前，他会等待一分钟、两分钟
或者三分钟，安静地看着观众，然后让交响乐团突然停下来，
马上开始演奏。帕格尼尼最喜欢在对他有敌意、准备喝倒彩的
观众面前表演，然后通过他的演奏力量迫使他们转而盲目地吹
捧他。除了一次在英国的巡回演出，他的表演获得了普遍的赞
扬，但评论家从来没能说出他为何会如此超凡。"大家都知道
他很了不起，但不知道为什么。"有个评论家曾经这样写道。
帕格尼尼让表演成为它自身的目的，实际上，他的伟大正在于

---

① 引文出自弗兰茨·李斯特(Franz Liszt)，"帕格尼尼"(Paganini)，刊登于 1830
年 8 月 23 日的《音乐通讯》(*Gazatte Musicale*, Paris)。

令观众忘记了音乐文本。[1]

帕格尼尼既抓住了人们的想象，同时他的粗鲁也使人瞠目结舌。柏辽兹认可帕格尼尼的"理念"，但常常觉得他的音乐很恶心。所谓"理念"，就是帕格尼尼认为音乐的本质只有在表演中才能体现出来。然而，内在性的音乐是一种紧张的体验。表演变成了让听众觉得震撼、让他突然间听到先前从没有听过的音乐、颠覆他对音乐的感觉的事情。就像通过补充各种各样的描述性文学词汇来使其写在纸上的乐曲拥有生命力的作曲家一样，帕格尼尼学派的表演者试图通过让听众在哪怕最为常见的音乐中听到他们不曾听过的东西来赋予音乐会以生命力。这种内在性和一种震撼的感觉使得帕格尼尼在演奏最为寻常的乐曲时也能让观众觉得他们聆听着的是全新的作品。[2]

因而，这个英雄般的俗人向音乐家展示了拒绝舒曼的教条——"原稿保留有我们都必须参考的权威"——是一件可以做到的事情。在交响乐团的演奏中突然加入意大利的美声唱法，在音乐厅中表现出歌剧世界才有的戏剧性和兴奋也统统变成了可能的事情。[3]

使音乐具备内在性的艺术家的本质人格特征是他的令人

---

① 勒妮·索辛(Renée de Saussine)对这些炫耀性表演并不反感，她在《帕格尼尼传》(*Paganini*，New York：McGraw-Hill，1954)第 20 页对它们进行了详细的描述。

② 参看瓦尔特·贝克特(Walter Beckett)，《李斯特》(*Liszt*，New York：Farrar，Staus，and Cudahy，1956)，第 10 页及以下。

③ 罗伯特·舒曼(Robert Schumann)的原话转引自卡尔·多利安(Carl Dorian)，《表演音乐史》(*The History of Music in Performance*，New York：Norton，1971)，第 224 页。

震撼的本领：他让别人震撼，他本人就是一个震撼的人物。难道一个拥有这种力量的人还不能被称为具备"主导性"人格吗？

当人们说起社会中的主导性人格，这个术语有三种不同的含义。它可以意味着某个人能够替其他人做他们自己办不到的事情；这是韦伯在分析古代帝王的生活时提出的卡里斯玛的概念。它可以意味着某个人为他人挺身而出，去做一些他本人或者他们自己所办不到的事情，这是埃里克松在分析马丁·路德的生活时提出的卡里斯玛的概念。最后，主导性人格也可以意味着某个人在公共场合向他人展示他能够为自己做到他们应该为自己做的事情。但他们无法将这种感觉带到戏院之外，只能回到他们的日常生活中。他们无法像韦伯的古代帝王那样通过制度化将主导性人物的力量"常规化"，也无法像埃里克松的路德感召他的教会兄弟那样亲自在主导性人物身边组织起一个社会团体。在现代的环境中，那些受到表演者影响的人只能接受他出现在公共场合中。他的超凡能力使他能够自发地表达情感，也能够暂时地打动他人的情感。他就像所有卡里斯玛式的人物，和所有观众都不一样；但他也永久地和被他所打动的人相互隔绝。这种观点在李斯特向帕格尼尼致敬的文章中体现得尤为明显：

> ……这个人受到这么多人的爱戴，但他却无法和同行成为朋友。没有人知道他心里在想些什么；他自己的生活得到上苍的厚待，但他却没有使另外一个人得到快乐……帕格尼尼的上帝不是什么神灵，而是他自己那个阴

郁而哀伤的"我"。①

这个与世隔绝的主导性人物完成了什么样的人格任务呢？对观众来说，他创造了既异常又安全的情感。他能够在公共场合自发地表达情感，这是一种异常的情感；通过他的震撼策略，他能够让别人也产生情感。但暂时的震撼是安全的，因为他和观众相互隔绝。在这里，观众不会用他们自己的能力来衡量这些情感；毕竟他是一个超凡的人。因而公众场合中的人格所造成的两种公众身份就出现了：一边是一个超凡的演员，另一边是在他们的被动状态中感到自在的观众。他们的天赋不如他，但他无法危及他们。他"刺激"他们。

这种情况和古代政制时期的观众对演员和音乐家的控制十分不同；在当时，表演者不能让观众觉得荒诞不经，不能逾越观众对节目的了解。当观众被法瓦夫人所震撼的时候，他们会逼她换戏服。而当观众受到帕格尼尼的震撼时，他们变得极其狂热。我们可以从中看出一种新的情况：戏台和街道之间的对应关系发生了变化，戏台独立于街道之外，成为人们感知公共形象的地方。艺术表演者体现了当时的两种观念：戏台上的服装准确地体现了角色的性格（只有在表演这个领域，人们才能通过外表看出人物的内心），而街道上的服装则和人物性格无关（只有戏台上的人才能够自由地表达自己）。

主动表达自己的公共人物依赖于一种特殊的能力。在浪漫主义时代的艺术家中，那些能够主动表达自己的公共人物认

---

① 李斯特的这段话转引自贝克特，《李斯特》，第 10 页及以下。

为这种超凡的能力是罕见的技巧。这种认为值得信任的公共人物都具备超凡能力的观念在我们把话题转向政治领域的过程中将会变得越来越重要，所以我们不妨先来看看这种观念第一次在正式的表演艺术中出现的某些具体情况。

李斯特、柏辽兹和其他注重在表演中展示自我的音乐家认为，若要表演那些需要非凡技巧的伟大音乐作品，表演者必须突出自己的个性；这种观念使他们截然不同于他们的导师帕格尼尼。在所有那些曾经观看过浪漫主义时期的表演者在演出中实践这种观念的人中，没有人比罗伯特·舒曼更能理解到这种表演的音乐意义。舒曼本人认为这种观念非但奇怪，而且不能落到实处。他曾经写道：人们必须倾听李斯特的《练习曲》，因为这些极其难以演奏的乐曲：

> 是用手从乐器上拧出来的，而光有手并不能让这些乐曲鸣响。人们还应该看看作曲家本人如何演奏它们，因为在看到精湛技艺的同时，还能看到作曲家本人如何和他的乐器斗争，如何驯服它，让它听话……[1]

这种注重在音乐中展示自我的观念实际上是认为乐器本身难以对付；似乎必须付出巨大的努力才能弹奏出音乐——也就是说，当某个人们想听到的声音十分难以弹奏出来时，表演者需要进行费劲的斗争才能演奏出动人的音符。这种认为乐器难以掌握的观念顺理成章地促使人们重视艺术天才。艺术天才

---

[1] 罗伯特·舒曼，《论音乐与音乐家》（*On Music and Musicians*, trans. Paul Rosenfeld, New York, 1946），第 150 页。

并不是比其他艺术家更好的艺术家，在这种定义之下，只有少数天赋过人的表演者才能被称为艺术家，因为只有十分罕见的天赋才能将声音变成音乐。

艺术天赋产生了一种社会后果：它变成了一种控制那些无法理解人们的情感、痛苦和梦想的人的工具。艺术天赋控制了普通的民众（艺术天才或许渴望得到民众的赞许，但这是一种可耻的欲望，不能宣之于口）；它不但是一种对如此难以驾驭的乐器的掌握，它还通过让观众注意艺术家的身体斗争来迫使他们产生出情感。今天的我们会对这种浪漫主义的自我膨胀莞尔一笑，我们也并不依然认为只有卓越的表演才是"生动的"表演；可是难道我们没有将艺术当作斗争吗？难道我们并不认为布达佩斯四重奏乐团和一个诚实、严肃但缺乏灵气的乐团所演奏的莫扎特《弦乐四重奏》之间存在差别吗？我们依然信奉浪漫主义时期的表演者那套认为艺术超越文本的观念，只不过我们缺乏他们的激情，也没有他们那种把自己看得太重要的天真罢了。

主动表达自己，具备超凡的才能——这是人格赖以进入公共领域的模式。这种模式并非音乐表演艺术所独有，它还发生在戏院之中。最令人吃惊的是，特殊能力、公共的表达性和公共领域中的可信人格这三者在闹剧中结合起来了，因为 19 世纪 30 和 40 年代的闹剧剧本都是由玛丽·多尔瓦和弗雷德里克·勒梅特等伟大的巴黎演员所演出的。

我们在上一章看到，创作闹剧的本质在于创造出"纯粹的角色类型"，戏台上的人能够立即被归入恶棍、少女、少年英雄、地主、青年艺术家、垂死的少女、富裕的赞助人等各种各样的类型角色，而不是在于让角色具备自身的独特性。巴黎闹剧的独特之处正在于19世纪30年代饰演这些角色的演员，如多尔瓦和勒梅特等人，都是个性相当鲜明的人；由于报刊评论乐此不疲地重复报道他们自己的"难以言喻的个性"，这些演员在表演已有角色时将剧本当作传达个人性格的工具。

1827年6月，多瓦尔和勒梅特共同出演了高巴克的戏剧《三十年》；大约就是在这个时候，他们开始改变闹剧的表演方式。在这出戏剧中，他们开始自然地说话，而不是像传统那样，每到激动的时刻或者危急关头就扯开喉咙大声念台词。他们开始关注表演的细节，并对这些行动的细节注入新的意义。尤其是弗雷德里克·勒梅特，他是19世纪第一个意识到观众能够被哑剧表演的细节深深打动的伟大演员。例如，在传统的表演中，恶棍登场时应该鬼鬼祟祟地迈着碎步，仿佛害怕被观众发现；因而从他出现的那一刻起，观众就能知道他饰演的是什么角色。当勒梅特出现在19世纪30年代常见的闹剧中时，他只是大大方方地蹚步走上戏台，仿佛他和其他角色没有任何区别。这种表演方式在观众之中引起了轰动，并且被认为是"伟大的表演"：观众知道他在剧中的角色，他们认为弗雷德里克·勒梅特展示的是他自己对角色的创造性发挥——而不是展示剧本对这个恶棍角色的界定。①

勒梅特开始经常性地在"犯罪大道"（巴黎的戏院集中地）出演各种戏剧。到了1839年，好的闹剧或浪漫主义戏剧只有

---

① 请参看罗伯特·巴尔迪克(Robert Baldick)，《弗雷德里克·勒梅特的生活与时代》(*The Life and Times of Frédérick Lemaître*，Fair Lawn，N. J.；Essential Books，Oxford University Press，1959)，尤其是第52—54页。

在请到弗雷德里克·勒梅特饰演的情况下才能有大获成功的机会；而且如果勒梅特出演某出戏剧，观众就会认为它很重要。这种对文本的超越最令人吃惊的例子，当属19世纪30年代最流行的闹剧《罗伯特·马盖尔》；弗雷德里克本人参与了剧本的编写。在这出获得巨大成功的戏剧中，反抗社会的浪漫主义观念第一次和流落草莽的英雄形象结合在一起。下面是高迪埃对这出戏剧的描述：

> 《罗伯特·马盖尔》是随七月革命而出现的革命艺术的伟大成功……这出独特的戏剧的独树一帜之处正在于，它对社会秩序和人类整体做出了尖锐而绝望的攻击。围绕罗伯特·马盖尔这个角色，弗雷德里克·勒梅特创造了一个真正的莎士比亚式的喜剧人物——他为人乐观向上，但有幸灾乐祸的一面，而且尖酸刻薄……除此之外，他还具备一种万恶的贵族阶级才有的斯文、温顺和通达。

然而今天这出戏剧已经被人遗忘了。实际上，它之所以不可演出，恰恰是因为今天已经没有弗雷德里克·勒梅特。我们不能认为像高迪埃这样的艺术家会因为崇拜勒梅特而看不到剧本的缺陷——如果我们这么说，那就忽略了高迪埃所看到的艺术：那就是一个非凡演员的能力对一个有意义的剧本的创造。①

和李斯特等音乐家一样，弗雷德里克·勒梅特也备受观众

---

① 高迪埃原话的英文翻译见罗伯特·巴尔迪克，《弗雷德里克·勒梅特的生活与时代》，第141页。

赞扬；但他又和李斯特不同，他是一个大众的英雄，在巴黎欣赏他表演的观众九流三教都有，而且他本人还被视为巴黎市民的英雄。当我们考虑19世纪的艺术天才的表演时，像勒梅特这样的演员的表演也必须被算在内，因为它可以提醒我们不要仅仅将帕格尼尼那样粗俗的艺术家当作典型。帕格尼尼的艺术建立在夸张的基础上，勒梅特的艺术则建立在自然的基础上。根据乐谱弹奏出美妙动听的音乐需要极高的艺术修养和出色的技巧，在公众场合如此自然本色地表演也一样。艺术天赋不是运用某种特定的技巧，而是一种使表演的时刻变得十分生动的能力。

于是，在变成惟一能够主动表达自我的公共人物的过程中，这些表演者的形象由如下的要素组成：他们利用震撼的技巧使表演的时刻变得十分重要；观众认为那些能够让他们震撼的人具备很强的能力，因而对这些人十分尊重，而不是像18世纪那样，把表演者当作奴仆。通过这种方式，由于表演者的地位渐渐高于他的观众，他终于超越了他的文本。①

观　众

目睹这些表演者的人们对他们的能力处之泰然。但如果因此就认为这个沉默的观众是一个安然自在的人，那就大错特错了。他的沉默是一种深深的自我怀疑的标志。随着第一代浪漫主义时期的公共人物的消失，观众的自我怀疑非但没有减

---

① 参看恩尼斯特·纽曼(Ernest Newman)，《凡人李斯特》(*The Man Liszt*, New York: Cassell, 1934)，第284页；撒切弗雷尔·西特维尔(Sacheverell Sitwell)，《李斯特》(*Liszt*, New York: Dover, 1967)，第136页。

轻，反而加剧了。让我们先来把他当作一个公众人物加以分析，然后再来分析他本人的特征。

皮埃尔·福荣撰写过《巴黎的娱乐》，这是 19 世纪 70 年代流行一时的巴黎旅游指南图书。他在书中写道："你想看看一些恶心的场面吗？"在圣马丁门戏院，

> 在 19 世纪的今天，这里还存在一些原始人，他们会因为戏台上女英雄落入叛国贼手里的不幸场面而情不自禁地泪流满面。别去这个戏院，去那儿你只能看到这些率真的工人、这些诚实的小布尔乔亚号啕大哭的景象……让他们在凄凉中自娱自乐吧。他们在绝望中快乐！

到了 19 世纪中期，嘲笑那些因为某出戏剧或某场音乐会而流露感情的人成为一种风尚。在戏院中控制情感成为一种中等阶级在他们和工人阶级之间划清界限的方式。到了 19 世纪 50 年代，一个"体面的"观众是一个能够在沉默中控制自身情感的观众；原来那种自发的情感流露被认为是"原始的"行为。一种认为在公众场合保持静默是体面行为的观念出现了，和美男子布伦梅尔约束外貌的观念相辅相成。①

在 18 世纪 50 年代，当演员在关键时刻转身面对观众，一句话，甚至一个字都能引来满堂喝彩和掌声。同样，在 18 世纪的歌剧中，如果演员把某句特定的歌词或者某个高音唱得很动听，观众会要求这一小句话立即得到重唱；剧本被打断了，

---

① 皮埃尔·福荣(Pierre Véron)，《巴黎的娱乐》(*Paris S'Amuse*, Paris: Levey Frères, 1874)，第 36 页。

而这个高音会重复一次、两次，甚至更多次。到了 1870 年，掌声获得了一种新的形式。人们不会打断正在表演的演员，而是等到剧终才开始鼓掌。在咏叹调结束之前，人们不会为歌唱家鼓掌；在音乐会上，交响乐没有结束之前，观众也不会鼓掌。因而，尽管浪漫主义时期的表演者超越了他的文本，观众的行为却在朝一个相反的方向发展。[1]

人们被表演者打动的时候不再立即表达自己的情感这点也跟戏院或者音乐厅本身新出现的静默有关。在 19 世纪 50 年代，伦敦或者巴黎的戏剧观众如果在看戏的过程中想到什么话要说，他可以理直气壮地跟邻座交谈。到了 19 世纪 70 年代，观众本身就会制止这种行为。在看戏过程中说话被看成是粗鲁和没有教养的行为。戏院中的灯光也变暗了，为的是加强这种静默，让观众的注意力集中在戏台上：查理·基恩在 19 世纪 50 年代开始采取这种措施，理查德·瓦格纳在拜罗伊特将它变成绝对规则；到了 19 世纪 90 年代，欧洲各国首都的剧院在表演的时候都把灯光调暗了。[2]

在阴暗、安静的演出大厅中约束人们的情感是一种规矩。弄清楚这种规矩的具体含义很重要。在 19 世纪最后几十年中，观众的自我约束也出现在街头的大众戏院中，但它最初是在布尔乔亚的法定戏院、歌剧院和音乐厅中发展起来的，而且

---

[1] 查尔斯·比丘尔·霍甘，《1776—1800 年的伦敦戏院》，第 92 页。不同城市开始限制掌声的日期并不相同。在某些城市，不同的音乐表演中出现了不同的掌声模式。因而，在 19 世纪 70 年代的维也纳，在交响乐的乐章之间鼓掌是没有教养的行为，但在协奏曲的乐章之间鼓掌则被认为是可以接受的。

[2] 弗里德里克·格林，《18 世纪的法国》，第 168 页；西蒙·狄德沃斯（Simon Tidworth），《戏院的建筑史与文化史》（*Theatres: An Architectural and Cultural History*, New York: Praeger, 1973），第 173 页。

在这些地方，观众的自我约束也较强。19 世纪的观众如果觉得他们因为戏台上的剧情而感到"愤慨"，他们还是会立即主动地表达自己的情感；只不过随着这个世纪的推进，"愤慨"变得越来越罕见。[①]

这种沉默的规训是大城市才有的现象。比起伦敦和巴黎的观众，英国和法国地方城市戏院的观众要吵闹得多，这让从两国首都到这些地方访问演出的明星很不满。这些地方城市的戏院——通常每个城市只有一两家——并没有完全区分工人阶级和中等阶级，而是让他们在观众席中混在一起。因而，来自地方城市的人在巴黎或伦敦看戏时会不自禁地流露出自己的感情；用埃德蒙德·基恩的话来说，这种表现是"地方城市的失态"。福荣在上面的引文中所塑造的下等人形象是低等阶级成员的形象，也是来自地方城市——例如巴斯、波尔多或者里尔——的人的形象。

巴黎、伦敦和其他欧洲大城市在 19 世纪兴建了许多戏院。这些戏院所能容纳的观众比 18 世纪的戏院多得多：2 500 个、3 000 个甚至 4 000 个观众被塞在一个演出大厅里。它们的规模庞大，所以比起较小的戏院，观众必须保持安静才能听得清楚；但即使在音响效果极差的大戏院中，比如卡尼尔歌剧院，要让观众安静下来也不是一件容易的事情。卡尼尔歌剧院是依照一种新的观众理念而建成的。让我们来比较两家落成于 19 世纪 70 年代的差异极大的戏院：巴黎的卡尼尔歌剧院

---

① 可参看杜维诺的《演员》。1913 年的《春之祭》（Le Sacré du Printemps）引发的喧哗很好地说明了后面这种观点；那在当时是一件异乎寻常的事情，但在加里克的时代则是常事。（《春之祭》是斯特拉文斯基创作的芭蕾舞剧，于 1913 年在巴黎爱丽舍田园剧院首演。——译者）

和拜罗伊特的瓦格纳歌剧院。它们通过相反的手段达到了相同的目的。[1]

按照现代的标准，卡尼尔所建的巴黎歌剧院称得上庞然大物。像一个被装饰物压瘪了的巨大婚礼蛋糕，它是一座庞大而较为低矮的建筑物，装潢十分华美，人们从不同角度看，能够看到希腊式的、罗马式的、巴罗克式的和洛可可式的装饰风格。它的豪华几乎引来了人们的冷嘲热讽。西蒙·狄德沃斯评论说："观众从'歌剧皇宫'的人行道走到他在观众席上的座位的过程是一种令人兴奋的体验——绝对可能是他在当天晚上最兴奋的体验。"[2]

这座建筑的方方面面都和1781年落成的法兰西剧院截然相反。这座歌剧院的建筑并非将人们囊括其中的遮蔽处所，不是供观众相互结识的屋宇，也不是让演员从中露面的戏台；这座建筑令人赞叹称羡之处在于它本身，和它里面的任何人或者任何活动都没有关系。巨大的内部空间尤其突出了这一点。只有老鹰才能将聚集在这个巨大空间中的观众尽收眼底，也只有老鹰才能清清楚楚地看到戏台上发生的情况。这座戏院内部的装潢十分华美，它本身就是比戏台上任何场景都壮丽的美景。

巴黎歌剧院的豪华没有给日常的社会交往留下任何空间。用建筑师本人的话来说，这座建筑的惟一目的是让人们产生一种"安静的敬畏"，人们很难在它的大堂进行交谈或者闲聊。关于他的建筑，卡尼尔还曾这样写道：

---

[1] 约瑟(S. Joseph)，《英格兰戏院逸事》(*The Story of the Playhouse in England*, London：Barrie & Rockcliff, 1963)，第七章。
[2] 狄德沃斯，《戏院的建筑史与文化史》，第158页。

眼睛开始慢慢地被迷住，然后追随着眼睛的想象变成了某种梦境；人们飘飘然地感觉到一种富足的状态。[1]

　　而在理查德·瓦格纳看来，戏院的这种麻醉剂般的效果正是他的拜罗伊特歌剧院所要击败的魔鬼。但他通过相反的方式所建造起来的环境也同样迫使观众陷入了沉默的状态。拜罗伊特歌剧院始建于 1872 年，1876 年完工。歌剧院的外表光秃秃的，简直透露出颓败的气息，因为瓦格纳希望所有的注意力都集中在里面表演的艺术上。歌剧院的内部有两点让人觉得很震撼。首先，所有的座位都是依照圆形剧场的模式排列的。每个观众都能清清楚楚地看到戏台上的情景，但是他们无法一目了然地看清其他观众，因为瓦格纳并不希望他们到戏院来就是为了观看其他观众。戏台才是最重要的。

　　瓦格纳还采取了一种更为激进的隔离措施，他用一个毛皮和木头制成的屏风将交响乐团的演奏台围了起来。因此，观众听得见音乐声，但看不到这些音乐是如何被演奏出来的。此外，除了戏台上方的拱形结构之外，瓦格纳又在演奏台之上加了一道拱形结构。所有这些安排都是为了制造出他所说的"神秘海湾"效果。关于这个观念，他这样写道：

　　　　它给观众造成一种戏台离得相当遥远的错觉，尽管他能清清楚楚地看到它就在附近；而这种错觉又会让观众产生另外的幻觉，认为出现在戏台上的人都是身材非常高

---

[1] 卡尼尔的话引自狄德沃斯，《戏院的建筑史与文化史》，第 161 页。

大的超人。①

通过这种让戏台变得完整和具备绝对重要性的努力，这座戏院产生了规训。这座戏院的设计和瓦格纳那些无穷无尽的乐曲相辅相成，它们都是用来规训听众的工具。观众无法自由地摆脱他的音乐，因为他的音乐无穷无尽。瓦格纳时代的观众并没有真正理解他的音乐。但这些观众知道瓦格纳想要他们干什么。这些观众知道他们必须耐心聆听他的音乐；用一个评论家的话来说，这种无穷无尽的音乐将会带给他们一种"他们从之前看过的歌剧中所无法获得的体验"。不管是在巴黎还是在拜罗伊特，观众变成了一种仪式的见证人；观众的角色是观看，不是作出回应。观众在长达几个小时的歌剧中保持沉默和安静是他们领略到艺术的标志。②

那些即将观看公共表演者自由而主动地表达自己的人必须先做好自我压抑的准备。表演者打动他们，但为了被打动，他们必须先处在被动的状态。这种特殊情况的根源在于观众心中挥之不去的自我怀疑。

在公共场合，观众不知道该如何表达自己；所以他总是不由自主地产生自我怀疑。因此，到了 19 世纪中期，就戏剧和音乐领域而言，人们总是希望被告知他们即将产生什么样的感觉或者应该产生什么样的感觉。所以当时的戏剧表演和音乐会

---

① 理查德·瓦格纳的话引自狄德沃斯，《戏院的建筑史与文化史》，第 172 页。

② 参看雅克·巴颂（Jacques Barzun），《达尔文、马克思和瓦格纳》（*Darwin, Marx, Wagner*, Garden City, N. Y.: Double Day, 1958）；该书虽然在音乐方面犯了少数几个错误，但就研究瓦格纳的意图而言，它依然是最好的著作。

上的节目解说文字变得极受欢迎。最早使用这些解说文字并大获成功的是乔治·葛洛夫爵士。

19 世纪 30 年代，音乐批评家罗伯特·舒曼总是以一种朋友之间交谈的语气写下他对受欢迎的音乐的点评，或者写下某些他觉得应该和朋友分享的新想法。在 19 世纪余下的时间中，占据主流的是葛洛夫创造的音乐评论；这种音乐评论则具备不同的性质，或者说具备三种导向同一个目的的形式。

第一种向读者解释他们应该产生什么样的感觉的文章是报纸上的"专栏"，这些文章或是新闻报道，或是节目解说，作者在其中告诉读者艺术如何触动他的心弦。卡尔·肖斯克这样描述这些文章对主观感受的美化：

> 专栏的作者是精通小品文的艺术家，他所写的都是些细节和小事，十分迎合 19 世纪的那种追求具体详细的品位……记者或者评论家对某种经历的主观反应和他的感情色彩远远比他文章所写的事情来得重要。诠释情感状态变成了做出判断的模式。[1]

或者像葛洛夫之流的评论家，向读者解释音乐的原理或者音乐家表演的技巧，仿佛摆在评论家和听众面前的是一件新奇的玩意，如果没有一本使用手册它就不会运转。或者像伊杜瓦·汉斯里克这样精通音乐的评论家，音乐被当成一个"问

---

[1] 卡尔·肖斯克，"19 世纪末维也纳的政治与精神"（Politics and Psyche in Fin-de-Siècle Vienna），载 1961 年 7 月号《美国历史学评论》（American Historical Review），第935 页。

题"，只有在一种普遍的"美学"理论的帮助下才能得到解决。也就是说，评判和"品位"需要一个入门的过程。这三种形式的评论都是为了帮助读者踏入音乐殿堂的门槛。[①]

对于他们的读者来说，这些都让他们感到宽慰。这些解释性的中介物在音乐领域增长甚快，因为公众越来越不认为自己有能力作出判断。听众熟悉的原有的音乐和勃拉姆斯、瓦格纳、李斯特等人的新音乐得到了同样的对待。观众想确切地知道戏台上的各种角色符合它们本来的历史面貌，而解释性的节目单——自19世纪50年代起也大量出现在戏院中——和解决音乐或戏剧"问题"的评论家恰恰在这一点上为观众提供了帮助。19世纪中期的观众，不管是欣赏音乐会的还是观看戏剧表演的，都害怕碰到尴尬的情况，担心出丑丢脸；他们这种担忧是伏尔泰时期的观众所无法理解的；后者认为表演者是地位较高的仆人，而观看节目就是一种享受。19世纪的人们普遍担心自己显得没有文化，不过这种担心在公共的表演艺术领域体现得最为明显。[②]

阿尔弗雷德·爱因斯坦曾经指出浪漫主义时期的音乐家的一个盲点：他知道他和公众之间是隔离的，但忘记了他们也觉得和他之间是隔离的。和观众保持隔离状态是一种令人自在的办法，因为观众很容易被认为是庸俗的。而观众，正如罗西尼说过的，极其担心所有那些指责他的尖锐言语竟然是

---

① 阿瑟·扬(Arthur Young)，《音乐会的传统》，(*The Concert Tradition*，New York；Ray，1965)，第211、203页。
② 若要和18世纪的节目单进行比较，请参看霍甘，《1776—1800年的伦敦戏院》，第75页。

真的。①

当时的男男女女在街头上难以彼此"看穿"，所以他们在戏院或者音乐厅中担心是否能够感觉到正确的情感完全是符合逻辑的事情。用来对付这种忧虑的办法跟人们在街头保护自己的方法相同。只要不表现出任何反应，不表露出你的感情，那么你就永远不会失态或者失礼。作为自我怀疑的标志，沉默往坏处说是 19 世纪的行为学的矫正物。

浪漫主义时期的表演者是这样的公众人物，以至于他引起了观众的幻想：幻想"真实"的他是什么样子的。即使等到最为浮夸的第一代浪漫主义表演者退出历史的戏台之后，这些自我约束的观众依然活了下来。这种投射到公共人物身上的想象也和被动的观众一起继续存活了很久；实际上，人们对公共人物投射了更多的幻想，尤其是对公共的政治人物。这种幻想有两重含义：自我约束的观众将一种幻想出来的权威加诸公共人物身上，并抹去了围绕这个公共自我的所有界限。

我们对人物的"权威"这个词有本能的了解；权威的人是某种领袖，某个我们心甘情愿地服从而不是被迫服从的人物。但当一个沉默的追随者，或者一个沉默的观众需要从那些在公共场合表达自己的人身上看到权威，这种对权威的幻想走上了一条特殊的路径。一个能够展示和控制自己情感的人必定有着一个强大的自我；在他的观众眼中，他很好地控制了自己。他本人的稳定性意味着他拥有一种甚至比浪漫主义时代刚开始时那种震撼观众的能力更加强大的能力。

① 爱因斯坦，《浪漫主义年代的音乐》，第 37—40 页。

我们可以从 19 世纪交响乐团的指挥家的公共形象的变化中看出这种幻想是如何逐渐加强的。18 世纪末的交响乐团大多没有指挥，多数赞助公共音乐会的音乐协会缺乏一个专职的"音乐指导"。到了 19 世纪，一个特殊的人物开始承担起在公共场合领导一大群音乐家的重任。柏辽兹的《回忆录》显示，这位作曲家在 19 世纪初期和好几个指挥家发生了矛盾；他对指挥家没有多少尊重，他的交响乐团中的音乐家和观看表演的公众也是如此。19 世纪 20 年代的报纸上出现了这样一句典型的侮辱言语，把指挥家说成"胆量和食物造就的计时员"。①

到了 19 世纪晚些时候，由于交响乐团的规模和协作演出的问题越来越大，指挥变成了一种得到认可的音乐职业。在这样的形势下，巴黎出现了第一个伟大的 19 世纪指挥家：查理·拉姆鲁。他确立了指挥家作为音乐权威而非计时员的原则；还发明了许多后来的指挥家一直用来控制交响乐团的手势；在 1881 年，他成立了自己的交响乐团。巴黎的其他指挥家也以同样的原则工作，尤为值得一提的是伊杜瓦·科隆。拉姆鲁和科隆受到的礼遇和柏辽兹在年轻的时候所认识的指挥家相去不啻霄壤。问题不在于指挥是否成为一种合法的职业，而在于为什么到了 19 世纪 90 年代人们会赋予这个人物以如此巨大的个人权威。19 世纪末的观众对指挥家简直是崇拜得五体投地；例如拉姆鲁就被当成英雄加以顶礼膜拜。人们说起在他面前感到"窘迫"，和他交谈时感到"欠缺"；这些都是约翰·

① 请参看海克多·柏辽兹(Hector Berlioz)，《回忆录》(*Memoirs*, trans. David Cairns, New York：Knopf, 1969)，该书第 230—231 页记录了一个好玩的例子。

塞斯巴蒂安·巴赫的儿子从来没有遇到过的情感。

这些人并不是浪漫主义时期的"明星";也就是说,他们不是那些通过超凡的功绩赢得公众赞誉的天才或者魔法师。他们的行动遭到国王般而不是王子般的对待。指挥家设置规则,他控制一群演奏各种乐器的音乐家;为了让他们进行表演,他必须拥有自我控制的能力。实际上,一百多年前的指挥家表现得像个独裁者是合乎逻辑的事情。对于一群保持沉默的观众来说,这种新的表演者恰恰应该拥有这样的权威。①

观众将权威投射在公共人物身上,又以同样的方式抹掉了他的公共自我的边界。例如,我们可以来比较一下法国观众对女演员瑞秋(她生于 1821 年,1858 年谢世)和他们对莎拉·伯恩哈德(她在瑞秋死后的第四年开始在巴黎演出)的看法,从中可以得到一些启发。瑞秋是个了不起的女演员,饰演悲剧角色尤其拿手,并得到广泛的赞誉。公众了解她的私生活,觉得她的私生活让人鄙视(她是福荣博士的情妇),但他们将她的演员身份和私生活区分开来。而在一个世代之后,像莎拉·伯恩哈德或者伊丽安娜拉·杜斯之类的女演员在公众眼里没有私人生活。观众希望尽他们的所能去了解出现在他们面前的女演员和男演员的一切;这些演员就是磁铁。有个评论家曾经写道:"莎拉的真实生活是莎拉·伯恩哈德的一部分:是作为演员的她的布景。"②

莎拉·伯恩哈德的观众对她十分着迷,而且这种着迷是不加区别的。报纸连篇累牍地报道她化了什么妆,她对当天的各

---

① 扬,《音乐会的传统》,第 236—238 页。
② 理查德森,《巴黎人的生活:1852—1870》,第 142 页。

种事件有什么看法，以及各种关于她的流言蜚语。由于观众本身并不具备公开表达自己观点的性格，那么观众怎么样才能够作出评判呢？表演者怎样被客体化、被加以审视和评判呢？那个说着仆人的流言蜚语的时代已经过去了。戴上一张真正的表达性面具，展示自己的情感，那是一种什么样的感受呢？人们想知道莎拉·伯恩哈德的一切生活细节，只因为他们想找出她的艺术的秘密；公共自我周边再也没有任何界线了。

观众通过这种权威幻想和抹掉公共自我的边界的行为，将一种人格投射到公共人物身上。所以把观众和演员的关系看作多数人对少数人的依赖关系是不对的。受到自身弱点的驱使，这多数的观众寻找出某些人格特征，并将其投射到曾经是他们的仆人的演员身上。

让我换个方式来表达这种情况：表演者并没有使得观众对他产生依赖——传统的卡里斯玛式人物，如宗教领袖，能够让信徒对他产生依赖；但现代的艺术家却不能让观众对他产生依赖。迫使人格进入公共领域的各种因素使得多数生活在公共领域中的人认为他们缺乏"真正的"人格力量，所以这些人转而寻找少数具备人格力量的人，而且这种寻找只有通过幻想才能有结果。由此产生了两种结果，一是"艺术家"在社会中产生了新的形象，二是政治统治出现了新的形式。

人们在戏院中应用一些被动情感规则，也将这些规则应用于戏院之外，用来理解一个陌生人环境的情感生活。作为被动观众的公共人是一个没有负担和自由的人。说他没有负担，是因为他不用背负他在家庭中所承担的责任，甚至也没有表达自我的责任。只要沉默能够被加强，只要每个人都摆脱了社会纽带本身，那么在公共场合保持沉默就能够变成一种自我撤退的方式。

由于这个原因，为了理解作为公共人物的观众，我们最终还必须理解在戏院之外、在街头上的他。因为在街头上，他的沉默服务于一个更大的目标；在街头上，他领略到自己那套用来解释情感表达的规则也是将自己和他人隔离开来的规则；在街头上，他认识到现代文化的一项基本属性，也就是追求个人的意识和情感是一种抵御社会关系的体验的方式。观察和"在心里权衡事情"取代了彼此交谈。

让我们来看看这种对职业演员的关注最早如何转变成对街头上陌生人的关注。波德莱尔曾经评论过君士坦丁·盖斯，在这篇题为《描绘现代生活的画家》的文章中，他分析了"都市浪荡人"的人物形象。所谓"都市浪荡人"，就是那些"穿着引人注目"的衣服在马路上闲逛的人，他们以引起街头上其他人的关注为乐事；"都市浪荡人"是一个闲散的人，然而并不是一个自在的贵族。就像爱伦·坡将"人群中的人"当成典型的中等阶级的伦敦人一样，波德莱尔认为"都市浪荡人"是典型的中等阶级的巴黎人；后来瓦尔特·本雅明也将"都市浪荡人"视为 19 世纪那些想象被人关注会有什么样感觉的布尔乔亚的象征。①

这个人，这个试图引起他人注意的人，如何在街头上展示他自己呢？其他人对他有什么反应呢？我们可以从霍夫曼写的

---

① 请参看瓦尔特·本雅明，《启思录》(*Illuminations*, ed. Hannah Arendt, New York: Schocken Books, 1969)中的文章"波德莱尔"。(此书中译本名为《迎向灵光消逝的年代：本雅明论艺术》。——译者)

故事《表哥的角窗》中找到答案。表哥无动于衷：他望着角窗之外过往的大群城市人。他没有加入人群的欲望，也没有和那些引起他注意的人交谈的欲望。他对一个客人说，他愿意结识那个能够依据"观看的艺术的原则"使用双腿的人。客人这才意识到在他自己也变得无动于衷之前，在他自己只是观察而非参与到人群去之前，他将永远无法理解都市的人群。①

"都市浪荡人"就是通过这种方式被欣赏的。他将会被观看，而不会成为交谈的对象。为了了解他，人们必须学会令人无动于衷的"观看的艺术"。

当时的实证科学也同样注重对现象的观察，而不是对现象的介入。当研究者注入他自己的价值观，"向他的资料说话"，那么他就歪曲了这些资料。就心理学本身而言，最早开展谈话疗法的人通过一种毫无新意的对比向公众解释他们的工作和牧师提供的安慰之间的差别：牧师并没有真正倾听；他们太多地用自己的想法来干扰谈话，所以他们不能真正地理解忏悔者所碰到的问题。而只是被动地聆听并不立即提供建议的心理分析师能够更好地理解病人的问题，因为他并没有通过自己的言谈去干预病人的话语表达，所以没有"美化"或者"扭曲"这些表达。

引起我们注意的，正是这种沉默和欣赏的观念给当时人们的心理造成的影响。在 19 世纪，将外表当作人格的象征和在日常生活中成为沉默的旁观者之间有着一种密切的关系。乍看之下，这种关系似乎不合逻辑，因为如果人们真的认为某个人

---

① 请参看瓦尔特·本雅明，《启思录》，第 173 页。

的外表是他内心的象征，那么人们将会主动地闯入甚至偷偷地潜入这个人的生活。然而，让我们回想一下百货商店中发生的买卖这种日常表演的变化：在百货商店中，人们的沉默也和关注结合在一起；同样，在戏院中，在街头上，在政治集会上，新的人格规则也需要新的谈话规则来与其相匹配。公共的表达只有通过对自己施加约束才能被理解。这不仅意味着多数人服从于主动表达自我的少数人，还有别的蕴涵。沉默的规训是一种自我净化的行动。人们希望在没有伪造自己的品位、过往和回应的欲望的情况下受到完全的刺激。因此，从逻辑上来看，在公众场合保持被动的状态就变成了获取知识的前提。

戏院观众的沉默和阶级之间存在某种关系，与此相同，街头人群的沉默和阶级之间也存在一种关系。在布尔乔亚阶层看来，工人阶级在公众场合的沉默意味着城市的工人至少是驯服的。这种观念是从 19 世纪的布尔乔亚最早对革命和工人的言论自由之间的关系的解释中推导出来的。这种解释很简单。如果工人被允许聚集在一起，那么他们将会相互比较不平等的待遇，讨论一些阴谋诡计，从而挑起革命。因而，1838 年的法国颁布了禁止工人在公众场合进行讨论的法律，而且当局还设置了间谍机构，专门负责汇报城里又有哪些工人在集会了——在哪个咖啡馆，在什么时候，等等。

为了保护自己，工人开始假装他们在咖啡馆集会只有一个目的，就是在劳累了一整天之后进去买醉。19 世纪 40 年代，工人之间出现了"去喝一杯"这句口头禅；这句话通常在雇主听力所及的范围内被大声地说出来，它的意思是年轻人将会在咖啡馆喝得不省人事。没有必要担心他们的社交活动，喝酒只会让他们说不出话来。①

在 19 世纪 40 年代，英国并没有像法国那样限制工人聚集的权利；但中等阶级有着相同的担忧；而且尽管伦敦不像巴黎那样立法限制工人在街头聚会，但当地的警察通常会对其加以干预。因此，不管是在伦敦还是巴黎，工人阶级都会夸大他们的纵酒行为，给他们的聚会披上伪装；尽管在伦敦从法律上来讲并不需要这么做。

没有人能否认在 19 世纪的伦敦、巴黎和其他大城市的工人阶级中存在着为了逃避现实而纵酒的情况。不管喝得烂醉如泥是否能够逃避现实，这种伪装都是很重要的，因为从中我们可以看出巴黎和伦敦的中等阶级如何看待社会稳定、沉默和无产阶级之间的联系。

当咖啡馆变成工人同志发表言论的地方，那么它就会威胁到社会秩序；如果咖啡馆变成一个使人喝得烂醉而说不出话来的地方，那么它就维护了社会秩序。我们必须有区别地看待上层社会对下等酒吧的谴责。尽管他们确实看这些下等酒吧不顺眼，但很少会因工人酗酒闹事而关闭咖啡馆或者酒吧，如果他们勒令这些场所停业，多半是因为里面的人头脑清醒、情绪激愤和正在交谈。

纵酒和公共场合的被动状态之间的关系还向前迈进了一步。感谢布赖恩·哈里森的研究，我们能够得知 19 世纪伦敦不卖酒精饮料的店铺和售卖酒精饮料的酒吧在各个城区的分布状况。就 19 世纪晚期的伦敦而言，工人阶级居住的区域有很

---

① 卡萨雷斯（Bénigno Cacérès），《工人运动》（*Le Mouvement Ouvrier*，Paris：Le Seuil，1967），第 173 页。

多酒吧，但不卖酒精饮料的店铺不是太多。而在中等阶层的上层人物居住的区域，酒吧很少，但是不卖酒精饮料的店铺很多。当时的斯特兰德街是大量办公室工人上班的地方，沿街有很多酒吧，每到中午就生意兴隆。酒吧和它的美酒在午餐所提供的放松很受看重，这是一种远离工作的放松。酒吧渐渐不再被人当成是一种远离家庭的放松。哈里森告诉我们，到了19世纪30年代：

> 伦敦的生意人只在家里喝酒，和在公共场合痛饮不同，在私人场合喝酒变成了一种体面的标志。[1]

一个城区是不是高尚，要看这个城区是否能够将酒吧等寻欢作乐的喧闹地方排除在外。尽管和19世纪的伦敦比较起来，我们对巴黎当时这种排斥过程的了解要少得多，但相当肯定的一点是，酒馆是豪斯曼重建巴黎城的目标之一；他并不想消灭它们，而是将它们搬出布尔乔亚居住的区域之外。沉默就是秩序，因为沉默意味着不存在社会交往。

布尔乔亚阶层内部的沉默观念也有着一种相关的意义。让我们以英国的俱乐部从约翰逊时代以来的变化为例。在19世纪中期，人们到俱乐部去，是因为他们能够在那里安静地坐一会儿，不要受到任何人的打扰；只要他们愿意，他们甚至在

---

[1] 目前对酒吧生活描绘最棒的文章是布赖恩·哈里森(Brian Harrison)的"酒吧"，载《维多利亚时期的伦敦城》(*The Victorian City*, eds. H. J. Dyos and Micheal Wolff, Boston: Routledge & Kegan Paul, 1973)第1卷; 引文出自布赖恩·哈里森，《饮酒和维多利亚人》(*Drink and the Victorians*, London: Faber and Faber, 1971)，第45页。

一个满是朋友的房间里也能保持绝对的孤独。在 19 世纪的酒吧中，沉默变成了一种权利。①

这种现象并不局限于出现在伦敦的高档俱乐部；在较为低档的俱乐部，沉默也已经变成一种权利。但这是伦敦才有的现象；地方城市来的客人经常提到伦敦俱乐部的沉默让他们浑身不自在，经常拿"伦敦俱乐部的死寂"和巴斯、曼彻斯特甚至格拉斯哥等地方城市俱乐部的欢乐喧闹进行比较。②

大城市的俱乐部为什么会出现这种沉默呢？对这个问题有一个简单的解释：要知道，伦敦是一个令人烦恼和疲累的地方，人们到俱乐部是为了逃避生活的纷扰。这种解释在很大程度上是正确的，但它本身也引发了一个疑问：为什么"放松"意味着人们不再和其他人交谈？毕竟这些绅士在街头并没有自由自在地和每个他们碰巧遇到的陌生人交谈。实际上，如果大城市真的如人们所说，是一个没有人性的庞然怪兽，那么人们应该认为，逃避街头的非人格的办法是找一个能够无拘无束地说话的地方。

比较伦敦的俱乐部和巴黎的非无产阶级咖啡馆将会有助于我们理解这个谜团。当然，这种比较有其缺陷。咖啡馆向每个付得起账单的人开放，而俱乐部则只有会员才能进入。但这种比较也有其合理之处，因为不管是咖啡馆还是俱乐部都开始应用相同的沉默规则，将其当作一种使人们免予和他人进行交往的公共权利。

自 19 世纪中叶开始，巴黎各处城区的咖啡馆开始把桌子

① 约翰·伍德(John Woode)，《俱乐部》(*Clubs*, London, 1900)，书中各处。
② 同上。

摆到街道上。18 世纪的普罗克普咖啡馆确实曾经在少数场合将椅子和桌子摆到外面，比如在法兰西戏院夜间盛大的表演结束之后，但这种情况并不常见。而 19 世纪 60 年代豪斯曼男爵在巴黎铺设了许多大马路之后，位于马路两边建筑的咖啡馆拥有大量的空间可以将咖啡桌摆到外面的街道上去。光顾这些大马路两边的咖啡馆的顾客大多是社会的中上层人士，不熟练的和半熟练的工人并不常来。在大马路铺设完工之后的数十年里，大量的人们在春季、夏季和秋季坐在室外，冬天则坐在临街的玻璃窗之内。

除了这些大马路之外，巴黎还有两个咖啡馆比较集中的地方。其中之一是卡尼尔新建的歌剧院周边地区；"上等咖啡馆""和平咖啡馆""英吉利咖啡馆"和"巴黎咖啡馆"等，相互之间都靠得很近。另外一个咖啡馆集中地是拉丁区。最出名的咖啡馆是"伏尔泰咖啡馆""金太阳咖啡馆"和"弗兰索瓦高级咖啡馆"。大马路、歌剧院和拉丁区的咖啡馆主要做本地熟客的生意，光顾它们的游客或者带着情妇出游的上等人比较少。而将咖啡馆当成一个让自己出现在公共场合而又保持孤单的地方的，正是这些咖啡馆的常客。①

让我们来看看德加的画作《喝苦艾酒的人》；画中有个妇女单独坐在左岸的一家咖啡馆中，凝视着她的酒杯。从画中看

---

① 理查德森，《巴黎人的生活：1852—1870》，第 128 页；参看戴维·平柯尼 (David Pinkney) 的《拿破仑三世和巴黎的重建》(*Napoleon III and the Rebuilding of Paris*，Princeton：Princeton University Press，1958)第 73 页的地图；雷蒙·鲁道尔夫(Raymond Rudorff)，《美丽年代：19 世纪 90 年代的巴黎》(*The Belle Epoque: Paris in the Nineties*，New York：Saturday Review Press，1973)，第 45 页。

得出来她可能是个体面的妇女，但看不出她别的身份特征；她孤独地坐在那儿，完全和身边的人隔绝。勒罗伊-毕留在他的文章《19世纪的女性工人问题》中质问巴黎那些闲适的布尔乔亚："我们的马路两旁这些充满着无聊人和喝苦艾酒的人的咖啡馆有什么意义呢？"从左拉的小说《娜娜》中，我们能够读到"一大群沉默的人观看着街头的生活"这样的句子；我们能够从尤金·阿杰的照片中看到如今圣米歇尔大道上的"精选拉丁咖啡馆"，照片中的人们隔着一两张桌子单独坐着，凝望着街道。这似乎是简简单单的变化。咖啡馆第一次出现这样的情况：很多人聚集在一起，或休憩，或喝酒，或看书，但被一些隐形的墙壁分隔开来。①

在1750年，巴黎人和伦敦人已经认为他们的家庭是私人领域。他们开始觉得外面花花世界的言谈举止和穿着与家庭的亲密氛围格格不入。125年之后，从理论上来说，家庭和外面的世界之间应该是绝对分离的。但这种观点依然是并不准确的历史陈见。因为沉默创造了隔离状态，所以公共和私人之间不再有截然对立的区别。在这个时期，在不受人打扰的权利的保护之下，没有什么特殊的人物可以观察的沉默的观众完全可以沉浸在他自己的想法和白日梦之中；他对社会交往无动于衷，他的思维却能够自由地漂浮。当时的人们逃离家里的客厅，来

---

① 勒罗伊-毕留（Leroy-Beaulieu），《19世纪的女性工人问题》（*La Questions Ouvrière au XIX Siècle*），转引自理查德森，《巴黎人的生活：1852—1870》，第88页；可参看亨利·达尔米拉（Henri d'Almeras），"第二帝国时期那些去咖啡馆的文学家"（La Littérature au Café sous le Second Empire），载1932年总第135期《自由工人杂志》（*Les Oeuvres Libres*）；该文漂亮地描述了那些坐在咖啡厅中察看那些任由他们察看的文学家的人们。

到俱乐部或者咖啡馆，就是为了寻找这种隐私。因此沉默叠加在公共和私人想象之上。在这里出现了一种我们前面分析过的现代摩天大楼用以得出某个逻辑推论的观念。

并非无论男女都同样享有这种逃到公共场合寻求隐私的权利。即使到了19世纪90年代，单身的女人若到巴黎的咖啡馆或者伦敦的高级餐厅去，难免会招来一些非议，有时候甚至在门口就被挡住了。她之所以被拒绝，是因为人们认为女性需要更多的保护。在当时，如果一个工人在马路上拦住某位绅士，向他询问时间或者路线，路人会处之泰然；但假如这个工人因为同样的问题和某位中等阶级的女性攀谈，那么可能会引起一阵愤怒。换言之，"孤独的人群"是一个私有化自由的领域，男性更可能逃避到其中，不管这仅仅是因为男性占据了优势地位或者是更加需要逃避到其中。

19世纪用来理解人们外表的规则已经超出了卢梭用来分析巴黎的那些规则。在卢梭看来，这座大城市如果存在公共领域的话，那么城里所有人都必须是演员才行；在他描写的巴黎中，每个人都陷入了自我膨胀和追逐声望的状态。他认为巴黎城正在上演一出错误的戏剧，每个人在剧中的表演都是过火的。而在19世纪英法两国的首都，可以恰当地用来比喻城市生活的戏剧形式变成了独白。卢梭曾经希望在社会生活中面具能够变成脸庞，而外表则标志着性格。从某种程度上来讲，他的希望实现了；在19世纪，面具确实变成了脸庞，却造成了社会交往遭到侵蚀的结果。

在19世纪90年代，巴黎和伦敦出现了一种完美地体现了这些新规则的社会娱乐形式。大规模的公众宴会在城里流行起来；成百上千的人聚集在一起，他们大多只认识房间里的两三个人。吃过菜肴相同的晚餐之后，会有两三个人发表谈话，朗诵他们自己的或者其他人的书籍中的段落，或者用其他方式娱乐人群。这种宴会终结了两个世纪以前在咖啡馆出现的活动。它终结了作为社会交往的谈话，它终结了自由、随意然而又精心准备的谈话。大规模的宴会是这样一个社会的象征：这个社会认为公共领域是一个重要的个人体验领域，但又认为公共领域中的社会关系没有任何意义。①

基于这些原因，到了 19 世纪末期，观众的基本情况已经发生了变化。在艺术领域中，沉默是依赖性的表现；在社会中，沉默则意味着独立性和隔离状态。公共文化的整个基础已经分崩离析。戏台和街头的关系如今颠倒过来了。艺术领域中存在的创造力和想象力的来源不再能够为日常生活所用。

---

① 罗杰尔·沙塔克(Roger Shattuck)，《宴会的年代：1885 年至第一次世界大战期间法国先锋艺术的起源》(*The Banquet Years: The Origins of the Avant-Garde in France — 1885 to World War 1*, New York：Harcourt，Brace and Co.，1958)，第一章。

第十章　集体人格

我们在公共生活的历史中走了这么远，或许现在应该问：19 世纪如何为我们今天的问题奠定了基础？今天，非人格的体验似乎毫无意义，社会的复杂性似乎是一种无法对付的威胁。与之相反，那些能够揭露自我、有助于定义自我、发展自我或者改变自我的体验则受到人们的极度关注。在一个亲密性的社会中，所有的社会现象，即使从结构上来看和个人毫无关系，都必须被转化成和人格有关的事情才能够获得意义。政治冲突被解释成政治人物之间的游戏；人们依靠"可信程度"而不是成就来衡量领导能力。一个人的"阶级"似乎只是个人动机和能力的产物，而非由社会系统所决定。面对纷繁复杂的社会现象，人们试图从复杂中找出某些内在的、本质的原则；因为只有排除了社会现象中偶然性和必然性的细微区别，人们才能够成功地将社会事实转化为心理符号。

19 世纪人格对公共领域的入侵为这种亲密性社会奠定了基础。它通过诱使人们认为社会中的交往是人格的揭露而铺下了这块基石。它通过限制人们对人格的察觉，使得人们永远无法看清人格的内容，因而执着地、无尽地追逐能够揭示其他人和他们自己的"真正"身份的线索而完成了这种奠基的任务。

在这 100 年的过程中，越来越多的人追问"我感觉到什么"，而社会纽带和社会契约逐渐瓦解。实际上，发展人格的任务变成了社会行动的任务的对立面。

19 世纪和我们现在这个时代的区别在于，19 世纪的人们认为特定的人格任务，尤其是自发性情感的激起，只能发生在一个非人格的环境中，即使这种激起并非通过一种主动的社会参与的过程而发生。当时的人们依然相信公共领域的意义，又强烈地渴望逃离家庭和它的重负。今天的我们可能会谴责这种逃避到非人格领域的行为，因为在当时，比起女人，男人有更多的自由可以去做这件事。但由于公共领域已经从我们的想法和行为中被抹掉，家庭越来越成为我们生活的中心，对我们来说，它是惟一能够从情感上界定"真正的"关系是什么的模式。除了那些非常富裕的人，生活在大都市的人们并没有其他选择。因此，19 世纪那些逃离家庭的窥私狂并非全部应该受到谴责；他们之中至少有一些人应该逃避。

亲密性社会是围绕两个原则被组织起来的，其中之一我已经将其定义为自恋主义，另外一个将会在本章中将其定义为破坏性的 Gemeinschaft。这个社会科学术语很有用，但不幸的是它具备某些无法被翻译的意义。人格在 19 世纪对公共领域的入侵为这两条原则铺平了道路。

让我们回想起前面所做的界定：自恋主义是对自我满足的追求，同时又阻止这种满足的发生。这种心理状态并非由文化因素所创造出来的；它很可能是全体人类都具有的性格。但自恋主义能够被文化的发展所刺激，并且它的表现形式会因时代不同而异；所以，在某些社会环境中，它可能会显得让人厌烦，在别的社会环境中，它可能会显得让人怜悯，而在另一种社会环境中，它可能是一种普通人共同拥有的苦恼。

自恋主义取决于产生悬置的心理机制的一个基本因素。这种因素就是"开明的自我利益"，也就是心理学术语中的"次级自我功能"。一个人只要能够在脑子里想清楚他想要的是什么，什么对他自己有利，什么对他自己不利，那么他就会以一种特殊的方式来对待现实生活。他会判断现实生活是否对他有益，而不是去判断他的生活是否真实。"开明"这个词在经济学术语中比在心理学文献中更加清楚地表明了这一点。开明的自我利益还意味着对情况的审视，把它放到未来中考虑，找到界定这种情况本身所能带来的快乐。我常常想，自我功能的最佳定义可能是这样的：它是一种学习如何索取而非如何欲望的过程。这种定义听起来盛气凌人，然而，那些学会如何索取的人实际上比那些没有固定欲望的自恋者更加谦虚。

如果一种文化鼓励自恋主义，那么它必定会阻止人们索取；它必须将人们的注意力从他们的自我利益上转移开，悬置他们判断新体验的能力，刺激他们认为每一刻的体验都是绝对的。这种判断力的转移正是 19 世纪人格对公共领域的闯入所造成的结果。

我们在上一章中看到艺术家在公共领域的人格是如何和"文本"的问题联系在一起的；他的注意力不再放在被用来表演的文本上。现在我们将会看到，当这个公共人物变成政治家，他也将注意力集中在他自己身上，乃至他的兴趣也在"文本"之外。这个"文本"就是他的听众的利益和需要的总和。只要政治家在公共场合使得人们信任他的人格，那么这些信任他的人就会失去他们的自我意识。我们已经看到，这种判断的悬置在艺术的公共背景中通过被动和自我怀疑的模式发挥了作用。听众并没有对他作出判断，而是希望被他打动，希望感受到他。政治"人物"遇到的情况也一样，他的听众也失去了他们的自我意识。他们关注的是他是什么人，而不是他将会为他们做什么事。我把这个过程称为"群体的自我利益的悬置"——这个短语并不文雅，但是很有用，它把经济学和心理分析结合在一起。这个过程最早出现在19世纪英法两国首都的政治生活中。

当今的亲密性社会的第二个特征是它十分强调共同体的重要性。在日常的用法中，共同体是指一个街区，地图上的某个地方；如今人们之所以普遍这样理解它，根源恰恰在于19世纪发生的导致生活在不同城区的人过着不同生活的城市原子化过程。然而，这种日常的定义太过狭窄；有一些共同体体验是人们无须彼此生活在一起也能感受得到的。

社会学家费迪南德·滕尼斯试图通过比较 Gemeinschaft 和 Gesellschaft 来描绘共同体的非地理学含义。Gemeinschaft 是一种人们之间存在着完整而开放的情感关系的共同体。为了将这种意义上的共同体和 Gesellschaft（社会）进行比较，滕尼斯特意进行了历史的对比，而不是去描绘两种同时存在的不同的生活状态。在他看来，Gemeinschaft 存在于中世纪晚期资本主义尚未兴起、城市化尚未出现的世界或者传统的社会之中。这意味着人们彼此之间进行完整而开放的情感交流的 Gemeinschaft 只可能在等级社会中出现。与之相反，Gesellschaft 的关系则适合现代社会，因为现代社会出现了劳动分工和不稳定的阶级，人们的身份不再由世袭而来。在现代社会中，人们将会把劳动分工的原则应用到他们的情感上，如此一来，他们每次和其他人交往的时候，只会投入部分的情感。滕尼斯对 Gemeinschaft 的消失表示惋惜，但他认为只有"社会的浪漫主义者"才会相信它会再次出现。

我们已经变成了滕尼斯笔下的"社会的浪漫主义者"。我们认为向其他人揭露自我从道德上来说是一种良好的行为，不管这种揭露是在什么样的社会环境中发生的。让我们回忆起本书开头描写的那些访谈员吧：他们认为，除非他们在每当受访者透露出某些心声时也揭露他们自己，否则无法和受访者建立起一种人性的和真诚的关系。如果那样的话，他们将会把受访者当作"物品"，而将人们当作物品是不好的。这里所涉及的共同体观念是一种认为当人们相互揭露自我时他们之间会产生出纽带的信念。如果没有心理的开放，那么就不可能有社会纽带。这种共同体原则和 18 世纪那种人们相互伪装、戴上面具的"社交"共同体恰好相反。

任何种类的共同体都不仅仅是由风俗、行为和对待他人的态度所构成的。共同体也是一种集体身份；它是一种对"我们"是什么人的定义。但如果问题到此为止，那么任何社会群体，从街区到国家，都可以被当成共同体，只要群体中的人们认为他们是一个整体。问题在于这些有关集体身份的观念是如何形成的，人们用什么样的工具来打造一种"我们"是谁的定义。

当一个群体的存续遭到威胁时，比如遭遇战争或者其他灾难，一种最简单的形成共同体身份的办法就会出现。在人们采取集体行动来应付这种威胁的过程中，他们会觉得彼此的关系很紧密，并且寻找一些将他们联系起来的形象。集体行动促进集体自我形象的产生：从古希腊的政治思想到 18 世纪咖啡厅和戏院中的话题都体现出这种关系；共同的话题促使人们产生一种共同构建"公共领域"的感觉。一般而言，我们可以说一个有着丰富公共生活的社会的"共同体意识"来自这种共同行动和共同的集体自我意识的结合。

但在公共生活遭到侵蚀的年代，共同的行动和集体身份之间的关系就破裂了。如果人们在街头上不和其他人说话，他们如何知道他们属于一个群体呢？你可能会说，要是那样的话，他们就会不再认为他们是一个群体；但是 19 世纪公共生活的情况却显示这种看法并不对，至少就近代而言是错误的。咖啡馆中那些沉默而孤单的人，那些在马路上闲逛但不跟任何人说话的"都市浪荡人"，继续认为他们身处在一个特殊的社会环境中，而且它里面的其他人和他们有着某些共同之处。衣服和言谈都已不再具备揭示的功能，他们用来构建集体身份的工具变成了幻想和投射的工具。因为他们用有关个人状态和个人象征的话语来思考社会生活，所以他们开始做的事情就是在公共领域创造出一种共同人格的感觉；当然这种感觉只有通过幻想才能被创造出来。由于人格的标志实际上十分不稳定，而解读人格的行动又十分困难，所以人们只有通过幻想和投射才能将个人的人格放大为某个群体的集体人格。

这正是我们接下来要研究的共同体形式：这个共同体有着集体人格，而这种集体人格又是通过共同的幻想而产生出来的。它和共同体的日常含义（作为某个城市生活区域）相去甚远，但话说回来，共同体的日常定义远远不足以令我们理解共同体现象本身的深度和重要性。此外，我们将会试图探讨作为共同人格意义上的共同体和上述的群体自我利益的问题有何关联。在被投射的集体人格的现象和群体利益的丧失之间存在一种直接的关系：群体的生活越是由幻想出来的集体人格所主导，那么这个群体就越不能追求它的集体利益。这种必然的因果关系形成于 19 世纪，在阶级斗争中体现得最为明显和最为严重。

随着集体人格的共同体开始形成，19 世纪还出现了这样的情况：共同的想象变成了制止共同的行动的因素。人格本身变成了一个反社会的概念，与此相同，集体人格变成了社会中对立于群体行动、难以转化为群体行动的群体身份。从这个意义上来说，共同体变成了一种集体存在的现象，而不是集体行动的现象。群体惟一能采取的行动就是净化、拒绝和惩罚那些不"像"其他人的成员。由于可以用来形成集体人格的象征性物品并不固定，共同体的净化变成了一种无穷尽的行动，不停地追问谁才是忠诚的美国人、真正的雅利安人、"真诚的"革命者。集体人格的逻辑就是排斥，它排斥敌人，排斥所有的联盟、合作和统一战线。广义地说，如果今天的人们寻求和他人拥有一种全面而开放的情感关系，他们只能得到彼此伤害的结果。这是当人格在社会中出现时兴起的破坏性的 Gemeinschaft 的逻辑后果。

自我利益的悬置和集体人格的幻想都是和政治紧密相关的话题，我想用特殊的事件和人物来分别理解这两种亲密性社会的种子。公共人物对群体自我利益的悬置最早出现在 1848

年法国大革命刚爆发的时候，为了研究这种悬置，我们将会用它刚出现的情况来和文艺复兴时期佛罗伦萨一位神父的革命工作进行简单的比较。集体人格的形成则主要通过对德雷福斯事件中的共同体语言，尤其是左拉的《我控诉》的分析而被研究。

1848：个体人格战胜阶级

在交响乐团指挥的地位逐渐升高的同时，一种新的政治模式也出现了。当社会危机一触即发的时候，布尔乔亚偶尔能够在公共领域运用人格的规则，用来控制准备革命的工人。这种情况的实现有赖于一个新的代理人，这个新代理人就是已经变成令人信服的、能够打动听众的公共表演者的政治家，他能够将布尔乔亚观众通常在艺术领域应用在自己身上的沉默的原则强加于他的工人阶级观众身上。结果是工人阶级会暂时搁置他们自己的要求，但这种搁置往往是致命的。

如果我们把布尔乔亚的政治家当作主导工人的表演者，那么将会引发一个令人不安的问题。人们通常认为政治家是有意识地操纵公众的人物，或者是一些知道他们自己的能力的人。于是，在说起 19 世纪社会中的阶级斗争时，人们通常会认为当时的布尔乔亚都是恶棍，而工人阶级都是无辜的受害者。但是 19 世纪阶级统治真实的戏剧性恰恰在于布尔乔亚将他们用来统治和压制自己的认知规则强加于下层阶级身上，但对此一无所知。实际上，这些规则在大革命时期有效地促使工人阶级保持着被动的状态，而运用它们的布尔乔亚并没有理解和领会到它们，就像他们并不理解导致他们发财致富的商业循环一样，他们也同样不能理解自身为什么会担心他们那构成整个社会心理的一部分的身体外表会透露出他们的内心。

1848 年 2 月到 6 月间的革命标志着两种彼此联系的新力量的出现。1848 年是 19 世纪的文化状况和阶级状况交接的时刻。它是行为学、沉默和孤立的规则——也就是布尔乔亚公共文化的规则——第一次被发展到能够影响人们对革命的体验的时刻。这场革命是一场参与暴乱的人们第一次清楚地意识到阶级问题和阶级冲突的革命。

在任何革命或者社会运动中，旁观者只要留心就能察觉到阶级利益所扮演的角色。但参与革命的人公开地谈论他们自己的阶级利益的情况并不常见。阶级意识的出现使得 1848 年的革命有别于先前的法国革命，在 1830 年的革命中，那些可能受到阶级驱动的人其实并不知道阶级是什么。资本主义的工业生产本身也只在 1848 年之前十八年才开始蓬勃发展；所以某些向那些在 1848 年斗争的人们提出的问题并没有被有意识地向那些在 1830 年斗争的人们提出是非常自然的事情。

1830 年的革命通常被称为"布尔乔亚革命"。如果我们因此认为当时巴黎街头的人群主要由布尔乔亚组成，或者认为那些和复辟政府进行立宪斗争的众议员都是布尔乔亚，那么我们就被这种叫法误导了。这是一场由中等阶级的新闻工作者和政治家领导的革命，而走上巴黎街头的革命者主要是有着各自的痛苦的手工业劳动者；这群革命者成分非常复杂，除了极端贫穷的和极端富裕的，里面什么人都有。但如果我们用"布尔乔亚的革命"来代表一种促使当时不同群体的人们联合起来的关于"人民"的看法，那么这样说是准确的。①

德拉克洛瓦 1831 年画的《自由引导人民》是对这种叫作"人民"的共同体的最为出名的重现。画中有三个栩栩如生的人物穿越堡垒，跨过遍地尸体；中间是象征着自由的女人，她摆出一个经典的姿势，但是一只手举着旗帜另一只手拿着步枪，号召她身后的人们向前冲。尤其值得注意的是"人民"，左边是一个戴着高帽、穿着黑色细平布外套的绅士，右边则是一个穿着领口敞开的衬衣、双手拿着两把手枪的工人。由两个代表人物构成的人民就是这样被一个象征着自由的女人引导着。这种混合各种阶级的"人民"寓言解决了维尔克时代的问题——哪一种人代表了自由的问题。但这种关于"人民"的寓言却没有存活下来。克拉克在他那本出色的著作《绝对的布尔乔亚》中用下面的句子来结束他对这幅画的研究：

> 那就是布尔乔亚的革命寓言碰到的问题。寓言——布尔乔亚告诉自己的那个故事——的内容恰恰暗示着它本身的消解……如果新革命真的是英雄式的和普遍的，那么它将会重新定义人类，如果人民和布尔乔亚是真正的联盟，那么人民必须有他们的代表——那么布尔乔亚将会发现他自己被人民的代表所包围，两者的数量之比是一比四，或者一比一百，就像殖民地的农场主被一群

---

① 关于这群革命者的复杂成分：请参看欧内斯特·拉布鲁斯(Ernest Labrousse)，《从1815年至19世纪末的法国工人运动和社会观念》(*La Mouvement Ouvrier et les Idées Sociales en France de 1815 à la Fin du XIX Sècle*，Paris，1948)，第90页及以下；戴维·平柯尼，《1830年的法国革命》(*The French Revolution of 1830*，Princeton：Princeton University Press，1972)，第252—258页。

奴隶所包围。[①]

到了 1848 年，这种视"人民"为整体的形象不再构成一种令人信服的革命共同体。在视觉艺术中，很少有画家试图利用德拉克洛瓦在 1831 年所画的作品作为 1848 年革命的标志；少数不知名的画家试图复活德拉克洛瓦的人物形象，用以描绘新的革命，但他们所画的作品并不流行，而且画得一塌糊涂。中等阶级慢慢从革命的代表中消失——即使 1848 年的情况和 1830 年相同，中等阶级同样处于领导地位。当 1848 年 2 月革命敌对各方第一次发生冲突的时候，杜米埃笔下的"人民"不再是 1831 年的形象（比如在 1848 年的画作《暴动》中），而是转变成一贫如洗或纪律森严的手工业劳动者（比如在 1849 年的画作《堡垒上的亲人》中）。[②]

工人自己和拥护他们的知识分子笔下也出现了绘画领域中的这种变化。1830 年，《工人日报》宣称他们的利益"不同于"那些拥有财产的人的利益；1848 年，工人阶级宣称他们的利益和布尔乔亚阶级的利益"势不两立"。要清楚的一点是，诸如"工人阶级""无产阶级""劳苦大众"之类的词语并没有一成不变的含义；马克思对这些词语的定义在当时并不占据主要位置，甚至并不流行。但正是在 1848 年，许多工人第一次开始怀疑那些中等阶级的知识分子是否会维护他们的利益。例

① 克拉克（T. J. Clark），《绝对的布尔乔亚》（*The Absolute Bourgeois*, Greenwich, Conn.: New York Graphic Society, 1973），引文出自该书第 19 页。
② 克拉克，《绝对的布尔乔亚》，引文出自该书第 9—30 页。

如，创办了《工人报》的工人作家就公开地将那些同情白领阶层的人排挤出这份很受欢迎的报纸的管理层。[1]

因此，尽管各个阶层的人都参与了革命，但只有工人阶级才被想象成革命者。1848年的自由布尔乔亚真的是一个处于中间位置的人。他可以反对古代政制的余毒，他可以为了立宪政府、工业扩张和改革而奋斗，但与此同时他也处于保守的一方。他既是反叛者，也是反叛的目标；他追求新的秩序，但他本身就需要一种新的秩序。

革命扭曲了时间。在那些经历过革命的人看来，社会结构的巨大变化仿佛是一夜之间出现的，流行了几年或者几百年的风俗习惯突然遭到抛弃，乃至几乎不可能判断这些事件的意义，也难以知道它们隔了一天之后会造成极其重要的后果或者根本就变得没有任何意义。这些混乱的革命事件促使人们将这一刻和下一刻分离开来；每一次交火，每一次即兴的演讲都变成了一个属于它自己的世界；人们投入其中，去寻找用来理解所发生的事情的头绪，然而却没有足够的时间。战斗已经在下一条街道爆发，或者城市的另一边即将举办一次演讲，或者人们不得不逃难。

因此，在革命的过程中，诸如人们如何理解短暂的遭遇、人们如何知道谁值得相信之类的问题变得极其重要。由于历史正在加速前进，而时间又停止流动，陌生人之间用来理解相互的外表的规则获得了一种被放大的重要性。

---

[1] 普里西拉·罗伯逊（Priscilla Robertson），《1848年的革命：社会史》（*The Revolution of 1848: A Social History*, Princeton: Princeton University Press, 1967），第19—23页。

在混乱的革命年代，意义规则保持有效但跳离它们的常规通道的情况屡见不鲜。贵族可能突然沦为贫民，从而了解到在和平时期他们根本不会注意到的事情。与此相反，那些揭竿而起的人在暴乱的过程中可能突然飞黄腾达，这种身份的变化可能会让他们找不到自我。人们可能会突然试图通过那些似乎更加自信和受过更多教育的群体的世界观来理解正在发生的事情，以便弄清楚他们自己的利益——很可能就是摧毁地位在他们之上的群体。1848 年发生的正是这样一种认知错置。

阿方斯·拉马丁在这种错置中扮演了一个关键的角色。在 19 世纪 30 年代，拉马丁被公认为伟大的浪漫主义诗人。他对政治的介入并非是无心的；自从 19 世纪 30 年代末期开始，他本人就对国家事务产生了极大的兴趣。在整个 19 世纪 40 年代，人们一直认为他是个很好的人，比布尔乔亚国王路易·菲力普更有资格领导这个国家。当巴黎爆发革命的时候，他变成了最受巴黎人民瞩目的人物。

1848 年 2 月 22 日和 23 日，多年来在暗地里不满路易·菲力普统治的异议分子突然揭竿而起。每个人都想起了 1830 年那些伟大的日子，想起了 1789 年之后那些伟大的岁月，但 1848 年的革命刚开始的时候实际上是一场不流血的革命。它简直还带着一些欢乐的气息；在马克思看来，2 月之后那段时期与其说是真实的，毋宁说是"戏剧性的"：

> 体现了二月革命本身，体现了这次带有自己的幻想、诗意、虚构的内容和辞藻的总起义。

巴黎内部的混乱在3月、4月和5月愈演愈烈。到了6月，街头上已经混乱不堪，卡芬雅克将军以"警卫军队"残暴地镇压了巴黎人民。拿破仑一世的侄儿登上了戏台；到了1848年12月，他在全国总统选举中取得了压倒性的胜利；之后不久，他开始为在法国实施独裁统治铺平道路。[1]

拉马丁在2月万众瞩目，在3月和4月风头正劲，到了6月已是江河日下；在12月的总统选举中，他获得了1.7万张选票，而年轻的拿破仑则获得了550万张。拉马丁在刚开始那些日子并没有什么革命的计划，不过1847年他出版了《吉伦特派的历史》，他在书中回忆了布尔乔亚的公共领域的各个部分在大革命时期的情况，让读者产生一种认为古代政制的崩溃是一次人为事件的感觉。[2]

公共人格为何能够赋予一个人以平息暴动的工人的能力呢？若要理解这个问题，就必须理解这次二月革命中被马克思讽刺为"幻觉和诗歌"的词语的重要性。西奥多·泽尔丁告诉我们：

> （巴黎）突然出现了随心所欲地发表言论而无须担心警察的自由，出版任何自己喜欢的书籍的自由，无须纳税、无须提心吊胆、无须花费钱财、无须遭到审查便可发

---

[1] 马克思的话引自乔治·迪沃（Gorges Duveau），《1848：一场革命的形成》（*1848: The Making of a Revolution*, trans. Anne Carter, New York：Pantheon, 1967），第19页；也可参看卡尔·马克思，《路易·波拿巴的雾月十八日》（*The 18th Brumaire of Louis Bonaparte*, no translator indicated, New York：International Publishers, 1963），第21页。

[2] 数据来自迪沃，《1848：一场革命的形成》，第21页。

行报纸的自由。

大量的报纸一夜之间涌现，巴黎城内便有 300 份，发行量十分庞大。我们前面提及的工人在咖啡馆所穿的沉默外衣暂时被抛弃了。在这种能够无拘无束地说话的、昙花一现般的社会背景之中，拉马丁因为他所具备的能够在公众场合讲话的能力而受到重视是理所当然的事情。[①]

让我们来看看 1848 年 2 月 24 日那天拉马丁是怎么度过的。当天，临时政府整整一天都在城市酒店开会，这座酒店则被一群为数巨大的暴民所包围。这群人并非巴黎的社会渣滓；他们是来自各行各业的熟练工人或刚入行的工人，彼此之间并不熟悉。他们极其愤怒，他们觉得任何试图掌握权柄的人都是可疑的。[②]

那一天，拉马丁 7 次走出来向人群发表讲话。到了傍晚时分，他的听众很多已经喝醉了；在场的人说当时有人突然扣响了手枪的扳机，还有人朝拉马丁扔斧头。每次他刚现身时，人群对他起哄；傍晚有人说要砍掉他的脑袋。和当天白天一样，傍晚时拉马丁的回应也是异乎寻常的。他并没有恳求那群暴民，也没有试图安抚他们。与此相反，他挑衅他们。他大声背诵诗句，他对他们说他自己知道革命时刻的生活是什么样子的。他说他们是白痴，他直截了当地说他们并不知道正在发生什么事情。他并没有装模作样；他被他们激怒了，并且让他们

---

① 西奥多·泽尔丁（Theodore Zeldin），《1848 年到 1945 年之间的法国》（*France 1848—1945*，Oxford：Clarendon Press，1973），引文出自第 484 页。
② 迪沃，《1848：一场革命的形成》，第 33—52 页。

知道这一点。①

按照当时的情势，从逻辑上来说，拉马丁说出第一句表示鄙视的话之后，他就应该死于非命。但在那天晚上，和当天白天一样，让这群暴民安静下来的恰恰是这种蔑视，这种拒绝和他们讨价还价的态度。给拉马丁撰写传记的怀特豪斯告诉我们，拉马丁的谴责使人群觉得羞愧。埃利亚斯·勒尼奥当时在场，他说只记得拉马丁表现得"飞扬跋扈"，但想不起拉马丁到底说过什么。②

拉马丁在2月、3月和4月的胜利，是一个通过当面称那些再次呼唤自由、平等和友爱的暴民为垃圾而教训他们的人的胜利。他对他们说他自己比他们更出色，因为他不仅能够表达而且也能够约束自己的情感，而他们表达情感的时候却跟动物一样。每当他向他们展示他自己的情感多么美好和高贵，他们就会安静下来，充满了崇敬。每当他出现的时候，他们就会把自己的要求放在一边；也就是说，他在公共领域的人格压制了他们的利益的表达。他是他们的指挥家。

第二天，也就是2月25日发生的事情显示出了构成这种公共领域中的权威的所有要素：政治家在对人群发表演讲时强调当下时刻的重要性；听众认为政治家的演讲技巧显示出他是一个非凡人物；政治家叠加在听众之上的沉默；人群暂时放弃了自身的利益。

————————

① 怀特豪斯（H. R. Whitehouse），《拉马丁的生活》（*The Life of Lamartine*，Boston：Houghton Mifflin，1918），第二卷，第240页。

② 埃利亚斯·勒尼奥（Elias Regnault），《临时政府的历史》（*Histoire du Gouvernement Provisoire*，Paris：n.d.），第130页。（该书由私人印刷，巴黎的法国国家图书馆和纽约公共图书馆均有藏本。）

所有的革命都有过一些关键时刻，在这些时刻，某些细枝末节的事情获得了极其重要的象征价值。比如说摧毁原来的领导人的雕像、破坏用以赞美过去某场战役的纪念碑等就是这样的时刻。1848 年 2 月底，旗帜的颜色具备了类似的重要意义：旗帜应该是象征革命的红旗，还是象征法兰西民族的三色旗？当时外国政府已经准备采取行动，出现了大量镇压革命的阴谋诡计，但革命者却为旗帜的颜色争论不休。2 月 29 日，一大群愤怒的工人又将城市酒店包围了起来。临时政府再次派出拉马丁，让他去平息激昂的群情，以便人民的代表能够理解红色旗帜的形而上学意义。

但拉马丁并没有直接跟他们谈论旗帜的问题。他说出了他自己的感觉；他将红旗和血旗进行比较，然后朗诵了一首他已经写好的关于血旗在天空中挥舞的诗歌。除此之外，他还告诉他们，只要他们抵制他的诗歌，那么他和他们之间就没有共同语言，而且是不平等的。在回忆录中，拉马丁回忆起他在演讲结束时所说的话：

> 至于我，我将不会同意你们的请求。在有生之年，我将会拒绝接受这面血旗。你们应该像我一样，强烈地谴责它。

也许拉马丁能够轻而易举地记起这些句子：他曾经写下它们；在《吉伦特派的历史》中，拉马丁安排一个吉伦特派在1791 年的主要代表人物说出这些话。感谢巴尔图对拉马丁的演讲术的研究，我们知道拉马丁的演讲多数是预先排练过的，他通常会对着镜子排练一番。他装出一副即兴演讲的样子，但实际上这副样子是精心设计出来的，就像加里克事先研究他自己声音的音调一样。[1]

有什么标志显示人群处于被动状态呢？当时有个贵族妇女的笔名叫丹尼尔·斯特恩，对拉马丁怀有敌意的她详细地写下了亲眼所见的情况。为了弄清楚他所说的话，她写道，人们不得不把注意力放在他的话语的流动上；他们关注的不是他提出了什么意识形态的问题，也不是他所采取的立场，而是他说话的方式。当他们集中精神的时候，他们得到的总是一成不变的东西：看到一点他所透露出来的情感。斯特恩告诉我们，一旦被他的表演所征服，当时的人群就会变得"不合常理地安静下来"。他们忘记了他们自己的悲哀，他们自己的利益。当他告诉他们他无须大喊大叫来表达情感并且他完全能够控制住自己时，人们会为自己的喧闹和没有目标的抗议而觉得羞惭。斯特恩写道："他光凭无与伦比的雄辩……就压制了人群的激愤。"没有人真正在乎他说的是什么，他们在乎的是他怎么能够如此富于诗意和优雅。当我们说这样的人的面具已经变成脸庞时，我们的意思是，这个人只要能在公共场合激起他人的情感，那么他就具备了一种因为"真实"而优秀的人格。[2]

政治家只要能够凭借外在的表现在公共场合取得他人的

---

[1] 引文出自拉马丁，《从政回忆录》（*Mémoires Politiques*，Paris：n.d.），第 2 卷，第 373 页；巴尔图（L. Barthou），《拉马丁的演讲术》（*Lamartine Orateur*，Paris：Hachette，1926），第 305—309 页。

[2] 参看怀特豪斯，《拉马丁的生活》，第 242—245 页；引文出自勒尼奥，《临时政府的历史》，第 130 页；也可参看怀特豪斯，《拉马丁的生活》，第 241 页；亚历克西·托克维尔，《回忆录》（*Recollections*，trans. Stuart de Mattos，London：Harvill Press，1948），第 126 页。

兴趣、尊敬和信任，只要能将观众的注意力从他或他们在世界上的位置上引开，他就能够利用人格来当一种反意识形态的力量。正是这种人格的力量让托克维尔感到害怕，尽管他是当年2月到5月中旬那些公共秩序的重建的受益者（因为他比拉马丁保守）。托克维尔写道：

> 我认为没有人能够像当时的拉马丁那样激起如此强烈的热诚；要理解那些盲目崇拜拉马丁的人对他的敬爱有多么过分，人们必须先见识过因怕而生的爱。[1]

发表演讲的拉马丁就像是第五共和国时期发表演讲的戴高乐，或者将其贬低一点来说，像是因为被指控腐败而为自己辩护的尼克松。如果领导人能够在公共场合让人们关注他的情感能力，那么他就能够使那些人们强加给他的要求变得不合情理。但从某个方面来说，这种类比是不准确的。在19世纪革命的混乱局面中，在戏院之外，在工人阶级的情感完全被激发的时刻，这位领导者成功地将中等阶级的礼仪标准——也就是在艺术面前保持沉默——强加给工人阶级。而上面提及的现代政治家尽管也使得观众保持沉默，但这群观众却是由不同阶级构成的。此外，巧舌如簧的演讲术本身不再流行了；但这种演讲术的用途和功能将过去和现在联系了起来。在法国大革命早期的这些日子里，我们从拉马丁身上看到的是压倒了阶级利益的人格文化的力量。马克思贬低这次革命运动的"诗歌和优美

---

① 参看亚历克西·托克维尔，《回忆录》，第124页。

的辞令",认为其和"真正的斗争"毫无关系;这种看法错得离谱,因为打败了阶级斗争的正是诗歌和优美的辞令。

托克维尔对拉马丁成见过深,乃至于只把他当成临时政府的傀儡。拉马丁当过它的外交部长,在现代历史学家威廉·兰格看来,他:

> 证明了他本人是一个顽固的现实主义者……拉马丁基本上拥护和平的政策,这一点帕尔摩斯顿马上就看出来了。英国人,包括这位外交大臣,十分赞赏明显是一个感性的男人的拉马丁。

但他之所以备受巴黎的革命人群欢迎,却并非因为这些品性;实际上他的外交政策得到的支持少得可怜,还被认为太过软弱。拉马丁顽固的外交政策使他失去了公众的支持,而他在大革命刚开始的几个月频繁地出现在公共场合恰好是他用来重获民心的手段。[1]

我们已经看到,1830年和1848年的区别是,到了1848年人民不再是一个内部的各种不同利益能够由相同的方法得到满足的共同体。到了1848年,布尔乔亚既是革命的领导阶级,也是人群眼里的敌人。拉马丁完全相信人民,但他却不高兴和活生生的人民相处。他认为国家应该根据"高贵的情感"来统治,但又说不清贵族是否最好地体现了这种"高

---

[1] 威廉·兰格(William Langer),《1832—1852年的政治动乱与社会动乱》(*Political and Social Upheaval*, *1832—1852*, New York: Harper & Row, 1969),引文出自该书第337—338页。

贵的情感"。他认为"诗歌"使一个国家变得伟大，但又不确定诗句和每周六天每天十二个小时的劳动或老鼠横行的公寓之间有什么关系。因此，拉马丁所属的阶级的成员很难理解他们所领导的事件。他们并非伪共和主义者，他们其实是一群矛盾的人。

革命期间，对巴黎的人群发表演讲的时候，拉马丁面对的工人阶级大多情绪激昂。在1848年4月的选举中，巴黎的工人阶级一般都会把票投给中等阶级的候选人：信奉社会主义的候选人只有十二个被选为议员，像布朗基和哈斯巴伊这样的杰出激进主义者都落选了。然而阶级之间的敌对情绪无处不在。街头上最为喧哗和最为活跃的都是敌对情绪最为严重的，他们随时准备寻衅生事，哪怕当权的是一个备受欢迎的政府，也可能被他们毁于一旦。拉马丁使这些极端分子沉默的能力是公共领域的人格力量的一个例证，但也悖谬地显示了公共人格自身的局限。在5月中旬之后，越来越需要秩序的街头人群很快就厌倦了拉马丁。他们变得对拉马丁漠不关心，仿佛他们在了解了他的为人之后，已经不愿意接受他的统治了。到了5月底，拉马丁再也引不起他们的兴趣了。[①]

如果我们要追溯这种能够搁置群体利益的人格力量的根源，那么我们将会回到在19世纪占据了统治地位的内在性信条，也就是只相信此时此刻的信念。在人格力量的影响之下，公共形象在特定的时刻能够突然消除往事的重负、关于旧伤口的记忆和毕生的信念。在这样的情况下，人群若要得到强势的

---

① 威廉·兰格，《1832—1852年的政治动乱与社会动乱》，第343—344页。

人的安抚，就必须把注意力集中在他的形象和行为之上。当人群不再用这个公共人物的行动、成就和意识形态来衡量他的时候，他们就失去了关于他的记忆。而人群只有在对这个公共人物做出实质性判断，只有在关注他的背景之后，才能形成一种群体利益。内在性的规则不利于这种群体利益的形成。这些规则是构成现代世俗主义的要素。

大家通常会认为人群都是墙头草，只有一个强大的人才能让他们不再左右摇摆。但这种常见的假设是不准确的。

人群如何受控制，他们如何屈服于某个领导人，恰恰取决于社会中主流的信念原则。为了理解人格如何统治了现代人群的阶级利益，我想我们应该回到世俗信念和宗教信仰之间的差别。让我们来比较拉马丁和文艺复兴时期佛罗伦萨一个倡导革命的神父两者的政治人格之间的异同。

1484年，有个年轻的游方修士坐在佛罗伦萨的圣乔尔乔修道院中，等待他的朋友。他突然预见到上帝将会对教会施以一种可怕的惩罚。因此必须有人站出来领导受折磨的教会中人，坐在修道院花园中的萨伏那罗拉强烈地感觉到这个人将会是他自己。实际上，不出十年，他变成了佛罗伦萨公共意见的领导力量。这座城市在1494年受到外来侵略的威胁，萨伏那罗拉被推选为佛罗伦萨的代表，去与敌军进行交涉；与此同时他还成为佛罗伦萨城里的道德之声。他号召佛罗伦萨人放弃奢侈品，焚烧并不纯洁的绘画、书籍和服装。许多人同声相应，其中就有波提切利，他把自己的多数画作付之一炬。但和拉马丁一样，萨伏那罗拉也发现他突然之间已经不再是民众的领袖，而他约束城市人群的能力也突然消失无踪。①

比较两个相隔四个世纪的民众领袖无异于关公战秦琼。但这两个人的经历有太多相似之处，所以他们之间的某些差异也就自然而然地显露出来了。拉马丁和萨伏那罗拉都是凭借口才取得了领袖的地位，他们两人都不是政府的首脑。两人的备受欢迎都基于同样的演讲策略：他们是惩罚者，他们是那些受领导的人的规训者。他们两人都拒绝迎合那些聚集在一起听他们演讲的人群，他们演讲的言论总是充满了呵责和道德的控诉。他们两人都使用一种适合用来向大多数相互并不认识的人群演讲的谴责语言；也就是说，这两个演讲者都创造出一种能够打动城市人群的演讲语言——这种语言和神父向教堂里的听众布道或者诗人对参加沙龙的人演讲时所用的语言恰好相反。最后，他们的失势也一样。

至于他们之间的差别，我们将会关注这一点：萨伏那罗拉是一个在依然虔诚的文化中发表演讲的神父；而拉马丁是一个在将宗教当作政治手段的文化中发表演讲的诗人。区别不在于信上帝或者不信，而在于听众先验地还是内在地信任公共人物的人格。这种意义上的差别给人群本身的行为造成了什么样的差异呢？

当巴克哈特写作《意大利文艺复兴时期的文明》时，他提出了一个在这本书出版之后百余年间引起了不断争论的假设。巴克哈特认为文艺复兴时期的城市国家是第一批从中世纪的噩梦般的信仰中醒来的世俗城市。巴克哈特的分析建基于像马尔西利奥·

---

① 唐纳德·温斯坦（Donald Weinstein），《萨伏那罗拉和佛罗伦萨》（*Savonarola and Florence*，Princeton：Princeton University Press，1970），第 74—75 页。

费奇诺之流的文艺复兴领袖的言论。费希诺写道：

> 这是一个黄金年代，近乎销声匿迹的艺术，比如诗歌、演讲、绘画和建筑等，统统复活过来了……而这一切都发生在佛罗伦萨。

经过 1 个世纪的研究，人们发现巴克哈特的描绘并没有反映历史的全貌，因为尽管当时出现了这么多值得骄傲的世俗成就，中世纪的宗教信仰依然根深蒂固地扎根在人们心中。①

罗伯特·洛佩兹认为，文艺复兴时期的思想家对人类普遍持一种"消极"和"悲观"的看法；不仅教会中的人这么看，像马基雅弗利之流的政治家和达·芬奇、米开朗琪罗之流的艺术家也这么认为。据说当时的文化精英都有一种"末世论的饥饿"，像米朗多拉的毕柯这样的理性主义者会连续几个小时研究犹太秘法的天书。在佛罗伦萨城里的群众中，对教会的信任和中世纪的宗教观念依然很强大。②

---

① 马尔西利奥·费奇诺(Marsilio Ficino)的话引自费尔迪南德·舍维尔(Ferdinand Schevill)，《中世纪时期和文艺复兴时期的佛罗伦萨》（*Medieval and Renaissance Florence*，New York：Harper Torchbook 1963)，该书初版名字为《佛罗伦萨史》（*A History of Florence*，New York：Harper Torchbook，1936)，第 2 卷，第 416 页。

② 罗伯特·洛佩兹(Robert S. Lopez)，"艰难时期与文化投资"(Hard Times and Investment in Culture)，载《文艺复兴六论》(*The Renaissance: Six Essays*，ed. Wallace Ferguson，New York：Harper Torchbook，1954)，第 45 页；尤金尼奥·加林(Eugenio Garin)，《文艺复兴时期意大利的哲学文化》（*La Cultura Filosofica del Rinascimento Italiano*，Florence，1961)，书中各处；理查德·德雷克斯勒，"佛罗伦萨人的宗教体验：神圣的画面"(Florentine Religious Experience：The Sacred Image)，载 1972 年《文艺复兴研究》(*Studies in Renaissance*)，第 19 卷，第 440—441 页。

宗教纽带是少数几种将佛罗伦萨人联结起来的东西之一。到了 15 世纪末期，佛罗伦萨内部的人口之间差异极大；城里生活着许多托斯卡纳地区之外的人——也就是那些没有市民身份的人。他们之间有一些是从其他城邦流亡过来的，有的则是因为逃避战乱来到这座城市。就托斯卡纳地区的人口而言，在佛罗伦萨城里长大的托斯卡纳人死亡率都很高，但出生率并不高，这一类人的数量之所以能维持增长，是因为从农村地区来到这座城市的迁入率很高。那些父母是佛罗伦萨人的佛罗伦萨人只占了很小的比例。①

萨伏那罗拉演讲时面对的就是这样一群依靠宗教相互联结起来的陌生人。他本人也是外来的，1452 年生于费拉拉的一个中等人家。二十三年后他在博洛尼亚加入了多明我会；多明我会的教徒自称为布道的游方修士，并视研究演讲术为宗教任务。受此影响，萨伏那罗拉精心钻研演讲，将其当作一种和信仰有关的事情来看待。他在 15 世纪 80 年代数次展示了如簧巧舌，随后于 1490 年进入佛罗伦萨，并于 1491 年成为圣马克修道院的主持，在紧接着的四年中，他被当成这座城市的道德良心。

和拉马丁相比，萨伏那罗拉的思想并不更加清晰或者更加具备原创性。费里克斯·吉尔伯特指出，萨伏那罗拉的思想是各种不同思想的大杂烩，而且他的神学教条也无非是一些陈词滥调。人们之所以汇集起来听他演讲，并不是因为他能够给他

---

① 理查德·桑内特，"文艺复兴时期佛罗伦萨的人口史"（The Demographic History of Renaissance Florence）（未完稿论文）。

们一种特别的世界观。[1]

他只是让听众知道他们的生活是多么耻辱，他们是多么需要改变。萨伏那罗拉的演讲夸大了腐败和奢侈生活的所有细节。他最喜欢用的技巧是模仿："如果我穿着皮衣，你们看看这件衣服穿在我身上显得多么蠢。"他通过让听众把注意力集中在他这个人身上而给他们提供了镜鉴，等到听众从他身上看到他们的罪行有多么可怕之后，他会突然掉转矛头，责骂他们自己犯下了这样的错误，并详细备至地告诉他们应该如何改变。[2]

当萨伏那罗拉刚开始发表演说的时候，他的听众通常对他极其反感。他讲话的地方既包括教堂也包括公共广场，经常在市集时间即兴地布道。和拉马丁一样，他通过将所有的注意力吸引到自己身上而让听众感到惭愧，而布道的内容则无非是他自己每一丝情感的展示。但这个神父和诗人拉马丁有两点不同。

首先，他所要追求的不仅是征服听众和让他们安静下来。他要达到的目的是鞭策他们采取行动，改变他们的行为。拉马丁的意图则仅仅在于让听众安静下来。这个神父想要听众有所反应，而这个诗人则仅追求听众的服从。当我们把所有这些时

① 费里克斯·吉尔伯特(Felix Gilbert)，"佛罗伦萨政治思想中的威尼斯因素"(The Venetian Constitution in Florence Political Thought)，载尼古拉·鲁宾斯坦(Nicolai Rubinstein)主编的《佛罗伦萨研究》(Florentine Studies，London：Faber and Faber，1968)，第 478 页。

② 帕斯卡尔·维拉里(Pasquale Villari)，《吉罗拉莫·萨伏那罗拉的生活与时代》(The Life and Times of Girolamo Savonarola，trans. L. Villari，London：T. Fisher Unwin，1888)，第 1 卷，第 106 页及以下。

间、地点、环境和目的的不同都考虑在内之后，导致神父号召改革而诗人要求放弃的还有一个基本的结构性原因。和所有神父相同，萨伏那罗拉只是一种更高的权力的工具。他的人格在公共领域所具备的所有意义都来自另外的世界。作为神父，他的外表，不管在某些特定的场合显得有多么吸引人，并没有具备自足的意义。他的修辞力量总是超出他自己的人格之外；观众以通过仪式性活动参与到神圣领域之中的方式来向他显示他的演讲产生了效果。这让我们回忆起波舒哀的话：如果你被雄辩所打动，那么你还不够虔诚。①

在拉马丁的世界中，除了当下的时刻之后别无其他东西。外表是自足的，它们的真实无须依靠其他东西来证明；结果是听众一旦被征服之后就会变得被动。所有的听众看到的是演讲者是比他们自己高尚的人，因此他们除了服从地认同于他之外还能做出什么判断呢？因为萨伏那罗拉神父是某种外在于外表世界的权力的工具，所以他的听众尽管觉得惭愧，并将这个神父视为比他们高尚的人物，但他们并没有受困于这种当下的情景。

这个特殊的神父所挑起的行动中最为有名的一项是焚烧佛罗伦萨城的"奢侈品"。萨伏那罗拉在 1496 年和 1497 年分别挑选出一天，激活了一种废弃已久的古老习俗，让佛罗伦萨的儿童挨家挨户地收集亵渎神明的或者奢华的绘画、毛皮、衣服和书籍。这些东西被搬到城市的中央，伴随着大多是随口念诵而出的经文，被付之一炬。令波提切利贡献出自己的画作以

---

① 请参看萨伏那罗拉，《〈以西结书〉讲解》（*Prediche sopra Ezechiele*， ed. R. Ridolfi, Rome, 1955），第 1 卷。

供烧毁的正是这些儿童的劫掠。①

在托马斯主义者看来，内在的仪式和外在的戏剧之间是有区别的。男人和女人需要外在的戏剧，因为他们是不完美的生灵；公祷、焚香和音乐是通往内心的途径，而内心是上帝的庆典举办的地方。外在的戏剧使人们注意到"激情的美德"。萨伏那罗拉所做的就是将外在戏剧的戏台从教堂搬到城市。②

将这种魔法连同各种先验的信条、众多神父和他们嗡嗡不绝的诵经声一起抛弃造成的后果是，人们高度怀疑这个正在麻痹他们头脑的演讲者是一个了不起的政客。听众没有任何参照的标准，也不会去关注除了他的表演之外的任何东西。然而萨伏那罗拉神父总是将他的角色和某种先验力量的代表联系起来。他或许体现了上帝的慈悲，但他不能宣称他拥有这种慈悲。这个神父将那些相信他的人变成精神上的白痴，但并不干预他们的表达能力——实际上，他还鼓励他们通过各种在宗教仪式的名义下举办的戏剧性活动和他一起分享上帝的恩赐。而拉马丁这个世俗的政客则促使他的追随者相信细节和当下时刻的绝对真实性，通过这样做，他破坏了他们表达自己的能力和他们的自我利益。在宗教的和世俗的环境中，人们服下的是两种不同的药物，第一种药物妨碍的是他们的头脑，第二种妨碍的则是他们的意志。

当规训者——不管他是神父还是世俗的演讲者——对人群说"你有罪"或者"你需要我"时，他所说的"你"是谁呢？

---

① 拉尔夫·罗伊德(Ralph Roeder)的《文艺复兴之人》(*The Man of Renaissance*)详细地描绘了当时教会焚毁奢侈品的情况。
② 萨伏那罗拉，《〈以西结书〉讲解》，第168页。

神父所指的并非整个人，因为在这种戏剧性的关系中，或者说在任何世俗性的事件中，牵涉到的都不会是整个人。人的一部分，也就是上帝眷顾的一部分，总是和俗世以及俗世中人们的罪行保持一定的距离。悖谬的是，正因为如此，萨伏那罗拉之流的神父才能说你有罪然而又期待你救赎自己；部分的"你"，也就是你的意志，和你的罪行保持着一定的距离。

在现代的世俗文化中，由于当下的就是真实的，当人群听到"你有罪"这句话并深信不疑时，他们如何才能不再有罪？他们会觉得遭到控诉的是整个自我。因此只有不再表达自我才能够中断有罪的状态。当演讲者说"你需要我"时，如果你相信他，那么你就会完全服从于他。人们因此被削弱了，集体压制了他们的自我利益。在演讲者和听众的关系中，这种情感的不平等问题越来越突出。因为在此关系中这种不平等被认为是绝对的，所以处于劣势的听众一方就陷入了沉默。而所有反对教会干预政治的人、自然科学家和现象学家——所有这些将直接和经验树立为真理的标准的人——不自觉地磨尖了这种政治工具。

"卡里斯玛"这个词意味着"天赋"进入到某个人体内。对神父来说，"天赋"的含义是上帝的力量在他主持庆典、官职或仪式的过程中暂时注入他体内。而对于像萨伏那罗拉这样的街头神父来说，我们要稍微修改一下这种看法；他展示"卡里斯玛"的方式是使听众产生出某些促使他们想改变他们的生活的情感。只要他充当了他们自己采取改变行动的催化剂，对他们来说他就是上帝的使者。

如果说拉马丁也能够被称为一个卡里斯玛式的表演者的

话，那么我们必须指出的一点是，他能够促使他的听众认为他身上有某种他们绝对缺乏的东西。但他们并不知道这种东西是什么，也不知道他的"天赋"从何而来。"每个人都被拉马丁打动了，"里德鲁-罗林在给朋友的信中提到，"但我想不起来他说过的话和内容。"1848 年，里德鲁-罗林是左派的领导人，他的出身代表了工人阶级的利益和要求，极其适合煽动他们。但与说过的话和内容很难被回忆起来的拉马丁相比，他每个星期发表的演讲并没引起多少工人阶级的热情。

在 1825 年到 1848 年间，政治家开始将他们的口才和公共形象与戏台艺术家——尤其是男性演员和男性的独唱者——的形象联系起来。拉马丁是李斯特的好友和崇拜者，他钦羡李斯特崇高的公众威望，并痴迷于李斯特的表演手段，他曾经说"你吸引的公众热情说不定可以用来统治世界"。里德鲁-罗林研究了演员弗里德里克·勒梅特对公众的影响，并向他的追随者提议，说他们如果希望左派在法国取得胜利，就应该认真研究弗里德里克为什么会成为巴黎民众眼中的英雄。杰拉丁·佩勒斯写过一本书，探讨发生在 19 世纪 30 年代西欧的英雄符号的普遍"转化"。人们原先眼中的英雄都是些政治人物，这种英雄的形象已经"转化"到艺术领域了。随着拿破仑传奇的逐渐消逝，艺术家取代了他的位置，以真正值得信赖的公众人物的形象出现。这种转化得到实现之后，政治家变得向艺术家看齐了，因为在公众看来，艺术家的努力和表演构成了一套新的英雄主义的标准。①

---

① 请参看杰拉尔丁·佩勒斯(Geraldine Pelles)，《艺术、艺术家与社会》(*Art, Artist and Society*, Englewood Cliffs, N. J.: Prentice-Hall, 1963)。

拉马丁是这种卡里斯玛形象的转化发生之后的那群政治家的代表人物。拉马丁的社会和拿破仑年代已经不可相提并论。奥斯特里兹大捷之后，拿破仑被一个过去的政敌称赞为恺撒大帝之后仅有的"勇气和胆量"；兵败俄罗斯之后，这个人则批评拿破仑，认为他是一个和神经病差不多的好大喜功者。拿破仑的性格是从他做过的事情推断出来的，而拉马丁则不需要在公众面前做什么事情。形式艺术中的表演规则导致了对文本的超越；这些规则在政治化之后，则是表演者和他的行动相分离。在拉马丁这一代人看来，人格不再和行动有关，它获得了属于它自己的独立地位。这种分离使得拉马丁的时代成了我们的时代的萌芽。

拉马丁之流的演讲者的潜在力量是他能够将事情神秘化。他没有文本，所以他不会被任何真理或现实的外在标准加以衡量。他只要表达清楚他的意图和情感就能够取得支配地位；戈贝尔其实就是现代版的拉马丁，所以他能够让大量头脑正常的人认为犹太人既是共产党人又是国际银行家。至于这是否比促使很多人相信处女能够生子更加神秘，那就有待讨论了。

无产阶级革命的年代已经过去，浪漫主义表演者的时代也已终结。所有色彩、激情和夸夸其谈已然消失，留存下来的是当时的认知结构：值得信赖的公共事件是由值得信赖的公共人物而不是值得信赖的行动创造出来的。这种政治和艺术相遇的真正美学属性已经不见了，剩下的只是"人格政治"那种隐晦的、使人麻痹的效果。

Gemeinschaft

拉马丁的经历可以被看成左派的教训：对人格的信任能够

破坏工人阶级的自我意识和它本身的利益。这个教训也可以如此表达：现代文化中的人格是真正的政治共同体的敌人。但这个教训太过简单。参与政治斗争的群体也能集体使用这些人格的要素，使用这些被拉马丁用来自我表达的符号。敌对的阵营能够将它们视为敌对的个人：你属于这个或者那个阵营，因为你和这个或者那个阵营中的其他人有相似之处；你既不是通过观察他们的行为并将其和你自己的行为进行比较，也不是通过确定他们的需求是否和你的需求一致而构建这种相似之处。你形成自己和他人的相似性的观念——也就是形成一种共同身份的概念——的办法是第八章提到的"解读"。

解读意味着你把行为的某个细节当作整个性格状态的标志。这样说吧，就像围巾的颜色或者裤子上揭开的纽扣的数量可能标志着某个女性的放荡一样，同样微不足道的外表或者言谈举止的细节也可能标志着某种政治立场。这些细节似乎能够显示拥护某种意识形态的人是哪一种人。例如，如果有个工人阶级的演讲者恰好穿得很华贵，那么你就会注意到他的外表和身份的不一致之处，并认为他所说的一切都不可靠。在这种情况下，你通过他的外表来解读他所说的话。

政治共同体的感觉也能够在没有这些解读行为的情况下被建构出来。你从那些拥护这种或那种看法的人身上寻找某些细节，用来判断哪个人最符合你的自我意识。对你来说，这些细节揭示了政治冲突中的真实性格，它们标志着冲突的性质。由于人们开始通过行为的细节来判断政客倡导的意识形态是否值得信赖，政治斗争本身变得更加个人化了。政治语言变得琐碎，微不足道的时刻或者事件似乎具备了巨大的重要性，因为你通过这些细节来认识正在参与战斗的人，并以此来决定你自己属于哪一方。

通过这样的方式形成的政治共同体就是 Gemeinschaft。人们期望别人揭露他们自己以便知道属于哪一方，而揭露的行动存在于细节中，这些细节所象征的意义并不取决于展示它们的人，而是取决于观察它们的人。把自己掩藏起来变成了政治生活中潜在的策略。当这些揭示了正在战斗中的是什么人的细节在幻想中被放大，以致代表了一种集体人格时，政治共同体便具备了道德的而不是意识形态的色彩。

如果一个社会的成员之间互动水平非常低，并且被一些个体的、不稳定的人格的观念所统治，那么它就很可能会通过幻想产生这些巨大的破坏性的集体人格。集体人格的幻想通常都很宏大，因为关于其他人的为人的了解实际上非常少，只有一些象征性的细节。由于同一个原因，集体人格的属性也非常抽象。这个集体人物很容易就不再被关注，部分地因为它的抽象性，部分地因为感知人格的模式恰恰使被感知到的人格变得极其不稳定。最后，一个共同体一旦形成了集体人格，便很难采取集体行动，因为人们会不断为谁属于这个共同体、谁应该被排除在这种宏大的、不稳定的身份之外而烦恼。这样的共同体对外来者充满了敌意，而它内部的成员又会为了谁"真正"体现了这种集体人格——比如说谁才是忠诚的美国人、谁才是纯种的雅利安人、谁才是真正的革命者——而争论不休。

19 世纪公共文化的破裂促使了这种破坏性的共同体幻想的形成。人格对公共领域的进入意味着集体人格从本质上来说似乎应该和具体的人相似。与此相反，个人则应该能够在集体性中被辨认出来；在这种框架之中，社会关系并没有改变人格的本质。这是使得德拉克洛瓦那引导着一个革命共同体的寓言式的自由女神到了19世纪中期不再能够激起人们的情感的原因之一。寓言式的人物改变了人格；它必须具备一种能够被具体化成个人的幻想出来的集体人格。那些认为自己属于这个具体化了的个人的人相互之间并不需要直接交谈；实际上，19世纪让他们知道他们拥有一种不被打扰的、保持沉默的权利。由此奠定了破坏性的Gemeinschaft的基础：作为一种存在状态而不是作为一种共同行动的与他人的情感关系。社会中的共同体变得像是一台以空档运转的机器。

我们将会在两个领域探讨这种共同体情感的破坏性后果。第一个领域是在德雷福斯事件中，尤其是在1898年1月份中体现出来的属于共同体的并和共同体之外的人冲突的语言。另外一个领域是中等阶级的激进分子如何和一种本应属于无产阶级共同体的语言进行斗争。

在阶级冲突以及在激进主义政治中，共同体的语言使得某些制度的或者意识形态的议题变成了心理学问题。由于人们在阶级冲突中或争夺领导权中所戴的面具变得似乎是揭露人格的线索，这些议题很快变成了为自己的外表进行辩护的尝试；人们在这些议题上所采取的立场变得和为自己辩护有关。因此共同的立场、共同的理念和共同的自我混淆了。之所以说这些政治共同体是"城市的"，并不是因为政治斗争或者革命斗争只发生在大城市，而是因为城市里用来解读陌生人外表的规则开始影响到普通的政治语言。也就是说，我们之所以认为政治是"城市的"，是因为"城市"在这里意味着一套认知模式，它最初出现在首都城市，然后扩展到全社会，以至于不管人们住在哪里，他们都开始用大城市的眼光来看待事物。

德雷福斯事件：破坏性的 Gemeinschaft

德雷福斯事件被称为"一出破案与意识形态冲突的双重戏剧"。所谓破案，基本上是一个间谍故事：某个部队军官，也就是犹太人上尉阿尔弗雷德·德雷福斯和意大利人、德国人一起密谋对付法国吗？如果他不是间谍的话，那么到底是什么人使他显得像个间谍，他们为什么要这么做？随着侦查进程的推进，一场关于证据到底意味着什么的争论展开了。然而，事态越往后发展，争论双方就越不关心证据是否表明了一次间谍活动，他们越来越关心的是如何使用证据来定义冲突中的两个共同体。到了某个阶段，这个间谍故事除了通过冲突为共同体加油之外再也没有其他意义。这件事情发生在 1898 年的 1 月。①

侦查的过程十分复杂。如果我们把注意力集中在是什么让德雷福斯显得像个间谍，又是什么对他的罪名提出了疑问之上，那么这个间谍故事是这样的：②

1894 年 9 月，有一封本该寄给德国驻巴黎武官的信件被人发现了。这封信件是一份详细的备忘录，记载着某些法国军

---

① 罗德里克·科德沃德(Roderick Kedward)，《德雷福斯事件》(*The Dreyfus Affair*, London: Longmans, Green, 1969)，第 8 页。
② 关于德雷福斯事件的这一部分，描述得最为清楚的是道格拉斯·约翰逊(Douglas Johnson)的《法兰西与德雷福斯事件》(*France and Dreyfus Affair*, New York: Walker, 1967)；也可以参看盖伊·夏普曼(Guy Chapman)的《德雷福斯事件》(*The Dreyfus Affair*)。当然，相关文献汗牛充栋；约瑟·雷纳克(Joseph Reinach)的详尽研究依然是一份基本文献，尽管他本人参与了德雷福斯事件。这里的描述取自约翰逊、夏普曼和科德瓦德的著作。

队的军事机密，并且似乎是出自一名法国军官之手。这封信的笔迹显得和阿尔弗雷德·德雷福斯上尉的笔迹相同。他被逮捕了；在他被捕之后，军队档案中突然出现了其他犯罪的证据，包括一封上述那个德国武官写给意大利驻巴黎参赞的信，信中提到一个姓氏首字母缩写为"D"的间谍。1894 年 12 月初，一个秘密的军事法庭审判了德雷福斯。德雷福斯被判有罪。1895 年 1 月 5 日，他在公众场合遭到羞辱，他的军功章被剥下来，他的佩剑被折断，然后他被轮船送到魔鬼岛服无期徒刑；所有那些可能在监狱里和他交往的人都被吩咐避免和他说话。

1896 年 3 月，新上任的法军情报处处长皮卡尔上校收到一些废弃的文件，文件是某个德国武官的女清洁员（法国的秘密雇员）从他的废纸篓中偷出来的。这些废弃的文件有一封手写的电报文稿，文稿是写给另外一个法国军官埃斯特拉齐上校的，这让皮卡尔怀疑埃斯特拉齐可能是间谍。在调查埃斯特拉齐的过程中，皮卡尔获取了几份这个人的笔迹样品。他觉得这个人的笔迹很眼熟，他认为它和归咎于德雷福斯的备忘录上的笔迹如出一辙。他又做了进一步的调查，到了 8 月底，他确信埃斯特拉齐是这两次事件中的间谍，而被判入狱的德雷福斯则是冤枉的。

1897 年，由于埃斯特拉齐犯案的消息走漏，加上德雷福斯家人的努力，参议院的副议长施犹勒-卡斯特纳也对德雷福斯伸出援手。1897 年并没有出现什么重要的行动，实际侦查工作也没有取得什么进展。然而到了年底，迫于公共压力，对埃斯特拉齐进行审判已经势在必行。新年，也就是 1898 年 1 月 10 日，军事法庭开始审判埃斯特拉齐，审判于次日，也就是 1 月 11 日结束。审判团一致判决埃斯特拉齐无罪释放。1 月 12 日，皮卡尔被捕，罪名是对军队不忠；他后来被判罪名成立。这一消息对支持德雷福斯的人们来说不啻晴天霹雳，1 月 13 日，左拉发表了"我控诉"一文。

从某种意义上来说，这次侦查于当年 8 月 13 日结束。那天晚上有个政府官员坦白说，当初用于指控德雷福斯的证据中有一项是伪造的——他将德雷福斯所写的一封信的中间部分插入到另一封信中去。能够指使他做出这件事的只有一个人：亨利上校，一个高级军官。被逼问之下，他承认他伪造了这件和其他一些对德雷福斯不利的证据。8 月 31 日，公众得知在狱中等待审判的亨利已经割喉自尽，埃斯特拉齐逃亡英国，以免由于参与伪造证据再度遭到审判，法国军队的高级将领之一博斯德弗雷辞职。在此之后，重新审判德雷福斯案件已经成了确凿无疑的事情了。重审于 1899 年 8 月在雷恩举行；德雷福斯终于重获自由，1906 年他身体得到康复，官复原职。

回顾历史，我们很难理解这个间谍故事如何能够对法国公共领域产生巨大的影响，以至于弗朗索瓦·莫里亚克会在 1965 年说："德雷福斯事件发生时我还是一名儿童，但它却影响了我终生。"莱昂·布卢姆也将它视为引发了现代法国所有政治问题的"基本问题"。自从 1898 年起，德雷福斯事件的每次转折都会在巴黎和一些地方城市的街头引起暴乱；从 1898 年到 1900 年的咖啡厅中，当一个支持或者反对德雷福斯的顾客听到邻桌有人在谈论他所反对的观点时，通常会发生一场混战。1898 年 2 月 14 日的《费加罗报》刊登了一幅著名的漫画，画中显示一家人在吃晚餐的时候谈论德雷福斯事件，导致晚餐变成互殴；大量的回忆录证实这幅漫画对事实的夸大程度其实是很小的。①

如果只有破案故事的各种细节，那么这件事还不能成为德雷福斯事件。同样，如果德雷福斯事件仅仅是法国社会中不同力量之间的冲突，那么人们的激情便无从解释。这次意识形态冲突通常被描绘为以军队、教会和上层布尔乔亚为代表的"老法兰西"和以三次法国革命的继承人为代表的"新法兰西"之间的斗争。在巴黎公社和普法战争之后，这些力量发生碰撞的情况时有发生，但从没有像德雷福斯事件这般激起民众极大的情绪。促使人们的情绪变得狂热的正是在这次冲突中形成的集体人格。

老法兰西为什么想毁掉德雷福斯呢？意识形态的答案是这跟老法兰西自己的失败以及普法战争之后那些年它本身不再得到民众的信任有关。尽管有很多政客为1871年普法战争的失败寻找借口，但大多数民众怀疑战败是由法国军队领导层的无能造成的。法国的士兵都是一些勇敢的斗士，甚至连普鲁士人也对他们十分敬重；人们只能将失败归咎于法国军队将领的领导无方。这种挥之不去的怀疑态度在19世纪80年代晚期变本加厉；当时布朗热将军是一个极受欢迎的军队将领，他阴谋发动政变，推翻共和制度，却在事发之际抛弃了他的支持者，带着情妇逃往比利时。人们更加怀疑军队背叛了全国人民的信任。军队领导层自身也为这些怀疑感到苦恼。他们非常希望通

---

① 莫里亚克的话引自约翰逊，《法兰西与德雷福斯事件》，前言；关于当时社会中上层阶级成员在德雷福斯事件处于敏感时期的所作所为，马塞尔·普鲁斯特在《让·桑德伊》（Jean Santeuil）中的描写虽然带有"偏见"，但可能是最有趣的。

过某种方式来为自己正名。

在 19 世纪 80 年代末期，那些老法兰西的领导者、虔诚的农民和多数城市小布尔乔亚之间兴起一场将犹太人清除出法国的运动。犹太人充当替罪羔羊的历史由来已久，但他们并不总是被攻击的对象。19 世纪 80 年代末期之所以会掀起一场新的排犹运动，是因为在支持老法兰西的人看来，它的衰落是外国敌对势力和国内叛国分子共同造成的结果。人们不用动脑筋也能想得出来这场运动的领导者是马基雅弗利式的人物；他们想要向他们自己和其他人解释在他们控制之外的邪恶力量造成他们的无能的原因。

能够形成共同体的对抗需要敌对的双方。你只有在你和你的兄弟有着一个共同的敌人的时候才能真正感觉到兄弟之情的存在。但在德雷福斯事件中，敌对双方发展的步调并不一致。经过多年的发展，老法兰西派的人物掌握了一套修辞技巧，可供他们用在激烈的对抗中，但直到 1898 年，他们能够与之对抗的、活生生的、具体的敌人还付诸阙如。在此前十年，老法兰西疲于应付各种各样的阴谋和背叛，所有这些的幕后黑手都是犹太人——但由于反犹主义的存在，犹太人本身是不会公开参与战斗的。在反犹主义者看来，犹太人是狡猾奸诈之徒，当面朝你微笑，彬彬有礼，背地里却出卖国家机密。因此，在 1898 年 1 月之前那十年中，法国存在一个潜在的共同体，它已经做好对抗的准备，但由于它的敌人的本质，它所准备的对抗却无从开始。

让我们来看看这个共同体的语言如何在反犹主义权利的基础上得到发展。19 世纪 80 年代和 90 年代初期，反犹主义的领军人物是埃多瓦尔·德律蒙，他创立了报纸《自由谈》。对幻想犹太人是叛国者的德律蒙和孔德·洛希福特之流的追随者而言，德雷福斯是个完美的典型：他在军队中骗取了一官半职；他并非公开与法兰西为敌，而是躲在阴暗处放冷箭。1894年 12 月 26 日《自由谈》刊登了德律蒙的文章"德雷福斯上尉的灵魂"，他在文章中认为德雷福斯的所作所为已经超出了犯罪的范畴：

> （德雷福斯）承认犯了滥用信任罪，但他并不承认犯了叛国罪。对于一个人来说，他若要背叛他的国家，那么他首先必须有一个国家。

然而，犹太人的本质决定了他不属于任何国家，因此，用德律蒙的话来说，"犹太人情不自禁地"出卖法国的秘密以谋取利益。①

从意识形态的层面来说，诸如此类的反犹主义语言的兴起，是为了给反犹主义者在过去所犯的罪行进行开脱。通过仇恨犹太人，他们的罪行就得到了洗脱。但这种语言和另外一种紧密相连。在德律蒙和其他反犹主义者于 1894 年和 1895 年间所写的文章中，他们大肆赞扬那些愿意和狡诈的犹太人进行斗争的人。例如，我们能够在德律蒙这篇"德雷福斯上尉的灵魂"的结尾看到此类自我标榜。在文章的结尾，德律蒙表达了

---

① 爱德华·德律蒙（Edouard Drumont），"德雷福斯上尉的灵魂"（L'Âme de Capt. Dreyfus），载 1894 年 12 月 26 日的《自由谈》（La Libre Parole）；这篇文章的节译版收录于路易斯·斯奈德（Louis Snyder）的《德雷福斯案件》（The Dreyfus Case，New Brunswick，N. J.：Rutgers University Press，1973），第 96 页。

他对他自己的看法，而不是去总结他对德雷福斯的看法。我们看到：

> 我向来是个最软弱、最感性和最容易失去勇气的人。我用来唤醒祖国的勇气是你们（其他反犹主义者）赋予我的……我的书籍对我们亲爱的法兰西做出了巨大的贡献，因为我向她揭露了犹太人的阴险……仅凭我自己，我无法写出这些书。我只是听到有个声音对我说："说吧！"我服从了，于是我说了出来。

对德律蒙来说，反犹主义是他个人价值和正直的肩章。哪里还有什么人能够让他改变立场、作出妥协呢？他要是妥协了，那就等于放弃他的正直。在德律蒙看来，德雷福斯事件是他德律蒙之所以成为德律蒙的标志。[1]

在动物世界，狒狒向陌生狒狒发出友好和信任的信号的方式是将陌生狒狒身上的泥块或者草叶拿走。19世纪90年代中期的巴黎也出现了相同的现象，当然，这种相同只是类比而已。对犹太人的仇恨转变成对这种仇恨的忏悔，好像德律蒙的忏悔就是这样的，而这些忏悔又会转变成一些陈词滥调，用以表达自己对法国的深情和自己敢于直面阴谋家的正派和勇气；而在其他人看来，这些忏悔又是信号，表示这个人是友方，是值得信赖的人。共同体的感觉就是从这些信号诞生而来的。我

---

[1] 爱德华·德律蒙，"德雷福斯上尉的灵魂"，载1894年12月26日的《自由谈》；这篇文章的节译版收录于路易斯·斯奈德的《德雷福斯案件》，第96页。

们可以从那个年代的回忆录看到，人们在晚餐桌上交谈的时候彼此试探，通过片言只字来判断其他客人是不是也和自己有同感；如果气氛对头，人们就会开始滔滔不绝地进行自我剖白，数说犹太人有多么可怕；当说到必须从内奸手中拯救法兰西时，人们会用拳头猛敲餐桌，以示强调；餐厅里的人们会表现得于我心又戚戚焉，群起附和，然而，用一个银行家的话来说：

> 奇怪的是这一切都不合常情。人们对那些表露出来的亲密情感表示赞同或者保持沉默，等到抽够了雪茄，喝够了干邑之后便离开餐桌，却丝毫不知道那个向他们掏心掏肺的人究竟是何方神圣。[①]

但尽管反犹主义的言论为一种短暂的共同体感觉提供了材料，完整的共同体情感却还没有被建立起来，因为实际上没有真正的回应。那些怀疑德雷福斯被冤枉的人为数不多，而且从方方面面来看都不如那些迫害德雷福斯的人来得起劲。要看到这个人的辩护者真正获得同样的激情，我们必须等到 1898 年 1 月。

我们刚才提到，到了 1898 年 1 月，这个间谍故事已经发展到审判埃斯特拉齐的阶段了；在埃斯特拉齐被宣布无罪释放之后，起诉他的人，也就是皮卡尔，立即遭到了逮捕。在此前

[①] 阿森尼·马尔罗克（Arsène de Marloque），《回忆录》（*Mémoires*, Paris: privately printed, n.d.），该书收藏于法国国家图书馆，引文由理查德·桑内特翻译成英文。

1 年，德雷福斯的辩护者已经逐渐在媒体上发出声音；这两个案件的审判本身就使得更多人对德雷福斯的案件感兴趣，但支持他的观点既分散又零碎，有时候甚至还自相矛盾。

到了 1 月 12 日，德雷福斯事件似乎结束了：埃斯特拉齐被释放，皮卡尔因为指控他而遭到逮捕。1 月 13 日，《震旦报》刊登了埃米尔·左拉的"我控诉"，这篇文章的重要性正在于它通过界定一种能够为德雷福斯支持者的共同体所用的话语而给这一中途失败的运动注入了生命。左拉成功地为德雷福斯支持者找到了一种和德雷福斯反对者的形象对立的"我们"是谁的形象。他获得成功的手段是利用闹剧的技巧勾勒出德雷福斯支持者的人物性格。一种固定不变的对抗由此形成了，从此以后，敌对的双方只有依靠对方才能存在。

这一期特殊的《震旦报》引起了十分惊人的轰动。不到几个小时就卖出三万份，人们甚至不惜为拥有一份而大打出手。到处都是左拉的名字，刚获得动力的德雷福斯支持者将他的文章贴遍了法国的地方城市。通过逐步分析这篇文章，我们将会看到左拉如何跨过政治辩论的界线，提出了一种新的共同体语言（全文作为附录附在本书后面）。①

"我控诉"是以一封致共和国总统费利克斯·福尔的信件的形式写就的。为什么要写给他呢？表面上看似乎是因为他是这个国家的元首，但真正的原因并不如此。"我控诉"的目的在于让它的作者因为触犯了 1881 年的诽谤和损害名誉法而遭

---

① 约翰逊，《法兰西与德雷福斯事件》，第 119 页；由于全文包含在这本书中，而且由于所有的引文都指明了段落数，下文引用这篇文章的时候将不再单独加注。

到逮捕，如此一来，德雷福斯一案就能够以试探左拉是否说谎的伪装进行重判。福尔既不能开始也无法阻止这样一次审判。以福尔为收信人的修辞手段的真正目的在于他是"这个国家的首席大法官"（第四段），他代表了所有法国的法官（不过根据当时的法律，福尔总统并非权力最大的法官——例如美国总统拥有特赦的权力，但他却没有）。

我之所以要点出这个背景，是考虑到左拉信中前四段和福尔说话的方式。它像是私人之间的交谈。在这首四段中，左拉警告了福尔，并原谅了他。他的警告十分有力：

> 但这次人神共愤的德雷福斯事件是玷污阁下的名誉——我想说的是还包括阁下的权位——的污泥！（第二段）

左拉的言下之意是，法兰西推翻君主统治已经 25 年了；别把你自己当作一个统治者，因为那将会使你认为自己是老法兰西的一分子；想想这次事件对你个人名誉、对你的正直的影响。平等意味着人与人之间没有距离。左拉在原谅福尔的文字中，继续将这次事件和名誉、正直联系起来："因为您素来声名甚佳，我相信您对此事并不知情。"如果他们不是这样平等地对话，左拉这个原籍威尼斯的法国公民有什么资格原谅法国总统呢？

左拉以同样的方式阐述了他干预这件事的原因。埃米尔·左拉既不认识德雷福斯，也不认识任何军队中人，在此之前更不曾受到此次事件的威胁。他为什么要插手呢？左拉在第三段向读者剖白了自己：首先，他说他将会"敢于"说出来，"敢于说出真相"。换言之，标志着他参与这次事件的第一个符号让我们看到他是一个勇敢的人。此外，"把真相说出来是我的责任，我不愿意成为帮凶。"谁认为他是帮凶了？这句话的含义是只有参与到这件事中的人才是真汉子，而置身事外则被视为缺乏勇气。这句勇气的宣言为一段特殊的真情告白铺平了道路；如果左拉不敢说出来：

> 每到深夜，我将会受到那个无辜者的幽灵的纠缠；他在万里之外的国度，饱受最惨无人道的折磨，只为赎回他不曾犯下的罪行。

当左拉谈论他的勇气和"被幽灵纠缠的夜晚"时，重要的并非他是否真诚，而是他的这些话（不管是真是假）是否被读者所采信。在"我控诉"中，这个有良知的人从一开头就让人注意到他的英雄本色；他夸大了他拥有良知的事实——以这样的方式开始为另外一个人辩护当然十分奇怪，但它的形式实际上和德律蒙用于反对德雷福斯的语言是相同的。

在了解开头这种特殊的修辞背景之后，我们就能够理解接下来的段落。许多现代的评论家用逻辑的和法律的观点来看待左拉这篇文章，所以觉得左拉的辩论不值一驳，让他们感到不可思议。但左拉的辩论中体现的是 19 世纪有关公共人格的看法的逻辑。

左拉在第五段到第十一段指出陷害德雷福斯的人是谁。他写得直截了当：

此事全是由一个邪恶的人所操控和完成的，这个人
就是帕蒂·克莱姆上校。（第六段）

左拉的证据呢？他没有任何法律的或者事实的证据。他
在第五段告诉我们，只要进行一次"真正的"调查，真相就会
大白于天下。"剩下的我就不说了；让他们去调查，他们将会
发现。"在第六段的中间，左拉宣称"完全可以说"帕蒂·克
莱姆是第一个陷害德雷福斯的人。但左拉并没有寻求法律的或
者事实的证据，因为这次事件的对与错将可以从当事者的人格
中看出来。如果他能够让读者觉得帕蒂·克莱姆是一个恶心的
人，那么克莱姆肯定构陷了德雷福斯。因而，在指控帕蒂·克
莱姆之后，左拉立即妙笔生花地对他的为人进行了一番描述，
把他描绘成一个阴谋家，一个爱看传奇小说的人，一个热衷于
阴谋诡计和在深夜幽会神秘女士的人（第六段）。而帕蒂·克莱
姆之所以能够成功地陷害德雷福斯，既不是由于制度的力量需
要一个受害者，也不是由于军队的领导层需要为自己正名，而
是因为帕蒂·克莱姆拥有一种催眠其他人的能力，

因为他认为他自己拥有通灵术和招魂术，能够和魂
灵进行对话。（第七段）

左拉通过将帕蒂·克莱姆神秘化完成了对他的性格的描
述；于是读者看到，幕后的黑手是一个恶人，而一个英雄站出
来揭发他，两者之间是一个值得尊敬但毫不知情的法官——而
德雷福斯被判入狱反倒成了十分偶然的事情。

指责了这个恶棍之后，左拉继续用个人情感来转化所有的证据。例如，证据中有一份备忘录，左拉是怎么对付它的呢？"我否认该文件的存在；我用尽全身的力量来否认它的存在"（第十段）。作者没有去分析这份文件的内容，而是通过强调"我""用尽全身的力量"否定它来摧毁它的真实性。在同一段稍后的地方，左拉再次使用了这种手段。他先是说无论这份文件的实质是什么，都和国家安全无关，随即宣称：

> 不，不是的；这是谎言，甚至比谎言更加恶毒和无赖，因为他们说谎却免遭惩罚，这样的谎言，谁能够将他们揭穿呢？

"它"（备忘录）突然变成了"他们"（敌人）。尽管我们刚刚看到备忘录牵涉到的事情微不足道，所以很可能只是一份"他们"用错了地方的文件；但现在它变成是他们捏造出来的了，而且还不可能讨论它的真假，因为"他们以一种没有人能够给他们定罪的方式说谎"。

因而，通过将德雷福斯事件转变成一场英雄与魔鬼对决的个人道德戏剧，左拉使得所有关于证据的讨论只有在和敌对双方的人格扯上关系之后才有意义。证据本身并没有任何意义，重要的是它的心理象征功能。

在第十二段到第二十二段中，从埃斯特拉齐出现到"我控诉"发表之前一天所发生的事情也得到同样的对待。军队官员迫不得已决定检举埃斯特拉齐的时刻被描述成一个"充满痛苦的心理时刻"。左拉用最为个人的语言来攻击这些迟迟不肯做出决定的军官——"这些人怎么能够睡得着呢，他们也有心爱的妻子和儿女啊！"（第十五段）。这句异乎寻常的话意味着什么呢？它意味着左拉的德雷福斯事件中没有世界，没有官僚机构的网络，没有权力与权威的冲突：那儿只有绝对的自我。如果你不赞成我，你如何还谈得上有人性？每一个世俗的表象，每一次特殊的行动都变成了这些绝对的自我的标志。一个人的面具如实地反映了他的性格，因此，对左拉和德律蒙来说，他们不能改变这些世俗的立场，不能彼此妥协，因为一个人怎么可以拿自己的人格来进行讨价还价呢？

我们由此来到了第十八段末尾那句著名宣言的内在逻辑。当时有位英国的法官认为这句宣言是"打着理性的正义的旗帜，但其本质是非理性的"。这句话是左拉对埃斯特拉齐和皮卡尔各自命运的总结：

> 负债累累、作恶多端的人被认为清白无辜，而操行端正的人却被控有罪。当社会无耻到这种地步，它就要开始腐烂了。（第十八段）

左拉陈述的是事实：当时的媒体大肆报道埃斯特拉齐欠很多人钱的新闻，而皮卡尔则没有负债。这段话体现了性格审判和性格谋杀的本质。当公共生活和个人生活之间的界线被抹掉之后，性格审判是政治惟一能够采取的方式。

"我控诉"显示了拿破仑时代和拉马丁时代之间明显的修辞手法的变化所造成的一个后果。一旦性格变得独立于行动，一旦拉马丁无须领导人们参加任何行动而依然能够宣称自己是他们的领导人，公共世界的行动便失去了所有的意义，除非这种行动从属于个人的动机。

现在让我们来看看左拉文章中的高潮部分，自第二十六段开始，他列举了各项指控。每项指控都以"我控诉"而非"某某所犯的罪行是"的形式开头。实际上，在整个指控中，"我"是最为抢眼的词汇。这些指控要强调的并非一件冤案正在受到挑战，也非这些人正被揭露出来，因为实际上左拉已经说过他不想参与这类事情，而是指控的权威性。重要的是正在指控他们的是"我"。指控他们什么呢？下面是左拉列出的那些人和他们所犯的罪行：

帕蒂·克莱姆——"凶残的主谋"

梅西耶——"精神软弱"

毕犹——"违反人道"和"违反正义"

伯德福尔——"教会的激情"

贡斯——"包庇同僚"

佩里厄——"颠倒黑白的调查"

笔迹专家——"说谎而伪造报告"

陆军部——在新闻媒体"令人恶心地造势"

军委会——"违反法令"

只有伯德福尔的罪名（教会的激情）和军委会的罪名（违反军事法庭的法令）是制度性的。其他所有罪名都是人格性的。正是由于这个原因，"我控诉"他们才显得极其重要；同样，当"我控诉"成为修辞方式时，最有可能被发现的也就只有人格性的罪名了。

让人费解的是，左拉在"我控诉"中的结论和德律蒙在"德雷福斯上尉的灵魂"中的结论大同小异。在第二十八段中，左拉向读者保证他这么做确是出于至诚，并没有受到什么利益或者党派的驱使。在第二十九段中，和德律蒙一样，他也告诉读者他的触动有多深；我们可以看到他如此表述他的感情："我的强烈的控诉仅仅是我的灵魂的呐喊。"在第三十段中，和德律蒙一样，左拉也给读者留下了一个最后的形象；这个形象不是德雷福斯或者法兰西的形象，而是左拉自己的形象。他为自己写了一句充满英雄气概的话，用来表达他对自己将来受到诽谤审判的态度："我等待这次审判。"这封为德雷福斯请愿的信件就是这样以一句显示左拉道德高尚的宣言结束的。

如果我们问为什么这篇文章能够在一天之内卖出 3 万份；为什么它会激起大量的法国男女为德雷福斯辩护；为什么直到左拉被审判之后，直到他不敢直面 1 年的牢狱之灾，而是带着情妇和一叠支票逃往英格兰，因而从人格上失去了领导这项运动的资格之后，"我控诉"依然是这项运动的基本文献；如果我们问为什么即使在亨利自杀并导致帕蒂·克莱姆不得不被宣判罪名成立之后，"我控诉"依然是一篇能够驱动很多人的文章，那么我们只能这样回答：他们想要左拉提供给他们的东西，也就是属于某次集体斗争的语言，而非一套德雷福斯为什么应该被释放的逻辑原因。

"我控诉"的真正内容是什么样的人会为这个犹太上尉辩护，什么样的人会攻击他。这两类人都不曾出现领袖。左拉仓促的判决和他更加仓促的逃离使他失去了充当领导人的资格，实际上，1898 年 1 月 13 日之后的德雷福斯事件中的风云人物都是你方唱罢我登场，各领风骚三五天，所以没有任何人或者任何群体能够控制事态的发展。但没有固定的领导人并不意味着支持和反对德雷福斯的两个阵营之间的界线也会发生变化。这两个阵营在民众中的对立日益加剧；例如，亨利的造假很快就被德雷福斯反对派视为高尚的自我牺牲行为，因为如果德雷福斯无罪的话，他自己就得坐牢了。实际上，在逐渐为德雷福斯洗白冤情的侦查过程——最后还是没能确定备忘录中提到的"D"是什么人——中，每有新的进展都会引发敌对双方在街头的又一轮冲突。

1902 年之后，两个阵营之间公开的暴力冲突逐渐平息，但双方从无握手言和的举措。双方都认为教会和军队关系密切，德雷福斯之所以被判刑，是因为教会和军队想以此发泄它们对导致法国教育世俗化的茹·费里法案的怒火。诸如查理·毛哈之流的作家和报童联盟之类的组织都从反德雷福斯派汲取了灵感；而法国之外的历史学家都认可这样的观点：法国人之所以愿意和纳粹合作，部分原因在于他们原先对军队就有所不满，而且德雷福斯事件又让他们极其仇恨犹太人。德雷福斯事件是一个经典案例，它显示了当一个建立在抽象而松散的集体人格基础上的共同体形成之后，一种无可救药的分裂会在什么时候和以什么方式出现在社会中。客观环境和历史的任何改变都无法消除这种对立，因为双方在乎的并非冲突将会造成什么危险，而是他们的人格、尊严和集体性本身。

这个共同体形成之后，参与行动的人再也无法从行动中吸取到什么教训。亨利的自杀并没有动摇德雷福斯的敌人的世界观；这件事很快被重新解释成一个忠诚的天主教军官所做出的英雄行为。由于亨利的自杀，帕蒂·克莱姆被判罪名成立，但这也没能改变德雷福斯支持者的看法。他们依然坚持左拉的"阴谋"观点，认为帕蒂·克莱姆是个精通催眠术的人，正是他在某天夜里把亨利带到一个咖啡馆，对他实施催眠术，以让他进行造假。

德雷福斯事件是极端推理法的一个历史例证，它显示了外表成为自我的标志的极端状况。面具揭示了一张共同的脸庞；对于一个共同体来说，它若要存在下去，也就是说，若所有的共同体成员都想保留一张共同的面孔，那么这个共同体必须保持一成不变。只有当双方的外表保持不变时，双方才能形成各自的共同体。

在戏台上，人们知道维施梅兹医生的行为是由他的道德品质决定的；在街头，人们也相信所有对德雷福斯表示同情的人都是犹太人的同谋，都想消灭高贵的法兰西人民；但和戏院的情况不同的是，由于他们的道德败坏，人们否定这些恶棍——也就是犹太人和他们的辩护者——的生存权利。在这样一种为人们的外表是否可信而焦虑的文化中，戏台之外的闹剧有着一种不可避免的逻辑后果，也就是促使人们认为只有消灭敌人才能够相信自己。如果他们能够相信他们自己，那么你还如何能够继续相信你自己的外表呢？如何还能相信你自己属于某个共同体的身份呢？如果每一次行动都是性格的徽章，如果每一次行动都是支持或者反对德雷福斯的徽章，那么那些没有戴上徽章的人肯定是虚伪的、说谎的和假惺惺的，所以他们应该被消灭。戏台上的闹剧不会产生什么后果，不会改变剧中的角色；但政治的闹剧则产生了一种特殊的后果，使人认为消灭敌人是稳定自己的外表的绝对方法。清除异己是集体人格的逻辑。

共同体的情感就是对一种人格的共享；由于这种情感的形成，人们开始用不同的态度来看待谈判、科层组织和协作的语言。因此到了本世纪初，人们开始认为共同体的生活和国家的生活是两类不同的生活。

如果共同体本身值得关心，那么它就会被一种多米诺骨牌理论所统治。谈判变成了对共同体的巨大挑战：如果共同体中的成员改变立场，那么共同体的精神本身就会被削弱。于是宣称你是谁比跟那些和你不同的人交往重要得多。所以，诸如德雷福斯事件之类的危机所引起的群情看似汹涌，但内里的人际关系却好像拉马丁在巴黎的人群中造成的死寂的服从一样僵硬不变。

谁是真正的激进主义者？

在 19 世纪，共同体的语言开始出现在一个它本来被禁止出现的领域，也就是激进主义政治的领域。它为布尔乔亚的激进主义者提供了一种方式，让他们能够认为他们自己在无产阶级运动中拥有一个合法的位置。让我们来看看马克思主义运动中本来不应该出现集体人格但实际上却出现了的原因。

直到今天仍未被收税的 19 世纪的最大遗产是一种认为历史事件受到社会环境制约（就算不是由社会环境所决定）的历史观。信奉这种观点的人包括那些认为国家也有"宿命"的人、许多 19 世纪的无政府主义者、某些圣西门的信徒和大多数社会达尔文主义者，此外还有那些追随马克思的人。马克思的历史辩证法认为历史分不同的阶段，每个阶段都产生于之前阶段的矛盾。我们对这种观点已经耳熟能详，它简直可以像教义一样被背诵出来：正题发展成它的反题，在反题中，原来的局势和社会关系发生了变化；反题经过一段革命的时期再次发展，成为一个合题，或者变成另外一个反题，也就是否定之否定的阶段，历史就是这样无休止地处在一种客体和精神的变化之中。

讽刺的是，虽然我们对这种教义倒背如流，但我们所见到的历史事件却否定了它。地球上超过一半的地方被信奉以这样或那样的方式修改过的马克思教条的政府所统治，然而这些政府统治的社会恰好与马克思、傅立叶和圣西门等人所认为从逻辑上来说适合发生革命的社会相反。它们或者曾经是殖民地，或者迄今尚未工业化，或者就其他方面而言和马克思能够从其当前的社会结构推断出逻辑的历史发展的欧洲社会毫无相似之处。

没有哪一代人，更不用说哪一本书，能够解释这种理论与现实的悖谬。然而本书到目前为止对城市文化的分析至少能够解析这个悖论的一个方面：这种文化改变了那些献身于激进的辩证变化的人们的心理，所以当历史走到理论的对立面时，他们变得保守了。

在他的著作中，马克思认为历史的辩证力量会引导人们在新事件的影响下改变他们的信念。客观环境决定主观意识的口号很容易被庸俗化，而且确实已经被庸俗化了。实际上根据马克思的本意，社会中每一种新的客观环境之所以能够改变人们的观念，仅仅是因为形成这些观念的世界已经改变了。

什么样的心理因素才会使一个人改变他的观念呢？辩证地思考吗？如果一种观念对它的持有人来说十分富于个人色彩，如果一个人的身份是由他或者她所持的观念所确定的，那么这种观念发生任何改变都会导致自我的极大混乱。也就是说，观念越是关乎个人意识与个人身份，它就越不可能被改变。

因而，人类几乎不可能拥有一种辩证的意识。这种意识形态要求人们满怀激情地去关注这个世界，满怀激情地抗争这个世界的不公，但这种意识形态又要求人们在历史环境改变的时候必须悬置、反思和改变他们的这些抗争。观念必须被牢牢地把持，又必须和自我保持一定的距离，以便自我能够被改变而无须背负着丧失个人身份的重担或者承受失去亲密关系的危险。

弄清楚这一点之后，我们可以看出，马克思所想象的辩证法十分接近于我们已经探讨过的城市生活中的一个观念：那就是公共行为的观念。人们的感觉若要完成一个辩证的过程，除了通过观念和社会行动完成人格的象征化之外，人们还必须出走到公共领域中去。如果说卢梭是公共人的敌人，那么马克思就是他的同伙。

然而自称马克思主义者却讨厌在公共场合抛头露面的人屡见不鲜。这种人有时候被称为"思想家"，有时候被称为"教条主义者"——在人们看来，这种人是激进主义运动的最糟糕的拥护者。更准确地说，他们来自中等阶级，他们或是出于良知或是因为对自身的不满而变成了激进主义者，和工人阶级并肩作战，为取得社会正义和社会权利而奋斗。如果说驱使这种人和被压迫者成为战友的动机因人而异，那么他们在和工人阶级打交道的过程中遇到的问题却是相同的：他们如何能合情合理地参与他们的运动，受过教育、彬彬有礼的他们如何能够合法地在受压迫者的共同体中拥有一席之地？

马克思和恩格斯对这类人十分了解，因为他们也遇到了这类人的问题。这类人通过他所出身的布尔乔亚文化的外表规则解决了他自己作为激进主义分子的合法性问题。他们所采取的立场、所讨论的话题无不显示出他们作为革命者的身份。对他们来说，关于"正确的"策略的辩论很快变成了一种性格冲突：谁才是"真正的"革命者？有些争论表面上好像是关于什么样的策略才是好的革命策略，但实际的关键所在却是，谁才是合法的激进主义者？这类人根本就不算激进主义者，因为他们采取了错误的策略，属于错误的派别，站在错误的立场上。也就是说，因为意识形态的"错误"，他们并不属于激进主义共同体。

自从 1848 年之后，工人阶级的激进主义共同体的成员本身就开始不断质疑这类人的合法性。我们在前面已经看到，在这场大革命中，诸如《工人报》之类的工人阶级群体已经否认这类中等阶级的革命者在他们自己的斗争中占有一定地位。而在 19 世纪 50 年代的英国，那些参与革命的布尔乔亚知识分子也遭遇到相同的敌视。实际上，在 19 世纪的激进主义政治历史中，革命力量内部的阶级对立仍没有得到足够的重视。

这种派别斗争是内在人格的世俗规则的直接产物。一个值得信赖的外表是一个显露出人格的外表——但这类人想要显示出来的人格却必须和他的外表并不一致。他的出身、他的过去只会让他想要作为同志加入他们的人将他当作异类。因此，他必须通过鉴定的立场来表明自己已经改头换面。如果他想要相信自己，他的面具必须一成不变，必须被固定下来。如果他把关于激进主义的思考转化成热衷于派别斗争的激情，那么他这样做并非由于他有一个"权威的"人格（虽然在某些特殊的例子中这种情况可能真的存在），而是因为他想要为自己在一个异类的共同体中取得合法的地位。若要属于这个异类的共同体，他必须让他的政治立场成为他自己；这些立场显示出他的为人，他坚持这些立场的目的在于让自己成为"一个革命者"，而非为革命作贡献。这些现代的思想家之所以不肯改变他们的立场，是因为若有松动，他们就会怀疑自己的真实身份，怀疑自己是否在被压迫者的阵营中拥有一个合法的位置。

这类人早在第一国际时期就出现了，到了第二国际时期已经变成了主力。在 19 世纪末期的法兰西，这些人的问题在茹盖德身上体现得最为明显。茹盖德在 19 世纪 80 年代晚期大力将马克思主义思想引进法国。他本人是个来自地方城市的知识分子，出身则是纯粹的小布尔乔亚（他的父亲是中学教师）。青年时期的茹盖德"妒忌工人的正直"，产生了自我怀疑，主动过上贫穷的生活，并曾身陷牢狱之灾。茹盖德形成了他自己的马克思主义理论，并将其严格地应用到对法国的分析上（他的理论让马克思本人很不快，虽然他们两人原本有过合作）。带着这种简单的、僵化的马克思主义理论，茹盖德获得了激进主义运动领导人的合法地位。败给他的是一个真正的工人，让·多尔瓦。多尔瓦是个钢铁工人，他也是个激进主义者，但立场并不那么坚定，与之相反，茹盖德经常宣称自己"更像一个真正的革命者，因为我的立场更为坚定"。多尔瓦公开称他自己为法国经济在 19 世纪 80 年代的变化感到困惑，因此给了茹盖德可乘之机。到了 1898 年，茹盖德围绕他自己而形成的运动：

> 已经和法国的情况毫无关系，而且他们根本就不想费力使运动适合时代的变化。当时法国的工资处于明显的上升态势，但他们依然言之凿凿地说工资一定会下跌……他们对理论的强调腐化成为一种熟极而流的惰性教条的重复。

茹盖德本质上是一个通过将辩证变化的观念转变成教条而使他自己作为马克思主义革命者的地位得到合法化的领导人。①

在 20 世纪初期的法国，对左派的背叛可以分为两类。一类主要出现在克列孟梭执政时期的 1906 年到 1909 年；和那些当权的机会主义者相反，此类激进主义者本人一旦掌权之后，便抛弃了他的激进主义信念和原来那些支持他的人。茹盖德的背叛属于第二类。这是一种热衷于成为革命者的人对革命的背叛。到了 19 世纪末期，人们若要成为一名值得信赖的革命者，若想取得这种个人地位的合法性，就必须抛弃这种辩证的观念。

公共行为和自我需求之间的距离的消失对世俗的革命者

---

① 引文出自泽尔丁，《1848 年到 1945 年之间的法国》，第 750—751 页。

所造成的影响比它对清教徒所造成的影响更大。它意味着这个世俗的革命者失去了行动的理由。

在这里，那些亲眼见到斯大林主义的危害的人们可能会反对，他们会说如果人们不再将个人需求和公共问题联系起来，那么将会导致一个荒凉世界的出现，导致社会被"革命的需求"去人性化。但我在这里想强调的是另外的东西。19世纪的政治是一出悲剧，它的悲剧性正在于如下的事实：各种文化力量通过政治的方式将那些革命者囚禁在一种残忍的自我宣战之中，就像它们囚禁了那些保卫原有的经济秩序的人们一样。这种文化能够使激进主义者变得没有人性。此外，参与政治的知识分子的良心越来越麻木；而这种麻木的根源并非革命教条的绝对主义特征，而是大都会文化的这些破坏性倾向。

19世纪首都城市的文化催生了一种反抗变化的强大武器。当面具变成脸庞，当外表变成人格的参数，自我距离就丧失了。如果人们就是他们的外表，他们还有什么自由呢？自我批判和改变都需要以自我距离为前提，他们还如何能够采取这两种行动呢？布尔乔亚城市生活的文化限制了太多的布尔乔亚激进主义者的自由。这种文化促使人们习惯于将他们的立场、他们在公共场合阐述的理念当成他们的内心的揭露，因而剥夺了辩证的意识形态的辩证属性。左派的成员发现他们为了对抗变化中的客观环境，不得不一再为个人"正直""忠诚"和"真诚"辩解。他们拿辩证法去交换一种从属于激进主义共同体的感觉，一种从属于某个行动的感觉。我们再一次看到德雷福斯事件中典型的剖白内心的语言，再一次看到为了维系群体情感的僵化，为了维持共同体而对历史的不和谐的反抗。

19 世纪的大都会文化并没有摧毁友爱的共同体，反而使共同体显得弥足珍贵。在今天的陈词滥调中，城市被当成是绝对没有人情味的地方。实际上，正是由于现代城市缺乏一种强大的非人格文化，人们才会热衷于相互揭露亲密性情感。关于缺乏共同体的迷思，正如那些关于没有灵魂的或者邪恶的人群的迷思一样，促使人们去寻找一种作为被创造出来的共同自我的共同体。认为城市缺乏人情味的观点在社会中越是流行，人们就越会心安理得地破坏城市性的本质——城市性的本质意味着人们无须拥有成为相同人物的冲动也能够共同行动。

第四部分
亲密性社会

第十一章　公共文化的终结

描绘过去的办法之一是勾勒出某种有价值的生活方式的兴盛和衰落的各个画面。这些画面自然会产生一种后悔的感觉，而后悔是一种危险的情感。后悔虽然能够让人感同身受地体会过去，让人能够洞察过去，但它也会使人屈从于现在，对现在的各种坏处照单全收。我之所以描绘出世俗公共文化的盛衰，并不是为了产生一种后悔的感觉，而是为了创造出一个视角，用以审视看似人性实则危险的各种有关现代生活的信念、期望和迷思。

如今人们普遍认为人与人之间的亲密是一种好事。如今人们普遍期望从自己和他人的亲密体验和温暖体验中发展出个体的人格。如今人们普遍抱有的迷思是社会的各种坏处都能够被理解成非人格、异化和冷漠的坏处。这三者加起来就变成了一种亲密性的意识形态：全部种类的社会关系越是接近每个人内在的心理需求，就越是真实的、可以信赖的和真诚的。这种意识形态将政治的范畴转化为心理的范畴。这种亲密性的意识形态给社会定义了一种没有上帝的人道主义精神：温暖就是我们的上帝。公共文化的盛衰史至少能够让我们对这种人道主义精神提出质疑。

认为人与人之间的亲密是一种好事的观念实际上是 19 世纪的资本主义和世俗观念所造成的一种复杂错位的产物。因为这种错位，人们在非人格的情景中、在物质中和在社会本身的客观环境中寻找个人的意义。他们找不到这些意义；而由于变得充满了心理象征，世界变得神秘化了。因此他们想逃离，想在生活的私人领域中，尤其是在家庭中，寻找到某些能够用来感知人格的原则。因而，除了创造出一种追求人与人之间的亲密的明显欲望之外，历史还创造了一种追求稳定的隐藏欲望。尽管已经摆脱了维多利亚家庭关于性生活的僵化规矩，我们依然将追求安全、放松和永久的潜在欲望强加在自己和他人的亲密关系之上。当这些关系不堪重负的时候，我们得出的结论是这些关系出了问题，而不是认为这些没有说出来的期望有问题。所以人们只有通过不断试探他人才能得到一种和他们亲密的感觉；亲密关系同时也是一种封闭的关系。如果它改变了，如果它必须改变，那么人们就会觉得自己的信任遭到了背叛。负载了稳定性预期的亲密使得本来就很困难的情感交流变得更加困难。这样的一种亲密值得追求吗？

通过自己和他人的亲密体验来发展个体人格的期望也同样有一种隐藏的计划。我们可以从 19 世纪公共文化的危机中看到，对于当时的人们来说，社会充满了太多的残酷、束缚和困难。人们可以充当被动而沉默的观众，借此来对付它们，但如果人们想发展自己的人格，则必须去挑战它们，去和它们缠斗。在今天，人格的发展相等于避难者的人格的发展。我们对进取行为的爱憎交织源自这种避难者的心态：进取或许是人类生活中的必需品，但我们把它当作一种令人厌憎的个人品格。

但从亲密性体验中能够发展出什么样的人格呢？从中发展出来的人格如果说不是被有关信任、温暖和安慰的体验所塑造的话，那么也是一种被有关信任、温暖和安慰的期待所塑造的人格。人们需要多么坚强才能够在一个建立在不公平的基础上的世界中活动呢？让人们认为只要学会信任、敞开胸怀和分享，学会避免被人操控，学会避免主动去挑战社会环境或者为了个人利益去探索这些环境，他们的人格就会"发展"，他们的情感就会变得"更加丰富"，这样真的符合人类的本性吗？在僵硬的世界中形成柔软的自我符合人类的本性吗？19世纪的人们对公共生活的巨大恐惧使得今天的人们的意志变得脆弱了。

最后，公共生活的历史让我们质疑那种把非人格视为社会缺陷的迷思。认为治理国家依靠的是道德而非法术（这是尤尼乌斯所说的）的迷思最早出现于拥护威尔克斯的运动所造成的公共领域与私人领域之间的失衡中，在拉马丁施加于巴黎无产阶级身上的控制中体现得最为明显，它确实是平息政治纷争的良方妙药。非人格似乎等同于人性的丧失，等同于人类关系的完全缺席。但造成人性丧失的恰恰是这种将非人格等同于虚无的方程式。对虚无的恐惧促使人们认为人格能够在政治领域中被坚定地宣称。于是他们变成了被动的观众，消费着政治人物提供给他们的东西——并非他的行动，而是他的观点和他的情感。或者毋宁这样说，人们越是把政治活动当成一种通过分享共同的集体人格而彼此揭露自我的机会，那么他们的注意力就会越远离利用他们的友爱来改变社会环境这一政治任务。维持共同体本身成为目的，清除那些并不真正属于共同体的异己分子成为共同体的任务。这种拒绝谈判不断清除异己的理念是这种抹去社会关系中的非人格的欲望所造成的结果。同样道理，非人格的迷思是自我破坏性的。共同利益的追求在共同身份的追求中被破坏了。

公共生活消失之后，这些想象出来的人性观念取得了极大的影响。要指出的一点是，这些有害的观念并不是在公共生活终结的时候才出现的；催生它们的正是19世纪的公共生活危机。就像19世纪的公共文化和启蒙时代的公共文化有关联一样，当前这种公共观念的缺失也和19世纪那种公共观念的混淆有关。这种关系分为两个方面。

首先，公共生活的终结是19世纪的文化矛盾所造成的结果。公共领域中的人格本身就是一个矛盾；它最终摧毁了公共领域。例如，人们开始自然而然地认为那些能够在公共场所主动地展示情感的人，不管是艺术家还是政治家，都具有非同一般的特殊人格。这些人和出现在他们面前的观众之间的关系将不会是平等的交往关系，而是控制和被控制的关系。观众本身逐渐失去了判断他们的信心；观众变成了旁观者而不是见证者。因而观众不再将自身当作一种主动的力量，一种"公共的"力量。公共领域中的人格还通过促使人们害怕不自觉地向他人泄露自己的情感而破坏了公共领域。由此造成的结果是，越来越多的人尝试不再和其他人进行交往，以便能够用沉默来保护自己，甚至为了避免情感泄露而试图变得冷漠。由于在一个人人都戴着面具的世界中，表达已经不再是面具的呈现，而是人格和脸庞的揭露，所以公共领域失去了那些愿意在它里面表达情感的人们。

其次，公共生活的终结是一种否定。在维多利亚时代，由于公共行为和人格之间的混淆越来越严重，人们给自我强加了一种压迫性，我们否定这种压迫性有任何价值，实际上也就是认为这种压迫性并不高尚。但我们却试图通过加强人格的属性，通过使我们和他人的关系变得更加直接、开放和真诚来将我们自己从这种压迫中"解放"出来；然而这种似是而非的解放却让我们苦恼，就像维多利亚时代的人们在努力压迫自我以便创造出一种情感秩序的过程中感觉到苦恼一样，这让我们大惑不解。我们还认为人们之间的交流不应该有任何障碍。20世纪的通信技术全都以这种表达的开放性为最高准则。然而，尽管我们把轻松交流的观念捧到至高无上的地位，但让我们吃惊的是，"媒介"使得观众更加被动了，而在观众变得被动的状态下，人格，尤其是公共生活中的人格，越来越成为一种靠电波传播的东西。我们并没有将这种交流至上的观念和大众传媒的恐怖联系起来，因为我们否定了一个曾经形成了公共文化的基本事实。主动的表达要求人们付出努力，而这种努力要取得成功，人们必须限制他们向其他人表达的内容。或者从现实的物理环境来看，我们否定了身体运动在城市中有任何限制，并且为了促进这种绝对的个人运动而创造了一种交通技术，然而让我们感到吃惊的是，由此造成的结果竟然是作为一个有机体的城市变得死寂了。维多利亚时期的人们和一种无边界的自我的观念作斗争；这种观念本质上是公共领域和私人领域混淆所造成的缺憾。简单地说，通过这些不同的方式，我们否定了自我的界限。但否定并不代表消除；实际上，这些问题变得更加难以应付了，因为人们不再碰到这些问题。由于历史遗留的矛盾，也由于这种对历史的否认，我们依然被19世纪的文化因素所囚禁。所以我们不再相信公共生活的意义并不代表着我们已经和19世纪的布尔乔亚文化决裂，而恰恰意味着我们和它的关系更加密切了。

亲密性社会有两重结构。自恋主义在社会关系中被启用了，而向他人揭露自己情感的体验则变得极具破坏性。这些结构特征也和19世纪有关系。若要使自恋主义在社会中被启用，若要使人们的注意力集中在变幻不定的情感和动机上，那么群体自我利益的感觉必须被悬置起来。这种群体自我由一种有关人们的需求、想法和要求的感觉组成，和他们即时的情感印象无关。抹掉群体自我感觉的种子是在19世纪种下的。1848年法国大革命的时候，群体自我利益被表达为阶级的利益；在这次革命中，人格的文化第一次统治了这些群体利益。若要使得破坏性的Gemeinschaft出现，人们必须认为当他们彼此揭露情感时，他们这么做的目的在于建立起一种情感纽带。这种纽带由一种他们通过相互的揭露而打造出来的集体人格构成。而这种认为通过共享集体人格就能构建出共同体的幻想最初也是在19世纪的文化环境中出现的。因此问题就变成了：和历史的联系，和一种我们并没有动摇它的前提却否定它的影响的文化的联系，给我们的生活造成什么样的影响？

回答这个问题的最清楚的办法是审视亲密性社会的这两种结构如何分别从它们的19世纪根源中生长出来。通过不断地追究社会交往的动机，群体利益的悬置已经转变成一种对自恋行为的系统鼓励。自我不再关乎人们是演员或是制造者；它是一个由意图和可能性组成的自我。亲密性社会完全颠覆了菲尔丁那句赞扬或者批评应该给予表演而非演员的名言，现在重要的不是你做过什么，而是你对自我有什么感觉。由于能够共享集体人格的共同体已经变得越来越小，这种集体人格特征的共享已经变成了一种系统的破坏性过程。德雷福斯事件涉及的是全国性的共同体情感的形成；而在当代社会，同样的共同体形成则只局限于地区性。恰恰是害怕现代社会被非人格所统治的想法促使人们将共同体限制在一个较小的规模中。如果说自我被缩减为意图的话，那么这种集体自我的定义也变窄了，它排除了那些从阶级、政治或者生活方式方面来说不同的人。专注于动机和地区性：这两者就是一种以上述历史危机为基础的文化的结构。人们组织了家庭、学校和邻里，同时解构了城市和国家。

尽管追溯这两种结构能够从学理上描绘出一幅清晰的图景，但我认为这尚不能点明亲密性统治给现代生活造成的创伤。我们经常在不知不觉中被卷入一场战争，而交战的双方是社会存在的要求和一种认为我们只能通过亲密性心理体验的各种相反模式才能发展人格的观念。社会学家无意之间为这场战争创造出一种语言。他们把社会生活当成一系列工具性的任务——我们之所以上学、上班、罢工和集会，是因为我们必须这么做。我们不会试图给这些任务投入情感，因为它们不是适合承载温暖情感的容器；我们让自己在这些任务中的生活成为一种"工具"，一种手段，而不是一种我们投入情感的实在。为了对抗这个工具性的世界，社会学家创造了情感性的、整体性的或者整合性的体验；这些专业术语很重要，因为它们揭示了一种特定的心态和这样一种观念：如果人们真的动了感情（情感性的）、真的生活在当下的时刻（整体性的）、完全袒露了他们自己（整合性的）——总的来说，就是他们真正投入了——那么他们就能拥有一些体验，而且这些体验不同于世界中的生存、斗争和责任的普遍体验。社会学家所说的这种情感生活得以展开的场景自然都是些亲密性场景：家庭、邻里、在朋友间度过的生活。

自恋主义和破坏性的 Gemeinschaft 组织了这场战争，赋予工具性社会关系和情感性社会关系之间的斗争以一种形式，指出这一点很有必要。但我们只有提出如下两个问题，并围绕这两个问题的答案展开我们的研究，才能全面理解这场战争的后果。完全用心理学术语来衡量社会实在，这给社会造成了什么样的伤害呢？答案是这剥夺了社会的文明（civility）。疏离有意义的非人格生活，这给自我带来了什么样的伤害呢？答案是这剥夺了自我的创造性表达能力；这种能力——也就是表演的能力——可能是全人类都有的，但人们只有处在一个和自我保持一定距离的环境中才能使用它。因此，**亲密性社会使个人变成失去演技的演员**。专注于动机的自恋和共同体情感的区域化各自赋予这两者以一种形式。

很难在现代生活中谈论文明而又不显得势利或者反动。这个词语最古老的含义将"文明"和市民的责任联系起来；今天，"文明"则意味着懂得品尝哪一年酿制的法国爱士图尔红酒或者拒绝参加喧闹而不得体的政治示威。为了恢复"文明"这个已经废弃的含义，并将其和公共生活的框架联系起来，我将会给文明做出如下定义：它是一种活动，保护人们免遭他人骚扰，然而又使人们能够享受彼此的相伴。佩戴面具是文明的本质。面具隔绝了那些佩戴面具者的个人情感，遮盖了交往双方的能力和心情，从而使得纯粹的社交成为可能。文明以避免使自我成为他人的负担为目标。如果一个人信教，并且认为人性本恶，或者把弗洛伊德的学说当真，认为人们的情感生活是一场内在战争，那么给自我戴上面具，以及使别人免遭自己内心的负担所拖累，明显是值得称赞的行为。但即使人们对人类本性没有什么假设或者信念，19 世纪中期兴起的人格文化也依然使文明具备同一种严肃性和重要性。

"城市"（city）和"文明"（civility）有着相同的词根。文明是以对待陌生人的方式对待他人，并在这种社会距离之上打造出一种社会纽带。城市是陌生人最有可能相遇的人类聚落址。一座城市的公共领域就是制度化了的文明。我并不认为现在的人们需要等待社会发生大规模的变迁或者奇迹般地返回过去之后才能够以一种文明的方式行事。简单地说，在没有宗教意识或者超验信仰的情况下，面具并不是现成的。面具必须通过试验与失败，通过一种和他人共同生活的欲望而不是一种和他人接近的冲动，由那些即将佩戴它们的人创造出来。然而，此类行为越是普遍，城市思维方式和对城市的爱就越可能复苏。

不文明则与此相反。它是让自己成为他人的负累；它是这种人格负担引起的和他人交往的减少。我们很容易就能想起那些不文明的人：他们是那些巨细靡遗地向他人透露自己在日常生活中遇到的倒霉事的"朋友"，他人除了对他们倾吐而出的心声表示唯唯诺诺之外，并没有其他兴趣。而在知识分子或者文学家的生活中，我们也可以看到这种不文明；这些人的自传或者传记总是强迫性地暴露各种有关传主的性兴趣、花钱习惯和性格缺陷的细节，仿佛揭露了他或她的秘密之后，我们就能更好地理解这个人的生活、作品或者他的所作所为。但不文明也和现代社会的结构紧密相关。我们将会分析不文明的两种结构。

首先是不文明在现代政治领袖人物，尤其是卡里斯玛式的领导人身上的出现。现代的卡里斯玛式领袖破坏了他自己的情感和冲动与听众的情感和冲动之间的距离，使他的追随者把注意力集中在他的动机上，并使他们不再用他的行动来衡量他的为人。政治家和追随者的这种关系最早出现在19世纪中期，当时一个阶级可能被一个来自其他阶级的领袖所控制；这种关系符合新的阶级情况的要求，在新的阶级情况中，领袖必须保护自己免遭他所代表的那些人的判断。电子媒体在这种关系中扮演了一个至关重要的角色，因为它既过度暴露领袖的个人生活，同时也模糊了他在办公室的工作。这个现代的卡里斯玛式人物身上体现的不文明就是他的追随者被强加了一个重负，为了理解他当权之后的所作所为，他们必须先弄清楚他的人格——而人格又是那么难以捉摸，所以他们的这种行动永远无法取得成功。如果社会迫使它的市民因为某个领袖能够戏剧化地表达他自己的动机而认为他值得信赖，那么这个社会就是不文明的。这种意义上的领导是某种形式的诱惑。尤其是当人们被诱导给那些听起来愤愤不平似乎准备改变局面的领导人投票时，这种统治结构依然没有受到质疑；而由于人格的炼金术，这些政治家无须将他们的愤怒情绪转化为行动。

我们将要关注的第二种不文明是现代共同体体验对友爱的歪曲。由集体人格所形成的共同体规模越小，友爱情感的体验就变得越具破坏性。共同体成员开始避免和外来者、陌生人接触；他们共有的人格特征变得更具排他性，共享的行动本身也变得越来越集中在决定谁属于共同体谁不属于共同体上。现代新出现的集体形象放弃了阶级团结的观念，转而以种族或者地区为基础，我们可以从中看出友爱纽带变得越来越狭义的端倪。群体中的人们通过拒绝那些并不处在群体之内的人而获得了一种友爱的感觉。这种拒绝为群体创造出一种独立于外部世界、免遭外部世界打扰的要求；群体因而不再要求外部世界发生改变。然而，共同体的成员之间越是亲密，他们的社会交往就会越少。因为这种通过排斥"外来者"而得以完成的友爱过程从来不会终结，原因即在于"我们"的形象从来不会固定下来。由于人们归属的单位变得越来越小，破裂和内部分化正是这种友爱的逻辑结果。这是一种导致自相残杀的友爱。

心灵和社会之间的战斗也在第二条阵线——也就是人们的内心世界——展开。社会不再给个人任何可以用于表演的非人格空间，所以个人失去了表演的能力。

人间戏台的古典传统将社会等同于戏院，将日常行动等同于表演。因而这种传统社会将生活安置在审美的范畴中，并将每个人都视为演员，因为所有人都能够表演。这种想象的麻烦之处在于它是非历史性的。而19世纪公共文化的全部历史是这样的：人们逐渐失去对他们自己的表达能力的信心，反而把艺术家抬高到一个特殊的地位，因为艺术家能够做到普通人在日常生活中无法做到的事情，他能够在公共场合清楚而自由地表达自己的情感，并让这些情感得到人们的信赖。

但这种统治人间戏台的古典想象的、将社会生活视为审美生活的观点也有真实之处。社会关系可以成为审美关系，因为它们共享一个根源。这种共同的根源存在于儿童的游戏经验中。游戏并非艺术，但它是为某种形式的审美活动做出的某种准备，而当某种社会环境出现时，这种审美活动就能够在社会中得以实现。这句话好像把简单的事情说复杂了，但必须这样说，因为当今对"创造性"的心理学研究都是泛泛而谈，以至于很难将特定的创造性作品和生活历史中特定的体验联系起来。游戏通过教会儿童遵守游戏传统而为他们的扮演体验做好了准备。传统是使行为和自我的即时欲望保持一定距离的规则。当儿童学会相信传统的时候，他们就已经准备好通过探索、改变和重新定义这些传统的内容而做一些表达性的事情。

在多数社会，成年人通过宗教仪式认识并发挥游戏的这些优点。仪式并不是自我表达；它是对表达性行动的参与，这种表达性行动的意义则完全超越了当下的社会生活，而和诸神恒久不变的真理有关。18 世纪大都会居民的公共行为显示宗教仪式并非人们惟一的扮演方式；高高挽起的发髻、对演员指手画脚和当众自吹自擂都显示能够为了直接的社会交往而彼此演戏。但他们的这种表达依然和自我有一定的距离；他们这样做的目的不是为了表达他们自己，而仅仅是为了表达本身而已。正是在人格问题闯入社会关系之后，人们才越来越难以动用这种表演的能力。19 世纪的这种闯入以一种自我觉醒的怀疑使表达姿态成为他人的负担；我所展现的真的是我吗？自我似乎在自我的控制能力之外，呈现在非人格的环境中。自我距离开始丧失。

由于人们已经不再相信公共领域的意义，他们进一步失去了对自我距离的感知，从而使得成年人生活中的游戏越来越困难。但是这一点很关键。一个人无法以游戏的态度来对待他的环境、他的社会地位、他呈现给他人的外表，因为所有这些现在都已经成为他自己的一部分。19 世纪工人阶级运动中的中等阶级理论家所遇到的问题来自失去自我距离所造成的困难；这些中等阶级的激进主义者担心他们一旦改变想法，自身就会改变，或者会使自己的地位遭到质疑，所以他们倾向于毫不动摇地坚持他们的立场。他们不能游戏。

失去游戏的能力等于不再认为世俗环境是弹性的。游戏社会生活的能力取决于一种和亲密性欲望、需求和身份分离的社会因素。因而，对现代人来说，成为失去演技的演员远不止意味着人们在家里宁愿听唱片也不愿自己在客厅演奏音乐那么简单。表达的能力被连根铲除了，因为人们试图使外表呈现自我，试图将表达是否有效等同于表达是否真诚。在这样的情况下，一切都回到了动机。这是我的真感觉吗？这是我真正的意思吗？我真诚吗？亲密性社会中这种追究动机的自我使得人们无法将情感表达视为客观的、固定的标记，从而无法以游戏的态度来进行表达。表达必须以真实的情感为前提，然而人们总是深陷在自恋之中不能自拔，无法弄清楚自己的情感哪些才是真实的。

这些使得人们成为没有演技的演员的因素让游戏和自恋主义相互对立起来。在这次研究的结尾，我们应该试着从阶级的层面来探讨这种对立。只要人们觉得他们的社会阶级是他们的个人品质和能力的产物，那么他们就很难以游戏的态度来对待各种阶级的因素——因为那样的话他们就会改变他们自己。尤其是在那些成员既不是无产者又不是布尔乔亚而是各色人等都有的中间阶层中，人们更倾向于追问他们本身的哪些品性导致他们在社会中占据了这样一个毫无特征、难以区分的地位？人们不再将阶级当成一种社会因素，也不再认为阶级的划分规则能够被改变。一个人的"能力"决定了一个人的地位；以游戏态度对待阶级事实变得更难了，因为那似乎意味着人们正在游戏某些和自我的内在本质十分接近的事实。

在探讨了亲密性社会如何鼓励人们之间的不文明行为和如何使个人失去一种游戏的感觉之后，我想通过一个问题来结束这本书：亲密性在何种意义上成为一种专制统治？法西斯国家是亲密性专制统治的一种形式；赚钱谋生、抚养后代和浇灌草坪的乏味工作是亲密性专制统治的另一种形式；但这两者都不足以描绘一种没有公共生活的文化所造成的后果。

第十二章　卡里斯玛的去文明化

文明意味着一个人并没有让自己成为他人的负担。在天主教的信条中，"卡里斯玛"最原本的意思就是在宗教环境中定义这样的文明。神父可能道德败坏，可能有弱点，他们可能不懂真正的教义；在某些日子里他们可能想履行他们的宗教责任，在另外一些日子里他们可能厌倦了这些责任或者对教义产生怀疑。如果他们作为神父的能力取决于他们是什么人，或者他们在某个时刻的感觉，那么他们就会变成堂区教民的负担：这些教民走进教堂是为了寻找和上帝的交流，但由于神父为人龌龊或者情绪不佳，他们发现自己无法和上帝建立起联系。"卡里斯玛"的信条是一种解决此类问题的办法。神父只要念出那些神圣的字眼，"上帝的恩赐"就会进入他的体内，这样一来，不管他是什么样的人，他所主持的仪式都具备了意义。卡里斯玛信条的文明化程度十分突出；它既包容了人类的弱点，同时又表明了宗教真理的最高地位。

由于卡里斯玛失去了其宗教意义，它变成了一种不文明的力量。在世俗社会中，当人们用"卡里斯玛"来指一个强大的领导人时，他的权力的来源比在神圣社会中更加神秘。是什么使得一个强大的人格如此强大呢？19世纪的人格文化通过使人们的注意力集中在这个人的情感上而不是他的行动上而回答了这个问题。动机当然可能是好的或坏的，但 19 世纪的人们不再以这种方式来判断它们。能够揭露内心冲动的行为本身就已经变得很了不起；如果一个人能够在公共场合揭露他自己，而且还能控制这种自我揭露的过程，那么他就是了不起的人物。人们感觉到他很强大，但不知道为什么。这就是世俗的卡里斯玛：一种心灵的脱衣舞。那些被强大的人格所迷住的人变得被动，他们由于被打动而忘记了他们自己的需求。因此，比起早先教会那个文明化的魔法师，这个世俗的卡里斯玛式领导人能够更加完全和更加神秘地控制他的听众。

任何生活在 20 世纪 30 年代，并且见过左派或者法西斯政客的人都会对这样一种世俗的卡里斯玛式人格的粗暴有直观的感受。但这种直观的感受可能是误导的。它会使人们将这个卡里斯玛式人物和那些煽动人心的政客混为一谈，认为他的人格力量十分强大，以至于能够带领他的听众暴动，就算听众本身并不参与暴动，至少也能容忍他和他的党羽所实行的暴乱。这种直观的感受之所以是误导的，是因为它会促使我们认为当暴力的煽动缺席时，政治中的卡里斯玛力量便处于休眠状态之中。实际上，领袖本人不需要具备什么伟大的、英雄的或者魔鬼般的品格才能够拥有卡里斯玛。他可以是温和的、亲切的和体贴的；他也可以是世故的和优雅的。但只要他能够让人们的注意力集中在他的品位、他的妻子在公众场合的打扮、他对犬类的宠爱上，那么他肯定能够像邪恶的政客一样让人们对他俯首帖耳。前一天他刚颁布了一项对本国工人极其不利的法令，第二天他就可以和一个普通人家共进晚餐，在公众之中引起极大的关注——而大家将会在极度关注这次晚餐之中忘记了他前一天的所作所为。他可能会跟一个备受欢迎的喜剧明星一起打高尔夫球，这将会使大家注意不到他刚刚削减了几百万市民的养老金。19世纪的人格政治促使卡里斯玛成为一种稳定日常政治生活的力量。卡里斯玛式领袖是政治的代理人，通过他，政治就能够避开麻烦的议题和引发内部纷争的意识形态问题，从而进入一条平稳的轨道。

我们不得不理解的正是这种形式的世俗卡里斯玛。它并不具备戏剧色彩，它并不极端，但它本身自有其令人厌恶之处。

如果一个成功的政治家，如威利·勃兰特①，不幸真心拥护某种意识形态，那么他的下属将会在电视和媒体上不停地修正他的立场，直到这些政治立场失去了力量，从而不再对政局有什么威胁；这些下属会尽力显示他是一个多么好、多么高尚的人。如果他是个好人，那么他拥护的也肯定是好的。在当代的政治斗争中，宣称"你们不需要了解我的私人生活，你们只需要了解我信奉什么、我将会实行什么政策就够了"无异于自杀。为了避免这种自杀，政治家必须尽力使自己显得拥有一种纯粹的政治意愿。从政治理念到个人动机的这种转移是如何实现的呢？只要政治家能够让我们的注意力集中在他的冲动——季斯卡②式或肯尼迪③式的老成、鲍威尔④式的愤怒、勃兰特式

---

① 威利·勃兰特（Willie Brandt, 1913—1992），德国政治家，1969—1974年任联邦德国总理。——译者
② 季斯卡（Valéry Marie René Giscard d'Estaing, 1926— ），法国政治家，1974—1981年任法国总统。——译者
③ 肯尼迪（John F. Kennedy, 1917—1963），美国政治家，1961—1963年任美国总统。——译者
④ 鲍威尔（Enoch Powell, 1912—1998），英国政治家。——译者

的温厚——上，并且根据这些冲动自发地表达出相应的情感，然而又让我们觉得他能够控制住自己，那么他就能够成为一个受欢迎的领导人。如果政治家能够表现出这种受到控制的自发情感，那么他的冲动看上去就是真实的，从而这个政治家本人也就显得像一个值得信任的人。在日常生活中，冲动和控制似乎是自相矛盾的，这种矛盾来自一种 19 世纪的主流观念，即认为情感表达是无意的、不受控制的。因而政治家即使在他的职位上什么事情也没做，他也能够让人觉得他是个精明强干的人物。

若要研究这种催眠式的卡里斯玛，最好先来了解一下 20世纪两大主流的卡里斯玛理论，也就是韦伯和弗洛伊德的卡里斯玛理论。这两种理论分别为我们提供了各自的视角，可以用于审视一种特殊的现代阶级——也就是小布尔乔亚阶级——的卡里斯玛式政治体验。我们还需要弄清楚电子技术和这种卡里斯玛之间有什么关联。最后，为了理解世俗的卡里斯玛，我们将会贯彻本书的历史研究宗旨，再次对戏台和街道进行比较。现代的卡里斯玛式政治家和摇滚明星或者歌剧的女主角有相似之处吗？

卡里斯玛理论

政治家的私人生活中最为琐细的事情也能让大众兴奋不已，这让某些学者感到担忧，从而对卡里斯玛进行了正式的研究。马克斯·韦伯是第一个定义"卡里斯玛"这个词并分析了它的社会起源的社会学家，在他的作品中随处可以看到他对这种人格力量的担忧。韦伯的主要作品《经济与社会》创作于

1899 年到 1919 年间，卡里斯玛占据了这本书很大的篇幅。韦伯在书中形成了对卡里斯玛的观念，并一再对其进行修正，直到第三部分的开头，他终于构建出一个完整的理论。

弗洛伊德 1930 年所写的《幻象的未来》中并没有出现"卡里斯玛"这个词，他也没有引用韦伯的作品。然而，如果据此认定弗洛伊德和卡里斯玛毫无关系，那么我们就没有读懂弗洛伊德的微言大义。弗洛伊德的主题和韦伯相同：一个人如何能够通过人格的力量，而不是凭借世袭的特权或者在科层组织中的升迁，获得权力并且成为一个合法的统治者？

在分析作为政治权力的人格力量时，韦伯和弗洛伊德认为，19 世纪中期出现的令人振奋的人物可以被当成有史以来的卡里斯玛人物的典型。令人振奋的人物通过给他自己披上一件神秘的外衣而成功地变为卡里斯玛人物。弗洛伊德和韦伯之所以能够看出这个卡里斯玛式人物编织出来的"幻象"，是因为他们都不信仰宗教。他们两人都不相信上帝确实将他的恩惠赐给这个世界。因此，如果有人以超验的代理人的面目出现，他的人格力量肯定是一种受到世俗力量和世俗需求所驱使的幻象。也就是说，他们两个都质疑社会中的超验信念，都想方设法将这些信念转化成能够让人相信的世俗需求。

必须指出的一点是，人们不需要相信上帝才能分析宗教社会，但由于弗洛伊德和韦伯两人都拒绝以宗教的逻辑来理解宗教，所以他们两人的看法本身就是一个幻象。他们认为卡里斯玛式人物是一个能够以强大的方式控制追随者的情感的人，是一个对付强烈情感的统治人物。因为上帝的恩赐确实是一种幻象，所以卡里斯玛式人物和社会的"非理性"联系起来了。因此他们两人都做出了一次错误的排除：将对卡里斯玛式人物的渴望排除在社会的理性和常规范围之外。他们两人都想得到强大的卡里斯玛式的力量如何发号施令、如何失去它自身的力量和如何变得常规化，但是他们两人都想象不到卡里斯玛也是一种能够将情感琐碎化而不是强化，从而充当了有秩序的理性社会的润滑剂的力量。

弗洛伊德和韦伯从一开始就注定了无法将卡里斯玛当作一种琐碎化的力量；在他们两人笔下，卡里斯玛都产生于失序和紧张的状态中。只不过他们笔下的"失序"各有所指罢了。

韦伯的失序是指无法化解的群体冲突。每当这样的时刻出现，韦伯认为，人们就会将上帝的光环加诸某个人身上，认为他能够显示出足够的权威，以便处理这些令其他人束手无策的局面。韦伯强调的是人们为什么必须相信一个卡里斯玛式人物的原因，而不是领导人自身具备的、使他可能在选举中获胜的品质。韦伯对卡里斯玛式人物的厌倦从逻辑上来说便来自于此，因为他们的出现意味着社会生活陷入了一团混乱，还意味着人们放弃了理性地解决问题的希望。[①]

韦伯认为失序是间断性出现的，而弗洛伊德的《幻象的未来》则把失序当成一种自然的状态，而且群众正在趋向这种失序状态。弗洛伊德尖锐地指出：

　　……群众又懒又蠢，他们从不克制自己的本能；通过

---

① 马克斯·韦伯（Max Weber），《经济与社会》（*Economy and Society*，ed. Guenther Roth and Claus Wittich，New York：Bedminster Press, 1968），第3卷，第1112页。

争辩并不能说服他们克制自己，这些人彼此之间只会肆意妄为。

通情达理的人都知道，只有通过自我否定和克制才能够在一群有着各种相互冲突的需求的男女之间生存下去。而这一点恰恰是群众无法弄清楚的。[①]

因此，群众需要被少数人或者被一个领袖所统治：

群众会把那些能够以身作则的人视为他们的领导；只有在这些人的诱导之下，群众才会甘愿劳动和克制自己的欲望，文化也才有其存在的基础。

现在的问题是，领袖如何"诱导"群众克制他们的激情？弗洛伊德在此引入了卡里斯玛的幻象。[②]

克制是宗教的任务。宗教使人们相信社会中有关生存和正义的法则来自一个超人类的泉源，因此人类的理性无法理解，也不应对它加以质疑。对自然的恐惧被对上帝的愤怒的恐惧所取代了。但上帝的存在必须能够被尘世间的凡人直接感知到；如果上帝通过超凡的人，也就是通过领袖，展示他自己，那么他就是可信的。"上帝的恩赐"使得领袖拥有一种控制群众的情感力量；只有那些显示出上帝的恩赐的人才能够命令凡人克制他们内心最糟糕的欲望，才能要求他们不仅要服从，而

---

① 西格蒙德·弗洛伊德（Sigmund Freud），《幻象的未来》（*The Future of an Illusion*，New York：Anchor，1957），第7页。
② 同上。

且还要成为好人。

于是，在弗洛伊德看来，社会中必须一直都有卡里斯玛式的领袖，否则群众就会把社会弄得乱糟糟。而对于韦伯来说，这些领袖只是偶尔才出现，因为社会只有在某些时刻才会陷入它觉得本身无法解决的失序之中，才会寻求"上苍"的帮助。由于这种观点的差异，两种理论出现了一道很深的裂痕：弗洛伊德认为卡里斯玛式人物是一个创造秩序的情感性的独裁者；韦伯则认为卡里斯玛式领袖一旦出现之后，会使混乱的局面变得更加糟糕。韦伯的耶稣是一个无政府主义者；例如，他将所有的群体冲突提升到一个更高的符号层面，将它转化成获得启蒙的群体和尚未被启蒙的群体之间的斗争。在这种白热化的状态中，卡里斯玛式领袖的拥护者随时都有可能背叛他：

> 卡里斯玛权威本质上是不稳定的。拥有者可能会失去他的卡里斯玛，他可能会觉得自己"被他的上帝抛弃了"……他的追随者可能会认为"他的力量已经离他而去了"。于是他的使命便告终结，人们转而期望和寻找一个新的拥有卡里斯玛的人物。[1]

卡里斯玛为什么会不可避免地衰退呢？为了回答这个问题，韦伯也同样求助于这种幻象的观念。卡里斯玛式领袖的追随者期望他能够给他们"带来好日子"，但卡里斯玛式领袖却心有余而力不足，因为他的光环只是一个大家共有的幻象；因而他注

---

[1] 韦伯，《经济与社会》，第 1114 页。

定要失败，注定要被当成骗子而遭到唾弃。韦伯举了中国古代君主因为洪水肆虐成灾而祭拜天神的例子；当洪水并没有消退时，他的臣民就将他当成一个和他们自己相同的普通人，并认为他是个篡权夺位的骗子，对其加以惩罚。

这是卡里斯玛幻象的内在矛盾；但韦伯指出，经济理性的规则也使卡里斯玛陷入失败：

> 所有的卡里斯玛都是从一种不了解任何经济理性的混乱情感生活出发，然后在物质利益的重压之下慢慢窒息而亡；它存在的每一个小时都让它更加接近它的末日。

由于社会"回流到日常的渠道"，人们不再渴望看到上帝插手人间事务。韦伯想说的是，厌倦和追求稳定的精神消灭了对卡里斯玛式领袖的渴望。卡里斯玛并非一种神灵的赦免，它的出现并不能将人们从日常的任务中解放出来。①

韦伯认为，卡里斯玛式领导被推翻之后，卡里斯玛现象本身并没有消失。它变得"常规化"了；所谓"常规化"，韦伯指的是群众不再崇拜卡里斯玛式领袖的人格，转而敬仰他所占据的职位。只有在从这个魅力日渐消褪的人身上转移到职位上之后，卡里斯玛才能被当作一种能够维持稳定的力量，这个职位之所以能够让人敬仰，是因为人们还记得那个曾经担任此职位的伟大人物，于是它就获得了其合法性。但这种卡里斯玛的"后世"只是曾经围绕在领袖身边的激情的微弱回响，只要这

---

① 韦伯，《经济与社会》，第 1120—1121 页。

个领袖还在人世，卡里斯玛就是一种无政府的、破坏性的力量。

弗洛伊德以一种韦伯所没有的眼光看待社会中幻象和秩序之间的关系。弗洛伊德写道：

> 如果人们罔顾愿望和现实的关系，只求愿望得到实现，那么我们便会将这种信念当成幻象，因为幻象本身正是如此。

由于大众并不希望他们的本能情感遭到压制，那么卡里斯玛式领袖到底通过幻象满足了什么愿望呢，在他们身上催生出渴求秩序的欲望吗？[①]

弗洛伊德对这个问题的解答在今天看来好像是所有心理分析的陈词滥调都挤到一起了。当儿童成长到某个程度，父亲就会取代母亲成为他最爱的人。儿童对这种取代怀有一种矛盾的心理，他既害怕父亲，又渴望和敬仰父亲；他仍将父亲视为干扰儿童和母亲关系的危险外来者。当儿童长大成人、走进家庭之外充满敌意的世界之后，他重新创造出父亲的这些特征，他：

> 为自己创造了各种神明，他害怕他们，寻求他们的安慰，相信他们一定会保护他。

[①] 弗洛伊德，《幻象的未来》，第54页。

这种幻象是卡里斯玛式的：领袖所满足的愿望是对父亲的爱与怕。宗教就是这种父爱的社会组织。[1]

我们如今对这些重复和重构的观念已经习以为常，乃至经常低估弗洛伊德作品的效力。弗洛伊德要求我们相信任何社会都存在神的信仰，只不过在有些社会它表现为公开的宗教符号，并得到虔诚的拥护，在有些社会它表现为礼节性假象，没有人加以太多关注或者主动予以指责罢了。菲利浦二世的西班牙、肯尼迪的美国等都是同一种意义上的宗教社会。一种婴儿期的取代占据了三个国家。三个国家都有卡里斯玛式的领袖。韦伯要求我们将卡里斯玛当作一种历史因素，弗洛伊德则要求我们把它视为结构性的和功能性的恒定因素。在弗洛伊德看来，卡里斯玛式国家的成功之处在于领袖许诺给民众的不是一个安乐的国家，而是一个让民众回到儿童时期、心理再次有所依赖的机会。

我们在第十章谈到了萨伏那罗拉强加给佛罗伦萨人的规训和拉马丁强加给巴黎人的规训，从这两者的对比我们可以看出在对上述三个国家的描述中被模糊了的东西。信仰先验的或内在性的价值给领袖制造的社会秩序带来了极大的差异。萨伏那罗拉的追随者"依赖"他，这一点没错，但他们的依赖所造成的结果是行动，一种戏剧形式的行动；他们并没有因为服从于萨伏那罗拉而变得被动。在一个信仰先验意义的文化中，"克制"不仅仅意味着停止糟糕的举止和破坏性的行动，它还要求人们根据那些超越了世俗世界的污浊的价值观念而以新的

---

[1] 弗洛伊德，《幻象的未来》，第40页。

方式行动。此外，萨伏那罗拉作为神父的角色并不是一种主宰的角色；他只是某个尘世之外的神灵的工具，所以他对随从的控制是不完整的。

韦伯的理论既无法解释萨伏那罗拉为何能让他的随从采取行动，也不能解释拉马丁为什么能让他的听众安静下来。神父和诗人都利用他们的卡里斯玛规训了人群，但这是两种恰好相反的规训。尽管从表面上看弗洛伊德谈论的是宗教，但他的卡里斯玛式领袖的模型恰恰就是拉马丁所体现的世俗卡里斯玛的模板。人们没有参照外在的真理标准而产生了依赖，人们通过羞惭而产生了依赖，人们因为依赖而变得被动——这三者并非神父这种宗教人物的标志，而是世俗的卡里斯玛式人格的标记。人们的注意力会因此转移到这个父亲式领袖的情感生活上，从而不再关注社会中不正义的现象，也忘了他们自身所代表的阶级利益。

在弗洛伊德和韦伯笔下，卡里斯玛都是狄俄尼索斯式的；在世俗社会中，它是一种更为驯服然而更为邪恶的东西。现代的卡里斯玛是一种防守武器，用来抵御对国家的非人格判断，以免出现改变现状的要求。通过将领袖的动机投射到权力上，权力得到了伪装，这种防守也就发挥了作用，国家日常的例行工作因而得到了维持。它最早并不是出现于一种促使人们创造出一个愤怒的上帝的灾难之中，也不是出现于一种人们从中创造出一个父亲式的上帝的克制仪式之中。当上帝死亡之后，卡里斯玛式体验的源头是人们即使并不喜欢某个政治家的方针策略却仍因为他"有吸引力"而给他投票的时刻。

世俗的卡里斯玛远非一种狄俄尼索斯式的体验，它本身能够引起危机。通过它最近的广播电视化的形式，卡里斯玛使得群众根本无法对社会事务投入感情；人们常常看到的场面是总统在打高尔夫球或者和一个普通人家共进晚餐，所以他们注意不到社会事务，除非它们已经发展到理性的办法所无法解决的危机地步。我们很难想象现代社会中有一些制度和机构起到稳定社会的作用，但最终又会将社会事务推到理性控制的范围之外。但卡里斯玛正是这样一种制度，科层组织也是如此。通过将人们的注意力从政治转移到政治家身上，世俗的卡里斯玛使人们不再担心一些不愉快的事实——比如地球上某个地方爆发了战争、石油资源即将枯竭、城市的财政出现了赤字——而是认为政府机构有"专家"能够对付这些问题，他们无须为此烦恼。只有等到战争变成一场大灾难、石油贵得离谱、城市破产的时候，只有等待事情发展到无法理性地予以解决的时候，他们才会关注这些问题。

这让我们看到，弗洛伊德和韦伯的卡里斯玛理论的错误之处，在于认为卡里斯玛是对失序的一种回应。现代的卡里斯玛是秩序，安定的秩序——而且正因为如此，它才创造了危机。和所有真正的社会理论一样，他们两人关于卡里斯玛的理论也有待批判和重构。他们将卡里斯玛式人格等同于激情和幻象，并将激情和幻象放在理性的对立面；他们展现给我们的是一幅关于理性本身的幻象。这一幻象就是理性和失序的后果是对立的。世俗的卡里斯玛是理性的；现代人只相信眼前的、内在的和经验的现象，并拒绝相信那些无法直接体验的现象，认为它们是虚假的、神秘的或者"蒙昧的"；在这样文化中，卡里斯玛是一种对待政治的理性方式。人们能够直接感知到一个政治家的情感，但是不能直接感知到他的政策将来会造成什么样的后果。要想感知到他的政策将来造成的后果，你不得不让自己从现实的"投入"中抽离出来，不得不想象一种和此时此地有一定距离的现实，一种和自我有一定距离的现实。当一个政治家慷慨激昂地宣称他将会清理那些"福利骗取者"，让他们再也不能够领取社会救济时，如果你依靠社会福利过日子，那么你将不得不试图想象接下来的日子会多么艰难。如果有个人在法西斯当权的时候坐了 10 年牢，现在他重获自由，准备执掌大权，并且宣称在无产阶级专政之下将不会有暴政，因为一切都会以人民的利益为重，你必须想到的不是这个为了他的信念而反抗法西斯分子的人多么勇敢，而是这些信念一旦实现之后会带来什么样的后果。当一个脾气暴躁、自以为是的混蛋从他的职位上退下来，继任者是一个亲切和蔼但同样保守的家伙，你将不得不让自己从当下的时刻抽离出来，去考虑事情是否真的能够得到明显的改善。所有这些行动都涉及一定程度的对眼前现实的悬置，涉及某种复杂的思维，某种政治幻想。而在日常的体验中，它们都是某种形式的非理性，因为理性本身是由你所能看到和感觉到的经验事实所衡量的。

卡里斯玛和仇恨

当特定的一种政治家在对付特定的一种阶级的人们时，这些意义上的世俗卡里斯玛发挥的作用尤其突出。这个政治家出身寒微，他以号召公众攻击政府当局、根深蒂固的权力和沿袭已久的秩序为业。他并不以理论家的身份做这些事情，尽管在美国的几个化身中他看上去多少有点像个平民主义的理论家。

他并不致力于追求新的秩序，而对已经存在的秩序却怀有一种纯粹的仇恨。他的政治本质上是身份的政治、羞辱权贵的政治、从学校退学的政治；他所取悦的阶级仇恨那些拥有特权的人，但并不想摧毁特权本身。在和政府当局的战斗中，他们希望能够在它的墙壁上打开一道让他们每个人都能往上爬的缝隙。仇恨来自一种解释小布尔乔亚为什么会占据他们在社会中的地位的理论，这种理论有一半是对的，有一半则是幻象。因为一小群傲慢的局内人控制了权力和特权，所以他们这些小布尔乔亚无法实现自己的抱负；然而不知道怎么回事，当碰到那些使他们怀才不遇的人时，诸如小书店商或者鞋店商之类的小布尔乔亚却会感到羞愧。这种仇恨里面没有众生平等的色彩；羞愧和妒忌共同促使那些为自己的社会地位愤愤不平的人产生一种希望，他们希望有朝一日时来运转，他们也能有飞黄腾达的契机。这个政治家表演的戏台正是妒忌和羞愧的结合体。

这种仇恨产生了一类奇怪的阴谋理论：社会顶层和底层勾结起来，试图摧毁社会中层。所以参议员麦卡锡才会攻击美国政府，指责他们收容那些信奉共产主义的无政府主义者；所以斯皮罗·阿格纽才会控诉那些住在郊区别墅的富裕美国人暗中支持黑人的抗议运动。二战后法国人的反犹主义简直就是一个完美例证，显示人们普遍信奉这种上层和下层联手摧毁腹背受敌的小布尔乔亚的阴谋理论。莫名其妙地，犹太人既被当成放高利贷的银行家、中东地区的帝国主义者，又被当成信奉共产主义的阴谋家、专门破坏体面的天主教家庭的犯罪分子；而在奥尔良兴起的最近一波反犹主义风潮中，犹太人甚至还被当成专门谋杀基督教家庭的儿童的罪犯。

将仇恨政治视为推动历史发展的恒定力量已经变成历史研究中的风尚了。如果中等阶级被描绘成处于不断上升的状态之中，那么他们必须一直憎恨旧秩序，当他们为经济或者政治权利奔走呼告的时候，肯定一直担心低微的身份会给他们招来侮辱。用这种仇恨政治的观点来研究历史所遇到的麻烦不仅仅是找不到研究的重点；对身份低下的憎恨可能是人类共有的特性，但这种仇恨有两个只有在发达工业社会才能找到的现代特征。

　　第一个特征是小布尔乔亚不得不从一个非人格的体系中找出这些当权的人。当权力被科层化之后，人们就很难确定某次行动的责任该由哪个人来承担，跨国公司的情况就是这样的。在发达资本主义社会中，权力变得隐形了；各种机构利用行政的复杂性来保护自己免于承担责任。仔细分析的话，可以发现确实有一群人在行政秩序的顶端活动，而且他们这些人确实拥有极大的权力。但是这种权力观点并不是仇恨的来源。

　　在小布尔乔亚看来，当权者是一群抽象的、隐形的人，他们通过一些不公平的手段，协力排挤地位比他们低的人；而"不公平"这个词就是仇恨政治的关键。科层组织中的社会位置应该由能力来决定；18世纪末期那种任人惟才的观念在这里被发挥到极致。但上层的人往往没有什么才干，他们通过勾结营私排挤有才能的人，从而得以维护自身的地位。因而，如果你处于社会的底层，那么没有地位不是你自己的错误；他们夺走了你的正当权利。但仅有这种自我尊重的迷思还不能定义仇恨的全部感觉。因为大权在握的人都很自信；他们并不需要为自己担忧，为面子担忧，而像小布尔乔亚这样的小人物总是有一种被排挤的感觉。在英国、法国和美国的职业结构中，下层的白领都同样地和强烈地感受到这种由用人制度不合理的感觉和被排挤的担忧组成的身份焦虑。

可以这么说，发达资本主义国家中实际权力与日俱增的隐形性促使人们创造出这样的迷思，用来解释正在发生的事情。也可以这么说，这些国家的经济已经从以机器生产为主的阶段发展到以个人技能服务为主的阶段，所以个人才干和社会地位的关系问题变得更加突出。但无论怎么说，这种仇恨是我们时代特有的情感，不能用它来研究所有的人类历史。

这种仇恨的第二个特征是它的反城市偏见。某些对20世纪20年代德国小布尔乔亚所感受到的仇恨的研究表明，上层和下层夹攻普通人的感觉和把大城市当作这种罪恶的根源的感觉之间存在某种联系。美国人的仇恨的这种反城市特征尤其突出，举例说吧，最近有个副总统向一群退伍军人说，如果纽约市被大水冲到海上，那么美国会变成一个适合体面的人们居住的"更健康的"地方，而且听众还对他这席话鼓掌叫好。反城市主义是这种阴谋理论的必然产物：为了聚集在一起，以便结党营私，当权者需要一个人们相互之间不太认识的地方，需要一个充满了秘密和陌生人的地方。城市就是一个完美的神秘地方。

然而，那些利用这种仇恨的政治家本人必定不可避免地遇到一种危险。作为仇恨的组织者，他越是成功，他就会越强势，越富裕，越有影响力。那么他如何还能取得人们的拥护呢？难道已经大权在握的他没有背叛那些支持他出任官制以便挑战当权者的群众吗？因为他本人已经变成他的支持者所仇恨的系统的一部分。

只要变成一个世俗的卡里斯玛式人物，他就能应付这种"可信性"危机。政治家若想成功地操控这种身份愤怒，那么实际上他必须不断地将人们的注意力从他的政治行动和立场上转移到他的道德意图上去。于是现存的秩序将会安然无恙地持续下去，因为人们依据他的情感和动机而不是他掌权之后的行动来判断他对当权者的愤怒。这种仇恨政治的领袖若想在步步高升的同时依然能够获得支持，那么他必须善于操纵 19 世纪中期形成的各种关于人格的态度。

尼克松是个合适的研究对象，从他身上我们可以看出一个政治演员如何控制这种仇恨的力量。自他最初的政治斗争开始，他一贯将自己描绘成一个战士，而他的敌人是和共产主义者、叛国者勾搭成奸的当权者。他吹嘘自己和阿尔杰·希思的斗争是一场抗击美国东海岸那些被认为包庇希思的旧势力的战争。他还吹嘘自己在国会和海伦·贾哈根·道格拉斯的斗争是一场反抗对共产主义者抱有同情心的势利社会名流的战斗。

然而，成功的布尔乔亚领袖的问题很快就在尼克松的生涯中冒出来了。尼克松自身的权力问题在 1952 年的大选丑闻中第一次浮上水面。当时有些富商暗地里捐款给他，成了一个"贿选基金"。美国人对此类秘密基金并不陌生，这些大城市政客竞选的惯用伎俩；这种丑闻如果在 20 世纪 40 年代出现，根本就不算什么大事情。但尼克松这些秘密的钱财——数额相对而言比较小——却带来了很大的麻烦。因为这个政治家之前摆出一副绝对正直的参选姿态：他将会扫荡污秽，严惩那些逃脱法律的杀人犯。可是突然之间，他受到了指控，原来他和别的政客也没什么区别。

尼克松成功地解决 1952 年这场危机的方法是所有通过鼓吹仇恨而变得大权在握的政治人物所必须采取的办法。在著名的"棋盘演说"中，尼克松将公众的注意力从有关这件事的实际情况转移到他的情感生活、他的敏锐洞察力和他的良好意图上。他在数百万电视观众面前哭了起来，但哭的时间并没有长到显得他情绪失控，而是恰好显示他真的动了感情，是个值得信赖的、表里如一的人。他说他的妻子穿着"共和党布料做成的外套"，他告诉公众他是一个爱狗的男人，喜欢他自己家那条叫作"棋盘"的狗。他是一个好人，所以他们应该忘记那些钱。

诱使群众换上健忘症是世俗的卡里斯玛轻而易举就能完成的任务。尼克松麻醉群众的方法是让他们关注他的情感生活，尤其是要关注他有能力公开展示他的情感这一点。能够公开展示情感意味着他是个至诚的人，不管这些情感多么平凡。实际上，平凡恰恰是这张麻醉药方的一部分；只有将公众的注意力吸引到一些琐事上，政治家才能让他们不再关注自己的行动，而是关注自己的动机。像拉马丁在 1848 年 2 月对巴黎工人发表的演说一样，"棋盘演说"也平息了激愤的群情。两者的不同之处在于，浪漫主义时期的艺术家对他的感知能力大加标榜——将其称为"公共的诗性"——而尼克松则将这种演讲技巧伪装成简单的心理揭示。"棋盘演说"引起的反应给了尼克松一个让他受益将近 25 年的教训：仇恨可以被控制，而且只要一个政治家能够在陌生人面前表露心声，那么公众就不会对他个人的权力和财富加以指责。

使公众的注意力集中在自己的动机上是所有政治家都能够使用的窍门，当然也不是惟一的演讲技巧。但对于那些利用仇恨的政治家来说，若想取得成功，他们就必须掌握这种技巧，否则那些将他送上官职的公众最终将会与他反目成仇，把他当成敌对阵营的一分子。世俗卡里斯玛的严肃性正在于这样的事实：政治家和他的观众一样，也相信这些注意力发生偏移的时刻。

举例说吧，塔列朗和尼克松的差别在于，前者（欧坦教区主教、在法国大革命中左右逢源、拿破仑政府的内阁大臣、反拿破仑政府的内阁大臣、查理五世的佞臣、路易·菲利普的仆人）在扮演所有这些角色的时候清楚地知道自己不过是见风使舵而已，而尼克松在每次表演的时候都相信他的表现出自自己的真心。尼克松这种信念来世俗性的基本理念。现代的仇恨政治家并不是伪装出一些外表以便转移公众注意力的人。每当装出正气凛然的样子时，他相信自己真的是正气凛然；每当信誓旦旦地许诺或者慷慨激昂地表达自己的情感时，他相信自己所说的话都是真的，即使他的所作所为与此完全无关或者丝毫不曾考虑到那些将他捧上官职的鞋店老板和水暖工人。水门丑闻之所以在美国引起如此密切的关注，原因并不在于总统向民众说了谎话，而是总统在每次说谎的时候都言之凿凿地宣称自己清白无辜、为人高尚，而且这个总统本人也确实相信他所说的这些话。这些宣言让他看不到自己说谎的事实，在将近一年的时间里，它们成功地充当了一种利用情感掩饰真相的手段。又比如在一个著名的场景中，贝隆告诉一个布宜诺斯艾利斯的听众，说他被指控将五百万美元带出阿根廷。他随即开始谈起他有多么热爱布宜诺斯艾利斯的工人，每次到潘帕斯大草原去有多么快乐，他对"阿根廷的理想"有多么执著，然后他哭了起来。于是关于五百万美元的事情变得无关紧要；但从另一方面来说，这些眼泪也是真心的。

总之，人格政治的构成要素就是和行动的世界毫无关系的情感揭示。仇恨政治家的卡里斯玛更加复杂一点；它必然是一个幻象，在这个幻象中，政治家通过说出自己的情感动机而掩盖了他的权力越来越大的事实，但他用这种幻象所蒙骗的不仅是听众，还包括他自己。

就善于掩饰自己的权力而言，尼克松堪称是蒲贾德、贝隆和诸如华莱士之流的其他美国人的代表。权力斗争变成了轻蔑的战争。参战的一方是某个反抗当权者的人，他戏剧性地突出的不是他的行动，而是他的情感；他蔑视那些当权者，认为他们的情感十分空洞，因为总是被虚文矫饰所遮盖。另一方是神秘的当权者，他们对这个小人物表示轻蔑，但他们的自信完全是狂妄自大；此外，他们还暗地里和那些社会渣滓勾结，阴谋分裂整个社会。

在 19 世纪，如果一个保守的政治家能够"说动工人"，那么他就能够暂时用中等阶级的礼仪规范来影响他的听众的感受；让工人阶级的听众看看你的情感有多么高尚，他们就会变得顺从而听话。而现代利用身份焦虑谋利的政治家则无须用礼仪来约束他的听众；他之所以要让他们知道自己的情感有多么高尚，目的在于让他们患上失忆症。19 世纪的保守派政治家对人群的控制和现代这种仇恨政治的共同点在于，两者都在行动和个人情感之间划下了一道分界线，从而使得政治领袖在他的听众眼中的合法地位来自后者。

为了解释这种文化的延续性，我们必须理解电子媒体如何采用了 19 世纪的演讲者在街头应付一群陌生人的方式，并让这些方式不再局限于城市的集会，而是在全国性和国际性事务中大派用场。

电子技术加剧了过去的沉默

媒体有利于世俗卡里斯玛的出现，但其涉及的背景变得更大了。它们和本书的研究主题——公共生活的盛衰——有着特殊的关系。电子传播技术正是一种促使人们不再有公共生活的概念的技术手段。媒体大大加深了社会群体之间的相互了解，但也毫无必要地削弱了它们的实际交往。收音机是亲密性的电器，电视机更是如此；人们多数情况下在家里使用它们。要清楚的一点是，酒吧里面的电视机其实是背景，在酒吧里面看电视的人往往更有可能谈论他们所看到的画面，但在更为正常的情况下，人们看电视时尤其是关注电视节目时，往往是独自一人或者和家人在一起。公共性的特征是，如果人们想获得各种各样的生活体验，想了解社会的某个区域，那么就必须离开自己的私人生活圈子；但是"媒体"与此产生了抵触。这句话听起来像一道自我满足的公式，这让我觉得很不安。因为退出公共生活的冲动早在这些技术的发明之前就出现了；科学技术常常被描绘成怪兽，但它们并不是邪恶的工具；它们是人们为了满足人类的需求而发明的工具。电子媒体所满足的需求是过去一百五十年以来人们为了更好地了解和感知到自己的人格而从社会交往中退缩的需求。这些机器是社会交往和个人体验之间的战争所用上的武器的一部分。

首先，让我们来看看电子媒体如何体现了我们开始提到的空虚的公共领域的矛盾，也就是隔离和能见度之间的矛盾。

大众传媒无限地提升了人们对从社会中走漏出来的消息的了解，它们也无限地限制了人们将这种了解转化为政治行动的能力。你不能和你的电视机对话，你只能把它关掉。除非你是个怪物，马上打电话给你的朋友，告诉他们你刚刚发现了一个讨厌的政客，并且要求他们也把电视关掉，否则你采取的任何行动都是隐形的行动。

18世纪中期的国会演说和戏院的情况差不多，每当有人说了一段很漂亮的话或者一个意义深刻的句子，听众就会要求演讲者重复。所以英国国会的演讲时间通常比现代读者看到演讲稿时猜想到的要长得多。在现代政治表演的情况下，要想达到同样的效果，你将不得不给本地的电台打电话，要求演讲者重复类似的句子；而到了演讲结束的时候，这个倒霉的政客将会奇迹般地把所有要求重复的电话分类制成表格，然后将这份表格作为参考，宣布有三万个电话要求重复第四段，一万八千个电话要求重复演讲中间提及国家声誉的那部分，一万三千个电话要求重复演讲结尾提及国家声誉的那部分。由于时间限制，他只能够重复前面两段，但是对他无奈之下必须让他们大失所望的一万三千人，他能只说一两个字就了事吗？他知道他们有多么关心这个话题……

收音机和电视机并不容许受众打断节目；如果政客正在播出节目而你做出了反应，那么你就会错失他或她接下来所说的话。他们在对你讲话的时候，你必须保持沉默。惟一可行的办法是请一个主持人来选择该被重复和讨论的内容。于是主持人所起到的作用，便和 19 世纪那些为沉默的观众解说正在演出的节目的评论员相同，但主持人的控制更加完整，因为他的控制是即时的。受众的被动状态是这种技术的必然后果。大众传媒强化了在 19 世纪的戏院和音乐厅中形成的人群的沉默，强化了霍夫曼在城市街头观察到的那种分散的观众、被动的见证者的观念。

没有观众会认为电视中播出的政治节目存在着由观众、政治家和中间人构成的三角关系。这种政治过程只存在一种二元的关系，观众感兴趣的是政客的外表怎么样，他或她给观众留下什么样的印象。同样是在观看电视上的政客，一个在纽约的人如何能够更多地了解一个在亚拉巴马的人呢？因而那些筹备政治选举的工作人员发现，就组织政治会议、号召选民投票而言，电视是一种很糟糕的工具；人工组织虽然比较累，但效果反而好。

由于这种二元关系和电子媒体所造成的被动后果，能见度和隔离之间的矛盾出现了。这种情况跟现代的建筑技术有相似之处：看到更多，交往更少。

这种矛盾给传媒造成的第一个后果就是电波中的政治家必须以一种特殊的平等来对待他的受众。如果有两千万观众在看一个政治家的电视演说，那么在一般情况下，他必须认为所有这些观众都属于同一类人，也就是公民。由于工业国家的阶级分化情况和种族群体比较复杂，所以在电视上表演的政客只能够用最简单的标准来定义他所想取悦的各种群体，例如"对那些三十岁以下的，我想说的是……"之类的。政客如果想给观众留下一个好印象，那么他必须不能泛泛而谈，而观众的规模又意味着他必须用抽象的标准来对待。许多传媒专家都说界定太过详细的诉求会造成危险的后果。但实际上不会有什么危险。这种意义上的平等促使政治家不要太过详细地讨论他的计划，而这个政治家本来就没有这种打算。对自己的受众一视同仁变成了避免引起意识形态问题的方法，促使受众关注政治家的为人，所有人都开始关注他的动机。大众媒体不断遭到抨击，被指责太过关注它们所报道的政治家的人格，仿佛对政治人格的关注只是少数几个导演的怪癖，只要媒体更加"严肃"和"负责"就能避免这种情况。诸如此类的评论看不到结构性的约束，也不明白关注情感生活其实是由这些传媒形式的本质所决定的。

人们常常指责电视新闻"强迫"观众接受太多关于政治家的私人生活报道，但他们又往往认识不到这种强迫的本质。强迫是一种否定，它反过来又使观众对那些没有同样被否定的人物产生极大的兴趣。电子媒体完全压制了观众的反应，由此造成的必然后果就是观众对政治人物的人格产生了兴趣。在阴暗的房间中，你默默地看着政治家的真人；这并不是什么新奇的事情或者什么需要你发挥想象力的娱乐。但政治实际上是很无聊的，无非就是开会、官僚之间的争吵等。为了理解这些争吵，你必须主动进行解释。于是你忽略了真实的政治生活，你想要知道是"什么样的人"让这些事情发生。如果电视关注的是政治家的情感生活，那么你自己无须作出反应，也能看到你想看的画面。

对表演者人格的强迫性兴趣产生于 19 世纪大规模的城市

观众之中；当时大量的观众去戏院或音乐厅观赏演出，保持沉默变成了体面行为的准则。现代媒体使得这种兴趣不再局限于一个阶级——也就是布尔乔亚阶级，电子传媒技术造成的后果是各种社会地位的观众都产生了这种兴趣。在一种对感知者没有任何要求的媒体中，对人格的感知是平等的必然结果。

很明显，仇恨政治家当权之后必须掩护自己，而电子媒体恰好是最合适的掩护工具。让我们来看看乔治·华莱士在电视上一次著名的露面。当时他站在学校门口，挡住一群黑人儿童，不让他们走进那所兼收黑人学生和白人学生的学校。华莱士抵制黑人的象征性举动总是暗示着他更加仇恨那些"黑人拥护者"——那些局外人、政府当局和美国北方的富人；但这些敌人也未免太多了，所以华莱士的仇恨一直找不到目标。因而，当镜头聚焦在华莱士身上之后，媒体报道便陷入了一个怪圈：为了理解华莱士心中隐藏的这些仇恨，新闻报道都试图理解他本人的经历、动机和情感。媒体逐渐看不到这次抗议实际上根本谈不上什么抵制行动的事实；华莱士成功地转移了民众的注意力，使得他的人格成为一个有待破解的密码，而且让人忽略了他有权力采取行动的事实。实际上，通过将华莱士的意图解释为潜在的社会力量的展示，媒体成功地抬高了他的地位，撇清了他过去的所作所为，使他成为一个值得倾听的人物。仇恨政治家的"象征性"抗议就这样被改变了，于是，人们将不会用后果、效应或者道德来考验他的意图。

电子媒体激发的对人格的强迫性兴趣和成功的仇恨政治家转移群众注意力的需要是相辅相成的。用媒体顾问对政治家所说的话来说，就是"和那些看起来十分刻板、毫无个人色彩的自由主义者相比，你这个华莱士形象能够更好地利用媒体"。我们将会看到媒体顾问这句话的言外之意。但这种促进世俗卡里斯玛的技术因素和仇恨政治家的完美结合也会给政治家带来突如其来的灾难。

因为人们用来评判政治家的标准都是情感性的，所以这个政治家每次示弱、犯错或者出现道德问题都会让民众对他的生涯产生怀疑。尼克松可能是个最好的例子，能让我们看到一个领袖如何以这种方式把自己送上绝路。为了简略起见，让我们说尼克松是一个避免了和俄罗斯发生核战争的领袖；这样一个领袖，他挪用几百万美元、非法闯入水门大厦、对公众说了十个或者十二个谎言又怎么啦？但这种现实主义的评判尺度尼克松本人之前从来没有使用过。他一辈子都在表达对当权者的愤怒，从而占据了道德的制高点；而当他变成最高领袖之后，他又突然要求民众别用他在往上爬的时候希望他们用来评判政敌的标准，而是用更为现实的标准来评判他。

仇恨政治家需要民众关注他的情感生活，而媒体又加强了这种关注，但这种关注却对仇恨政治家的任期产生了惟一的真正威胁；在任期之内，他们随时都有可能失去民望，因为他们的生活中无论哪方面出了差错，都会致使民众认为他们整个人一无是处。人格政治转移了公众的兴趣，使他们不再以公共行动是否有效来衡量政治家的为人，所以一切和道德品质相关的因素都变得具备脱离现实的象征意义，道德品质的任何瑕疵都会突然成为自我毁灭的工具。

如果我们仅仅将这个政治家视为被逮个正着的骗子，那么我们就错失了这种现象的力量。因为政治家认为自己每次表演都是真心实意的，认为他佩戴的每个面具都如实地揭示了他的性格，所以他很容易抓住一些细枝末节的事情，穷追猛打，将其变成巨大的危机；实际上，这个政治家往往在还没有注意到这些细枝末节的公众面前这么做，但随后又会开始后悔。

可以这么说，由于公众越来越关注那些处理各种事务的领袖的人格，那些事务究竟是好是坏反倒没人关注了。公众对政治领域的关注越来越狭窄的必然后果就是，在二战之后，仇恨政治出现了一定程度的萎缩。

和20世纪30年代政治话语整体转变为屈辱语言的情况不同，战后的仇恨政治家发现能够用来如此转化的议题越来越少。如果公共关系的动荡、能源枯竭、贸易失衡、公共卫生问题或者国家安全等问题在演化成危机之前轻易不会让公众察觉到它们的存在，那么它们也很难被当成某些社会渣滓合谋陷害好人的证据。如今可供仇恨政治家大展拳脚的场地无非就是局内人对局外人的定义：不列颠的亚洲人，法国的犹太人，城郊白人学校中的黑人儿童等。

总之，世俗卡里斯玛在现代社会中充当了一种琐碎化的力量，但这并不意味着现代的公众不再追求卡里斯玛式领袖。恰恰相反，他们依据现代人格的标准寻找一个值得信赖的英雄。在《英雄崇拜的世纪》中，埃里克·班特利分析了自19世纪中期开始出现的寻找值得信赖的英雄的渴望，他推断说，现代社会的一大特征是，在现代社会中，人们不断地寻找英雄，不断地对找到的英雄大失所望。这种追寻注定不会有结果，原因之一就是非人格的公共生活在现代社会中已经衰落：由于英雄的动机是其吸引力的来源，英雄主义的内容已经变得琐碎化了。

政治话语的内容变得越来越狭窄，这种情况本身就具备了重要的意义，因为它给在人格的基础上生存的政治家和被视为公共人物的艺术家之间造成了一种重要的差别。

造星系统

在古代政制时期，戏台上值得信赖的东西和日常生活中值得信赖的东西之间存在着一道桥梁。读者可能会认为用人格的标准来体察公共人物是一道连通戏台和街道的新桥梁；实际上，在谈论电视对政治的影响时，人们常说政治家的举动必须像演员那样。这句老生常谈从一个方面来讲是对的，但是从另一方面来看，它又是误导人的。

政治家身上值得信赖的是他的动机、他的情感和他的"道德品质"。所有这些都以人们不再关注他利用权力做了什么事为代价。因而政治的内容被政治中的人格体察所缩小了。如果人们认为某位表演艺术家是一个很厉害的人物，那么这种内容的缩减并不会出现。米克·贾格尔和布鲁斯·斯普林斯汀在戏台上让观众如痴如醉，但观众绝不会因此而忘记他们是了不起的摇滚音乐家。同样，人们认为卡萨尔斯是个伟大的人物，但并没有因此而忘记他是个厉害的大提琴家。在回顾 19 世纪出现的表演艺术家和文本的关系问题时，我们已经看到观众对艺术家人格的察觉并不以牺牲音乐、戏剧或者舞蹈的"内容"为代价。如果表演者的临场发挥超出了书写文本，那么一种新的舞蹈、戏剧或者音乐就诞生了。然而，在政治领域，人格的出现会"减少"政治的内容。

因而，我们可以从道德的基础上对人格政治的发展加以谴责。它是一种不文明的诱惑，导致人们不再考虑他们在社会中能够得到什么或者改变什么。但是我们不能对艺术人格做出同样的道德判断。观众对表演艺术中的人格的察觉并没有使得表演艺术的内容变得琐碎。现代的戏台和街道之间的裂缝正在于这种差异；这道裂缝实际上是两个领域中的表达的本质差异。

但是，从社会结构来看，今天的政治和艺术之间存在着联系，一种直接由人格文化所创造的联系。这种联系就在于两个领域的造星系统所造成的后果之中。

任何年代都有著名的表演者和默默无闻的表演者，和后者相比，前者更受人们欢迎。"造星系统"就是一套通过将明星和无名小卒之间的差距最大化而获得利益的系统；在造星系统的作用之下，如果参与表演的人并不出名，那么观众根本就不会想去看这次表演。在整个 20 世纪，观众越来越不愿意去观赏或者聆听他们不认识的艺术家的表演，这一点向来受到严肃的音乐家和演员的批评；这些批评以及这些批评所孵生的另类艺术大体上都失败了。实际上，在 20 世纪 60 年代，由于摇滚乐的发展给布尔乔亚文化的道德伦理带来了挑战，造星系统已经变成了决定艺术家收入的铁律。为了理解这个造星系统的运作，我们应该来看看那些最不希望它存在的人，也就是年轻的钢琴家；和摇滚乐手相比，这些人更少受到它的诱惑，然而无论他们怎么努力，最终还是受到造星系统的经济规则的纠缠。

据估计，全纽约希望扬名立万的古典钢琴家有八百个，而纽约城里"值得一提"的音乐厅只有五家；在一年之中，这八百个人里面有三十个至三十五个能在这些音乐厅里面举办独奏音乐会。而在这三十人里面，至少有一半是每年都能够演出的名家。每年大约有十五个钢琴家有机会初试啼声，他们往往得自己掏腰包支付占用音乐厅的费用。对于他们来说，就算在卡耐基音乐厅的独奏厅这么小的地方演出，他们也很难吸引到满座的观众，所以聪明的钢琴家会派发很多免费的门票给朋友的朋友和各种远房亲戚。这些新的钢琴家会得到《纽约时报》上一两句诸如"有前途"或者"技巧精湛"之类的评价，然后再次销声匿迹。[①]

这些年轻的钢琴家必须举办这样一次演出；他还必须希望能够有报纸的评论员注意到他，希望那篇称赞他"有前途"和"技巧精湛"的评论能够引起一个重要的演出经纪机构的注意。因为只有通过经纪机构，他才有希望联系到其他城市的音乐厅，将它们组织起来，以便他能够举办一次巡回演出。只要举办了巡回演出，他将会得到一笔最低的收入，但更重要的是，他能够持续在公众场合锻炼他的演奏技巧。然而，这样的机会相当渺茫。纽约音乐厅的数量自从20世纪20年代以来持续减少，报纸的种类从20世纪50年代以来也是逐渐下降，发表对新人的音乐评论的版面越来越少。甚至连经纪机构也比以前少了，而且它们都依靠著名的艺术家赚钱。此外，虽然城里出席严肃音乐演奏会的观众整体上有所增加，但增加的观众大体上流向那些大型的音乐厅和剧院——它们的规模变得更大了——而像哥伦比亚大学的麦克米兰戏院之类的小地方则普遍门可罗雀。

---

① 关于这个系统的更详细分析，请参看理查德·桑内特，"艺术家和大学"（The Artist and the University），载 1974 年秋季卷《代达罗斯》（*Daedalus*）。

造星系统的基本原理是，在音乐"中心"，观众现场欣赏各种音乐表演的欲望和演奏音乐者的名气有直接的关系。那些能够巡回演出的表演者是少数从这种关系中受益的人。就这一原则的落实程度而言，纽约应该位于巴黎和伦敦之间。在欧洲各国的首都中，有抱负的钢琴家或者小提琴家最难在巴黎找到一个可供自己在其中演奏的好音乐厅；就算他们自己支付场地费，能够得到好评，并且更重要的是能够吸引到观众，情况依然如此。在伦敦，他碰到的麻烦会少一点，但如果他打算一年之内在比胡尔音乐厅或者利兹音乐厅更加高级的场所举办两次音乐会，那他的愿望也很难得到实现。长滩音乐厅、利兹音乐厅和里昂音乐厅能够容纳一千五百名观众，他们的社会地位和经济状况各不相同；和地方城市相比，纽约、伦敦和巴黎的观众的阶级成分较为简单，而且都是由"回头客"组成的。在这种系统的影响之下，地方城市的订票机构和音乐厅经理也以成为音乐中心为目的。在西欧(德国南部除外)，多数有抱负的音乐家都不屑于在小城市演出，美国的情况也是如此，尽管在小城市他们有无数演出的机会，观众不会挑三拣四，而在首都城市，他们的演出机会很少，观众更难满足，他们一举成名的希望也很渺茫。

钢琴家之所以极其难以得到大都会观众的认可，直接的原因在于 19 世纪形成的一个观念：艺术家是一个非凡的、让人振奋的人物。在这里，我们依然可以从钢琴家的遭遇来了解其他单独表演的音乐家的遭遇。在 18 世纪末期，如果钢琴家失去一个赞助人或者一小群赞助人，那么他在这些音乐之都就只能靠做点小生意谋生了。因为他很难获得某个科层组织的位置，比如加入交响乐团；室内音乐表演所收取的费用又得和共同参与表演的人平分，所以以室内音乐表演为业的音乐家也很少。

在这种情况之下，大多数钢琴家发现越来越难以靠演奏谋生，当然，那些找到一个达官贵人充当永久赞助人的钢琴家不在此列。奥地利的统计数据最能体现这种情况。在 1830 年到 1870 年之间，维也纳的钢琴独奏会的观众平均每场增加了百分之三十五；上演独奏会的音乐厅常常人满为患，然而钢琴演奏会的举办次数却直线下降。有人估计专门靠表演吃饭的钢琴家在这些年减少了一半。有几个因素导致钢琴家找不到工作，但最主要的是，观众已经不再满足于去听那些在维也纳本地名声不错的音乐家的表演，他们希望音乐家拥有国际声誉——也就是说，音乐家要取得观众的欢心，必须曾经在巴黎、伦敦和柏林引起轰动。结果是去聆听音乐会的观众越来越多，而举办音乐会的钢琴家越来越少。这就是当代纽约钢琴家的处境的萌芽。

这种表演的新规则加剧了表演者之间的不平等：如果有五百个人都很著名，那么实际上等于这五百个人都不著名；为了找出一个能够称得上出类拔萃的人，至少必须有四百九十个人被忽略掉。这可不是一种善意的忽略。那十个人得到多少赞扬，这四百九十个人就必须得到多少贬低；通过贬低和褒扬，少数人才会被当成出类拔萃的表演者被推向前台。

如果各大首都的公众觉得某个人的表演能力很了不起，那么就会认为他是一个了不起的人，他们会心甘情愿地为他欢呼，为他掏腰包，对他恭敬有加，让他声名大振。这种在 19

世纪中期开始出现的情况使得观众越来越不愿意为了得到聆听音乐的愉悦而去欣赏音乐表演；表演者的超凡才能变成了他们去观看表演的先决条件。维也纳、巴黎和伦敦的观众的行为显示他们对待音乐艺术的态度发生了基本的变化。

在回顾帕格尼尼对那些品位比他自己高尚的音乐家的影响时，我们曾经指出，他的演奏理念具备一种超越了自我回报的吸引力。这种吸引力就是，在伟大的表演者手中，音乐变得灵动而鲜活；音乐变成了一种体验，甚至是一种震撼，而不仅仅是一种对乐谱的解读。也就是说，这是一种把音乐当作内在性现象的观念。

这个观念在 20 世纪得到了进一步的发展。如果表演并不突出，那么就谈不上有什么音乐现象。正是这种表演的原则促使大城市的观众越来越不满足于仅仅是去听音乐而已。这个原则给每个演出的独奏音乐家施加了巨大的压力；他的表演如果称不上"超凡入圣"，那么根本就不值一提。看到这些青年钢琴家为了成为脱颖而出的"神童"而苦恼，任何有同情心的旁观者最终都会认为这不仅仅是关乎个人成就的问题。而是这种要么得到一切、要么一无所有的经济状况促使他们产生这样的感觉：如果你不是非常特别，那么你根本就不值一提。

表演艺术的电子唱片的出现在某种程度上将造星系统的逻辑延伸到音乐首都之外。我想说的并非只有少数独奏家有机会灌录他们的曲目，虽然这种情况是事实；我想说的是电子唱片在一个更为基础的层面上加剧了这个问题。

现场表演的重要之处在于，无论表演者犯了什么错误，他总得继续表演下去。除非他的才能特别出众，或者拥有极高的声望，否则在演奏中途停止并且从头再来是一种不可原谅的罪过。然而，在灌录唱片的时候，很少有人能够把曲目一口气从头演奏到尾。通常是把曲目分成几小段，不断地灌录和重录，由技术人员和灌录唱片的艺术家进行编辑，所以每张唱片都是完美细节的组合体。许多音乐家认为录制唱片使得表演者失去了将一首曲目完整地从头演奏到尾所需的能力和专注，但就算他们的想法是对的，那也无关紧要；比如像格林·古尔德，他现在只灌录唱片，几乎不会有人指责他缺乏上述的能力和专注。唱片的问题恰恰在于它们太过完美。

凭借这些电子唱片，听众能够确立起一些在现场表演中只有少数音乐家才能达到的标准。能够通过举办演奏会而扬名立万的音乐家本来就都足够优秀和幸运，但由于唱片工业比现场表演更加难以赚到钱，所以他们之中只有少数人有机会录制唱片。在录制工作室，这些万里挑一的音乐家得到了一个机会，能够制造出完美的音乐表演，其效果是他们在现场表演的时候难以比拟的。因而人们在家里漫不经心地梳头发或玩填字游戏的时候，他们的耳朵习惯了聆听效果绝佳的音乐。这是一种奇怪的情况：听众将帕格尼尼级别的表演接受为评价音乐的标准，却丝毫没有察觉自己正在倾听的是非比寻常的表演。在现代电子技术的拼凑能力的影响之下，现场表演变得稀松平常，毫不突出。因而现场表演的系统得到了强化；听惯了唱片的人就算提起精神去听音乐会，也很难被表演者的超凡表演所震撼，因为他早已习惯了一个不可能达到的标准。

总之，艺术领域的造星系统的运转有赖于两条原则。第一条原则是最大数额的利润来自对最小数量的表演者的投资；这些表演者就是"明星"。第二条原则是只有使大多数艺术家没有机会表演,明星才能够存在。如果说政治领域也存在着相似的系统,那么这个政治的造星系统的运转将会以三条原则为基础。第一,如果权力掮客把注意力集中在让少数政客得到提拔上,而不是专注于建立一个政治组织或者政治机器,那么幕后的权力将会达到最大。和现代成功的演艺经纪人一样,政治资助者(公司、个人、利益群体)也会收获利润;所有资助者都致力于打造一种能够销售的"产品"或一个备受欢迎的候选人,而不会花心思去打造和控制销售系统本身或政党,因为那些控制地方城市的音乐厅和售票机构的人从表演艺术中获取的利益比较低。当明星系统开始在政治领域发挥作用之后,它的第二条原则是只有限制候选人的公共曝光程度才能获得最大的权力;也就是说,候选人在公共场合露面的次数越少,他们就越有吸引力。如果范克莱本连续四个晚上在巴黎演出,那么他的总收入可能比只演一个晚上还要少;因为演出越罕见,观众越乐意花高价买票。同样道理,候选人和公众的联系越少,他的露面就越是一种罕见的事情,他所具备的"吸引力"也就越大。这个问题最早是一些政治顾问提出来的,他们认为政治家可能会毁于"过度曝光"。最后,在政治领域的造星系统中,前两条原则加起来使得政治家之间的不平等达到了最大限度。这个系统变成了一个极端的零和游戏。无论一个政治人物通过让公众对他的人格产生兴趣而获得了什么样的权力,这种权力总会削减公众对其他政治家的兴趣,从而也就削减了他们获得权力的机会。

自 19 世纪 40 年代起,人们开始认为一个人的外表有重要的意义；而一旦政治领域出现了艺术领域中的造星系统，那么这种观念就完成了一个错误的任务。19 世纪文化的重要成分，也就是密尔的行为科学，对 20 世纪的政治生活施加了影响。这种影响甚至比它对 19 世纪的政治生活的影响还要大，因为那些受到某个政治家影响的公众对他们用来评价他是否值得信赖或者是否振奋人心的规则一无所知。

卡里斯玛是一种压制行动的力量——这就是"上帝的恩赐"在世俗文化中所变成的东西。在政治生活中，这些卡里斯玛式人物既非巨人，也非恶魔，既非韦伯的古代君主，也非弗洛伊德笔下那个压制自己孩子猛烈情感的父亲。他是一个小人物，但在其他小人物看来他是个英雄。他是一个明星；他被包装得光彩夺目，很少抛头露面，对自己的情感从不遮遮掩掩，他统治着一个在事情变得不可收拾之前不会有什么改变的领域。

第十三章　共同体的去文明化

自从百余年前卡米洛·塞特的规划以来，城市规划者都致力于一个社会目标，即在城市内部建设或者保留共同体的地域。塞特是第一批反对豪斯曼男爵对巴黎的大型规划的城市学家的领袖。就对待城市规划的态度而言，塞特属于前拉斐尔派；他认为只有当城市生活的规模和功能像中世纪晚期那样简洁的时候，人们之间才会有直接的交往，才能够相互支持，城市才能成为一个值得珍惜的环境。今天我们会对这种把中世纪城镇理想化的观念嗤之以鼻，将其视为逃避主义的奇谈怪论，但令人好奇的是现代的城市学家头脑中竟然也充斥着第一批前拉斐尔派城市学家的这些想法。或者换句话说，现代的城市学家也追求小规模的共同体。只不过塞特和那些试图构建"花园城市"的英国规划者认为，只要正确地规划好城市，城市中就会产生共同体关系，而现代的规划者放弃了正确地规划整座城市的希望——因为他们已经意识到他们本身知识有限，而且缺乏政治影响力——罢了。他们反对任何试图主导规划整座城市的财团或者政治团体，宣称规划只能在共同体的层面展开。塞特那一代人认为共同体应该处于城市内部，而今天的城市学家则认为共同体和城市是对立的。

我们在第十章已经探讨了非地域意义的共同体概念如何产生，以及 19 世纪的人格文化对这种意义上的共同体有何影响。现在我们将要探讨集体的共同体人格和现代城市中具体的共同体地界——也就是城区——之间的关系。

贯穿塞特那一代人和我们这代人之间的线索是一种有关非人格的假设；由于人们在城市中能够体验到这种假设，所以地域性共同体中的面对面联系似乎十分重要。这种假设认为非人格是工业资本主义所有坏处的总和、后果和明显的效应。不但是普通民众，就连城市规划者也都持有这种认为非人格体现了资本主义的坏处的观念；让我们来仔细考察这种观念，因为它会把我们引向一个怪诞的结果。

我们大家都知道，工业资本主义将人和他的工作分开，因为人并不能控制自己的劳动，而是必须把它卖出去。因而我们大家都知道，工业资本主义的基本问题就是分离，也即是异化；分工、隔离和孤立变成了资本主义罪恶的主要形象。因而，任何在人们之间插入距离的情况就算不是由资本主义的分离力量所造成的，也必定加强了资本主义的分离力量。人们对于陌生人的看法能够转化成他们对资本主义基本问题的看法的一种形式；就像人和他的劳动分离一样，陌生人和他的同类是分离的。人群可能是最为恰当的例子；人们认为人群是不好的，因为在人群中大家相互都不认识。尽管这种转化在逻辑上并不连贯，但它在情感上却是连贯的；一旦转化发生之后，征服陌生人、消除人与人之间的差别便等同于征服资本主义最大的坏处的一部分。为了消除这种陌生性，人们必须使人类体验的范围变得亲密化和本地化——也就是说，人们使得本地区域具备了神圣的道德色彩。这意味着封闭居住区的胜利。

现在，在这种胜利之中失落的，恰恰是那种认为人们只有通过遭遇未知事物才能成长的观念。尽管陌生的事物和陌生的人可能会动摇人们的常识和成见，但陌生领域对人类的生活起到了积极的作用。这种作用就是促使人类敢于去探索和冒险。而对封闭居住区的爱，尤其是对中等阶级的封闭居住区的爱，使得人们不再有机会去丰富他们的感受和体验，去吸取一切有价值的人类经验教训，也使人们失去了质疑现实生活的能力。

当然，资本主义系统确实将人和他的工作分离。但我们不仅要看到这个系统如何控制了那些为它辩护的人的观念，还要弄清楚它如何影响了那些反对它的坏处的人的观点，这两者是同样重要的。屡见不鲜的情况是，社会系统"不证自明的坏处"之所以不证自明，恰恰是因为这种批评完全变成了整个社会系统的一部分，而不是对社会系统构成了挑战。就我们讨论的这种情况而言，地域性共同体对资本主义非人格城市规划的胜利完全变成了资本主义系统的一部分，因为它造成的结果是本地对抗外部世界，而不是去挑战外部世界的运作方式。如果一个共同体在这种意义上和市政府"斗争"，那么它斗争的目的是不受外界干扰，不被政治进程影响，而不是改变政治进程本身。正是由于这个原因，共同体的情感逻辑才会以抵制现代资本主义的坏处开始，却怪诞地以一种去政治化的退缩结束；资本主义系统依然完整，但或许我们能够让它不要来干扰我们这一小块地盘。

但或许有人会说，你太过理想化啦：能够在一个残酷的世界中苟延残喘已经不容易了。如果人们除了保护他们本地的共同体别无其他办法，再说了，城市的公共世界不是既空虚又不适合人们生存吗，干嘛还要指责他们呢？在接下来的篇幅中，我想证明的是，除了使那个更大的世界变得适合人们生存，我们别无其他选择；原因在于，考虑到在近代发展出来的人格定义，在亲密性的共同体地域之中体验他人的人格本身就是一种破坏性的过程。现代共同体似乎是想在一个充满敌意的死寂世界中找到兄弟情谊的体验，但实际上它往往却是一种煮豆燃豆萁的体验。此外，如果人们过于沉浸在共同体内部面对面的亲密关系中，那么他们就会不愿意去体验那些可能在较为陌生的地方发生的挫折。一个人只有碰到挫折，才会明白他自己的信念的不确定性——而这是每个文明人都必须明白的道理。拆毁由封闭居住区构成的城市既是政治的必须，也是心理的必须。

我之所以要强调这一点，也许是因为我和其他新左派作家在过去十年错误地认为重建本地共同体是从政治上重建社会的开始。我们的错误可以被称为"经验谬误"：如果有些人的观念和行为发生了明显的变化，那么他们就能够影响其他人，慢慢地改变整个集体的观念和行为。

时至今日，上层阶级这种通过改变自己来改变他人的观念已经被证明是行不通的。就算建设一个亲密性共同体的观念是由受压迫的下等阶层提出来的，我想结果也同样是此路不通。因为这种建设一个共同体来对抗世界的观念的错误之处在于，它认为亲密性体验会容许人们在共享他们的情感的基础上创造出一种新的社交方式。

建筑在共同体周围的壁垒

19 世纪豪斯曼男爵的房地产开发观念是以同质化为基础

的。巴黎市内新的城区属于某一阶级，而在古老的中心城区，富人和穷人被彼此分隔开。这是"单一功能"城市开发的起源。巴黎市的每一片空间都有着特定的功能，城市本身被原子化了。到了20世纪50年代，单一功能的城市规划在美国中等阶级居住的城郊发展到了极致；大量的房子集中在一起，而为这些房子提供家庭服务的场所则坐落在别的地方："社区中心""亲子公园""购物中心""医疗园区"。世界其他地方的大型城区规划者很快就开始嘲笑这些郊区，认为它们具备了空旷、无趣等特征，然而他们同时又兴高采烈地采取了相同的建筑方式。我们可以来看各种迥然相异的居住区，比如巴西的巴西利亚，宾夕法尼亚州的莱维顿和伦敦的尤斯顿中心，这些地方都是以单一空间、单一功能为原则的城市规划所造成的结果。在巴西利亚，不同大楼起到了不同的作用；在莱维顿，发挥不同功能的是不同的地带；而在尤斯顿中心，每层楼的功用各不相同。

尽管这些规划观念在付诸实践的时候或许能够带来利润，但按照这些观念建成的居住区并不实用。首先，如果该地区的功能需求发生了历史变化，那么这个空间不可能适应变化；它只能根据原有的功用得到使用，或者被抛弃，或者被彻底摧毁重建。众所周知，巴西利亚目前就碰到这方面的难题；但这些问题却不是单一的计划所能解决的。让我们来举个例子吧。在一座原子城市中，各个阶级和种族的生活区和工作区都是独立的，现在这个城市打算通过教育或者休闲的方法来整合各个阶级和种族，那么为了让各种群体和谐相处，各个城区的居民必须被重新安置。这种强迫性的混居在种族主义社会或者阶级高度分化的社会是否行得通是个问题，但关键在于，这种单一功能、单一空间的城市规划使一切问题变得更加糟糕。

城市的原子化消灭了公共空间的一个重要组成部分：某个区域内的多功能地带，它能给这个区域带来多样性的体验。美国城市学家霍华德·萨尔蒙曾经写道，豪斯曼发起的城市规划终结了典型的城市景观：在同一座房子里面和附近，有人在工作，有人在喂孩子，有人在寒暄，有人在办公事。萨尔蒙指的是工业时代以前的某些城市楼座，商店、办公室和住宅同时处在同一栋楼里；但他这句话也是对整个城市的指责。摧毁城市中的多功能区域，建设一些不能随着使用者的变化而改变的空间，这样的设计只有对原始投资而言才是理性的。

悖谬的是，公共空间遭到破坏导致人们更加重视共同体。尽管城市的原子化使得父母难以一边工作一边看着他们正在玩耍的孩子，但公共空间的消失却使人们更加渴望人与人之间的交往。在美国的城郊，人们通过加入各种志愿者组织来满足这种渴望；借着共同行动或者追求共同目标的名义，人们获得了机会——一个跨越城市规划者挖出的地理壕沟的机会。因而，尽管有很多人宣称并不信教，但他们大多数都会去城郊的教堂参加礼拜；因而，随着战后婴儿潮的结束，很多父母在子女成年之后却依然是家教协会的成员。过去二十年来，美国的城市学家展开了一场漫长而毫无结果的辩论，他们争论的主题是城郊到底算不算"真正的"共同体；关键在于人们居然会提出这样的问题，共同体在人们脑海中居然会变成一个问题。因为现代城市开发本来就把共同体交往本身当作对城市的社会死亡的回应。这些城市开发模式并没有促使人们去改变城市本身，而是让他们做出"其他选择"——也就是逃离城市。

我们从 19 世纪的公共生活史了解到，和公共领域的衰落齐肩并进的，是它的对立面心理领域的矛盾而又痛苦的兴起。促使前者衰落的因素会促使后者兴起。在城市中建设共同体的意图等同于将心理价值注入社会关系的意图。因而，非人格生活和心理生活之间的失衡给共同体关系造成的真正影响分为两个方面，其一是使得人们强迫性地寻找共同体生活，其二是使得人们期待和同一区域中的其他人拥有亲密而坦诚的面对面关系。

社会从意识形态和实践两个方面促使人们产生了这样的预期。它利用人群的形象完成了这一任务。因为在人们看来，人群的形象已经变得和共同体的形象截然不同，实际上，共同体和人群现在似乎是对立的。19 世纪人群中的布尔乔亚在他自己身边形成了沉默的保护层。他这样做是由于恐惧。从某种程度上来说，这种恐惧和阶级有关，但它不只是阶级的恐惧而已。他为不知道将会碰到什么情况而焦虑，也担心会在公共领域遭到侵犯，所以当他身处这个公共环境中时，他便用沉默将自己隔离起来。古代政治时期的布尔乔亚也对人群的生活怀有恐惧，但 19 世纪的布尔乔亚和他的先辈不同，他并没有试图操控他在公共领域的社交行为；他反而试图消灭它，所以这个街头上的布尔乔亚处在人群之中却不是人群的一部分。

如今流行的人群形象从某种意义上来讲是 19 世纪这种孤立观念的延伸。例如，里因·洛夫兰和欧文·戈夫曼的著作就极其详尽地研究了陌生人在拥挤的街道上的行为模式。陌生人彼此之间通过这些行为模式找到了安全感，从而都能保持互不打扰的状态：如果你想让陌生人知道你没有恶意，那么你应该垂下眼光而不是直盯着他看；你在人行道上避免挡住他人的去路，这样一来大家就都能够顺顺当当地走动；如果你必须和陌生人讲话，那么你首先应该请他原谅你的冒昧；诸如此类。人们甚至在体育运动或者政治集会上情绪放松的人群中也能观察到这样的行为。

但是，人群的现代形象又以别的方式延伸了那种 19 世纪的恐惧，乃至人们用全新的眼光来看待人群，也用全新的方式对付人群。也就是说，在现代人看来，人类那些最为下流的情感在人群中最有可能自发地展示出来；人群就是一群兽性得不到约束的人。人群的这种形象还获得了一种明显的阶级属性：在人群中主动地表达自己的情感的人通常被视为流氓无产阶级，也就是下等阶级或者社会上的不法分子。当 20 世纪 60 年代的巴黎和美国各大城市发生暴乱时，保守派的媒体及其受众控诉那些"坏"学生和"坏"黑人煽动群众情绪，前者——用《费加罗报》的话来说——是"一些来自贫困或者破碎家庭的学生"，后者——用当时美国副总统的话来说——是"一些只会醉酒闹事的渣滓"。因而来自下等阶层的危险和来自喧闹人群的危险便合二为一了；但是这种联合本身并不能很好地解释人们为什么害怕人群会因为这些不受约束的自发情感而变成洪水猛兽。那些表达此类担忧的体面人士并非仅仅是以种族主义的口气在谈论情绪更容易波动的贫穷的坏黑人；研究美国随后历次暴乱的学者发现，那些批评暴乱的人通常在结尾会以惋惜的口气说，任何人在人群中都可能失去控制。在这种情况下，人群既是诱发邪恶的自发情感的因素，也是邪恶阶级表达自我的媒介。

　　各种社会科学著作也探讨了这种对自发性的群体暴力的担心，而且分析的深度比一般民众的感受要深，但依然处在相同的轨道上。社会心理学这个学科本身是由古斯塔夫·勒庞在20世纪初期确立起来的。勒庞认为人群会导致个人的情感发生变化，从而使得一个在正常情况下循规蹈矩的公民变成恶魔；由此他得出结论，一个人的"心理"状态如何，取决于他是被视为一个单独的人还是一个社会群体的一部分。人群会使其成员变得残暴，因而这些人不会像平常那样对待其他人。勒庞并没有提出任何支持其观点的科学证据，但有些研究提出同样观点的动物实验家提出了。这些研究老鼠的实验家宣称，如果让实验室里的老鼠挤在一起，就会产生一种"行为堕落"。据说这些老鼠变得十分凶猛，每只老鼠都拼命守住自己的地盘，不许其他老鼠进入；在他们看来，群集会导致某种精神疯狂的出现。不管人们是否相信能够从其他动物的行为推断出人类的行为，这些科学观点都是毫无意义的。群集的老鼠虽然白天很疯狂，但是到了夜里，它们和其他所有老鼠相同，都紧紧地挤在一起睡觉；反倒是那些无法和其他老鼠相依偎的失群老鼠在夜里会失眠。少数其他动物也对群集做出相同的反应；笼养的老鼠对群集——它们从生到死都处在群集的状态之中——的反应也跟那些自由生活的老鼠不同。我们之所以提及这种群集的"科学"理论，目的并不在于指出它的缺陷，而是在于看清是什么样的文化假设促使研究人员从一种非常特殊的情况推导出一个普遍的理论，认为群集会给人们的心理造成不良影响。这种理论隐藏的文化假设就是，能够保持秩序的只有一个简单的、界限清楚的空间，而且在这个空间里面发生联系的只有很少的几个个体。

现代的人群形象对现代的共同体观念产生了影响。在更为简单的环境中将会秩序井然，因为个体之间相互认识，而且每个个体都知道他的地盘。如果你情绪失控，那么你的邻居将会知道，而在人群中没有人认识你。换言之，共同体具备了一种监视的功能。但既然如此，它怎么还能够成为一个人们彼此无拘无束、坦诚相对地交流的地方呢？正是此一矛盾创造了各种在现代共同体生活中上演的角色；在这些角色中，人们在试图向对方袒露胸怀的同时，也试图控制对方。这种矛盾所造成的后果是，人们追求地域性共同体生活本来是为了在炎凉世态中得到友爱，但这种生活往往会让他们自相残杀。

在这里，自相残杀有两重意思。首先，它最直接的意思就是两个亲如兄弟的人变成了仇敌。他们相互袒露自己，他们彼此期待这些自我揭露，他们发现对方都并不能让自己满意。其次，自相残杀意味着人们产生了和世界对抗的心态。我们是一个共同体；我们是真诚的；外面的世界根本不理会我们是谁，所以它肯定有问题；它让我们太失望了，所以我们以后再也和它没有关系了。这些过程实际上和揭露、失望、孤立三部曲是相同的。

在 19 世纪，当这种共同体三部曲最早出现的时候，它出现的地方仍然是一座很大的音乐厅。在德雷福斯事件中，人们为了谁真正属于激进的左派而发生了冲突，人们争得头破血流的共同体依然是一种广泛的意识。随着时间的推移，在 Gemeinschaft 逻辑的作用之下，共同体意识本身将会变得越来越狭窄。这就是过去五十年来所发生的事情。共同体既变成了社会的情感退缩，也变成了城市内部的地域性壁垒。心理和社会的战争已经获得了一个真实的地理阵地，这个阵地取代了原来的阵地——公共领域和私人领域之间的行为平衡。这一新的地理学是共同体对抗城市，温暖情感的区域对抗非人格的空虚区域。

建筑在共同体内部的壁垒

我们以某个街区为例，来看看街区中的成员是如何从外部世界撤退，尽管他们起初没有人希望这种撤退发生。我想说的是纽约的森林山庄事件，这件事在纽约市之外很少人听说，但纽约市内部的意见为此发生了极大的分歧。因为森林山庄出现了一个共同体群体，它追求排他性的政治目标，并且逐渐发展成为一个自我封闭的避难所。于是共同体成员的心理交流变得比挑战城市的办事程序更加重要。从某种意义上来讲，森林山庄事件和德雷福斯事件存在一种直接的联系；因为在这两次事件中，共同体都是围绕着一个集体人格而形成的，而且共同体的成员都以照料和喂养这个集体人格为头等大事。但这次现代的共同体斗争也显示出城市原子化的累积效应。

森林山庄位于皇后区，居民大多数是中等阶级的犹太人；纽约市政府几年前提出了一个计划，打算在该地区建造一些供黑人居住的房子；森林山庄因而面临着黑人家庭涌入的威胁。多亏了调停人马里奥·科莫完整地记录了这次公屋计划引发的争辩，我们才能够逐步地了解市民对这一事件的反应。森林山庄的争论最早是在附近一个叫科洛娜的社区开始的。科洛娜是一个意大利裔工人阶级居住的社区，在 20 世纪 60 年代中期，该社区和市政府之间展开了一场斗争，先是阻止市政府在其内部建设供低收入人群居住的公屋，然后又削减了市政府规划的一所学校的规模。该社区的居民聘请了科莫作为他们的律师，最终迫使市政府放弃了原来的计划。

对于这次斗争，森林山庄的人们大多抱着事不关己的态度。他们觉得"事情"——被迫接受贫穷的黑人和他们的文化——不会发生在他们身上。他们这个共同体的成员都受过良好的教育，都是信奉自由主义的选民，反正就是赞同民权运动的那一类市民。然后"事情"也发生在森林山庄了——市政府计划在这片遍布着别墅和小高层公寓楼的住宅区建设三座二十四层高的大楼，为低收入群体提供八百四十套公屋。

于是这些中等阶级的犹太人碰到了意大利裔工人阶级先前碰到的难题。市政府举办的听证会都变成了闹剧，例如，在一次听证会上，市政府委派的某个主要成员没有出席，却请人代表他投票，并宣读一份声明，扼要地论述了他对这个共同体所提出的问题的"回应"。和科洛娜发生的情况一样，市政府当局这种居高临下的行为促使森林山庄的居民相信那些政治家和他们的代表根本就不关心受影响地区的居民是怎么样想的。

对于森林山庄的居民来说，尤其重要的是迫使市政府当局承认他们有合法的反对理由。我们不是心胸狭窄的种族主义者，他们这样说；贫民家庭拥有高犯罪率，我们担心我们自己的孩子；我们这个社区的环境将会受到破坏。

森林山庄的居民越是担忧，诸如评估听证会之类的市政府社区建设咨询机构就越是推进该计划——他们完全无视这些居民的抱怨。最后，所有的法律手续都完备了，那三座大楼正式破土动工。居民们无奈之下，只好打出手里最后一张牌：求助于媒体。他们游行示威；居民们甚至还追随市长林德塞到佛罗里达——他去当地争取获得民主党的总统候选人提名，居民们在他拉选票的大会上打出反对的标牌，跟着他走进电视台的摄像机的视线之中。

这次公开的战役吓坏了市政府。由于市政府和森林山庄的冲突变得越来越复杂，市长林德塞委任马里奥·科莫作为事实调查员和独立法官。在调查过程中，科莫尽可能准确地记录下人们所说的话，以及他们的行为；这份记录之所以价值连城，也许是因为它采取了平铺直叙的记录方式，而没有用任何理论来试图解释正在发生的事情。①

科莫所做的调查从某种意义上来讲十分简单。他观察、交谈、争论；他提出了一种让森林山庄的居民满意的折衷方案。市长无奈地接受了这份方案，随后相关的政府部门，也就是评估委员会也予以通过。但是当时这个共同体已经不再在乎这些实际的胜利。德雷福斯事件中的斗争双方打着共同体的旗号跨过了政治戏剧和冲突之间的分界线，这场种族-阶级争论中的人们也同样跨越了界线；随着事情的发展，通过正常的政治渠道获得的结果被认为是毫无意义的。这个共同体极力为每个成员的道德品质辩护。它宣称它对抗纽约市的政治家和官僚机构是合法的；它不仅宣称该共同体拥有不受侵犯的法律权利，而

---

① 该记录已经出版：马里奥·科莫(Mario Cuomo)，《森林山庄日记》(*Forest Hills Diary*)，New York：Random House，1974)，吉米·布莱思林(Jimmy Breslin)序，理查德·桑内特跋。接下来的分析是该书后记的修改版。

且从它的行动来看，仿佛只有该共同体的成员——森林山庄的犹太居民——才知道它将会承受什么样的苦难；只有该共同体的成员才能够判断此一公屋计划的道德价值；对该共同体成员的抵制是不道德的，而且很可能是反犹主义在作祟。

除了带有种族色彩之外，那些烙在依靠领取社会救济过日子的贫民身上的污名也带着强烈的阶级色彩。因此纽约市的公屋计划在黑人社区中也没有得到多少支持，因为很多中等阶级的黑人也不希望与吃福利饭的家庭为邻。森林山庄的居民意识到这一点，经常利用工人阶级的黑人对那些领取福利的贫民的敌对情绪来支持他们自己的事业。这个共同体本来就觉得政府的公屋计划是胡作非为，但那些积极支持公屋计划的人——主要是上层阶级的黑人和白人——的举动无异于火上添油。

1972 年 6 月 14 日，科莫听取了纽约市各个支持公屋计划的团体的联合发言人的讲话，他做出了如下记录："由于他们大多数人不是该社区的居民，并没有受到直接的影响……所以这些团体能够从更高的'道德原则'来评判这件事情。"支持者以道德法官的面目示人，但他们却无须被迫接受和下等阶层生活在一起的事实；不管这些人说了什么，他们所说的肯定是骗局，因为他们没有资格充当道德法官。因而这个痛苦的共同体开始将自身当作道德的孤岛。科莫在森林山庄的犹太人身上看到的，跟 19 世纪 90 年代的巴黎观察者在德律蒙之流的反犹主义者身上看到的相同：世界变得腐败而盲目，只有我们是正直的。①

---

① 马里奥·科莫，《森林山庄日记》，第 61 页。

然而，在这次冲突的初期，森林山庄的居民经常表现出来、有意加以夸大的都是诸如"没有人理解我们"之类的情感。因为在刚开始的时候，这个共同体的成员在思考的是一个特定的目标——如何终结这项计划。为了迫使市政府当局作出让步，他们装出了义愤填膺的样子。

例如，1972 年 7 月 12 日，科莫和森林山庄的领袖之一杰里·伯尔巴赫举行了会谈。伯尔巴赫宣称如果市政府不按照他的要求改变该计划，他将会把他的房子卖给一个黑人，然后组织大量的白人搬离该地区，"领导人们破坏整个社区"。科莫被吓坏了吗？当然没有，因为他知道伯尔巴赫虽然口出惊人之语，但只是说说而已。"这种方法是他们早就详细计划好的，"科莫写道，"伯尔巴赫一开始会表现得很强硬。"①

科莫在 9 月 14 日记录了一条诡计是如何展开的。有个社区团体派人给市长传话，该团体愿意接受一份折衷方案，前提是市长本人先行接受；该团体随后又秘密地和市长所在的委员会的其他成员接触，让他们投票反对那份折衷方案。这样一来，市长就会受骗支持一份没有其他人支持的方案；他将会显得孤立和极端；他将会被羞辱。科莫得出结论："这是一场典型的骗局，但几乎所有主动参与政治游戏的人好像都认为这种策略就算不是必需的，也是可以允许的。"科莫接着又反省了他刚刚说的话："这一类诡计让人觉得没意思，但是如果人们认为还有其他方法，那未免也太天真了。"②

如果这场政治游戏仅仅是诡计和骗局，那么旁观者可能会

---

① 科莫，《森林山庄日记》，第 103 页及以下。
② 同上，第 128—129 页。

认为科莫这个事实调查员是时候抛弃他的轻信了。诡计和骗局是政治军械库中的经典武器。实际上，政治科学家隆·诺顿提出的一种当代城市结构理论认为，如果没有这些游戏，那么城市的组织架构将会四分五裂。在"作为游戏生态学的区域性共同体"一文中，隆·诺顿写道："各种游戏和它们的玩家各自的追求产生了整体性的后果；地域性系统(指城市)得到了养分和秩序。"隆·顿诺这句话并不是想说像伯尔巴赫之流的玩家清楚他们的诡计能带来好处；正如霍布斯曾经指出的，自我利益使人们看不到位于个人欲望之外的东西。隆·诺顿的游戏生态理论想说的是，这些常见的计谋给城市带来了权力平衡。在他看来，城市是一种由冲突产生的平衡状态；他的城市观念和洛克对社会整体的看法相似。隆·诺顿说："在特定的地区之内，城市的居民是理性的，追求这些地区的目标，从而完成了社会性的功能目标。"①

　　此类理论试图定义共同体在其本身和外部权力的关系中的角色扮演。共同体到底采取什么样的道德姿态、是否继续戴着拒不妥协的面具等，都取决于它在外部世界中的目标得到完成的程度。然而，现代共同体角色的特殊之处在于，这些姿态和面具本来仅仅是通向权力的手段，现在却变成了目标本身。造成这种情况的原因是，现代社会通行的对人格的定义使得人们认为表象就是绝对实在。如果一群人为了某些政治目标走到一起，为他们自己打造出共同的姿态，并且开始以这种共同的

---

① 隆·诺顿(Norton Long)，"作为游戏生态学的区域性共同体"，载《城市治理》(*Urban Government*，ed. Edward Banfield，Rev. ed.；New York：Free Press，1969)，第 469 页。

表象作为行动基础，那么慢慢地，他们就会以为这种姿态是真实的，不肯改变它，并且为它辩护。这种姿态将会变成他们的身份的真正定义，而不是成为他们在权力游戏中所占据的位置。对于没有权力的群体来说，要挑战一个像纽约市政府这样的权力机构，一开始可供他们使用的面具是道德的面具。当然，我们不能因此就认为这些道德控诉是虚伪的；这不是关键所在。大多数在这个基础上进行战斗的共同体群体用来作为使他们本身合法化的方式的道德愤怒都是真实的。但实际的情况是，统治现代社会的信念系统会慢慢地诱导他们认为这种愤怒是如此珍贵以至于它永远不能够被压制或者被真实行动所平息，因为它已经变成了他们的集体身份的定义。在这个意义上，政治学被心理学所取代了。

这种现象有很多其他名称——比如演讲术统治、意识形态愚弄——人们用它们来批评那些群体意在使自身合法化的要求。但在这个过程中，应该受到批评的不是那些政治要求，而是人格的文化定义用来控制一个顽固的群体并且慢慢地让该群体相信它本身是一种情感的集体性的方式。当这一切发生之后，人们将会对外部世界摆出一张表情生硬的脸，而共同体内部则会开始一次越来越具有破坏性的过程。

在森林山庄事件中，这种变化花了三个月的时间。那年9月中旬，用记录者的话来说，人们开始"相信他们早先假装相信的想法"。不同于德雷福斯事件的是，在这次变化中，并没有某件事或者某几件事充当了催化剂。共同表达愤怒的体验在不知不觉间使越来越多的人把这种情感展示视为彼此之间的某种交流。共同表达愤怒在该共同体内部变成了一种交谈的方式，如果有人没有表示出愤怒，那么他就会遭到怀疑。

那年6月13日，高登夫妇和斯特恩夫妇来找科莫，科莫因而见到了这种情况的预演。高登是个退休的中学教师，他来的时候带着一本写得满满的笔记。"他本想在讲话的时候表现出冷静的职业素养，但没隔多久他就控制不住自己的恐惧，最后声嘶力竭地对我尖叫起来。"科莫在记录中写道："他完全容不得别人反驳他，如果有人提出和他的立场矛盾的问题，他就会觉得这些问题是'恶毒的'……他最后那句话越嚷越大声：'我的老婆将会被袭击和强奸，而你居然还要求我理智一点……'"①

6月间，他还见识到了同样能够表达这些情感的关于种族的言语。6月19日那天，该社区派了一群妇女代表来找科莫。她们开始只是单调地谈论一个常见的主题：人们"如果没有努力工作，就不应该得到'高档的公寓'"。但她们接下来的争论则更加令人震惊。她们对科莫说，她们"被一个反对犹太人的市长所陷害"；科洛娜区的意大利人阻挡了黑人，这让她们很生气。她们又产生了犹太人是社会的受难者的感觉。②

犹太人的偏执狂？种族隔离？关键要看这两个词组到底意味着什么。

对于投射了某个集体人格的共同体进程而言，人们生活中的种族因素尤其可疑。曾经遭到压迫的种族面对世界时戴上了一张愤怒的面具，这张面具会变得僵化，而有关团结和背叛的问题也会变得纠缠不清。西欧和美国的城市居民逐渐发现，和

---

① 科莫，《森林山庄日记》，第56页及以下。
② 同上，第67页及以下。

阶级的原则相比，新出现的种族性原则对于群体生活来说更有"意义"。布尔乔亚阶级所发起的针对外部世界的种族革命完全可以被整合进那个世界之中；参与革命的人们变得愤怒、顽固、团结；但外部世界的系统大体上照常运转。种族性充当了现代共同体角色的完美载体，原因在于，与政治因素、人口因素和宗教因素相比，种族性更能唤起人们的情感诉求。布尔乔亚的种族性是失落了的公共文化的人格特征的重现，而不是这种文化本身的重现。

和纽约许多其他地区相同，森林山庄之所以是犹太人社区，是因为它无论过去还是现在的居民都是犹太人。没有人说意第绪语，也没有意第绪文报纸。该社区还有几家洁食肉铺，因为全市只剩下这几家店铺尚有现杀的家禽肉出售，但遵守洁食规矩的人已经很少了。五十岁以下的犹太人绝大多数连哪怕一两句希伯来文都不会写，尽管他们可能通过死记硬背记住了那些宗教用语。关于犹太人，人们有一些刻板印象，比如大声喧哗、排外、在工作和学习中显得咄咄逼人等；纽约年纪较大的犹太人十分重视这些刻板印象，早在此前几年，他们便刻意避免出现类似的行为。意第绪语的"yenta"一词本来是指那些十分粗壮而又愚蠢的人，但在目前二十来岁的犹太人中，它被用来指称那些举止像"犹太人"的人。美国的多数种族群体都经历过此类种族净化，不管他们的社会地位是否得到提高。语言、饮食习惯、家庭观念等都让这些种族群体又爱又恨，甚至让他们觉得十分羞愧。

然而，宗教体验的失落才是最为关键的；多数欧洲和亚洲移民在刚来到美国时都是十分虔诚的农民或者小城镇居民。如果一个种族群体又重新意识到它自己的存在，各种习俗或许能够得到恢复，但这种宗教的核心体验却丢失了。习俗是宗教信仰的外壳，这个外壳重新出现，目的在于使人们感到自己和他人之间存在着一种特殊而温暖的关系。这些种族群体的人觉得他们之间关系密切，原因是作为美国的犹太人、意大利人或者日本人，他们拥有共同的"外表"；但他们缺乏共同的——如果可以这么说的话——"内里"，也就是原先的道德伦理和习俗所赖以产生的宗教信仰。

如何才能让人们产生这种共同体的感觉，让他们觉得拥有共同的"外表"呢？最简单的办法是通过抵御外来的攻击；实际上，如果某个群体认为外来的攻击目标是它的文化，那么该群体的成员就会认为他们惟一的办法就是相互扶持。如果一个种族共同体遭到攻击，那么它的成员会共同拥有什么样的情感呢？森林山庄的人们说，别因身为犹太人而羞愧，站出来保护你自己，表现出你的愤怒。但如果共享种族身份等于共享一种情感，那么这个作为集体人格的愤怒犹太人是谁呢？他就是愤怒。如果他不再愤怒，他还能算是犹太人吗？种族的外壳得到新生，而其信仰的核心却已经失落，种族成员之间所必须共享的，便只有一种和其他人拥有同样情感的欲望。这种意义上的共同体与其说是一种信仰状态，毋宁说是一种存在状态。它只有通过内部的激情和外部的退缩才能维持自身。

所以我们不应该对科莫的报道感到吃惊：森林山庄的妇女很早就察觉到种族威胁，当科莫更正她们的陈情中的事实错误时，她们和森林山庄的男人、领袖一样，"连听都不想听——更别提相信了"。作为一个受到攻击的犹太人群体，他们产生了一种强烈的同舟共济的感觉，如果他们愿意和科莫讨价还价，他们就会失去这种兄弟般的、团结而纯粹的感觉。

那年9月21日，科莫参加了一次会谈，他在记录中以优美的文笔描述了这种僵化的过程：

> 和过去几个月以来一样，森林山庄社区认为他们现在主要的武器是说服纽约市的权贵和大众相信该社区不可能忍让和接受公屋计划。为了达到这个目的，他们夸大了他们的力量和抵抗。某些事情他们本来也不相信，只不过为了达到目的而提出来罢了，但情况慢慢发生了变化，到最后他们对这些事情信以为真了。昨天大概有一百个森林山庄的居民又叫又跳，大喊大嚷，他们终究相信起他们早先假装相信的东西来了。[1]

到了9月底，由于他们变得更加团结一致，森林山庄的居民开始以消极的态度来对待外部世界。"等待奇迹发生吧，"他们说——他们期待已经破土动工的建筑会消失得无影无踪，而抗议最终会获得成功。与此同时，他们还想让大众知道那些掌握实权的人都是骗子。由于城市中的真实权力总是一种相互妥协的东西，所以当局提出的任何方案对该共同体而言都是肮脏的，因为在他们看来，这些方案都是单方面的让步。该共同体希望得到完全符合他们心意的结果——他们所提出来的一切都是不可谈判的要求——而这种结果显然不可能出现。因此该

---

[1] 科莫，《森林山庄日记》，第134页。

共同体自然而然地反对各种权力工具，例如各种委员会、正式的听证会等，他们的目的在于破坏这些权力机制，希望向世人展示当局有多么假惺惺、多么虚伪。由于认为当局是错误的，所以该共同体不可能跟其扯上什么关系，否则它就会失去它自己存在的理由。森林山庄事件的悖谬之处在于，科层组织的低效将公屋计划搁置了很长的时间，而市政府的调解人马里奥·科莫在森林山庄的居民眼里是外来人，得不到他们的信任，最终却成为他们最有效的利益代言人。[①]

为了维护共同体的团结而从政治的尔虞我诈退缩必定会不可避免地混淆团结和背叛之间的界线。在这个特殊的共同体中，反对一切妥协被当成不以犹太人身份为羞耻的表现。当时我曾多次在该社区散步，经常听到人们把反对就公屋计划作出任何妥协和为以色列奋斗混为一谈。而在各种会谈上，他们不断地试探彼此的立场是否坚定、情感是否牢固，如果有人倾向于作出让步，那就会被当成道德败类。实际上，由一群军人组成的"犹太人防卫队"在这些"妥协者"的商店橱窗上潦草地涂上"下不为例"的字迹——这几个字暗示着他们的心理：在他们看来，接受政府的解决方案无异于束手就擒地走进纳粹的死亡集中营。

这个美好祥和的社区给自己筑起围墙，将自己变成一个封闭居住区。从该社区居民的表现来看，他们仿佛遭受了天大的冤枉。这种共同体的冲突的实质和意识形态的冲突（例如我们探讨过的盖德和他的党人之间的冲突）的实质毫无相似之处。

---

① 科莫，《森林山庄日记》，第147—149页。

但是冲突的过程是相同的，所采取的立场逐渐变成一个僵化的、具有象征意义的集体自我。就拿不久之前发生在我们身边的事情来说吧，20世纪60年代反对中等阶级的黑人社区运动最终也筑起了一道相同的围墙，每一个对斗争策略和长期计划有不同意见的派别慢慢地认为只有它自己才代表了"人民"的利益。局外人——包括其他黑人和白人——都被拒之门外。

共同体的人性代价

人类学家有个术语，可以用来指称这种地域性共同体的僵化。他们管它叫"伪物种形成"；他们用这个术语来指称如下的情况：某个原始部落认为他们是惟一的人类群体，他们才是真正的人类。其他部落较为低级，他们根本不是人。但如果我们用这个人类学框架来硬套现代共同体的形成过程，那么我们将会看不到该过程中某些重要的因素。此种偏执的增长并非过分的自豪、傲慢或者群体自信的产物。它是一个相当脆弱和自我怀疑的过程，在这个过程中，共同体只有通过不断地煽动其成员的情感才能存在。反过来说，这种集体的歇斯底里情感之所以出现，并不是由于人们在集体行动中释放出内心固有的破坏性力量，而是因为在现代的文化之中，如果没有某些外来的刺激和促生因素，真实的社会关系显得十分不正常。

在一个社会空间已经被原子化的社会中，人们总是担心他们会和其他人隔绝。而这种文化提供给人们用来"联系"其他人的材料是一些不固定的情感符号。因为这些符号本质上是变化不定的，所以人们在使用它们的同时也将不得总是测试它们的效用。你对共同体有多少感觉呢？人们将会不得不把真实的情感等同于极端的情感。在理性时代，人们毫无顾忌地展示自己的情感，同样的情感展示在现代的戏院或者酒吧中会被认为是令人尴尬的。然而当时在戏院中哭泣这种行为具有其自身的意义，和哭泣者的身份无关。然而在现代的兄弟群体中，只有通过情感体验，你才能表明你是什么人，以及谁是你的兄弟。如今情感的戏剧性展示变成了让人觉得你是"来真的"的标志，同样，也只有通过让自己体验到极端的情感，你才能够让自己相信你是"来真的"。

城市规划者往往并不打算让城市整体的公共空间和公共生活重新焕发生机，而试图在城市中建设一个区域性的共同体；实际上，他们这种行为会带来一些意料不到的后果，让我们来总结一下。

为了集体团结而进行的奋斗起到稳定社会的政治结构的作用，人们无须相信"无处不在的阴谋"也能认识到这一点。卡里斯玛式体验使人们不再关注这些政治结构，同样，人们在为了建立一个共同体而奋斗的时候也往往忽略了这些结构。这种相互摧残的"狂飙运动"维护了社会系统。在这里，我们很容易认为社会中的个人激情可能会导致社会的失序。实际情况恰好相反；人们越是投入到这些共同体情感中去，社会秩序的各种基本机构就越是安然无恙。为了形成一个共同体而奋斗的人们变得越来越在乎彼此的情感，越来越不想去试图理解——更别提挑战——那些如此欢迎"本地参与"的权力机构。

大多数所谓革新性的城镇规划都有着一个非常特殊的目标：去中心化。住宅区、花园式郊区、市中心区和社区居民委员会得以形成，目的在于让各个城区都有实际的控制权力，但事实上这些区域并没有什么真实的权力。在一个高度相互依赖的经济环境之中，各个区域决定内部事务是一种幻想。这些好意的去中心化努力遭到了各个社区的反对，尽管不是所有反对都像森林山庄那么激烈，但本质上是一样的。在这些每个城市规划者都会碰到的斗争中，认为社区的事情应该由他们自己说了算的人们开始为谁"真正"代表了该社区的利益而争执不休。他们争执的焦点在于内部的认同、团结或者领导权，所以等到权力谈判的真正时刻来临、该共同体必须面对城市和国家的更大结构时，太过专注于其自身的共同体要么对外部世界充耳不闻，要么因为精疲力竭或四分五裂而无法对付外部世界。

一个害怕非人格的社会所激发的集体生活想象本质上是狭隘的。"我们"是谁变成了一种高度选择性的想象行动：人们的邻居、办公室中的同事和家人。要弄清楚陌生人是否和自己属于同一个种族、是否有着相同的家庭问题、是否信仰相同的宗教变得越来越难。和非人格的阶级关系一样，非人格的种族关系并不能成为真正的社会纽带。人们觉得只有在了解其他人的个人情况之后，才能够用"我们"来描述自己和他们的关系。这种想象越是本地化，人们所拒绝参与的社会事务就越多：这不关我们的事，我们不会让它干扰我们。这并非漠不关心；这是拒绝，这是一种能够容纳集体自我的、主动的经验收缩。如果我们狭窄地从政治层面来理解这种本地化过程，那么我们就会理解不了此种现象中某些重要的因素；它基本上跟人们愿意冒多大的危险有关。他和其他人所共同拥有的集体意识越是本地化，他所愿意冒的风险就越小。

从某种意义上来说，拒绝注意、应付和利用小圈子之外的现实是一种普遍的人类欲望，这仅仅是一种对未知事物的恐惧而已。通过分享某些情感而形成的共同体感觉在加强对未知事物的恐惧、将幽闭恐惧症转化为种族原则的过程中扮演了特殊的角色。

"Gemeinschaft"这个词本来的意思是指向他人毫无保留地揭露自己的情感；随着时间的推移，它还可以指由一群人组成的共同体。这两者加起来使得 Gemeinschaft 成为一种特殊的社会群体；在这种社会群体，开放的情感关系是可能的；而在其他社会群体中，占据主要位置的是机械的或者不带感情的关系。我们已经指出，每个共同体或多或少都建立在幻想的基础上。现代 Gemeinschaft 共同体的独特之处在于，人们共同拥有的幻想是他们拥有相同的情感生活，相同的动机结构。例如，在森林山庄，愤怒表示你为犹太人的身份而自豪。

现在情感和集体生活结盟了，自相残杀的节奏即将开始。如果人们有了新的情感，那么共同体将会四分五裂；他们将不再共享相同的感觉；发生变化的人"背叛"了共同体；个人的变异威胁到整体的力量；因此人们受到监视和试探。看似自相矛盾的怀疑与团结得到了统一。对共同体之外的世界的缺席、误解或冷漠也以同样的方式得到了解释。既然这些兄弟般的情谊如此强烈而直接地被感受到，其他人为什么不理解呢，他们的反应为什么一点也不友好，世界为什么不因为情感愿望而改变？这些问题的答案只有一个，那就是和共同体内部的生活相比，外面的世界显得没那么真实和诚恳。但得到这个答案的人们并没有去挑战外部世界，而是貌视它，不再搭理它，而是小心翼翼地维护内部的关系。这是世俗社会中一种特殊的宗派主义。这是将和他人共享的直接经验转化为社会原则的后果。可惜的是，社会中大规模的力量或许在心理上被隔开一定的距离却没有因此而消失。

最后，现代的 Gemeinschaft 是一种感觉"大于"行动的状态。这种共同体惟一能够采取的行动就是情感性的清理工作，清除掉那些由于感觉和其他人不同而并不真正属于该共同体的人。该共同体不能从外部世界吸收新的成员，扩充自身，因为那样的话它就会变得不纯粹了。因而集体人格将会被摆到社交的本质——交往——的对立面，而心理共同体将会陷入和社会复杂性的交战之中。

城市规划者还必须学会一个保守派作家已经领悟但没有正确使用的复杂真理。那就是人们只有在彼此之间都有防护的时候才能够展开社会交往；如果缺乏障碍、界限和彼此之间的距离(这是非人格的本质)，人们是毁灭性的。这并非因为"人类的本性"是邪恶的——保守派的作家在这个问题上犯了错误——而是因为现代资本主义和世俗主义给文化造成的总体影响使得人们将亲密性关系当作社会关系的基础，从而催生了这种自相残害的结果。

现在城市规划的真正问题不在于做什么，而在于避免什么。尽管社会心理学实验室传出过警告，但人们在拥挤的环境中确实有一种渴望群体生活的潜在倾向。规划城镇广场的艺术并不神秘，几百年来它一直被应用得很成功，而且规划者通常不是接受过正规训练的建筑师。随着历史的变迁，死亡的公共生活和扭曲的共同体生活让西方的布尔乔亚社会备受折磨，它们已经变成了某些异常的东西。现在问题是如何辨认出我们这种特殊疾病的症状，这些症状既存在于我们认为共同体生活多么人性、多么好的观念之中，也存在于我们认为非人格应该遭到谴责的观念之中。扼要地说，如果城市规划试图通过使它变得更加亲密来改善生活质量，那么恰恰是规划者对人性的看法导致了城市生活的贫乏，而这种贫乏是他本来应该试图避开的。

第十四章　失去演技的演员

在本章中，我打算系统地探讨公共生活对表达问题的影响。如果人们把"艺术"和"社会"联系起来，他们谈论的往往是两者之间的相互影响；他们很难把社会进程本身当成美学作品，也就是说，他们很难想象一种和社会浑然一体的艺术。

人间戏台这一经典观念试图将美学和社会实在结合起来。社会是戏台，所有的人都是演员。这种观念目前依然存在。1927 年，尼古拉斯·伊夫勒诺夫出版了《生活中的戏台》，他在书中这样谈起人间戏台：

> 看看各种各样的人类活动，你将会发现，所有国王、元首、政客、士兵、银行家、生意人、牧师和医生日常的所作所为都如同演戏，这些人都遵从戏台上通行的规则。

在 1975 年的《社会现实的戏剧》中，斯坦福·莱曼和马尔文·斯各特用下面的话来评价当代政治：

> 一切生活都是戏剧，因而政治生活也是戏剧性的。由演员主导的政治可以被称为"戏剧统治"。①

这种观念的问题在于它没有考虑到时间因素。在 18 世纪中期的社会生活中，戏剧的美学确实曾和日常生活中的行为交织在一起。然而，日常生活中的这种美学色彩逐渐消退了。在当今的社会中，正式艺术所完成的表达任务是人们在日常生活中不能完成的。人间戏台的想象显示的是社会中表达的可能性；公共生活销蚀的是这种可能性实际上的后果：在当代社会，人们便成了没有演技的演员。人们依然能够用戏剧来比拟社会和社会关系，但他们本身已经不再表演了。

公共身份的这些变化导致了表达意义的变化。公共世界中的表达是表述一些具备自身的意义，无关乎表达的人是谁的情感状态；而亲密性社会中的情感呈现使得情感的实质取决于呈现它的人。让我们来举个例子吧。以死亡为例，情感表述中的死亡本身具备一种意义，它无关乎死的人是谁，从这个意义上来讲，情感表述是非人格的。但向他人呈现发生在自己身上的事情却和个人密切相关；如果你告诉别人自己的亲人去世了，那么别人越是看到死亡所带给你的情感，这次死亡事件本身对他来讲就越真实。也就是说，人们不再认为每个人都具有相同的自然属性，而是认为每个人都有着各自独特的人格。

情感表述和情感呈现的区别并不在于前者本质上是表达性的而后者本质上是非表达性的。区别在于，同样是情感交流，人们在情感表述中需要一种特殊的艺术才能，而在情感呈

---

① 尼古拉斯·伊夫勒诺夫（Nicolas Evreinoff）的话引自斯坦福·莱曼（Stanford Lyman）和马尔文·斯各特（Marvin Scott），《社会现实的戏剧》（*The Drama of Social Reality*，New York：Oxford University Press，1975），第 112 页；两位作者的话引自该书第 111 页。

现中则不需要。表述情感其实就是演员的表演；它是让其他人看到一种成型之后便具有其自身意义的情感状态。由于这种情感有着一个传统的形式，它能够被重复表达；例如职业演员就能够夜复一夜地表达出相同的情感。但如果人们想探寻自己的人格，那么他们很难利用演员的才能。由于这种探寻涉及的是生活中十分具体和独特的东西，而这些东西时时刻刻都在发生变化，所以人们所致力的是确定自己的情感是什么，而不是让其他人一目了然地看清这种情感。

如果社会中公共表达的环境受到侵蚀，人们再也无法认为戏台和社会——用菲尔丁的话来说——"水乳交融"，那么这种失去演技的演员就出现了。当人们在生活的过程中不再追求体验人类的本性，而是追求一种自我时，他就出现了。

但将这个人物安插在如此空泛的历史条件中也会让人产生误解。这意味着日常生活的艺术的丧失是很久之前的事情，我们今天生活在这次丧失所带来的后果之中，但对丧失的过程一无所知。实际上，在当今人们的成长过程中，我们也能看到这种丧失的蛛丝马迹。在今天，在童年发展出来的扮演游戏的能力为成人文化的各种因素所消除。由于陷入了受到成人文化所限制的各种焦虑和信念中，人们在成长过程中丧失了这种童年的能力。

我们之所以要关注游戏和游戏在成年生活中的遭遇，是因为现代社会的文化进化十分特殊。按照常理来说，一个社会不会怀疑仪式或者仪式化的行动，也不会将形式化的行动视为不真诚的行动。在大多数社会中，童年的游戏能力通常在宗教仪式中得到延续和增长。世俗的发达资本主义社会却并不需要——反而压制——这些能力。

在英文中，"玩游戏"（playing）、"演戏"（playacting）和"戏剧"（play）有着共同的词根，这并非偶然现象。但区分"游戏"和"戏剧"也很重要；儿童的游戏是成年人的戏剧的雏形，不过它当然和戏剧并不一样。同样重要的还有区分游戏的文化含义和当前对游戏的通行看法。这种看法认为儿童在游戏中的情感都是自发的；而它是错误的。游戏必须将某些非人格行动确立为规则，儿童必须对非人格行动的表达性信以为真，否则游戏就无法继续。也就是说，儿童适应游戏的过程，其实也是一个受到训练的过程。对于儿童来说，游戏和自发地表达他的情感是相互对立的。

儿童游戏在当今的成人文化中销声匿迹，它和这种文化之间的关系可以被理解成两种心理原则的冲突。其中一种心理原则诱导儿童在一个由各种规则所限制的非人格情景中投入大量的情感，并使他们认为该情景中的表达能够重新制定和完善这些规则，从而得到更多的欢乐，更好地和其他人进行交往。这种是游戏的心理原则。和它发生冲突的是统治着成人文化的原则，后者诱导成年人投入大量的情感去揭示他们自己的动机，以及和他们发生交往的其他人的动机。在成年人看来，他们越是能够自由地去揭示内在理性和真实情感，他们就越不用受到抽象规则的妨碍，也就越不用被迫以"陈词滥调""原型化的情感"或者其他传统的符号来表达自己。这种探寻的严重性的标志恰恰在于人们很难完成这种探寻；一旦完成之后，它给人们带来的往往不是欢乐，而是痛苦；它所造成的结果是人们从社会交往的表层退缩到一种"更深入"的生活中去，而这通常又使得人们不再能够和他人共处或者建立起友谊。统治这种成人文化的心理原则就是自恋。

所以，在探讨没有演技的演员将会成为什么人的过程当中，我们来到了游戏和自恋发生冲突的战场；为成人文化所招募的自恋的力量击败了人们在长大成人、进入"现实生活"之前曾拥有过的游戏能力。

游戏能力是公共表达的能力

研究游戏的文献汗牛充栋，大抵可以分为两个学派。其中一个学派将游戏视为认知活动；它研究儿童如何在游戏中形成象征符号，这些符号如何随着游戏中的儿童的成长而变得更加复杂。另外一个学派将游戏当作行为，它较少关注象征符号的形成，主要研究儿童如何在一起玩游戏的过程中学到协作、表达进取心和忍受挫败。

认知阵营中的学者偶尔也会关注游戏和创作的关系，但这些离题发挥有两个方面的不足。首先是许多学者将游戏等同于"创作活动"；弗洛伊德的忠实拥趸往往会援引他们的大师的看法：

> 作家做的是游戏中的儿童所做的事情。他创造出一个虚幻的世界，而且十分认真地对待这个世界；也就是说，他投入了大量的感情，然而又一清二楚地将这个世界和现实隔离开来……

——这段著名的文字使弗洛伊德做出了如下的论断：

和游戏相对立的并非认真，而是真实。①

也有一些研究游戏的学者质疑弗洛伊德这种将游戏-创造力和现实对立起来的假说；他们认为游戏和创造力这两者与现实并不相互对立，不能通过演绎逻辑来推断这三者之间的关系。但在他们看来，游戏和创造力依然是两个可以互换的概念。因而人们很难弄清楚如下两种情况到底有什么性质上的区别：一个小孩胡乱敲打着钢琴的琴键，突然弹奏出一段动听的乐曲；通过一个夏天的练习，德彪西弹奏出一段同时代的人未曾想象到的美妙音乐。如果说这两种活动属于同一类，那么人们很容易认为它们"基本上"是相同的，人们也将会因此而忽略了一个至关重要的因素：鉴赏力。如果德彪西的弹奏"基本上"和一个孩子的乱弹琴差不多，那么他对音乐的鉴赏力就被抹杀掉了，那么"每个孩子都能弹出来"。但实际上，没有任何孩子能够做到这一点。

认知学派的游戏研究的第二个问题在于他们对"创造力"这个词的定义。这一学派的研究人员（如阿瑟·寇斯特勒）认为创造力是一种普遍的生物属性，人们可以将自己的所作所为当成是和"科学发现、艺术创造和戏剧天赋"联系在一起的独特事情。问题在于，不是每个人所做的事情都是"创造"，至少艺术家并非如此。他们用一种特殊的工具从事着一种特殊的工作。这些将创造力和游戏联系起来的理论通常会指出艺术家所

---

① 西格蒙德·弗洛伊德，"创作家与白日梦"（Creative Writers and Day-Dreaming），《标准版弗洛伊德心理学著作集》（*The Standard Edition of the Psychological Works of Sigmund Freud*，London：Hogarth, 1959），第 4 卷，第 144 页。

做的事情有什么原创的地方，以及这种艺术创作的结果和儿童游戏的结果如何相似，但它们并没有解释此结果在艺术家的工作中是如何达到的，也没有解释该过程和儿童在游戏中的活动之间的关系。[①]

游戏和创造活动之间的关系值得研究，但是这种研究必须有所侧重。人们必须将游戏活动视为创造活动的雏形，这样才能够理解它们的后果在性质上的区别。人们必须将某一特定的游戏活动和某些特定种类的创造活动联系起来。这样一种方法应该能够填补将游戏当作认知活动和将游戏视为行为的两种学派之间的鸿沟。用恩斯特·克里斯的话来说，与其说特定的游戏活动和特定的艺术活动是相同的，毋宁说前者是后者的"祖先"。[②]

我们将要在儿童游戏中追溯出来的表演艺术的祖先是儿童对自我距离的习得——具体一点说，也就是自我距离如何帮助儿童制定他们的游戏规则。约翰·海辛格研究游戏的专著《游戏人》对游戏做出了三个方面的定义。首先，游戏是一种纯粹自愿的活动。其次，它是一种海辛格称为"情感无涉"的活动。最后，它是一种封闭的行动，海辛格的"封闭"的意思是，游戏有着能够将它和其他活动区分开来的特定空间和持续时间。[③]

---

① 请参看阿瑟·寇斯特勒（Arthur Koestler），《创造的行动》（*The Act of Creation*, New York：Macmillan, 1964），书中各处。

② 请参看恩斯特·克里斯（Ernst Kris），《艺术的心理分析探索》（*Psychoanalytic Explorations in Art*, New York：Schocken, 1964），该书第173—203页特别探讨了儿童游戏中漫画的心理先兆。

③ 约翰·海辛格，《游戏人》，第7—9页。

这三个条件中的第二个——游戏是一种情感无涉的活动——和自我距离的问题相关。情感无涉并不意味着不感兴趣。玩耍中的儿童当然不会觉得无聊。海辛格的情感无涉指的是儿童在游戏中远离了直接的欲望或者立即的满足。这种远离使得人们能够在一起玩耍。然而，情感无涉的游戏在成长过程中的出现远比儿童正式和其他同伴玩游戏的时间要早；它在人类生命第一年的最后几个月就出现了。

让·皮亚杰认为情感无涉的游戏或者说和自我保持距离的游戏在生命的第三个感觉运动阶段(也就是第一年的末期)就出现了。他举了一个很好的例子：他坐在女儿的摇篮旁边，看着她玩弄挂在摇篮上的物品。日光照射在这些物品上，形成了一种光线模式，她看到了这种模式。她伸手去碰那些物品，推动它们，于是一种新的光线模式出现了，她显得很高兴。她再次推动了那些物品。然而这次出现了另外一种光线模式。[1]

如果婴儿有着一种难以满足的欲望，那么当得到一种快乐的模式时，婴儿就会停止行动，从而拥有这份快乐；婴儿也可能继续移动这些物品，但当出现的光线模式和她原初看到的不一样时，她将会因为失去那个快乐的模式而哇哇大哭。如果婴儿并没有觉得失落，并且悬置了她所拥有的快乐，那么主导婴儿行动的肯定是某些比确凿的满足感更为复杂的因素。如果婴儿只想让自己得到快乐，那么他们得到某种模式之后就会让它固定下来；但情况并非如此，所以他们会冒着风险去寻找一种

---

[1] 让·皮亚杰(Jean Piaget)，《游戏、梦境和童年的模仿能力》(*Play*，*Dreams*，*and Imitation in Childhood*，London：Heinimann，1951)，书中各处，尤其是第一章。

新的模式——这种模式可能会也可能不会带来快乐。皮亚杰观察到，如果婴儿并不喜欢新的光线模式，他们并不试图重新获得第一个模式，而是试图得到第三种模式。这些试探活动就是游戏。游戏中的婴儿和自己的占有欲拉开了距离，也就是说，婴儿进行的是一种和自我拉开了距离的活动。

当儿童开始和同伴玩游戏的时候，自我距离再次卷入其中。游戏的最佳定义是这样的：它是一种儿童共同参与的活动，有一定的行动规则，而且参与游戏的儿童承认或者同意这些规则。由于儿童所生活在其中的文化并不相同，作为社会契约的游戏出现的年龄阶段也不相同；但在几乎所有已知的儿童文化当中，这种契约出现在第四年。

下面我们来看自我距离如何在弹珠游戏（玩游戏的三个孩子年龄分别为四岁半、五岁和六岁）中发挥它的作用（下面的观察来自作者几年前在芝加哥大学社会心理学实验室所做的研究）。弹珠游戏是一种比赛，玩家在比赛中以赢取对手所有的弹珠为目标，根据游戏规则的不同，也有以把对手的弹珠清除出划定的游戏区域为目标的。如果成年的旁观者试图简化该游戏的规则，他将会遭到孩子们的抵制。对他们来说，游戏规则搞得越复杂越好。如果弹珠游戏只是一种为了达到目的的手段，那么他们的行为将会显得毫无意义。获得胜利是促使儿童玩游戏的原因，但并非游戏本身；儿童喜欢把规则弄得很复杂，尽可能地延迟获得胜利那一刻的到来。

如果说儿童玩游戏纯粹是为了玩，不在乎输赢结果，那也是不对的。游戏必须有一个目标，有胜负的规则；大多数西方的弹珠游戏就是这样的；或者像目前流行的中国弹珠游戏一样，至少也应该有一个有关游戏什么时候结束的规则。这让我们想起了海辛格关于游戏是一种封闭活动的定义；游戏中的儿童对游戏的结束时间了然于胸，这使得此类活动和其他非游戏活动区分开来。对于生活在现代美国的儿童来说，在弹珠游戏中获胜是他们玩这个游戏的原因。然而，游戏中某些特殊行动的目的却在于推迟胜利的到来，延迟游戏的结束。儿童用来延迟游戏结束、保持游戏状态的工具就是游戏规则。

因而弹珠游戏是一种相当复杂的事情。只有通过确立规则，儿童才能够让他们自己从外部的非游戏世界中解脱。规则越复杂，儿童获得自由的时间就越长。但作为一种无穷尽状态的自由并非儿童想要的东西；弹珠游戏的规则对开局和中盘的规定往往十分混乱和复杂，但总是很清楚地规定游戏的结束。

有两个原因促使我们认为这些规则就是一些和自我保持距离的行动。首先，战胜其他玩家被推迟了。如果有人在游戏中出老千，那么孩子们会十分气愤。如果有一个儿童试图不顾游戏规则，多占其他人的便宜，那么所有孩子都会觉得很扫兴，这个游戏也就没办法玩下去了。因而儿童游戏的传统规则在儿童和战胜对手所带来的快乐之间插入了一段距离，即使取得胜利是促使这名儿童玩游戏的原因，即使这名儿童自始至终都极其渴望得到胜利。

规则成为一些和自我保持距离的行动的第二个原因在于玩家之间对技巧高低不一的控制。例如，在长距离的弹珠游戏中，玩家必须拥有很好的肌肉协调能力才能够直接射中弹珠。在这种情况之下，一个四岁半的孩子比一个六岁的孩子要吃亏。如果较小的孩子和较大的孩子一起玩，并且要求玩长距离的弹珠游戏时，较大的孩子会立即决定修改规则，以便较小的孩子不会一下子就输掉。较大的孩子给自己设置了障碍，以便使得所有的玩家都不吃亏，游戏因而得到了延长。在规则的作用之下，孩子们不直接维护自己的权利，也不追求马上就战胜他人。在这里，赋予游戏以结构的也是自我距离。

游戏规则的可塑性创造了一种社会纽带。在托儿所中，如果一个六岁的女孩想阻止一个四岁的男孩拥有一件玩具，那么她只要敲打他的脑壳或者粗暴地将玩具从他手里夺走就行了。而当她想和他玩长距离弹珠游戏的时候，她会"制造"出一种情况，在这种情况当中，他们两个之间不再存在力量的差别，即使她极其渴望取得最后的胜利。若想玩游戏，玩家必须摆脱自我；但这种摆脱的实现，则有赖于在玩家之间确立起一种势均力敌的虚拟状态的游戏规则。

婴儿游戏和儿童游戏殊途同归。婴儿通过悬置已经得到的快乐、打破摇篮之上的光线模式而达到了和自我拉开距离的目标。和其他孩子玩游戏的六岁儿童则通过制造一些模式来达到同样的目标，这些模式延迟了他取得胜利的时刻，同时也构建出一个势均力敌的虚拟共同体。

儿童游戏和儿童因为身心没有完全发育而体验到的挫折之间有什么关系呢？对于婴儿来说，每一次和外部环境的遭遇都充满了巨大的危险；婴儿无从知道他做一件之前从来没有做过的事情将会给他带来快乐还是伤害。当冒险的欲望战胜了挫折的恐惧，游戏行动就出现了。但这种冒险行动很容易遭到失败。如果皮亚杰那个翻动彩碟的孩子不经意间让阳光直接照射到她的眼睛，那么她就会觉得刺痛，而且完全有可能会暂时不再去碰这一串彩碟。口头语言的习得是降低未知经验的风险的重要阶段，因为婴儿能够从其他人口中了解风险，而不用依靠试错或父母不加解释的禁条来避免风险。然而，这种冒险精神在四岁到六岁的儿童的群体游戏中依然存在。在一般的社会情境当中，四岁的孩子是被排除在六岁的孩子能做和想做的事情之外的。然而，在游戏中，他获得了和她平等交往的机会，从而能够探讨一种他本来并不了解的社会情境。

冒险行动的问题很重要，因为它有助于我们理解儿童在游戏中学习到的自我距离的另一种复杂性。多数弗洛伊德学派研究游戏的文献都把玩游戏的快乐和儿童在"现实生活"中体验到的挫折与约束对立起来。实际上，游戏中的风险产生了焦虑，如果儿童在游戏中一输再输，那么他就会感到极其挫败。但他们并没有因此而仿佛"被召回现实生活"（弗洛伊德语）般地停止游戏。挫折使他们更加投入到游戏中去。原因恰恰在于，在这个特殊的领域之中，儿童和自我拉开了一定的距离，所以挫折导致退缩、挫折导致冷漠的常见现象并没有出现。

我们通常认为只有非常成熟的成年人才能够在一种情境中体验到挫折的同时继续关注该情境中发生的事情，并从该情境中获得某些快乐。游戏中的儿童确实也有这种复杂的体验，但多数成年人反而没有，因为成年人在生活中难得有机会继续来玩这些复杂和平衡的游戏。如果儿童同意玩一门游戏，那么他们之间等于签署了一份社会契约，而这份契约恰恰微妙地混合了风险、挫折和满足。儿童试图通过将他们的注意力集中在情境之上、把游戏本身当成是一种实在来减少挫折。举个例子，有个孩子不断地输掉某种特定的弹珠游戏，如果他要求换一种游戏来玩，他的挫折感并没有减少；假设游戏的目的在于摆脱"现实生活"的挫败，那么按理来说他应该要求换一种游戏来玩才对。可是他没有这么做，而是和其他玩家商讨如何修改游戏规则，以便大家都有相同的机会赢得游戏。而在这种商讨的过程中，大家将会进入一种悬置状态，游戏规则将会在高度抽象的层面上得到讨论。挫折感加强了自我距离，也加强了——用利昂·菲斯汀格的话来说——"对情境的关注"。①

修改游戏规则的工作是艺术工作的雏形。它是对一种传统的表达属性的关注。它让孩子相信这些传统。它为孩子打下了从事一个特殊的艺术工作——表演——的基础，因为孩子从中学会了依照"文本"的表达性内容来调节自己的行动。游戏让孩子学到，如果他搁置自己马上获得满足的欲望，转而关注游戏规则的内容，他就能够达到自己的目的。在游戏中，他越是能够不计较目前的快乐和痛苦，这些控制一个情境的行动就会变得越是复杂。音乐家经常说要培养"第三只耳朵"。这是一种聆听自我的能力；有了这种能力，音乐家就不会机械地不断重复相同的弹奏方式；只要和自己的行动拉开距离，像聆听别人的音乐一样聆听自己的演奏，音乐家就能够逐渐地锤炼某段乐曲，直到它传达了他自己想要它传达的东西为止。之所以说儿童时期的游戏为成年之后的艺术工作奠定了基础，是因为

---

① 心理学家将会承认这种对游戏挫折的分析接近于菲斯汀格关于认知紊乱的情景强化的看法。参看利昂·菲斯汀格（Leon Festinger），《认知紊乱理论》（*A Theory of Cognitive Dissonance*, Stanford, Calif.: Stanford University Press, 1957），还有"不充足回报的心理效应"（The Psychological Effects of Insufficient Rewards），载《美国心理学家》（*American Psychologist*）1961 年总第 16 卷第 1 期，第 1—11 页。

它让人们第一次体验到"第三只耳朵",也让人们产生了"第三只耳朵"的观念。游戏规则让人们第一次有机会将行动客体化,让它和自我拉开一定的距离,并且从性质上去改变它。

除了培养"第三只耳朵"的观念之外,游戏还以另外一种方式为表演艺术做好了准备。它让孩子们习惯于一个想法:表达是可以被重复的。如果有人让参加实验的儿童谈谈他们的游戏,以及它和平时的相处有什么不同;孩子们往往会说玩游戏的时候"你不用什么都得从头再来"。我发现这句话的意思是,具备可重复意义的活动只有在游戏中才存在,而平时相处的时候,他们彼此之间不得不进行各种各样的试探活动(对于六岁的儿童来说,主要是试探哪个人能够控制玩具或者其他类似的物品)。由于规则的存在,玩游戏随时都可以开始。然而,有的游戏的规则每隔一两周就会出现好几次改变,人们发现在这些游戏当中,清楚最新规则的儿童会向新加入游戏的儿童详细地讲解游戏规则的全部变化历史,以便后者能够准确地了解现行规则的表达状态是什么;因为游戏规则是人为制定的,不是绝对不能更改的,所以孩子们通过解析这些规则如何出现而进行了相互的交往。解析完毕之后,规则就能够被重复了。

狄德罗的表达理论有两个观点:第一,艺术表达是可重复的;第二,人们必须和自己的各种表达保持一定的距离才能够影响它们,修正和改善它们。这种艺术工作的起源在于人们童年玩游戏时对自我距离的学习。在那些和自我拉开了距离的游戏中,儿童了解到他能够制订和重新制订规则,规则并非万古不移的真理,而是在他控制中的传统。情感表述的根源在游戏当中，而不在父母通常所教导的知识当中。父母教导儿童服从规则；游戏让儿童知道规则本身是可以修改的，当规则被定下来或者被改变的时候，表达就出现了。直接的满足、直接的拥有和直接的控制被悬置了。

自我距离催生了一种对待表达的特定态度；同样，它也创造了一种对待他人的特定态度。儿童在游戏中学到，相处的关系有赖于共同制订规则。例如，在迷宫游戏中，孩子们之间的竞争通常都会很激烈，但当他们不得不改变迷宫的模式时，他们会突然变得齐心协力，亲密无间。社会交往和规则制订的这种关系也出现在下面的情况中：为了能够一起玩游戏，六岁女孩和四岁的男孩达成了协议，给女孩添加了适当的"障碍"。

行为学派指出，由于儿童缺乏对付环境的力量，他在生活中会遭到挫折，而游戏是对这些挫折的回应：游戏中的儿童创造了一个受到控制的环境。这种观点是正确的。但这种环境只有通过遵守规则的自我否定才能存在。如果一个儿童为了自己获得立即的满足而自发地改变规则——例如，让自己更容易获胜——那么游戏就被他破坏了。因而，在游戏中，儿童用较为具体的挫折感（也就是延迟的挫折感）来取代一般性的挫折感；这种做法构造了游戏，并赋予游戏以内在的张力，也就是游戏的"戏剧性"。维持儿童对游戏的兴趣的正是这种张力本身。

悖谬的是，儿童游戏的内容往往比成人游戏抽象得多。在玩游戏的时候，儿童将世界挡在游戏的领域之外；用海辛格的话来说，他"封闭"了游戏。所以游戏中的儿童常常将手头的物品和玩具假装成其他东西。成年人在游戏的时候却并不把游戏当成另外一个世界；非游戏世界的符号和符号含义可以继续存在，但它们必须经过一个重新定义的过程，这样一来它们的效应就会变得不同。例如，咖啡厅中精心设计出来的交谈模式并不是在其他社会场合得到应用的交谈模式的代替品，但这些交谈模式被专门用来服务于一个目的——让来自不同社会等级的人们能够无拘无束地交谈。结果就是造成了一种社会的虚构；从人们的表现来看，他们之间"仿佛"并不存在着什么区别——当然这只是暂时的。

正如我们在第五章中看到的，早在古代政制时期，儿童的游戏世界就开始显得不同于成人的游戏世界了。拿着玩具的孩子已经和拥有专属于自己的游戏的成年人区隔开来。在古代政制时期，玩游戏和情感表述有一些原则；由于这些原则在成年人的社会中逐渐销蚀，一种新的节奏在生命历程中诞生了。由于儿童被引进了成人文化的各种严肃事务之中，童年到成年的成长变成了游戏体验的丧失过程。正如海辛格曾经指出的，作为成年人，我们觉得观看他人演戏很"放松"，我们也会对体育运动产生激情，但在我们生活的世界中，这些娱乐消遣是严肃的"现实生活"之外的事情。人们在现实中丧失了游戏的感觉，本节开头引用那句弗洛伊德的话就体现了这一点；这表明了人们已经失去——或者更准确地说，压抑——了童年那种与人交往的同时关注表达的内容的能力。

儿童长大之后所进入的文化如何压制了这种艺术性呢？一个非人格领域的历史丧失调动了哪些心理力量来和这种游戏能力进行斗争呢？

自恋削弱了这种能力

19世纪的精神病医生最常遇到的问题是歇斯底里的问题。歇斯底里常见的轻微形式是各种各样的"病症"，也就是人们——特别是布尔乔亚妇女——无法成功压制的紧张感的身体背叛。这些精神疾病的存在不是仅凭维多利亚时期的性拘谨就能够解释的；我们已经看到，当时的文化环境迫使人们在家庭内部维持稳定的外表，以便家庭本身能够成为混乱的社会中的一种秩序原则。支撑这种外表规则的是认为情感会不自觉地流露出来的观念，以及对这种不自觉的情感流露的恐惧。总的来说，歇斯底里式的疾病是公共生活和私人生活之间的区别和稳定性出现了危机的表现；在这里，我们使用"危机"并没有夸大其词。

精神分析理论建立在对这些歇斯底里病征的研究的基础之上，而且从逻辑上来讲也应该如此。这种理论研究的是潜在的、不自觉的、不受控制的意识活动，它自然应该从关系到来自镇定和正常的外表之下的情感爆发的临床资料入手。潜意识理论的始作俑者并非弗洛伊德——潜意识这个词最早可以回溯到古希腊时代的赫拉克利特。弗洛伊德的独创之处在于他将压抑和性各自与潜意识的精神活动联系起来。弗洛伊德第一个看到意识的缺席是一种有着两个维度的心理现象；它既是一种压制在日常生活中无法得到处理的意识的方式，也是一种无须意识的活动也能够存在的生命形式（里比多式的能量）。

在20世纪，作为精神分析的基础的歇斯底里症已经越来越少见。当然，歇斯底里和歇斯底里式的病征依然存在，但它们不再是精神疾病的主要类型。这些"病症"为什么不再频繁地出现呢？一种简单的解释是如今大多数人已经不再有 19 世纪的性恐惧和性无知。这是一种颇有新意的理论，只不过性困难并没有消失；它们改头换面，变成所谓"性格疾病"的一部分。"性格疾病"指的是一些精神痛楚，这些痛楚不通过行动表现出来，所以并没有明显的迹象表明相关的人受到折磨，他的痛楚并没有被转化为直观的标记。这种痛楚是没有形状的：它是一种情感和行动分离（或者叫作分裂）的感觉——在严重的情况下它可能会导致精神分裂言语的出现，但一般情况下它只是让人无论做什么都觉得没意思。这种虚无的体验，这种没有能力去感受的体验，很难用有关压抑的机械概念来加以解释。常见症候的改变促使精神分析理论去寻找一种新的诊断语言，并提出早期的精神分析几乎想都没想过的各种术语，因为当时常见的精神痛楚的临床症状并不需要这些术语被提出来。

作为一种试图控制精神分离的性格疾病和虚无感觉的方法，有一些研究精神分析的学者开始拓展有关自恋的理论。在早期的精神分析中，自恋只占据了一个微不足道的地位。弗洛伊德 1914 年对这个主题的正式分析是他早期作品中的一篇特殊文章；荣格认为原始思维过程中存在着一些原型形象，弗洛伊德写了这篇文章加以反驳，所以在这篇文章中，关于自恋的分析受到了限制，弗洛伊德只把它当作驳倒荣格的武器，他想证明这些形象没有存在的可能。①

为了理解这种新的自恋理论，我们可以先来回顾它的基

---

① 西格蒙德·弗洛伊德，《论自恋》（*On Narcissism*, London：Hogarth, 1957；first published, 1914）。

础：一个古希腊神话。纳西塞斯跪在一个池塘边上，为自己在水中倒映出来的美丽容颜而痴狂。人们叫他当心点，但他根本不去注意其他事情或者其他人。有一天，他弯下腰去抚摸这个倒影，结果掉进池塘淹死了。这个神话的含义并非在于指出自爱(self-love)是不好的。它的寓意是，将虚幻的对象误认为是真实存在的对象是一种危险的观念，认为通过自我的形象就能够认识现实并据此来对外部世界作出反应也是一种危险的观念和行为。纳西塞斯的神话有两层意义：他的自我迷恋妨碍他弄清楚自己是什么和自己不是什么；这种迷恋还会毁灭那些迷恋自我的人。纳西塞斯只看到自己在水面上的倒影，忘记了水是身外之物，并非他本人，因而对它的危险视若无睹。

作为一种性格疾病，自恋和强烈的自爱是恰好相反的。自我迷恋并不会产生满足，它导致了对自我的伤害；抹掉自我和他者的边界意味着进入自我的东西不可能是新的"其他"的；它被吞噬、被改变，直到人们认为能够在他者之中看到自我——到了这个时候，它就变得毫无意义了。所以自恋的临床症状并不是一种活动的状态，而是一种存在的状态。所有的区别、界限、时间形态和关系形态都被抹杀了。自恋者并不渴望得到各种各样的体验，他渴望得到的是自我的体验。他总是不断地寻找对自我体验的表达和反思，所以在他看来，任何一种交往和任何一个场景都是没有价值的，因为它并不足以定义他是谁。纳西塞斯的神话的确凿寓意是：人在自我中溺死，而自我是一种混乱的状态。

试图赋予自恋以新意义的努力在亨兹·克哈特的作品中体现得最为明显。克哈特致力于寻找新的语言来描绘自恋式的性格疾病与日俱增的现象；这种现象本身和各种大规模的社会进程有关，而克哈特的理论的启发性正在于它将这种现象作为文化长期演变的后果来加以描述。大多数关于自恋的作品都是社会学的描述——但写出这些作品的人并没有意识到这一点，他们以为自己无非是揭示和解释一个先前并没有得到足够重视的心理生活的维度而已。

克哈特讨论了"浮夸自我"如何和外部世界的"客体"（这个词既指物，也指人）发生关系，他认为这样一种人格形态导致自我以获得"他所预期的对自己的身体和精神的控制，而不是对他人的成年体验和控制他人的成年体验"为标准来对待外部世界。结果就是这种以自我为标准的对世界的解释"普遍导致这样的后果：这种自恋的'爱'的客体感觉到来自主体的期待和要求的压迫和奴役。"在精神治疗中，这种浮夸自我和客体的关系的另一个方面变成了"镜像"移情，而在更为普遍的情况之下，它会变成这样一种看待现实的观点：他者是自我的一面镜子。①

在这样的基础之上形成的自我开始与引起我们关注的人格和文化的历史产生了共鸣；对于这个自我来说，意义的界限只延伸到镜子所能反射到的地方为止；一旦反射失败，非人格关系出现，意义就消失了。从另外一个角度来看，这些共鸣变得更加强烈。绝大多数分析自恋的临床症状的文献都聚焦于行动和情感之间的分裂。在这份人格档案中，"我真正的感觉是什么"这个问题逐渐和"我在做什么"的问题分离，并且它出

---

① 亨兹·克哈特(Heinz Kohut)，《自我的分析》(*The Analysis of the Self*, New York：International Universities Press, 1971)，第33—34页。

现的频率压倒了后者出现的频率。奥拓·科恩伯格汇编的诊断档案描述了一种人格类型，在属于这种人格类型的人看来，行动只有负面的价值，情感色彩才是至关重要的。同样，关于他人的情感动机的疑问也贬低了他人的行动，因为重要的并非他们做了什么事情，而是人们对他们在做这些事情时的情感的幻想。现实因而变得"不合法"了，这造成的结果就是，由于用幻想出来的情感动机为标准来感知他人，人们和他人的实际关系变得冷漠或者单调。①

这对我们来讲也很熟悉。它是作为情感动机的自我；一个由其情感生活而非其行动来衡量的自我最早出现在 19 世纪中期某个阶级斗争的时刻中，如今它充当了一个更为普遍的政治合法性的典律。情感共享而非共同行动的追求在 19 世纪末期开始定义特定的共同体感觉，如今则和共同体的区域化联系在一起——所以人们共享的东西只以自我的镜子的反射范围为界。

然而，这些精神分析专家并没有追问当"现实"本身被自恋式的制度统治之后出现了什么样的情况。由于社会中的人们都持有上述的观念，所以他们对"现实"产生了这样的看法：只有反射出自我形象的社会现实才是有意义的。考虑到诊所出现的自恋式性格疾病的极大增长，而且这些精神分析专家已经

---

① 奥拓·科恩伯格(Otto Kernberg)，"客体关系的结构性派生物"(Structural Derivatives of Object Relationships)，载《国际心理分析杂志》(*International Journal of Psychoanalysis*)，1966 年总第 47 期，第 236—253 页；科恩伯格，"自恋人格的心理分析治疗中的各种要素"(Factors in the Psychoanalytic Treatment of Narcissistic Personalities)，载《美国心理分析学会杂志》(*Journal of American Psychoanalytic Association*)，1970 年第 18 卷第 1 期，第 51—85 页；克哈特，《自我的分析》，第 22—23 页。

对自恋主义有所察觉，他们居然没有探究这些症状的出现是否跟自我所处的社会的刺激有关，这也太让人奇怪了。（平心而论，像温尼科特等较少使用精神分析学派的定义的心理学家更愿意研究这类问题。[①]）

正如 19 世纪公共生活和私人生活的危机所催生的文化导致了歇斯底里症在各种社会关系中出现一样，如今这种不再相信公共领域的意义并被作为衡量现实的意义的亲密性情感所统治的文化也导致了自恋在各种社会关系中的出现。当阶级、种族和权力斗争等社会议题不能够被亲密性情感加以衡量的时候，当它们不能够充当一面镜子的时候，它们不再能够引起人们的情感或者关注。这种自恋式的现实观造成了成年人的表达能力的衰退。他们无法和现实游戏，因为对他们来说，现实只有在映射出亲密性需求的时候才有意义。人们在童年时通过玩游戏认识了自我距离，知道如何在社交的同时表达自己；但成年人的文化激活了一种相反的心理原则——也就是自恋，并取代了这种游戏的心理原则。

在一个正统的精神分析专家看来，这完全颠倒了他的理论；在他看来，成年和有关自我距离的知识是对童年的自恋心理的超越。我之所以要颠倒他的理论，是因为这个精神分析专家对社会现实和历史事实的看法是有所欠缺的。在现代的社会生活中，若想遵从社会的规范，成年人的行动必须是自恋的行动。因为社会生活的结构决定了，只有当在它的结构之中工作

---

① 温尼科特（D. W. Winnicott），"过渡性目标与过渡性现象"（Transitional Objects and Transitional Phenomena），载《国际心理分析杂志》，1953 年总第 34 期，第 89—97 页。

和行动的人们将社会场景视为自我的镜子，并且不再认为这些社会场景具备一种非人格的意义的时候，秩序、稳定和回报才会出现。

作为一个普遍的进程，自恋式的关注和不安的创造是由社会制度通过两种方式完成的。首先，一个人在制度中的行动和制度对他的才能、性格优点等的评判之间的边界被抹掉了。因为他所做的事情好像反映了他的本性，所以这个人变得很难相信和自我拉开一定距离的行动。当评价自我的才能并非基于某次已经完成的行动，而是基于行动的潜能时，自恋被调动起来的第二种方式就出现了。也就是说，评价一个人看的是他的"前途"，他将来能够干什么，而不是他现在做的是什么或者已经做过什么。只要一个被如此评价的人认真地对待这样的评价，他将会对现实世界的各种差异视而不见，并且沉浸在不可实现的行动之中；而精神分析专家会把这些表现视为性格疾病的表征。

让我们来更加仔细地研究自恋式的关注如何在阶级的范畴中，尤其是在20世纪技术科层组织中新兴的中等阶级的范畴中出现，以此作为自恋在社会制度中出现的例子。

自恋的调动和一个新阶级的出现

人们通常认为20世纪是一个非手工劳动和科层式劳动的年代。在大多数工业化国家中，从事手工劳动和工业劳动的人在总劳动力中所占的比例确实下降了。白领工作确实也在科层结构的下等阶层中得到了扩张；人们认为手工劳动消失了，但其实它只不过转变为秘书、文案或者服务性质的常规工作而已。

在某些研究人员笔下，这种变化被描绘成布尔乔亚阶级向中等阶级（也就是法语中的 classes moyennes）的转变。他们指出，银行出纳和行长之间的差异已经变得很大，再也不能被当成同一个阶级的成员，办公室中的常规工作和管理工作之间的鸿沟因而被扩大了。他们认为白领世界内部也有一个阶级结构，它的内部也有无产阶级、手工业主、小布尔乔亚和管理阶级。①

一种特殊的阶级伴随着白领世界内部的这种劳动分工而出现了。它由从事半技术、半常规性工作的人员组成，比如计算机程序编写员、出纳会计、证券交易所中职位较低的交易员等。他们并不能随心所欲地使用他们自身的技能，而所从事的也不是随便到马路上拉个人都能胜任的工作；这种特殊的中等阶级尚没有属于他们自己的群体身份和阶级文化。他们是一个新生的阶级。在北美和西欧，他们还是总体劳动力中扩张最快的一部分。②

这个阶级的成员的工作是由制度决定的，因而他们的人格从很大程度上也受到制度的制约。他们几乎没有任何传统或者

---

① 有些彼此差异很大的研究人员都持有这种观点，例如，丹尼尔·贝尔（Daniel Bell）的《后工业社会的来临》（*The Coming of Post-Industrial Society*）和阿兰·图雷纳（Alain Touraine）的《社会的产物》（*La Production de la Société*）都表达了这种看法；安德烈·戈兹（André Gorz）和谢尔盖·马雷特（Serge Mallet）这样迥然不同的理论家也都持有这种观点。

② 实际上，在美国这些人通常是蓝领工人阶级中的精英，他们自认为已经脱离了工人阶级，但在科层组织的人事表格中，他们依然被当成工人阶级的一员。请特别参看布劳纳关于技术工人的作品。罗伯特·布劳纳（Robert Blauner），《异化与自由：工厂及制造业》（*Alienation and Freedom: The Factory and Its Industry*，Chicago：University of Chicago Press, 1967）。

技术标准可以用来抵抗这种制度进程；这些新生阶级的成员接受了制度给他们安排的工作，并试图在一个阶级环境和人格如此紧密地结合起来的情景中找到一些防御模式和意义。由于企业如此对待它们的白领技术工人，导致自我迷恋的两种方式同时诞生了；自我和外部世界的界限被抹掉了，因为职位变成了一面反映个人能力的镜子；然而，个人能力到底如何并不取决于已经完成的行动，而是取决于个人的潜力。自恋在技术工人的生活中被调动之后造成的结果就是，这些技术工人再也没有能力去挑战统治着他们的阶级的各种规章制度。阶级已经变成他们自身的一部分，所以他们无法以游戏的态度来对待阶级。制度对自恋的调动成功地使人们失去了在游戏中学到的表达性能力——也就是以游戏的态度对付制约他们行动的非人格规则，并重新制订这些规则的能力。

自我和工作之间的界限首先是被企业中的职位升降模式抹掉的。这些白领工作的扩张和增加基本上和功能性需要没有什么关系，主要是为了提供新的奖惩方式，或者提供一些避免白领工人无所事事而导致科层组织不能作为一个有机体继续运转的工作。这种科层组织扩张的内在逻辑的本质是，新的工作不必和旧的工作相似或者相关；因而，如果你把某件工作做得很好，那么企业给你的奖励不是更多的金钱报酬，而是让你不再从事这份工作，成为那些干这份工作的人的领导。同样，如果你某件工作做得不好，那么企业给你的惩罚不是让你继续干这份工作，直到你把它做好为止，而是让你去干一份必须从头学起的工作。技术革新和科层组织扩张之间有着一种奇怪的关系。例如，有人研究了美国某个城市的医院档案保存工作的计算机化；该项研究表明，计算机的出现使得医院的资金利用效率稳定下降。安装和使用计算机所费甚巨，医院不得不创建一个全新的部门来维护它的运转；医院因此大动干戈开展了筹款工作，并且又得到了一大笔善款；这笔善款后来又被医院挪用了，用于建造一座新的住院大楼。作为科层组织的医院整体的赤字大大增加了，但新加入医院的白领劳动力让那些掌权的人相信，幸亏有了计算机，医院已经步入"现代化"了。正如凯恩斯在半个世纪之前的预言，现代科层组织的本质在于，如果它是一个稳定而平衡的系统，无须求助于资本、人力或者产出的扩张也能够制造稳定的利润，那么它很有可能会让它的管理者感到恐惧，也很有可能会更加普遍地引起社会对它的不满。①

因为增长而非功能性需要的科层组织扩张对这个阶级造成了一种特殊的影响。他们拥有从工作中学到的技能，但这些并非专业技能；如果他们拥有的技能十分专业或者十分罕见，那么在企业内部结构调整和扩张的时候，他们就能够拒绝担任其他职位。但实际上他们拥有的是一种万金油式的工作经验。他们要么在企业内部不断地换职位，每换一个职位就学一些新的技能；要么名义上职位不变，但工作的内容由于企业的结构变得更加复杂而发生了改变。例如一个计算机程序编写员可能突然发现他所做的其实是簿记工作，即使他使用的还是原来那台计算机；又或者办公室新买了一台计算机，结果他又不知道如何编写新的计算机语言，那么他的上司可能会让他去负责资

---

① 简·弗林（Jane Veline），"推动机构增长的科层需要：一项个案研究"（Bureaucratic Imperatives for Institutional Growth: A Case Study），手稿。

料输出这一块的工作，而不再让他负责编写程序让计算机开始运转的工作。又比如一个和某些技术产品打交道的销售人员，如果企业引进了新的生产线，上级觉得他可能不适合销售他原来没有销售过的这些产品，那么他就有可能被安排到企业中的其他位置。①

如此一来，他能否在科层组织中保住某个职位，并不取决于他是否拥有一种特殊的技能，而是取决于上级是否认为他能够掌握很多种他尚且有待学习的技能。这种万金油式的工作看重的是工人的"内在"能力、团队合作所需的处理人际关系的"技能"，以及协商的能力。悖谬的是，一个人的职位越是被认为和他的技艺无关，人们就会越认为他具备了出色的个人能力和交往能力。

在大型的科层组织——无论是国家机构还是私人企业——中，拒绝改变职位通常是一种自杀行为。这种行为会显得当事人没有进取心，而且更糟糕的是，人们会因此觉得他不"合作"。成为一个"有价值的"工人意味着这个工人拥有完成各种任务的能力，同样，成为团队的一部分、乐于合作、愿意服从分配意味着这个人拥有对科层组织的结构来说很有价值的处理人际关系的技巧。这种价值实际上就是"灵活性"。它遮盖了如下的事实：在工作中，这个人失去了自己和物质环境的距

---

① "万金油工作"(protean work)这个词来自里弗顿(R. J. Lifton)的"万金油人"(Protean Man)，载《党派评论》(*Partisan Review*)1968年冬季出版的第35卷第1期，第13—27页。对万金油工作的最好描述是米尔斯的《白领》；克里斯托弗·甄科斯(Christopher Jencks)和戴维·李斯曼(David Riesman)的《学府的革命》(*The Academic Revolution*, Garden City, N.Y.: Doubleday, 1968)很好地分析了这样的工作涉及的教育/技术能力问题。

离。人们对他的评价的根据是他作为一个人的性质——他的"潜力"。

一个遭到如此对待的人怎样看待人格和阶级地位之间的距离的消失呢？1946 年，在一篇著名的文章中，赖特·米尔斯第一个开始回答这个问题。他在《中等城市的中等阶级》中认为，人们越是将阶级的事实和他们自己的人格联系起来，他们就越不会为了阶级的不公平而采取政治行动，甚至不会因之感到愤怒。在分析中，米尔斯特别研究了科层组织的工人和其他中等阶级的成员；他指出，如果人们觉得教育、工作甚至收入是构成人格的要素，那么这些人就很难反抗他们在教育或者工作中遭受的不公平待遇。米尔斯说，当阶级被人格所过滤之后，人们"和他人相处"的问题就出现了。阶级问题变成了人性的难题；米尔斯特别指出，人们开始孜孜不倦地追问他人到底有什么感觉、他们的行动之中包含了什么样的情感的动机，而这又使得他们无法追求组织的或者非人格的目标。[①]

二战之后，在工人组织者的描述中，科层组织中的中下等工人是最难以组织的一部分，而且他们也最容易将金钱、利益和互助的问题转化为个人在组织中的"地位"的问题。尽管工作环境远比手工劳动群体糟糕得多，但他们依然愿意忍受，原因在于这些低级的白领工作比较"体面"，从而比较"个人"。用英国某个劳工组织的话来说，这种认为个人是否体面取决于工作是否体面的观念使得办公室工人不愿意用制度的标

[①] 赖特·米尔斯，《中等城市的中等阶级》（*The Middle Classes in Middle-Sized City*），载《美国社会学评论》（*American Sociological Review*），第 2 卷第 5 期（1946 年 10 月），第 520—529 页。

准来思考他们的生活。这些办公室工人不愿意追求集体利益，并且有一种个人的孤立感，劳工组织得费很大劲才能打破这种孤立感。

当人们认为社会地位反映了自我时，他们就会做出这样的反应；研究人员总是陈词滥调地将这些反应称为"虚假意识"。与其将这种认为一个人的工作尽管经常发生变化但依然体现了这个人的人格的观念称为"虚假意识"，倒毋宁说它是某种科层组织进程的意识，是工人本人的意识对这种进程的反映。职位变成自我的一面镜子（然而这面镜子所反射的东西没有什么是固定的），是阶级系统产生出自恋情感的第一个阶段。

但仅凭自我和职位之间的距离的消失，人们还不至于觉得无法在行动中呈现自己的情感，也不至于在与他人进行交往的时候保持被动的状态——这两者是在自恋式的性格疾病中出现的隔离情感的特殊标记。足够奇怪的是，这种被动状态是在从事技术工作的中等阶级之间出现的：工作的时候他们无遮无拦地暴露在彼此的目光之下，他们试图创造出一个心理盾牌来保护自己，于是这种被动状态就出现了。他们用来保护自己的手段是语言的运用，也就是一种用来描绘工作中的自我的方式；这种方式既出现在对为大型企业服务的手工业劳动者的研究中，也出现在对这些大企业内部的白领员工的研究中。工作中的自我被分为"主我"（I）和"宾我"（me）。"主我"——也就是主动的自我——并不是由制度来加以评判的自我；"主我"是工人的动机、情感和冲动的自我。悖谬的是，人们用被动的语言来描绘做了事情并且得到回报的自我，他们通常会说"宾我"做了什么事情。这些事情都不是由"主我"完成的。[①]

因而，美国有一项对这些工人的研究表明，他们往往把职位的升迁当作某件由抽象的"他们"送给"宾我"的东西；他们很少会这样说："我做了甲事或者乙事"，所以"赢得"了升职。当这些中等职位的工人在谈论工作时使用了"主我"形式时，他们谈的肯定是自己和其他工人的友爱关系和亲密情感。主动的"主我"只在工作的范畴之外出现；在工作的范畴之内，一个被动的"宾我"定义了自我。

被动的行动服务于一个功能性的目的。在这样一种将人等同于工人的客观环境中，在行动上表现得仿佛事情不是自己引起的而是自己遭遇的是一种保护性的策略。然而，将主动的"主我"和那个得到评价、回报或者批评的行动者分离开来的难处在于，如果工作本身完全取决于个人能力，那么人们就会陷入一个困境：一方面，职位是人格的产物；而另一方面，在工作的时候，为了保护自己，人们对待工作领域中的体验的方式又显得人格只是科层组织运转过程中一个被动的接受体。

自我分裂成"主我"与"宾我"，根源在于社会的文化环境。真正的自我是情感动机的自我，它是主动的自我。但它并不在社会中活动；社会中存在的是一个被动的"宾我"。正是由于这种自我保护方式，人们才会表现出米尔斯和上述劳工组织所认为的冷漠。正如某些利用这种性格疾病的研究文献来分析"无精打采的工人"的工业心理学家如今所宣称的，此一分裂是正常的，是人们自我调适的结果。在这样一个职位反映个

① 参看桑内特和寇伯，《阶级中隐藏的伤害》，第 193—197 页。

人能力的社会中，出现这种分裂诚然是合乎逻辑的结果；工作和其他不平等的社会关系都是围绕这种自我想象而被建构出来的。

在一个阶级地位显得和个人无关或者是与生俱来的社会中，社会地位微不足道并不会引起个人的羞耻；如果某个工人为提高自己的地位而奋斗，人们很容易认为他也在为提高同一阶级的其他工人的地位而奋斗。然而，当阶级变成个人能力的反映之后，职位升迁变成了自尊的必然前提；如果有个人得不到升迁，尽管他知道得不到升迁是制度的因素在作祟，那么人们往往会莫名其妙地认为这个人的人格和个人能力有所欠缺。因而，对阶级地位的担心，尤其是对自己能否从某个阶级脱颖而出的问题的担心，便和对自己是否具备一个真实而成熟的人格的担心结合在一起了。由于持有这种观念，人们很难认为自己和其他占有同样职位的人是相同的——他们可能会承认他们之间有一种抽象的共同利益，但在承认这些共同利益以及依据它们进行集体行动的同时，他们还会彼此比较个人对职位的胜任程度。如果人们使用的确实是自己的能力，那么他的身份不会因为和其他人共同进行非人格的活动而被"贬低"。然而所谓的个人能力却从来没有具体地出现过。

技术工人所处身的文化是一种相信自我和社会阶级合二为一的文化，因为制度中的生活只有在能够反映自我的时候才有意义。新近法国一项对计算机程序编写人员的研究清楚地表明这种情况是怎么出现的；人们并不觉得自己和制度是"分离"的，而是觉得自己和它有一种"强迫性的密切关系"，所以有关企业的事情，不管有多么微不足道，都会引起他们极大的关注。这个结果给那些自尊的人们在社会中拥有的感觉造成了微妙的影响。这些人并没有遭到明显的否定，也没有得到明显的接受；他们不断地试探自身，试图在现实中找到确凿的自我，然而自我在现实中并没有固定的界限。恰恰是因为人们认为自我是变化不定的，所以各种制度过程——例如创造一个由万金油式的技术工人构成的新阶级——才有可能得以实现。但同样，这种认为自我和职位是彼此的镜像的观念并非权力系统需要的派生物。制度对万金油式工人的需求和工人认为自我变幻不定的观念之间的关系，就像我们在第三部分分析过的机器生产和商品拜物教的观念之间的关系一样。它们是同一个文化进程的两个方面。它们共同导致了人们在工作中的被动态度；这种阶级结构和观念文化结合起来，共同调动了自恋的心理力量。

我们已经指出，自恋的力量和游戏的力量是相互对立的。游戏的概念和诸如"强迫性的密切关系"之类的现象有直接的关系。处于这种被动状态中的人们不会考虑去挑战或者改变企业的规章制度；企业是一个不能改变的绝对实在，他们必须用自己的能力在这个实在中谋生。问题不在于他们是否喜欢企业的结构，而在于他们是否认为企业的结构是天经地义的。只要他们认为它是天经地义的，他们就无法"质疑"它的规章制度。他们的游戏能力也就是在这个时候丧失的。

游戏会给人们带来某些修改规则的乐趣。自恋则与此相反，它是一种禁欲式的活动。为了理解这种禁欲主义为什么会以及如何侵蚀了那些受到它影响的人们的表达能力，我们再一次需要将这个概念从精神病学家手中抢过来，并把它放到一个社会和历史的背景中去。

自恋是当今时代的新教伦理

我们之前已经指出，一个主动在世界中寻找快乐、享受他的财富和身份的自我主义者，一个知道如何索取的人，将不会出现在自恋的临床档案中。然而，这种矛盾并非专属于精神分析理论的发现。因为它实际上是韦伯在他的经典著作《新教伦理与资本主义精神》中所使用的公式；韦伯将自我主义和"世俗的禁欲主义"对立起来。韦伯对"世俗的禁欲主义"的分析和如今这种"新"精神疾病现象之间有太多的相似之处，我们不得不追问，两者如此惊人的相似难道仅仅是巧合而已？抑或是那些产生了自恋式的自我吸收的文化力量以某种方式让新教伦理改头换面地重获新生？

在韦伯所有的概念中，新教伦理可能是最有名然而也是最误导人的一个；这种误导既应该归咎于韦伯本人，也应该归咎于他的读者。正如许多批评家已经指出的，韦伯的语言并不清晰，所以有时候他说新教是资本主义的起源，有时候又说不是；在这部作品中，他既想如实地记录历史，又想从史料中提炼出某些抽象的学术概念，就在这两者之间摇摆不定。但我认为我们应该把这本书当作某种道德故事来读，这样才能读到这本书的精华所在。韦伯的迷思是什么呢？一种仪式性宗教（天主教）的没落和资本主义的兴起通向了一个相同的终点；它是对以确定自我为目的的满足的否定。这就是"世俗的禁欲主义"。人们通过否定自己在具体经验中的快乐来表明自己是一个真正的人。人们认为，推迟满足的能力是强大人格的标志。

对于新教而言，世俗的禁欲主义是否定自己通过宗教仪式，尤其是通过罪行的赦免而获得的快乐；对于资本主义而言，世俗的禁欲主义是否定自己通过在其他人的陪伴中使用金钱而获得的感官满足。因而，世俗的禁欲主义消灭了通过宗教仪式或者通过金钱支出而得到实现的社会交往。情感变得更加内向了。否定自己在人世间的快乐等于向自己和向其他人表明自己是一个什么样的人。韦伯点明的并非禁欲主义的本质，而是一种世俗伦理的本质。一个私下在修道室中鞭挞自己的修道士想到的并非他在其他人眼里的形象；他的禁欲主义是一种抹除自我的禁欲主义。而在韦伯的加尔文或者本·富兰克林身上，我们看到的是一些希望明白无误地向世人表明他们是道德品质高尚的人的禁欲主义者。

世俗的禁欲主义和自恋有太多的相似之处：在这两者中，"我感觉到什么"变成了一个被追问不休的问题。在这两者中，向别人展示自己的情感的控制和冲动是一种展示自己拥有一个值得尊重的自我的方式。在这两者中，人们都向世界展示自我，却从不参与那些超出自己控制范围的世俗经验。

韦伯为什么要构建新教伦理这个观念呢？那是因为他想通过它来展示世俗主义和资本主义共同对人们的心灵造成的影响；他选择这两种力量绝不是无意为之。它们致使人们不再相信外于自我的经验。它们共同侵蚀了作为一种进取而自信的力量的自我，并使得自我的价值成为过度焦虑的对象。总而言之，它们共同侵蚀了公共生活。

韦伯察觉到的禁欲主义冲动，连同以自我正当化为目的的禁欲主义行动，是理解自恋的能量如何被转移到人际经验之中的重要线索。自恋的情感冲动被转化成禁欲主义的自我正当化之后就具备了社会属性。这些自我正当化的情感冲动的后果和在工作中展示自己的能力的欲望造成的后果一样，都是不再和他人进行交往，或者更准确一点说，不再和他人进行那些不能够引起对自我的注意的交往。而这反过来又使得行动的观念、认为生活是一套传统规则的观念被废黜了。

常识告诉我们，自我迷恋和禁欲主义是相对立的；但是常识最容易出错，我们最好还是举一个具体的例子来看看它们是如何相辅相成的。19世纪的性恐惧看上去好像是禁欲主义行为的极端例子。但是，如果我们认为一个私下为自己守身如玉而自豪的女人把她的贞操当作一种"自我标榜"，那么我们就彻底地搞错了。其实19世纪的人之所以会对性感到恐惧，是因为他们认为性是一种危险的东西，而且对性有一种自我反感。自我标榜的禁欲主义是韦伯的世俗禁欲主义，它是一种引起对自我的关注的自我否定，而且实际上，它是一种维护自我的首要地位的手段。与之相反，在当今这个貌似更加自由的年代，主流的性观点和这种对快乐的持续否定的关系更加密切。20世纪60年代末期一项在纽约展开的研究表明，无论是男是女，人们之所以害怕体验不到性高潮，往往并不是因为害怕性伴侣得不到满足。如果人们改变了性行为，并因此体验到更多的性快感，那么他们对性高潮的期望值也会相应地提高；于是人们依然体验不到"足够的"性快感，他们依然会觉得性行为并没有"让人心满意足"或者"十分有意义"。这种自我否定才是韦伯所认为的禁欲主义，才是克哈特所描述的自恋的压迫性要求。因为得不到满足，人们的精力都集中在自己身上了。

在现代社会中被调动起来的自恋的这种禁欲主义性质催生了两种出现在临床文献中的情感特征。也就是闭合恐惧(fear of closure)和空虚(blankness)。

期望值的不断提升导致当前的行为无法让人觉得满足，这其实是一种缺乏"闭合"的表现。人们避免产生一种目标已经达到的感觉，因为如此一来，各种体验就会被客体化；它们将会具备一个形状，一种形式，因而它们的存在便不再依赖于人们。若要这个目标不被实现，人们必须践行一种禁欲主义——或者人们必须像韦伯笔下那个害怕各种虔诚的宗教仪式的加尔文一样，认为具体化了的现实是可疑的。只有连续不断的自我才是真实的；人们只有通过持续不断的自我否定才能拥有一个连续不断的自我。如果发生了闭合，经验便似乎和自我分离了，所以人们似乎遭受了一种损失。因而，自恋式情感的实质在于，它必须是一种持续的主观状态。

第二种受到禁欲主义影响的自恋特征是空虚。"要是我能感觉到就好了"——自我否定和自我迷恋同时在这句话中得到了实现。如果我感觉不到某件事物，那么它是不真实的，但我什么事物都感觉不到。自我之外存在着某些真实的事物的观点被彻底地驳倒了，原因在于，因为我是空虚的，所以在我之外没有真实的事物。在治疗中，病人指责自己缺乏一种对事物感兴趣的能力，然而，这种貌似充满了自我厌恶的指责实际上是一种对外部世界的控诉。因为他真正想说的是，没有任何事物能够让他产生感觉。在空虚的表面之下被掩盖着的是一种孩子般的赌气：如果我不想，那么没有事物能让我产生感觉。有的人本来以为某些人或者某些活动是他们所渴望的，但一旦和这些人发生接触或者参与了这些活动，他们又会觉得其实一点意思都没有；隐藏在这些人的性格背后的，是一种秘密的、没有得到承认的信念：其他人或者其他事物永远都不够好。

自恋的两种禁欲主义特征是制造这种妨碍人们表达自己的情感的精神状态的要素。人们觉得向其他人表达自己的情感十分重要，但他们又不知道从何说起；而一旦将这些情感表达出来，将它们客体化，让它们固定下来，又似乎剥夺了这些情感的真诚性。也就是说，自恋并不能形成情感的表述，它是那种我们称为向他人呈现情感的交流方式的心理基础。自恋构建了这样一个幻象：一种情感一旦被感觉到之后，它肯定会显露出来——因为"内心"毕竟是一个绝对的实在。情感的形式只可能是情感冲动的派生物。

由于害怕将情感客体化，害怕透露出情感的蛛丝马迹，人们在向他人呈现自己的情感时注定要失败，并且也注定要为了这种失败而责怪他人。毕竟，别人知道这个人是个有感情的人，但是由于这个人害怕将这些情感客体化，所以他们无法弄清楚他的情感到底是什么。在自恋的影响之下，清楚地表达情感是对自我的一种威胁，于是人们对自己的情感加以遮遮掩掩。但是对于这个拒绝将情感客体化的人来说，他确实有向别人倾诉的冲动。如果一个人确实强烈地希望向他人倾诉自己的情感，而其他人又无动于衷，那么过错肯定在于其他人：我自己是真心的，但是他们不理解，他们让我大失所望，他们不能满足我的要求。因而，认为自己的情感才是惟一能够依赖的实在的观念得到了强化。寻找自己的情感也变成了一种为了自己的探索；人们往往想都不会想到要让别人理解这种寻找。如果人们告诉其他人，说自己正在寻找，那么他们肯定会明白的。

我们在第三部分已经看到 19 世纪情感呈现的信念如何与情感的不自觉流露的观念结合在一起。回想起达尔文的名言吧：情感流露不在意识的控制范围之内。自恋将这种性格的不自觉流露的观念推向了它的逻辑极端。

总而言之，一个社会只要调动了自恋，它就会被一种和游戏的表达原则完全相反的表达原则所控制。在这样的社会中，表达技巧和套路自然会受到质疑。这个社会造成的后果就是这些文化工具的毁灭。它毁灭这些文化工具的时候扛起一面旗帜，宣称要废除人们之间的障碍，使人与人之间更加亲密，但它只会将社会的统治结构照搬进人们的心理。

结论　亲密性的专制统治

提起亲密性专制，我们很容易想起两幅画面。一个是被孩子、房贷、夫妻争吵、看兽医和牙医、准时散步、坐地铁上班、回家、规规矩矩地每天只喝两杯马提尼和只吸八根烟、担心账单等所限制的生活——这份日常家务的清单很快勾勒出亲密性专制的一幅画面；它是幽闭恐惧症。亲密性专制还可以代表一种政治灾难：警察国家；在警察国家中，人们所有的活动、朋友和观念都受到政府的监视。在这种亲密性的压迫之下，人们日夜担心自己会因为说漏嘴而招来牢狱之灾，担心自己的孩子在学校可能会童言无忌说了不该说的话，担心自己可能会无意间犯下国家表面上假装不禁止的罪行。《包法利夫人》是第一种亲密性专制的象征；优秀的小共产党员向秘密警察举报行为不轨的父母的斯大林式传说是第二种亲密性专制的象征。

这两幅画面都有不足之处。家庭责任无法解释为什么今天还有很多人深受幽闭恐惧症之害。法西斯式的画面则很容易误导人，让人以为一旦不存在法西斯主义，那么各种亲密性的政治控制就会被削弱；但实际上它们只是改头换面而已。这两幅画面之所以不能够完全代表亲密性专制，是因为这两者都是粗暴强迫的专制。专制本身可能成为更微妙的东西。

"专制"这个词在政治思想中最古老的用法之一是作为统治的同义词。当所有的事情都由某个人或者某种统治原则来决定的时候,这个人或者这项原则就对社会生活实行了专制。单一来源的统治权力并不一定要通过粗暴的强迫才能管制各种习惯和行动;它同样可以通过诱惑达到目的,使得人们心甘情愿地接受一个地位在他们所有人之上的单一权力的统治。这种诱惑所涉及的专制统治者也不一定是人。一种制度可以成为统治权力的单一来源;一个观念可以充当衡量现实的惟一标准。

亲密性在日常生活中的专制属于最后一类。它诱惑而不是强迫人们相信有一种真理的标准可以用来衡量各种纷繁复杂的社会现象。它是一种用心理学标准来衡量社会的方法。只要这种诱惑性的专制取得成功,社会本身就被改变了。在本书中,我无意说我们完全以人格的展示来理解各种制度和事件,因为那明显是不可能的事情,我想说的是,只有当我们能够在各种制度和事件中察觉到人格因素的作用时,我们才会去关心这些制度和事件。

亲密性是一片虚幻的田野和一种人类关系的期待。它缩小了人类经验的范围,使得和生活的直接环境关系密切的事物变得至关重要。缩小人类经验范围的规则越多,人们就会给彼此施加越多的压力,以便拆除阻碍人们坦诚相待的由各种习俗、礼节和姿态等构成的屏障。人们还对人类关系产生了一种期待,认为密切的关系能够给他们带来温暖;为了拆除亲密关系的障碍物,人们乐此不疲地追求密切的社会交往;但这种期待被这种行动打败了。人们彼此之间的关系越是密切,他们就越不可能彼此交往，越会为这种关系感到痛苦，而且也越会彼此伤害。

保守的学者认为，亲密性的体验之所以打败了人们对亲密遭遇的预期，是因为人类内心的"本性"十分邪恶或者具有破坏性，所以当人们彼此揭露他们自己的时候，他们所展示的都是一些在其他较不密切的社会交往中掩饰得严严实实的不可告人的邪恶念头。我认为亲密关系战胜社会交往是一个漫长的历史过程，在这个历史过程中，各种关于人性的观念被改变了，变成了一种个体的、不稳定的和自我迷恋的现象——我们称这种现象为"人格"。

当世俗主义和资本主义第一次在社会中涌现的时候，一种微妙的平衡维持了社会的运转，而上述的历史过程就是这种平衡受到侵蚀的过程。它是公共生活和私人生活之间的平衡，是人们能够投入某种情感的非人格领域和人们能够投入另一种情感的个人领域之间的平衡。当时的人们认为人性是一种自然属性；人们的性格并不是在各种生活经验中被创造出来的，而是在这些生活经验中被揭示出来的。也就是说，人们的性格是先天的，并且反映在人们身上。到了 19 世纪，由于世俗主义和资本主义已经发展出新的形式，人们逐渐不再认为性格是与生俱来的。人们开始认为他们就是他们自己的性格的创造者，他们在生活中的每一件事情对于定义他们自己而言都具备了一种意义，但这种意义到底是什么，由于他们的生活充满了不稳定性和矛盾，他们很难讲得清楚。然而这种对人格事务的极大关注和投入与日俱增。于是自我这种危险力量逐渐开始定义社会关系。它变成了一种社会规则。到了这个时候，非人格意义和非人格行动的公共领域开始萎缩。

这段历史造成的后果就是，公共秩序被一种认为个人情感产生了社会意义的观念所消灭了；我们今天生活于其中的社会依然背负着这种后果。对于我们来说，公共秩序的消失模糊了社会生活的两个领域。一个是权力的领域，一个是我们的居住环境的领域。

我们理解权力涉及的是国家的利益和国家之间的利益、各种阶级和种族群体之间的争夺、地区的或者宗教的冲突。但我们的行动却不以这种理解为基础。只要我们的观念受到这种人格文化的控制，我们就会给那些诚实、正直和显示出自我控制能力的候选人投票。我们认为这些人格特征符合各种各样的利益。由于阶级本身被当成个人内在能力的表达——这种观点在20世纪新兴的阶级中尤为流行——阶级政治被削弱了。区域主义和区域自治正在变成越来越流行的政治信条，仿佛区域越小，权力关系的体验就会具备越多的人性意义——即使实际上权力结构已经发展成为一个跨国的系统。人们认为社会的坏处正在与它的非人格属性，于是共同体变成了一种反对社会的武器。但西方工业社会通过将控制经济的结构发展成为一个国际性的系统而获得了稳定，在这样的社会中，权力共同体只能是一种幻想。总而言之，由于太过追求小范围内的直接人类关系，我们无法用我们对权力实在的理解来指导我们自己的政治行为。于是统治力量或者社会上的不平等依然没有受到挑战。

其次，这种认为真正的人类关系是彼此揭露自己的人格的观念扭曲了我们对城市功能的理解。城市是非人格生活的工具，它是一个熔炉，在其中我们能够通过社会交往见识到各种各样的人，认识到各种各样的利益，感受到各种各样的体验。非人格的体验打破了这个熔炉。人们在自家美丽整洁的花园中谈论着纽约市区或者伦敦市区的可怕之处；在海格特区或者斯卡斯代尔区这儿，人们可都认识自己的邻居；生活确实不像市区那么丰富，但是很安全。这是一种再部落化（retribalization）。"城市化的"和"文明的"如今意味着一种纯粹的小阶级体验，也染上了贬义的势利色彩。文明的生活方式应该是这样的：在这种生活方式中，人们能够轻松自如地应付一种体验的差异性，并且实际上还从这种差异性中吸取养分；但正是这种对非人格生活的恐惧，这种附加在亲密关系之上的价值，使得只有富人和受过良好教育的人才能过上这种文明的生活方式。从这个意义上来讲，迷恋亲密事务是一个不文明社会的标志。

这两种亲密性专制，这两种对非人格生活的现实性和价值的否定，拥有共同的一面和相反的一面。在 19 世纪第一次出现的区域主义如今已经变成了一种城市建设的信条；而这种城市改建的规则也已经变成了政治行为的规则。人们是否能够采取非人格的行动，取决于他们是否能够在社会中积极地追求他们的利益。城市应该是非人格行动的教师，它应该是这样一个公共场所：在这个场所中，人们就算没有想了解其他人的冲动，也会觉得和其他人的交往是有意义的。我认为这样的城市不是痴人说梦；在人类文明史的大多数时间里，城市一直是积极的社会生活的中心，在这里上演着各种利益的冲突、展示着人类生活的各种可能性。这种文明的可能性今天只不过进入了休眠状态而已。

附录 "我控诉!" ①

致共和国总统菲利克斯·福尔的信

总统先生:

我曾经受到您的热情招待,至今十分感激,所以想保全您的美誉,请容许我斗胆进言:向来高照您的福星,恐怕已经遭到最为人所不齿、最难以消除的污垢遮蔽。

您屡遭诽谤中伤,却毫发无损,而且深孚众望。法兰西和俄罗斯的结盟引发了人民的爱国热潮,也使您成为万流景仰的人物;您正在准备主持即将在我国召开的世界博览会,这次光荣的盛会,是我国百余年来辛勤劳动、追求真理与自由的人民所获得的极大胜利。但这次人神共愤的德雷福斯事件是玷污阁下的名誉——我想说的是还包括阁下的权位——的污泥!一个军事法庭竟敢听从上级命令,无罪开释了一个叫作埃斯特拉齐的人,这是对所有的真相和正义的侮辱。这已是无法改变的既成事实,也是祖国法兰西脸庞上的一块污泥!在您的总统任期之内,竟然发生了社会影响如此恶劣的罪行,这将会在历史上遗臭万年。

既然他们胆敢如此妄为,我也没什么可以顾忌的了。我要把真相说出来,因为我曾经发誓,如果这件事通过正常渠道上诉之后，法庭并没有完整而彻底地披露全部事实，那么我将会完成这个任务。把真相说出来是我的责任，我不愿意成为帮凶。否则的话，每到深夜，我将会受到那个无辜者的幽灵的纠缠；他在万里之外的国度，饱受最惨无人道的折磨，只为赎回他不曾犯下的罪行。

总统先生，身为诚实的人，我对此事极其反感，我要向您大声说出事情的真相。因为您素来声名甚佳，我相信您对此事并不知情。而且您是我们国家的首席大法官，如果不是向您，那么我又该向谁指控那帮十恶不赦的匪徒呢？

首先，我想说出的是关于德雷福斯的审判与定罪的真相。

此事全是由一个邪恶的人所操控和完成的，这个人就是帕蒂·克莱姆上校，他当时仅是少校。他是德雷福斯案件的始作俑者，只需进行认真的调查，弄清楚他的行为和责任，这一点就会大白于天下。他是个诡计多端的人，喜欢低俗报刊小说中的手段，满脑子充斥着虚无缥缈的阴谋、失窃的文件、匿名的书信、荒废地点的会面和在深夜兜售大量证据的神秘妇女。萌发了将备忘录归罪于德雷福斯的念头的人是他，发梦要在一间四面挂满镜子的房间里检查这份备忘录的人也是他，福尔西内提少校曾经跟我们说有个人试图拿着熄灭的提灯，找到入睡的嫌疑人，突如其来地将灯光照射在嫌疑人的脸上，以期他会在半梦半醒之中意外地供出他的罪行，这个人也是他！剩下的我就不说了，让他们去调查，他们将会发现。我只想大声地宣

---

① 原文载于 1898 年 1 月 13 日法国《震旦报》（L'Aurore），译者以本雅明·塔克尔（Benjamin R. Tucker）的英译文为底稿，参考原文译出，并酌情添加了注释，以便读者理解。——译者

布，当时被委任为检察官、负责准备德雷福斯案件的帕蒂·克莱姆少校，是最早制造这桩冤案的人，他应该负起最大的责任。

那份备忘录落在情报局的局长桑德尔上校手中已经很久了，但他的调查完全没有进展。"不翼而飞"发生了好几次；有些文件消失了，有些目前还在继续消失；调查的目标是确定备忘录的作者，在调查的过程中，他想当然地认为作者肯定是参谋部的军官或者炮兵部队的军官——两者显然都是错误的，这表明了他对备忘录的研究十分漫不经心，因为详细的检查证明，备忘录只可能出自某位步兵部队的军官之手。所以他们在他们自己的房间中搜寻，他们检验各人的笔迹；这成了他们的家务事——他们所在的战争部意外地出现了卖国贼，他们要将其驱逐出去。剩下的事情众所周知，毋需我在此赘言。我只想说，就在德雷福斯刚刚受到怀疑的时候，帕蒂·克莱姆少校就卷入了这件事。从那一刻开始，构陷了德雷福斯的人正是他；这起案件成为他的案件，他着手想要找出卖国贼，威逼这个卖国贼彻底坦白。可以确定的是，智力十分低下的战争部部长梅西耶将军、被宗教激情冲昏头脑的参谋总长伯德福尔将军、良心被狗吃了的参谋次长贡斯将军也参与其中。但最为十恶不赦的是帕蒂·克莱姆少校，他诱导这些人，对他们施行了催眠术——因为他认为自己拥有招魂术和通灵术，能够和鬼魂对话。他对德雷福斯所做的事情说出来让人难以置信，他设下了许多圈套来陷害德雷福斯，对他进行疯狂的盘问，将各种邪恶的想法强加在他身上，并实施了惨无人道的疯狂拷打。

对于熟知内情的人来说，这只是噩梦的开始。帕蒂·克莱姆少校逮捕了德雷福斯，将其关在不见天日的牢房之中；他找到德雷福斯太太，恐吓她，威胁她说如果她胆敢申冤，就再也见不到她的丈夫。与此同时，他还继续对倒霉而清白的德雷福斯进行拷打。调查就这样继续下去，其过程之隐秘，手段之野蛮，简直比得上 15 世纪的酷刑，而这一切完全基于一纸可笑的指控，基于这份愚蠢的备忘录。对德雷福斯进行控诉，其实是欲加之罪，何患无辞，因为那些著名的通敌的秘密，实际上几乎全都毫无价值。我之所以要拿这件事情出来说，是由于这件事情引发了真正的罪行，也就是这些人对正义的抹杀，他们在法国造成了极其恶劣的影响。我将会让您看到冤案的来龙去脉，让您明白帕蒂·克莱姆少校制造这起冤案的过程，让您知道梅西耶将军和伯德福尔将军以及贡斯将军卷入其中，并逐渐认为他们对冤案负有责任，乃至决意将其定为不容争议的铁案的过程。对于这三个人来说，他们起初只是粗心大意和不知内情。我们最多只能指责他们被他们所处环境的宗教激情和所谓军队精神的偏见冲昏了头脑。他们这么做，只是因为愚蠢而已。

但德雷福斯遭到了军事法庭的审判。而且军方要求对审判进行绝对的保密。就算有卖国贼打开了抵抗敌人的前线，引领德意志皇帝长驱直入来到巴黎圣母院，我看他们也不会采取更加严格的保密措施。他们认为如果消息走漏，那么将会致使举国震惊，导致人们议论纷纷，将这件事和历史上那些罪大恶极的叛国事件相提并论，他们认为国民自然会同意他们对德雷福斯作出判决。他们认为秘密审判对德雷福斯有好处，如果事情公开了，人民将会要求将德雷福斯示众，让他变得声名狼藉，备受懊恼的折磨。然而这些事情是真实的吗，这些不能公之于众的危险事情、这些能够点燃整个欧洲的事情、这些他们不得不小心翼翼地在紧闭的大门之后遮掩起来的事情是真实的吗？答案是否定的，他们所掩盖的只有帕蒂·克莱姆少校那些毫无根据的疯狂猜测。他们所做的一切，只是为了掩饰这一场堪比报刊低俗小说的荒唐闹剧。人们只要认真地看一看军事法庭上宣读的起诉书，就会知道我所说的全是实情。

这份起诉书的内容是多么空洞！被这样的起诉书指控的人，只可能是贪赃枉法的受害者。我相信没有读过这份起诉书并且想起德雷福斯为此被判在魔鬼岛服无期徒刑的人，不会感到极端的愤慨和大声说出他们的反感。德雷福斯懂得几门语言——罪行之一；在他家中搜查不出任何涉及阴谋的文件——罪行之一；他有时回他出生的故乡探亲——罪行之一；他工作勤奋，上进好学——罪行之一；他并没有显得惊慌——罪行之一；他显得张皇失措——罪行之一。这份起诉书多么白痴！这些指控多么无聊！起诉书中说有十四项可以证明德雷福斯有罪的证据，但我们却只找到一项——就是那份备忘录。而就算是这份备忘录，我们知道各位专家的意见也并不相同；专家之一戈贝尔遭到军法处置，原因是他竟敢提出与军方期望相悖的看法。我们被告知有二十三名军官到庭做出了不利于德雷福斯的证言。我们依然不知道他们到底说了些什么，但可以肯定的是，并非所有人都对德雷福斯进行了攻击，此外，值得一提的是，这些人全都来自战争部。这是一项家庭审判，出庭的全都是他们的家里人；我们应该记住的是，军委会支持这次审判，判定德雷福斯有罪，而刚刚做出第二次判决的也是军委会。

所以目前只剩下各位专家也无法达成一致意见的备忘录。据说在法庭上几位法官本来准备宣布德雷福斯无罪。所以我们不难理解军方所采取的顽固立场，为了使这次判决合乎法律，他们坚定地宣称德雷福斯案件中存在着一份至关重要的绝密文件，一份不能公之于众的文件；于是他们所做的一切都变得正当了，该文件就像一位我们无从认识却应该向它磕头的隐形之神。我否认该文件的存在；我用尽全身力量来否认它的存在。是的，也许有那么一份荒唐的文件，一份和几个女人有关的文件，文件中提到了某位德先生——某个太过挑剔的人；这位德先生无疑是某个女人的丈夫，他只是抱怨他赚的钱不够养家糊口而已。但这是一份牵涉到国防利益并且将会导致战争爆发的文件吗？不，不是的，这是谎言，甚至比谎言更加恶毒和无赖，因为他们说谎却免遭惩罚；这样的谎言，谁能够将他们揭穿呢？他们使得法国人民群情汹涌，却躲在这种正义的情感后面，丧尽天良、邪恶刻毒地保持沉默。我不知道还有什么罪行能够造成更加恶劣的社会影响。

总统先生：上述这些事实阐明了一起冤案是如何造成的；德雷福斯的道德向来十分高尚，经济状况也甚为宽裕，缺乏犯罪的动机，迄今仍有人奔走呼告，为他申冤，这一切无不证明了他是帕蒂·克莱姆少校那异乎寻常的幻想的受害者，是他自身所处的宗教环境的受害者，是令我们的时代蒙羞的迫害犹太人运动的受害者。

让我们来看看埃斯特拉齐的案件。三年过去了，许多良心未泯的人依然深受困扰，不停地寻找证据；他们最终相信德雷福斯是清白无辜的。

我将不会叙述施乌勒尔-科斯特纳为什么会产生怀疑以及这些怀疑后来如何得到证实的历史。但我要指出的是，就在他独自进行调查的过程中，战争部发生了某些严重的事情。桑德尔上校去世了，接替他出任情报局长的是皮卡尔上校。上任之后的某一天，皮卡尔上校在履行职权的过程中获得了某个外国特务寄送给埃斯特拉齐少校的信。他本应展开调查，但依照军法，在获得上级授意之前，他不能采取任何行动。所以他将自己的怀疑告诉了上级，先是说给贡斯将军听，然后是告诉伯德福尔，最后则知会继梅西耶将军之后就任战争部部长的毕尤将军。我们耳熟能详的著名的皮卡尔档案实际上应该称为毕尤档案——我之所以这么说，是因为该档案是由一位下属为部长所准备的，必定还存放在战争部。调查从 1896 年 5 月持续到 9 月，可以确定的是，贡斯将军认为埃斯特拉齐确实有罪，而且伯德福尔将军和毕尤将军并不怀疑那份著名的备忘录出自埃斯特拉齐的手笔，这是皮卡尔上校的调查最终确凿无疑地得出的结论。但军方对此表示了强烈的反对，因为如果埃斯特拉齐有罪，那么德雷福斯的案件势必要进行重审；而这种情况正是军委会决意不惜任何代价都要避免的。

　　他们当时必定感到左右为难。要知道的是，毕尤将军原本并非同谋，他刚刚插手此事，本应能够为德雷福斯平反。但他不敢这么做，显然是由于害怕公众舆论，也担心这么做等于出卖包括伯德福尔将军、贡斯将军以及他们的下属在内的军方人士。他的良心未经太多的挣扎，就向他所认为的军方利益投降了。当他泯灭良心之后，一切都太迟了。他本人也卷入了这起冤案，成为帮凶。自那以后，他应该承担的责任便越来越重大，他已经用自己的双肩挑起了其他人的罪行，变得和其他人同样有罪，甚至他的罪行比他们还要大，因为他本来有权力主持公道，却什么也没有做。现在我们知道了，这一年来，毕尤将军、伯德福尔将军和贡斯将军完全知道德雷福斯是清白无辜的，然而他们竟然对这起可怕的冤案保持沉默。这些人怎么能够睡得着呢，他们自己也有心爱的妻子和儿女啊！

皮卡尔上校秉公无私地履行了他的职责。他在上级面前仗义执言；他甚至还哀求他们，告诉他们说这种遮遮掩掩的做法十分失策，真相大白于天下之日越迟，它所引发的风暴就会越强烈。后来施乌勒尔-科斯特纳也跟毕尤将军说过类似的话，晓之以爱国大义，劝其及早处理这件事，不要让它演变为不可收拾的公众灾难。但是毕尤将军拒绝了，他说既然大错已经铸成，军方不能直承其事。于是皮卡尔上校被派往外地公干，其驻地越来越远，乃至到了突尼斯；有朝一日，他们将会假意称赞皮卡尔上校的英勇无畏，派他到莫赫斯侯爵丧生之地去执行一项必定会给他招来杀身之祸的任务。如今军方倒也还没有为难他，贡斯将军依然与他有书信往来；他们的书信中必定隐藏着不可告人的秘密。

而在巴黎，真相终究逐渐为公众所知晓，我们已经知道这场一语成谶的风暴是如何爆发的了。就在施乌勒尔-科斯特纳准备向司法部长提出重审德雷福斯案的请求的时候，马迪尤·德雷福斯指责埃斯特拉齐少校才是备忘录的真正作者。于是埃斯特拉齐少校浮出了水面。有人作证说他起初十分惊慌，准备自杀或者逃亡。然后他突然之间变得极其勇猛，其反应之激烈，让巴黎人为之瞠目结舌。实际情况是有人在背后给他撑腰，他收到一封匿名信，信中提到了他的敌人将会采取的措施；甚至有个神秘的妇女不惜牺牲自己的休息时间，在三更半夜交给他一份从战争部偷来的并且能够拯救他的文件。我情不自禁地再次想起了帕蒂·克莱姆上校，我知道这些把戏来自他那丰富的想象力。他的杰作——也就是德雷福斯的冤案——面临着危险，他决意对其进行保护。重新审判——怎么可以？那意味着他亲手撰写的这部浮夸而悲情、以魔鬼岛为其可怕的结尾的低俗报刊小说将会分崩离析。帕蒂·克莱姆上校自然不肯答应。因而皮卡尔上校和帕蒂·克莱姆上校之间将会上演一场决斗，前者露出脸庞，而后者则戴着面具。我们将会在公义面前看到他们。最令人不齿的是不停地为自己辩护的战争部，他们不愿意坦白罪行，而这罪行的恶劣影响正在变得越来越严重。

人们一直很奇怪到底是谁在保护埃斯特拉齐少校。首先，在暗中给他撑腰的是帕蒂·克莱姆上校，这个人构造和操控了所有的事情，他那些荒唐把戏到处都是破绽。然后还有伯德福尔将军、贡斯将军和毕尤将军本人，他们被迫将少校无罪开释，因为他们不敢为含冤的德雷福斯平反；他们若为其平反，战争部将会遭到公众的谴责。于是这种奇怪的情况便造成了一个奇妙的结果，那就是涉案的诚实人——惟一履行了职责的皮卡尔上校——将会成为受害者，这个人将会遭到责备和惩罚。正义啊，皮卡尔上校的内心该是多么的绝望和恐惧！他们甚至还声称他伪造了证据，说他为了构陷埃斯特拉齐而捏造了那封信件。但是，苍天在上，他为什么要这样做呢？目的何在呢？请指出他的动机。难道他也被犹太人收买了吗？最可笑的是皮卡尔上校本人是反犹主义者。是的，我们正在亲眼见证这场丑陋的奇观——负债累累、作恶多端的人被认为清白无辜，而操行端正的人却被控有罪。当社会无耻到这种地步，它就要开始腐烂了！

总统先生：这就是埃斯特拉齐案件的真相——他是有罪的人，却被宣布为无罪。我们可以将过去两个月来每个小时发生的事情记录下来，但我只想扼要地复述这个故事，因为将来肯定会有人详细地写下这个令人愤怒的过程。所以长话短说，总之我们看到佩里厄将军和拉瓦里少校展开了颠倒是非黑白的调查，将无赖粉饰为义士，将好人诬陷为恶棍。然后他们把事情推给了军事法庭。

我们如何能够指望一个军事法庭会推翻另外一个军事法庭的判决呢？

在这里，我无意指责那些法官。这些部队中人以遵守纪律为至高无上的原则，他们怎么还能够拥有秉公执法的能力呢？纪律意味着服从。战争部部长这个伟大的部队将领已经在全国代表的掌声中公开宣布德雷福斯案件是人赃俱获的铁案，你怎能期待一个军事法庭敢于公然和他对抗呢？这是不可能的事情，因为那些法官是战争部部长的下级。毕尤将军通过他的宣言向法官传达了他的建议，而他们只能依照他的建议来进行判决，就像在战场上士兵必须不假思索地听从上级的指挥一样。他们在上法庭之前，显然已经存了这样的先入之见："一个军事法庭以叛国罪的名义对德雷福斯提起诉讼，并判定他罪名成立；我们也是一个军事法庭，所以不能宣布他是清白无辜的。嗐，我们知道认定埃斯特拉齐的罪名等于宣布德雷福斯是冤枉的。"没有什么因素能够让他们摆脱这样的思维方式。

他们做出的邪恶宣判将会永远成为军事法庭的重负，将会使人民今后对军事法庭的判决心存怀疑。第一个军事法庭或许真的是对案件缺乏了解，但第二个军事法庭完全是胡作非为。我再重复一次，第二个军事法庭的借口是军队最高将领已经开口了，他既然宣布德雷福斯案件是不容任何人质疑的铁案，那么他们作为下级，自然不能与其背道而驰。他们跟我们谈起军队的名誉，他们要求我们爱护和尊敬军队。如果这是一支祖国有难立即开赴沙场的军队，如果这是以全国人民利益为重的军队，那么我们当然会给它以关怀和尊敬。我们当然在乎军队的尊严，但在这正义的呼声之中，我们所质疑的并不是军队。我们担心的是他们手中的刀剑，是他们明天会不会奴役我们。天哪，难道要我们虔诚地亲吻他们的剑柄？那不可能！

正如我已经证明的那样，德雷福斯案件是战争部的案件：一名军官遭到同僚的指控，战争部的将领施加压力，致令军事法庭判其罪名成立。我再说一次，他若恢复清白之身回到法国，那便证明战争部的人统统有罪。所以战争部想尽一切办法，通过在报刊上发动宣传攻势，通过说情和威吓，掩盖了埃斯特拉齐的罪行，再一次摧残了德雷福斯。毕尤将军自称他们是耶稣的信徒，我看他们是共和国政府应该清除掉的败类！敢于肃清流毒、全面改革军队的、聪明而且真正具有强烈爱国主义情操的战争部部长在哪里呢？据我所知，有许多人一想到可能发生的战争就会害怕得浑身发抖，因为他们知道操持我国部队的是这批人！我们将国家的命运托付给军队，可是这座圣洁的守护神殿却变成了充满阴谋和谣言的藏污纳垢之地！德雷福斯这个倒霉的"肮脏犹太人"是被献祭的牺牲品，他的案件宛如一道闪电，让我们看清这个神殿可怕的真面目！当真是疯狂与愚蠢并进，胡思乱想和刑讯逼供齐举，独裁及专制共飞！少数位高权重的人，以维护国家利益的谎言为幌子，恣意用他们的军靴踩踏国家的脖子，让它那追求真相与正义的呼声噎在喉咙里！

他们犯下的另一桩罪行是他们接受了污秽报纸的支持，允许全巴黎的混蛋为他们摇旗呐喊，所以我们现在见到正直廉洁的人受了冤枉，巴黎城里却是一片幸灾乐祸的喝彩声。他们当着全世界人民的面，策划胆大包天的阴谋来掩盖错误，却指责那些希望法兰西成为最是自由与正义的国家的人扰乱社会秩序，这是他们犯下的罪行。他们误导和利用舆论，使这种舆论陷入疯狂的状态，这是他们犯下的罪行。他们毒害平民百姓的心灵，躲在邪恶的反犹主义后面，鼓动人民反对犹太人，这是他们犯下的罪行。法兰西是提倡人权的发源地，然而如果不治好反犹主义的恶疾，这个伟大的自由国度将会走向灭亡。他们利用爱国主义来煽动仇恨，这是他们犯下的罪行；最后，各种科学正在齐心协力打造真理与正义的殿堂，而他们却把强权捧为现代的神明，这也是他们犯下的罪行。

真理与正义是我们长久以来所热切渴望的——因而当看到它们被遮蔽和忽略并且变得越来越模糊时，我们感到十分苦闷。我怀疑施乌勒尔-柯斯特纳的灵魂饱受折磨，我确信他到时将会感到后悔，恨自己在接受参议会质询当天没有采取反叛上司的行动，没有将事情的全部真相公之于众，扭转整个局面。他向来十分诚实，他认为真相决不会被遮蔽，尤其是在真相应该如同破晓朝日般耀眼的时刻。既然太阳马上就会光芒万丈了，他干嘛还要打破沉默呢？然而，正是由于这种自信的沉着，他如今遭到了残酷的处罚。皮卡尔上校的情况亦是如此，他是个情操高尚的人，并不愿发表贡斯将军所写的书信。这些顾虑使他显得更加高尚，因为就在他依然遵守军队纪律的时候，他的上级却将污水泼到他身上，以最出人意料和最令人愤怒的方式，忙于对他提起诉讼。这两个人都是受害者，他们是单纯而值得尊敬的人，他们以为上帝会处理这件事，却万万没有想到插手其中的竟然是魔鬼。而在皮卡尔上校的案件中，我们甚至还见识了如此卑鄙的行为——在此案的审理过程中，法庭安排检察官公开指控一位证人犯有各种各样的罪行，然而等到证人被传唤回来，开始为自己辩护时，法庭竟然关起了大门，进行内庭聆讯。我认为这也是犯罪，这次犯罪将会唤醒大多数人的良知。军事法庭的正义观念确实怪异得可以。

总统先生：这就是事情的真相；它很可怕，它将会成为你的总统任期内的污点。我怀疑你对此也无能为力——你可能摆脱不了宪法和身边环境的约束。然而，你也能够以普通人的身份承担起你对此案的义务，我相信你将会深思并予以履行。我并不感到绝望，我相信沉冤将会得到昭雪。我现在更加坚定地再次宣布：真相即将来临，没有什么能够挡住它的路。今天才是德雷福斯事件的真正开始，因为直到今天，对垒的双方才变得如此清楚：一方面是有罪者，他们不愿意真相为人所知；另一方面是秉持正义者，他们愿意用生命来换取真相。当真相被掩埋在地下的时候，它在那里养精蓄锐，获得了极其惊人的爆炸力量，等到爆发的那一天，它将会把一切东西掀飞到空中。

让我们拭目以待，等待他们的所作所为引发这场即将到来的灾难。

这封信已经太长了，总统先生，是时候结束了。

我控诉帕蒂·克莱姆上校，凶残的他制造了这起冤案（我愿意相信他起初是无意的），并且在过去三年来使用了各种阴险毒辣的手段，试图掩盖他的过失。

我控诉梅西耶将军，由于精神软弱，他成为帮凶，参与制造了本世纪最大的冤案。

我控诉毕尤将军，他手中握有各种表明德雷福斯无辜的证据，却拒绝将它们公布出来；他出于某种政治目的，也为了包庇犯案的下属，不惜以身试法，犯下了这种违反人道、违反正义的罪行。

我控诉伯德福尔将军和贡斯将军，他们也犯下了相同的罪行，前者显然是受到教会激情的左右，后者可能是为了维护那种使战争部成为神圣不可侵犯之地的"军队精神"。

我控诉佩里厄将军和拉瓦里少校，他们执行了颠倒黑白的调查——他们在调查中只听信一面之词，而且后者还撰写了白痴和无耻得无与伦比的调查报告。

我控诉三名笔迹专家，即贝洛姆、瓦里纳和库阿尔，他们说了谎，伪造了笔迹报告，除非有医疗检查证明他们患有眼睛和精神方面的疾病。

我控诉战争部的工作人员，他们在报刊上，尤其是在《闪电报》与《巴黎回声报》上，发起了一场旨在误导舆论、掩盖错误的可怕宣传运动。

最后，我控诉第一个军事法庭，它违反了法律，仅凭一份秘密文件就判定被告有罪；我控诉第二个军事法庭，它非但奉命维持了第一个军事法庭的错判，还亲自以身试法，故意开释了一个有罪的人。

提出这些指控的时候，我并非不清楚自己有可能违反了1881年7月29日颁布的新闻法关于惩罚诽谤的第三十条和第三十一条。我甘愿让自己违反这两条法律。

至于我控诉的那些人，我并不认识他们，我与他们素昧平生，我跟他们之间无仇无怨。对我来说，他们只是做过不良社会行为的普通人而已。我在这里所采取的行动，无非是一种加速真相与正义爆炸的革命手段而已。

但愿真相大白于天下，使饱受折磨的人得到应有的幸福，除此之外，我别无所求。这愤激的抗议是我的灵魂的呼声。如果他们有胆量，那么起诉我吧，那么让审讯在光天化日之下进行吧！

我等待着。

总统先生，请接受我最崇高的敬意。

埃米尔·左拉

译后记

　　诚如作者在本书序言中指出的，当今西方学术界对公共生活的研究可以划分为三个学派，分别以于尔根·哈贝马斯、汉娜·阿伦特和作者本人为代表。哈贝马斯只关注公共生活的物质基础，阿伦特则过于强调公共生活的政治意义，在他们笔下，公共空间是一个高度抽象的领域，缺乏历史的厚重和形象的生动。内中原因不难理解：现代意义的公共空间最早是在西方城市出现的，如果离开了城市的生活、文化与地理的演化，单纯对公共空间进行分析，那么这种分析纵使能够在理论上自圆其说，或者获得某种政治上的先知之见，也终究是"管中窥豹，时见一斑"而已。理查德·桑内特这本《再会，公共人》恰好弥补了哈贝马斯和阿伦特的不足之处。

　　《再会，公共人》是对一种现代特有的社会疾病的诊断：现代人为什么会习惯用亲密情感来衡量包括各种非人格的社会因素在内的一切？作者将这种疾病称为"亲密性的专制统治"。为了解答这个问题，桑内特回溯了18世纪初期以来巴黎和伦敦的历史，令人信服地证明了非人格的社会关系和自我迷恋之间此消彼长的关系。也就是说，现代社会普遍存在的自我迷恋是公共生活的衰落的结果，而公共生活的衰落，则是入侵公共领域的人格引起的。关于这个过程，书中论述十分详细，毋庸译者在此赘言。

但是，我们不能只是把《再会，公共人》当成一份社会病理学的诊断报告，桑内特并不满足于当一名化验员，他同时还开出了治疗这种疾病的药方：人们应该积极参与公共活动，在社会中积极主动地追求自身的利益。从这一方面看，他更接近于斯宾塞、马克思等社会学家：他并非一个追求以某种所谓学术中立来研究社会的学者，而是一个力图为社会谋求更多福利的改良者。当初第一次读完此书时，我不由想起马克思在《关于费尔巴哈的提纲》中那句著名的宣言："哲学家们只是用不同的方式解释世界，而问题在于改变世界。"我想桑内特之所以在本书序言中自称他的研究更加接近唯物主义，大概就是出于这个原因吧。

目前，哈贝马斯和阿伦特在我国学术界炙手可热，他们的著作大多已经被翻译成中文，相关的论文和专著也颇多见；相形之下，与哈贝马斯同为德国黑格尔奖得主的理查德·桑内特在中国就显得太过沉寂了。据我所知，桑内特著作的简体字译本此前只有由上海译文出版社出版的《肉体与石头》一书。我希望《再会，公共人》能够在给国内的城市文化和公共生活研究带来一种新的视角之余，还能够让国内学界注意到这个极富才华与原创力的学者。

在翻译本书过程中，我曾就个别费解问题求教于作者桑内特；桑内特更于百忙之余，拨冗撰写了序言，为此译本增色良多，在此我想对他表示谢意。

多年以前，我曾求学于中山大学社会学系，毕业后因为忙于生计，甚少再接触社会学方面的著作。这次能够顺利地完成这本著作的翻译，我想应该感谢该系的各位老师，尤其是蔡禾、王宁、李伟民、刘林平、李文波等老师和已故的何肇发老师在当年的言传身教。

《再会，公共人》的内容十分庞杂，为了便于读者理解和进一步查阅相关内容，我添加了一百多处译者注。书中凡引用其他著作原文之处，如巴尔扎克、柯南道尔、达尔文、菲尔丁等人所写的段落，译文均由我亲自为之。另外，此书第十章多处引用法国作家左拉的"我控诉！"一文，我以原书附录的英文版本为底稿，参考法文原版，将这篇文章译出，作为附录收在正文之后，以便读者参考对照。

虽然我已经出版过百余万字的译著，但翻译这本涉及社会学、历史学、文学、心理学、哲学等诸多学科的经典著作对于我来说并非轻而易举的事情；限于个人的学识与能力，译文或恐有不妥之处，读者通人如有发现，恳请不吝来信指正为荷。

李继宏

lijihong@hotmail.com

Richard Sennett
The Fall of Public Man
Copyright©1974，1976 by Richard Sennett
All rights reserved including the rights of reproduction
in whole or in part in any form.
本书根据 W.W.诺顿出版有限公司 1992 年版译出

图字：09－2007－891 号

图书在版编目(CIP)数据

再会,公共人 /（美）理查德·桑内特
（Richard Sennett）著;李继宏译. —上海:上海译
文出版社,2021.6
.　（译文经典）
书名原文：The Fall of Public Man
ISBN 978－7－5327－8767－8

Ⅰ.①再… Ⅱ.①理… ②李… Ⅲ.①社会学—研究
Ⅳ.①C91

中国版本图书馆 CIP 数据核字(2022)第 233703 号

再会,公共人

〔美〕理查德·桑内特　著 李继宏　译
责任编辑/衷雅琴　薛　倩　　装帧设计/张志全工作室

上海译文出版社有限公司出版、发行
网址：www.yiwen.com.cn
201101　上海市闵行区号景路 159 弄 B 座
上海盛通时代印刷有限公司印刷

开本 787×1092　1/32　印张 17.75　插页 5　字数 348,000
2022 年 12 月第 1 版　2022 年 12 月第 1 次印刷
印数：0,001—6,000 册

ISBN 978－7－5327－8767－8/C·104
定价：69.00 元